現代世界認識
の方法

国際関係理論の基礎

牧野 裕

日本経済評論社

目次

はじめに　　1

第1編　実証主義と合理主義の社会理論

第1章　実証主義と実証主義批判論 …………………………… 11

   1　観念論と実在論　　11
   2　実証主義　　14
   3　実証主義批判論の展開　　17
   補論　客観性と価値自由——ウェーバー，カー，ブキャナン　　25
     (1)　ウェーバーの客観性と価値自由　25
     (2)　歴史的事実とは何か——カーの歴史学方法論　29
     (3)　客観性と価値判断の統一——ブキャナンの工夫　33

第2章　経済学における演繹的方法と帰納的方法 …………………… 39

   1　経済学方法論のミル的系譜　　39
     (1)　ミル『論理学体系』と帰納法　39
     (2)　帰納法は科学の方法たりうるのか　45
     (3)　ミルの演繹法と方法的問題　50
     (4)　経済学方法論のミル的伝統　54
   2　オーストリア学派の方法論　　60
     (1)　メンガーの経済学方法論　60
     (2)　究極の演繹的方法——ミーゼスの方法　66
     (3)　ハイエクの方法と自生的秩序論　69

第 3 章　合理主義の社会理論 …………………………………………73
　　　　　経済学と社会学の場合

　1　合理主義的方法と経済学　　　　　　　　　　　　　　73
　　(1)　合理主義の経済学　73
　　(2)　サイモンの限定合理性論　78
　　(3)　合理主義的経済学への批判論　80
　2　合理主義的方法と社会学　　　　　　　　　　　　　　84
　　(1)　ウェーバーの社会的行為理論　84
　　(2)　パレートの社会的行為理論　91
　　(3)　パーソンズの社会的行為理論　93
　3　合理主義的行為理論の説明力とアポリア　　　　　　　98
　　(1)　目的合理主義の問題点　98
　　(2)　社会的選択理論のアポリア　100
　　(3)　合理主義的行為理論の新たな展開　102
　補論　合理主義の国際関係理論　　　　　　　　　　　　106
　　(1)　ウォルツの『国際政治理論』　106
　　(2)　コヘインの『覇権後』と国際政治経済学　111

第 4 章　論理実証主義と批判的合理主義 ……………………………120

　1　言語論的転回と論理実証主義　　　　　　　　　　　120
　2　批判的合理主義とその批判論の展開　　　　　　　　129
　　(1)　ポパーの批判的合理主義　129
　　(2)　批判的合理主義への批判論の展開　135

第 2 編　言語理論と言語論的社会理論の可能性

第 5 章　日常言語派の言語哲学と言語行為論 ………………………145

　1　ウィトゲンシュタインの言語哲学　　　　　　　　　145
　2　オースティンとサールの言語行為論　　　　　　　　150

(1)　オースティンの言語行為論　150
　　　(2)　サールの言語行為論　154
　　補論　国際関係理論としての社会構築主義　　　　　　　　　　161
　　　(1)　社会構築主義とは何か　161
　　　(2)　ラギー，ウェント，オヌフの所説　163

第6章　ソシュールの言語記号論 …………………………………171

第7章　修辞理論，構造主義詩学と政治的言説 ……………………184
　　1　修辞理論　　　　　　　　　　　　　　　　　　　　　184
　　2　修辞と政治的言説——ルブールによる分析　　　　　　191
　　3　構造主義詩学　　　　　　　　　　　　　　　　　　　194
　　4　テクスト論　　　　　　　　　　　　　　　　　　　　204

第8章　ポストモダン理論の展開 ……………………………………210
　　1　夢分析とシニフィアン　　　　　　　　　　　　　　　210
　　2　ラカン，およびラカン派の所説と批判論　　　　　　　218
　　　(1)　ラカンの「鏡像段階」論　218
　　　(2)　タリスによるラカン，ラカン派批判　222
　　　(3)　『知の欺瞞』　224
　　3　デリダの所説とデリダ批判論　　　　　　　　　　　　227
　　補論1　フロイト批判論　　　　　　　　　　　　　　　　233
　　補論2　「脱構築」とは何か　　　　　　　　　　　　　　244

第3編　批判的社会理論の展開

第9章　イデオロギー論 ………………………………………………253
　　　(1)　マルクス　254
　　　(2)　ルカーチ　255
　　　(3)　マンハイム　256

　　　　(4)　グラムシ　257
　　　　(5)　アルチュセール　258
　　　　(6)　フーコーと言説　261

第 10 章　帝国論・帝国主義論 …………………………………………265

　　1　帝国論・帝国主義　　　　　　　　　　　　　　　　　　265
　　　　(1)　帝国と帝国主義　266
　　　　(2)　レーニンの帝国主義論　268
　　　　(3)　モーゲンソーの帝国・帝国主義論　272
　　2　従属理論・世界システム論　　　　　　　　　　　　　　275
　　3　グローバリゼーションの陰画——ネグリとハートの〈帝国〉論　278
　　　　(1)　〈帝国〉の出現　278
　　　　(2)　生権力の出現と生政治　280
　　　　(3)　ポストモダン化されたグローバルな世界経済の出現　282
　　　　(4)　新たなグローバル体制の出現——〈帝国〉　284
　　　　(5)　〈帝国〉の編成，権力構造　286
　　　　(6)　〈帝国〉論に対する批判　288

第 11 章　ポストコロニアル論 ……………………………………………292

　　1　マルクス主義植民地研究の限界　　　　　　　　　　　　292
　　2　オリエンタリズム　　　　　　　　　　　　　　　　　　295
　　3　スピヴァックとサバルタン研究　　　　　　　　　　　　298
　　4　異種混淆性　　　　　　　　　　　　　　　　　　　　　300
　　5　ポストコロニアル論の意義と限界　　　　　　　　　　　302
　　補論　ポストコロニアル論の展開　　　　　　　　　　　　305
　　　　(1)　小森のポストコロニアル論　305
　　　　(2)　フレデリック・ジェイムソンの「政治的無意識」論　309

　参考文献　　　　　　　　　　　　　　　　　　　　　　　　316
　索引　　　　　　　　　　　　　　　　　　　　　　　　　　331

> **コラム**

実証主義的方法の典型——大塚久雄の『社会科学の方法』	22
パースのアブダクション	58
方法論的個人主義	76
純粋協調ゲームとシェリングの戦略論	104
フリードマンの「実証的経済学」の方法	140
ハーバーマスのコミュニケーション論的社会理論	155
デリダ=サール論争	158
修辞としての「勢力均衡論」	188
経済学と修辞	190
ボードレール『猫たち』の注解	201
欲望のシニフィアン	226

本書の刊行にあたっては津田塾大学から2008年度の出版助成を受けた．

はじめに

1

　国際関係理論（これを国際関係学といっても国際関係論といっても，あるいはまた国際学，国際社会論などといってもさしあたりは問題がないが）の問題領域は多岐にわたり多様である．例えば，ベイリス等の『グローバリゼーションと世界政治（*The Globalization of World Politics*）』と題した教科書では，歴史，理論からはじまり，安全保障，国際レジーム，外交，国連と国際秩序，国際組織，環境問題，核管理，ナショナリズム，文化，人道的介入，欧州（地域）統合，国際貿易と投資，コミュニケーション，貧困と開発，飢餓，人権などのテーマがとりあげられ，解説されている．実に5編30章，690頁，執筆者30人超の大著である（Baylis and Smith 2001）．かくもさまざまなディシプリンにまたがる主要な論点を，ひとりの人間がとりあげ，過誤なく論じ切るのは不可能に近い．それゆえに，本書では，課題を限定し，そうした問題群にアプローチするうえで最低限必要と思われる理論的，認識論的，方法論的問題を主テーマとしてとりあげ，解説することにする．

　国際関係理論，あるいは国際政治経済論の区分としてはリアリズム（現実主義）とリベラリズムを軸にして，場合によってはこれにマルクス主義や批判理論を加えて説くのが普通であった．例えば，ビオティとカピの『国際関係論（*International Relations Theory : Realism, Pluralism, Globalism*）』は，「国際関係論の研究に影響を及ぼす基礎的前提とイメージを論じること」を目的として，「現実主義」「多元主義」「グローバリズム」をとりあげている（ビオティ／カピ 1993：1）．ここでの彼らのいう多元主義とはリベラリズムとほぼ同義であり，またグローバリズムとはマルクス主義や世界システム論，従属理論のことである．

　日本では鈴木基史の『国際関係』がこの典型であろう．そこで鈴木は次のよ

うに論じている．「現時点の国際関係学は，少なくともリアリズムとリベラリズムという2つのリサーチ・プログラムが相剋している理論多元性の状況にある．1980年代中頃までは，これら2つにマルクシズムを加えた3つのリサーチ・プログラムから成るものとして国際関係学を捉えるのが一般的であった（e.g., Holsti 1985）．しかし，ソ連・東欧における共産主義政権の崩壊によって，共産主義を『歴史の終焉』と予測したマルクシズムの信憑性は低下し，最近ではリアリズムとリベラリズムの相剋として現代国際関係学の動向を捉えることが多くなっている（Keohane 1986b ; Baldwin 1993 ; Kegley 1994）」（鈴木 2000 : 7）．鈴木によれば，この2つに加え，「構成主義（constructivism）」を第3の思考体系として見る動きもあるが（Katzenstein, et al. 1999），構成主義による成熟した方法論は，執筆時において，提示されていないため，本書ではごく端的に触れるだけにとどめておく」としている．こうして鈴木は，結局のところ「現時点の国際関係学は，少なくともリアリズムとリベラリズムという2つのリサーチ・プログラムが相剋している理論多元性の状況にある」という認識に落ち着くのである．

　しかしながら，存在論的，認識論的視角から国際関係理論をとらえ直そうとする立場からすれば，リアリズムやリベラリズムは，方法や理論というよりはむしろ国際関係の見方，とらえ方といったおもむきが強い．ビオティとカピも現実主義，多元主義，グローバリズムを「国際関係の3つのイメージ」（ビオティ／カピ 1993 : 29）と表現している．例えば現実主義は，4つの前提に基づいたイメージであると解説されている．ここでの4つの前提とは，第1に，国家が主要なあるいはもっとも重要な行為体である．第2に，国家は，単一の行為体として考察される．第3に，国家は本質的に合理的な行為体であるとの前提で議論を進める．第4に，国際問題の重要度の第1は国家安全保障であると考える（同書 : 20-3）．こうしてみると，彼らが考えている区分が，認識論や存在論にかかわる理論や方法によるものではないことが明らかであろう．

　だが，考慮しなければならないのは，リアリズム，リベラリズムという概念で国際関係理論を論じた場合，いくつか不都合が生じることである．例えば，従来のリアリズムの説明では，マルクス主義に近いE.H.カーとその対極にあるとも位置づけられるK.ウォルツがともにリアリストとして分類されてしま

うことになる．同様に M.J. スミスの『現実主義の国際政治思想（*Realist Thought from Weber to Kissinger*）』（スミス 1997）では M. ウェーバーがリアリストとして E.H. カー，R. ニーバー，H. モーゲンソー，G. ケナン，H. キッシンジャーとならんで解説されている．他方で次のような問題もある．すなわち，マルクス主義者のレーニンやスターリンは共産主義社会のユートピアを追い求めていたという点では理想主義者（普通リベラリズムに含められる）であったが，共産主義運動の観点から帝国主義勢力と結託したり，妥協したりするという現実主義者であった．これらのことは，彼らが，リアリズムとリベラリズムを状況に応じて使い分けていたことになるのか．さらに，米国のウィルソン大統領は，14 か条の理想主義者として評価される．だが，彼は中米政策では，時として，現実主義的な帝国主義政策を追求したことで知られる．ウィルソンは単純な理想主義者ではないことになり，リアリズム，リベラリズムを軸とする考えでは，こうした事態をうまく説明しきれないのである．

　こうした点を意識してかワイトは，国際理論を 3 つの思想家グループに分類しようとした．それらは，マキャベリ主義者，グロティウス主義者，カント主義者——これらを時には現実主義者，合理主義者，革命主義者と呼んだ——であった．だが，ワイトの試みはかならずしも成功しているようには思えない．ブルが批判的に論じているように，「過去の国際関係について語られた多くのことは，3 つの伝統と大げさに関わらせることはまったくできない」のである．ブルは次のように述べている．「戦争・平和・外交・干渉・その他国際関係にかかわる物事についてばかりでなく，人間の心理，皮肉と悲劇，方法論と認識論などを，ワイトはマキャベリ主義，グロティウス主義，カント主義それぞれ固有の見解に帰そうと大げさになりすぎていると思う．ある時点からワイトが叙述している議論は実際に起きたことではなくなり，彼が発明したものになっている．その時点から彼の研究は思想の歴史についての取り組みではなくなり，プラトンの対話の方法にしたがった想像上の哲学的対話の開陳となる」（ワイト 2007：406）．

　従来の区分を問い返す必要性はいくつかの事情からも迫られている．その 1 つに，社会構築主義を標榜する潮流の台頭があった．リアリズムとリベラリズムの二項的な関係のなかに社会構築主義をどう位置づけるのかという問題が生

じたのである．また，ポスト構造主義，ポストモダン的潮流による実証主義的，合理主義的方法に対する批判の強まりも主流派の方法論に対する挑戦となっていたのである．こうした問題状況は，すでに国際学会（ISA）の年次総会（1988年，セントルイス）で学会の泰斗で会長に就いていたコヘインが「国際制度論―2つのアプローチ」なる基調報告を行ったことでも明らかであった．彼の論じる2つとは，合理主義と反映主義（reflectivism）のアプローチである．合理主義のアプローチには，米国で支配的な国際関係理論の潮流であるネオ・リアリズムとネオ・リベラリズムが挙げられていた．これに対して反映主義は，文化や規範，価値などの非個人的な社会的諸力の果たす役割を重視する潮流とされ，ポスト構造主義，社会構築主義，歴史的唯物論など多様な学派が一括されていた（Keohane 1989: ch. 7）．

　このようななかで，リアリズム，リベラリズムという区分にこだわりながらも新しい潮流の位置づけとかかわって，認識論，存在論的な視角から学説の整理を試みようとする動きが本格化してきたのである．例えばジャクソンとソレンセン共編の全10章構成からなる『入門 国際関係―理論とアプローチ（*Introduction to International Relations : Theories and Approaches*）第2版』(2003年) がそうである．同書の中心的な位置を占める章別構成は次のようになっている．第3章「リアリズム」，第4章「リベラリズム」，第5章「国際社会論」，第6章「国際政治経済学―古典的理論」（なお，ここで古典的理論というのはジャクソンらによれば，「重商主義」，「経済的リベラリズム」，「マルクス主義」のことである），第7章「国際経済政治学―現代の論争」（なお，「現代の論争」として挙げているのは「米国の覇権安定論」，「経済的グローバリズムと国家の役割の変容」，「新古典派経済理論を援用した国際政治経済学の展開」である），第8章「方法論争―古典的アプローチと実証主義的アプローチ」，第9章「方法論争―ポスト実証主義的アプローチ」．第8章，第9章は，国際関係の方法論を主題にしている．とくに第9章では，批判理論，ポストモダニズム，社会構築主義，規範理論，説明的な国際関係理論か解釈的な国際関係理論か，がとりあげられている（Jackson and Sorensen 2003）．

　また，すでに指摘したベイリスとスミスの教科書もそうである．その第2部「世界政治の理論」は全5章構成で，「リアリズム」，「リベラリズム」，「現代の

主流派アプローチ―ネオ・リアリズムとネオ・リベラリズム」,「国際関係についてのマルクス理論」,「国際理論の反映主義的アプローチと社会構築主義的アプローチ」の順となっている．この最後の章でスミスは，社会構築主義を，合理主義‐実証主義アプローチと反映主義のそれとを橋渡しするものとして位置づけている．ここで合理主義的‐実証主義的アプローチというのは新旧のリアリズムとリベラリズムのことである．これに対して，反映主義的アプローチには，批判理論，ポストモダン，フェミニズム，歴史社会学，規範理論が含められている．また，そこでは社会構築主義をウェントによって代表させて，他の諸説を紹介していない点が興味深い特徴となっている．

　本書では，さし当たり実証主義，合理主義的アプローチと残余のアプローチに2区分することが説明のうえで便利であると考える．しかしながら，残余のアプローチを反映主義，あるいはポスト実証主義として一括するのが適切かどうかについて未だ確かな結論を得ていない．それには残余のアプローチを「実証主義を超えて（Beyond Positivism）」とか，実証主義か「反（anti）実証主義―非（non）実証主義」か，といったニュアンスを込めて把握しようとする立場に筆者が批判的であることが一因ともなっていよう．

　本書で第1に重視した課題は，言語理論や言語行為論，ポスト構造主義やポストモダンの方法論的特徴を明確にすることであった．先に指摘した欧米のものを含めて従来の教科書では，そうしたテーマについての解説や説明がかならずしも十分ではないからである．また，ポスト構造主義，ポストモダンの諸理論を明確にすることで社会構築主義や批判理論の理解が容易になると考えているからである．本書では，これらとともに，従来の伝統的な方法論である実証主義的，合理主義的方法についても，あらためて解説し，そのアプローチの特質についても充分な紙幅を割いている．本書の記述では，できる限りの平易さを追求したが，得手不得手もあって記述に濃淡が生じてしまった．また，著者自身の理解不足や一知半解さから，誤った解釈や説明になっているのではないかとの懸念がある．とくに，ポストモダンの理論は難解で，消化不良に終わったのではないかと心配である．

　最後に．本書では，実証主義的，合理的方法か，それともポスト構造主義，ポストモダンの方法かという二者択一の問題としてこれらの方法をとらえなか

った．それというのも，本論で詳しく解説されるように，合理主義的方法は，その前提条件さえ充分に考慮して用いれば，きわめて優れた方法論であることは明らかであるからだ．他方で，ポスト構造主義，ポストモダンの方法論も，非現実的で証明不可能な主観主義的な方法として拒絶するには惜しい豊かな可能性を秘めた社会分析の方法であると考えているからである．

2

　本書の構成はおおよそ次のとおりである．
　第1編は，実証主義，合理主義の方法論とは何かについて，歴史的，理論的に概観し，その方法的優位性と限界を考える．
　第1章では，実証主義とそれへの批判論を概観するとともに，コラムでは実証主義的方法論の典型として大塚久雄の『社会科学の方法』をとりあげる．また，補論ではウェーバー，カー，ブキャナンが客観性と価値自由の問題をどのように解決しようとしたのかをみる．
　第2章「経済学における演繹的方法と帰納的方法」ではミルの『論理学体系』での社会科学方法論を検討した後，マーシャル，J.N.ケインズに至る帰納法と演繹法とを併用した経済学方法論のミル的系譜を明らかにする．次に，「オーストリア学派の方法論」では，メンガー，ミーゼスの演繹的方法の特徴を，さらにオーストリア学派の系譜にあるハイエクの社会科学論と社会哲学を考える．コラムでは，パースの「アブダクション」を紹介する．
　第3章「合理主義の社会理論」では，合理主義的アプローチにたつ新古典派経済学と社会学（ウェーバー，パレート，パーソンズ）の所説を概観し，合理主義的方法の優れた説明力とともにそれに内在するアポリアを考える．そのうえで，補論では，合理主義的な国際関係理論としてウォルツ，コヘインの所説を概観し，コラムではシェリングの戦略理論を紹介する．
　第4章「論理実証主義と批判的合理主義の展開」では，まず実証主義が言語理論の台頭などをうけて論理実証主義として位置づけ直されるが，それは結局成功しなかった事情が説明される．さらに，ポパーによる「反証主義」からの論理実証主義批判が批判的合理主義として展開され，これがクーンやラカトシュらの反批判を生み出していった経緯が明らかされる．そうして，フリードマ

ンの実証主義経済学の方法がコラムで紹介される．

　第2編では，日常言語派による論理実証主義の批判的超剋は，同時に新たな領野の開拓につながっていったことを明らかにする．そうして，言語理論や言語行為理論の拡張が試みられ，言語理論的社会科学の可能性が模索される．さらに，修辞理論，構造主義詩学の発展をうけて，フロイトの精神分析とソシュールの言語理論との接合による新たな社会理論，文化理論の構築の可能性が探られる．

　まず第5章ではウィトゲンシュタインの言語哲学とオースティンとサールの言語行為論が説明される．そのうえで，補論として国際関係理論における社会構築主義の潮流が概観される．また，コラムではハーバーマスの所説とデリダ／サール論争が紹介される．

　第6章，第7章は，現代社会理論やカルチュラル・スタディーズに大きな影響を与えたソシュールの言語理論・哲学と修辞理論，構造主義詩学理論，テクスト理論が説明される．そうして国際関係の場裏での修辞理論，詩学理論による政治的言説の解読の試みが紹介される．

　第8章は，シニフィアン論，ラカンの「鏡像段階」論，デリダの「脱構築」論などを手がかりにポストモダン，ポスト構造主義の動向が批判的に概観される．さらに，補論ではフロイト理論が批判的に論じられる．

　第3編は第1編，第2編での議論をうけて，近年国際関係の理論に影響を与えている実証主義的な批判理論とともに，ポストモダン，ポスト構造主義の批判的社会論の基礎的理論が検討される．

　まず第9章「イデオロギー論」では，現代世界を認識するうえで，人々の思考と行為を制約，あるいは束縛すると考えられるイデオロギーとは何かについて，マルクスからアルチュセール，フーコーまでの思想的，理論的流れがたどられる．

　第10章「帝国論・帝国主義論」では，帝国の語源や語義，帝国主義論の系譜とレーニンの帝国主義論，モーゲンソーの帝国主義論，従属論，世界システム論などが概観される．そのうえでポストモダン的なネグリとハートの〈帝国〉論が批判的に紹介される．

　最後に第11章「ポストコロニアル論」では，第9から10章をうけるかたち

でポストコロニアルとは何かの説明をうけて，サイード，スピヴァック，バーバらの所説がとりあげられ，その意義と限界について考察される．補論では，わが国におけるポストコロニアル研究の一端とこれに関連するジェイムソンの「政治的無意識」論が紹介される．

第 1 編　実証主義と合理主義の社会理論

第1章
実証主義と実証主義批判論

1　観念論と実在論

　観念論（Idealism）は辞書的に定義すると，物質または自然に対する観念の根源性を主張する学派である，となる（岩波 1979：47）．別の事典では次のように説明されている．世界は認識されるかぎりにおいて存在し，したがって現実とは主観的な構築物として（精神のなかの「観念」として）理解されるべきであるとする信念，であると（ブルッカー 2003：50）．

　哲学体系としての観念論は18世紀のバークリー司教，デイヴィッド・ヒュームが，極端な主観主義的な見解＝主観的観念論を提示したとされる．これとは別に，イデア（プラトン）やイデー（ヘーゲル）の根源性を主張し，それらの現れであると考えるのが客観的観念論である．これに対して，カントは，主観的なもの観念的なものと，客観的な存在としての「物自体」とを区別しようとした折衷的な見解＝超越論的観念論を打ちだしたとされる．

　実在論は，哲学辞典などによると，次のように説明されている．認識主観から独立の客観的な実在を認め，認識はこの実在をとらえることができるとの立場であると．この立場では，認識は何らかの実在との一致であり，何らかの程度の実在の模写を意味した．この実在論と関連して，いったい何が存在するのか，存在とはなにか，われわれから独立した実在は存在するのか，の問題を扱うのが存在論（Ontology）であった．Ontology は，古代ギリシア語の"存在"から派生した語であった．

　こうした物質と精神，存在と意識といった二項対立的な理解は20世紀初頭

まで深く疑われることはなかった．しかし，自然科学の発達と自然認識の深化，言語や記号論理が哲学の主要テーマとなるに伴い，単純で素朴な実在論では済まなくなってきた．こうしたなかで，われわれの世界について何を，どのように，どこまで知りうるのかについての問題を扱う認識論（Epistemology）が発展してきた．

　進化論的認識論を標榜するフォルマーは，実在論を4つの亜種に区分している．素朴実在論，批判的実在論，厳密な批判的実在論，仮説的実在論である．彼はそれぞれについて次のように簡単に特徴づけている（フォルマー 1995：62）．

　［素朴実在論］――実在世界は存在する．それはわれわれが知覚する通りの状態である．

　［批判的実在論］――実在世界は存在する．しかし，それは，あらゆる特徴において，われわれに現象する通りの状態であるわけではない．

　［厳密な批判的実在論］――実在世界は存在する．しかし，その構造はいずれも，われわれに現象する通りの状態でない．

　［仮説的実在論］――われわれは実在世界が存在し，それは一定の構造をもつこと，この構造は部分的に認識可能であること，をそれぞれ仮定し，この仮説がどこまで到達するか，を吟味する．

　こうした区分が有効かは疑問であるが，最も素朴で単純な実在論の典型はレーニンの『唯物論と経験批判論』での議論であろう．レーニン流の「模写―反映」説では，真理とは人間の意識内容と，意識の外部に独立して存在する客観的実在との一致にあると考える．そうして，客観的実在を正しく模写，反映した意識内容であるかは労働者階級の階級闘争＝実践によって確証されることになる．先のフォルマーは仮説的実在論に立つ．彼によるとその基本的見地は次のように定式化される．(a)実在世界についての認識は仮説的であって，絶対的な認識は存在しない，(b)意識から独立し，法則的に構造化され，相互に連関した世界が存在する，(c)知覚，思考，ならびに間主観性にもとづくこの世界の部分的な認識と理解が可能である．また，彼は3種類の認識を区別する．すなわち「知覚的認識」，「前科学的認識」，「科学的認識」である．最高の段階としての科学的認識は，観測と実験，抽象と概念形成，「データ処理」と論理的推論，仮説の形成と検証にもとづくことになる（同書：61-2）［第1図］．

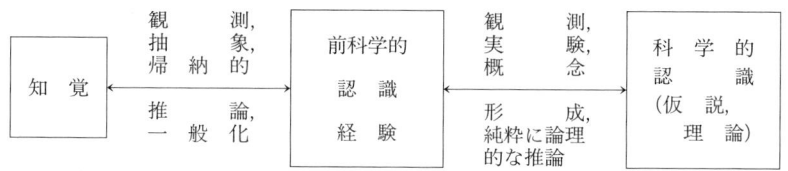

（フォルマー 1995: 73）

　これに対して批判的実在論，あるいは超越論的実在論に立つバスカーやローソンらの実在論が近年注目されている．経済学方法論の構築をはかろうとするローソンによると，実在論は超越論的実在論と経験的実在論とに分かれる．経験的実在論が，世界を構成するものは事象／行為であり，それは感覚経験と主体が定式化する想念において与えられるとみなす．経験的実在論が固執するのは，彼らが「ヒューム主義」と呼ぶ法則や因果メカニズムについての考えである．それは「条件 Z のもとで，事象 X が生ずるときには，つねに事象 Y が生ずる」と定式化される事象の規則性，あるいは事象の恒常的連接についての考え方である．この考えでは，状況「条件 Z」（閉鎖系）が存在しない状況（開放系）では，法則は存在しないと結論づけなければならない．ローソンは，こう結論づけてしまうと，次のような問題が生じるとする．第1に，それでは開放系において事象を支配する法則は何か，それとも開放系には法則が存在しないと結論づけなければならない事態となるのか，これらに答えることができない．第2に，閉鎖系で得られた結果がしばしば開放系においてもあてはまるような事態が説明されずに放置されることにもなりかねない．

　経験的実在論に対して超越論的実在論は，世界を構成するものを，ある特定の主体の知覚や同定から独立して存在する「深層構造」にまで広げる．超越論的存在論は多層化された存在論と言い換えることもできる．「各層は次のように連なっている．事象／行為が感覚経験によって与えられる経験的領域が表面にあり，これらの事象／行為が実際に生ずる現実的領域を経て，（隠喩的表現で）深層領域という地下へいたる．深層領域にあるのは，これらの事象／行為を支配し，引き起こす構造である」．フリートウッドは，この多層化された存在論を次のように例示する．

「・自動車の運転手が赤信号で止まるのを知覚する（経験的領域）．
・ほとんどの自動車運転手が，赤信号になったら現実に止まる（現実的領域）
・そのような現実を因果的に支配する交通法規というルールのような『深層構造』があるが，それを直接に知覚することはできない（隠喩的にいって，深層構造）」（ローソン 2003：20-5；フリートウッド 2006：136-7）．

　交通ルールによる超越論的実在論の説明にはやや面食らった向きもあろうが，マルクス主義の方法も超越論的実在論として位置づけることができるだろう．その場合も，現象の「深層構造」を考え，そこに現象の「本質」が存在するとの存在論的，認識論的立場にあったからである．マルクス主義はその際，生産力，生産関係，生産様式という，単純でわずかな基礎概念をもってして資本主義の経済構造と運動法則を明らかにしえたと考えたのである．だが，マルクス主義の理論の優越性，その科学性を証明するはずであったソ連，東欧，アジアでの新たな社会建設の試みは失敗した．このことはマルクス主義の理論とともに，実在の存在やその認識可能性を主張する超越論的実在論のような哲学的アプローチの有効性に疑問を投げかけていると理解すべきなのだろうか．

2　実証主義

　実証主義は，社会科学の発展と切り離すことのできない方法論的原理として，永らく影響を及ぼし続けてきた．実証主義とは何か．日本語で「実証」は，辞書的には①確かな根拠，②実地，事実にもとづいて証明すること，などと説明されている．そして「実証主義」については，事実を根拠として観察や実験を通して理論の正しさを証明しようとする立場，であるとされている．確かな根拠や実地や事実にもとづく研究や調査は，自然科学はもちろんのこと社会科学やその他多くの分野で行われている．

　実在論を 4 つの亜種に区分する考えのあるのをみた．実証主義も狭義のそれと広義の，あるいは強い実証主義と弱い実証主義とを両極とする幅のなかで考えるとよいであろう．そうすると先ほどの辞書的な定義はさしずめ広義のあるいは弱い部類に入る実証主義であると考えることができるかもしれない．実証

主義は，また「実在」——現象の根底にあるとする——を認めるものとそうでないものとに分かれる．実在主義と実証主義は重なるが同じではない点に注意すべきである．実在主義と実証主義はともに社会現象間の因果的連関の発見を指向する点では共通する方法的立場であるが概念的には相違する．

　実証主義を哲学的に基礎づけたのはヒュームである．それゆえに彼は，実証主義哲学の父と称される．ヒュームによれば，われわれの世界についての知識は特定の経験から得られる．さらに彼は，たとえば「学校は8時30分に始まる」といった経験的事実の言明は，それ自体価値判断を含まないと論じた．このヒュームの考えは20世紀にエイヤーらによって論理実証主義として再生産される．

　この言葉を最初に用いたサン=シモンは，実証的知識を近代がもたらした最高の知識体系と位置づけ，社会現象を観察された事実にのみもとづき説明する方法である「社会生理学」を提唱したとされる．サン=シモンの弟子のコントは，「実証的」方法を空想と現実，無用と有用，不確実性と確実性，曖昧と明解，否定的・消極的，あるいは破壊的と肯定的・積極的，組織的，絶対的と相対的の二項対立によって特徴づけた（『実証的精神論』）．コントによれば，実証精神は，まずわれわれの現実的要求に正しく適応した真理に近づきうるもので，有用で確実でなければならない．さらに実証精神は，明確な知識を求め前進し，消極的，否定的であってはならず，絶対性に固守せず柔軟に相対的でなければならない．そうして，コントは，知識進歩の過程を，神学的，形而上学的，実証的という3段階に区分し，知識の最高段階で現象法則の記述を実証科学としての「社会学」としたのである．

　この方法をより洗練した形で例示した社会学者にデュルケームがいる．彼は，社会学が科学となるためには社会学は自然現象を自然科学者が研究するように，社会を客観的に分析するものでなければならないと考えた．彼の方法的立場によれば，社会的事実は「物」であって，この「物」としての「社会的事実」を研究しなければならないのであった．彼の『自殺論』は実証主義的研究の典型例であった．それは，社会的要因が——アノミーがそうした要因の1つである——自殺の基本的な要因であるとして，「事実」をもとに帰納法に基づき統計的方法を応用した自殺の研究であった．彼がもっぱら用いた方法は，ミルの帰

納法の整理にもとづく共変法という方法であった．彼は『社会学的方法の基準』でこれを比較法とも言い換え，社会学が単なる記述にとどまることなく，諸事実を説明する学問である以上，まさに比較法が社会学の方法的核心であると論じたのである（宮島他 1978：245-58）．

19世紀から20世紀の世紀転換期には，感覚的経験を基礎とするマッハらの経験批判論が台頭し，それは新実証主義と呼ばれた．そうして，第1次世界大戦後には新実証主義を継承しつつそれを記号論理学によって基礎づけようと試みる「ウィーン学団」と呼称される「論理実証主義」が生まれた．

こうした流れのなかで実証主義は，超越的な形而上学的な思弁を排し，経験的な事実に即してそれらの間の関係性や法則性を明らかにする立場や方法を言うようになった．ア・プリオリな認識を認めず，経験的な事実の観察・実験をもとに，分析と総合の方法によって確実な認識を得ることが実証的な立場である，と考えられた．

そうして，狭義の実証主義は方法論的に次のように特徴づけられるようになる．①世界はわれわれに知識とは独立に存在すると主張する．②社会科学も自然科学も同じ科学として扱えるとの方法的一元論に立っている．③観察によって検証される仮説をつくることによって社会現象の間に法則性や規則的な関係を見いだそうとする．③超越論的実在論者と異なり観察できない深層の構造は存在しないと考える．④経験的問題（"what is"）と規範的問題（"what should be"）を区別すべきであると考える．存在（Is）と当為（Ought）の区別．ヒュームが言うように，われわれの世界についての知識は特定の経験から得られたものである．経験的事実についての言明は，それ自体価値判断を含まない．経験は，われわれに世界があるということを語っているだけであって，世界がどうあるべきかについては語っていないのである．経済学者のロビンズは次のように論じている．「経済学は，確定可能な事実を論じ，倫理学は，評価および義務を論じる．」「実証的研究の生む一般化と規範的研究の生む一般化との間には，論理の深淵が厳として存在し，いかに工夫を凝らしても，これを隠すことはできないし，いかに時間や空間のうちに並べても，これに橋を架けることはできない」（ロビンズ 1957：132）．

実証主義者によれば，社会科学の目的は経験的な問題を追求することにある．

第 2 図　仮説演繹法の説明

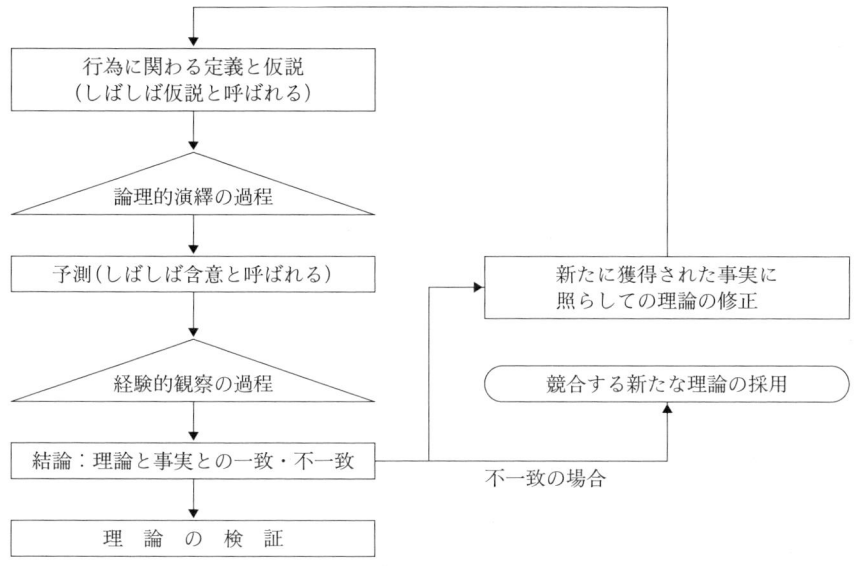

(Hollis and Smith 1990: 51)

これに対して，哲学，形而上学，宗教は規範的問題を追求する．これら2つを区別することによって，社会科学は客観的で価値自由な学問となることができるのである．

　国際関係理論に見られる説明的方法と解釈主義的方法について概観し，説明的方法の核心をなしている実証主義的認識論の基本的特徴について論じたホーリスとスミスは，この典型としてリップゼイの『実証的経済学入門』からとったシェーマを例示し，実証主義的方法の特徴を解説していた（Hollis and Smith 1990：51）．そこでホーリスらが示していたものは，ある種の「仮説演繹法」であった［第2図］．

3　実証主義批判論の展開

　実証主義への批判の動きとして名高いのが20世紀初頭のドイツにおける社会科学をめぐる方法論争である．自然科学の方法を模倣することが妥当か適切

であるのか否か．この論争の中心的役割を果たしたディルタイは，自然についての科学と人間についての科学との方法的二元論を説いた．彼は，3つの主要な実在が存在すると考えた．①機械的（物理科学的）実在，②有機的実在，③人間的，歴史的な実在，である．③の実在的世界は，自然科学的方法ではなく，人間科学的方法に従うものであった．それは自然科学的方法の説明的方法とは異なる理解的方法であった．

ディルタイの定式化によれば自然科学は説明的方法，人間科学と歴史科学は理解的方法，でなければならない．説明的方法は実証主義的方法と同じであると考えてよいが，人間科学は行為者の目的，意図，動機などを考察の対象としているゆえに，その学的方法は行為者の行為を理解するという独自の方法でなければならないというのである．

かかる論争は歴史的方法の位置づけにまで及び，新カント派のヴィンデバルトは，諸科学を，さまざまな法則を確立する「法則定立的」科学と「個別記述的」科学とに区別した．

たしかに自然現象と社会現象の相違を存在論的に考察すると，社会現象—社会科学と自然現象—自然科学との間には明確な相違があることが分かる．第1に，社会の構造は，自然の構造とは違って人びとの社会的行動とは独立して存在しない．第2に，社会の構造は，自然の構造とは違って，何を行為しているのかについての行為主体の見解とは独立に存在しない．人びとは何を行為しているのかについて反省しつつこれにもとづいて行為を変化させる．第3に，社会の構造は，自然の構造とは異なって，行為主体の行為によって変化する．

解釈学的観点から狭義の実証主義を認識論の問題として批判的に評価するとどうであろうか．第1に，観察者が実在，あるいは客観的な関係を同定することができるのか，という疑問が残る．人びとの事象についての認識は，①行為者によって解釈される世界，②観察者による①の解釈，という二重の解釈学的制約のもとにあると考えなければならないからだ．第2に，社会的現象の"背後"に存在する実在を観察できないとすれば，存在するけれども観察できないという実在を，人びとはどのように認識することができるのであろうか．

解釈学はひとつの主観主義的認識論である．このアプローチから認識の問題を考えてみよう．主観的認識論は，人びとの認識における観念や主観，心理な

どの役割を重視するアプローチである．この立場によればわれわれの認識は，主観，理論，概念枠，あるいは言語，イデオロギー，先入見，感情移入，文化的，社会的，象徴的事実についての暗黙の了解，さらには深層心理などによって影響を受けることになる．

たとえば，クワインやポパー，クーン，それにハンソンの所説も実証主義批判と読み取ることができる．クワインは概念図式という考えを打ち出し，次のように論じる（クワイン1972：I, II）．われわれの（五感から派生する）知識は，知識を分析するのに用いる概念によって媒介されている．これらによって経験や理論を解釈することなしに分類したり，記述したりすることはできない．このことは，理論と経験とを単純に区分することができないことを意味する．理論はわれわれが焦点を合わせる事実とそうした事実をどのように解釈するのかという2つの事柄に影響を及ぼすことになる．

ポパーは，批判的合理主義をとなえ，科学方法論として，反証可能性を提唱する．彼の考えによれば，科学というものは，いまだ反証されない仮説によるいわば世界の解釈ということにもなる．また，クーンによれば科学は特定のパラダイムによってある時期支配される．それは科学者が探求する問題と科学者が観察したものをどのように解釈するのかに影響を与えるのである（ポパー1971, 1972；クーン1971）．

ハンソンも『発見のパターン』で「理論負荷性」を打ち出して論理実証主義を批判した．彼によれば，物理学の観察においては，観察者は「感覚与件（センス・データ）」を純粋無垢にありのままに捉えるということはありえず，何らかの理論を背負って観察するものであるということを論じた．彼によれば，理論的な前提のない観察はありえない．意識的にか無自覚的にか観察者は何らかの理論に依拠しているのであり，依拠する理論が異なれば，観察データの解釈も異なり，異なる観察結果が導かれることになるというわけである（ハンソン1986）．

さらに，人間の認識における言語や言説の果たす役割に注目して社会的事物は，人間主体にとって外在的な「事物」ではないとの主張もある．サピア＝ウォーフ説やポスト・ソシュール派の言語理論，ガダマーの解釈学や文学理論で説かれる修辞理論の認識論的な拡張がこの考えに立ったアプローチである．ガ

ダマーによれば，そもそも，人間が世界をもつという事態は言語に依拠している．彼によれば，人間にとっての世界は他の存在者が世界を経験するのとはまったく違った形で存在する．すなわち，この世界は言語的な性格のものなのである．またウィトゲンシュタインの言語ゲーム論，アルチュセールのイデオロギー論，フーコーのディスクール論などもそうであろう．こうした見地にたつ人びとも次のように主張するであろう．認識は言語やイデオロギー，言説（ディスクール）によって制約を受けている，世界というものは言語や言説によって構築されたものである．それゆえに，客観的，中立的な観点は，方法論的には不可能である．解釈学と同様に社会的なものを研究することとは社会的なものを解釈することである．社会的対象は人びとの認知，認識活動から独立した外在的な実在ではない．それは主観的に生きられた構成体である．社会は，社会的行為者が抱いている表象のなかにしか実在しない．

　こうした立場からすれば，実証主義のいう客観的な分析は不可能であるということにもなる．社会'科学'（いうまでもなく解釈学派は'科学'という概念を避けようとするかもしれないが）は，特別な位置にあるのではなく，社会科学自体，言説や伝統の中で機能（作用）しているのである．したがって，知識というものは理論的にか言説的にか負荷されたものなのである．それゆえ対象の社会的，文化的特殊性，つまりその対象の性格は，主観的であり，意志的である．社会的なものの理解には，内観，意見や態度の収集，テクストや言説の内容分析が必要である．社会関係，役割，価値，行動の規範は，意識による構成体であり，それは他ならぬ象徴的秩序である．

　こうした議論を踏まえて説明的方法と理解的方法についてあらためて考えてみよう．まず説明的方法とは，行為者X, Yの相互行為を楕円の外から観察者Aが観察する方法であるとされる．この方法は廣松が近代認識論として批判する「主観－客観」図式そのものである．そこで「主観」は「意識内容」をもち，客体の認識が「意識内容」とりわけ「知覚」や「概念」を通じて行われる（廣松 1972: 8）．これに対して，理解的方法とは，観察者Aが，行為者X, Yの心や頭の中に立ち入って，行為の動機や目的を理解，あるいは解釈し，行為の意味を考えようとする方法であることになる［第3図］．

　ローティーは，こうした説明的方法と理解的方法という二分法が妥当ではな

第 1 章　実証主義と実証主義批判論

第 3-a 図　説明的方法

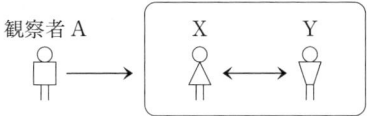

第 3-b 図　理解的方法

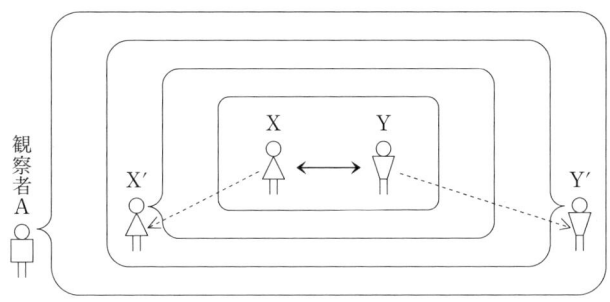

いと批判する．彼は次のように論じる．説明と理解が社会科学をやっていく相対立する仕方だという考えは，生物の微視的な記述と巨視的な記述が生物学を研究する相対立する仕方だという考え同様，見当はずれなものである．バクテリアや牛に関してしようと思うことのうちには，それらの生化学的な記述が大変役に立つこともある反面，そうした記述は邪魔なこともある．人間に関しても，没評価的で人間味のない用語による記述が大変役に立つこともあれば，そうでないこともある．「説明」が，抽象的なものが具体的なものに対立するように，「理解」と呼ばれる別のものに対立しているわけではない（ローティー 1985：426）．このようなローティーの議論は別としても果たしてこれら 2 つを方法的に区別することが妥当かという疑問がわいてくる．まず，理解的方法であるが，それが事象についての何らかの説明である以上それは説明的方法であるといわなければならない．この方法にはまた固有の方法的難点が残されている．また，理解的方法は，人びとの行為の動機，意図，目的などを解釈し，行為の意味を理解しようとする方法である．しかし，当の行為者でないものがどうして行為者の本当の動機や目的を理解し，確定しうるのか．ここに認識論上の根本的な難点が存在する．審判者として第三者がいて，研究者の解明した真

の意図や目的と行為者のそれらとが一致したと証明したとしても，それが正しいということは神以外の誰によっても証明できはしないであろう．この場合，結局は，研究者や観察者が考察の対象とする歴史上の人物や行為者の行為の意味を，本人に成り代わり解釈し，説明する行為にならざるを得ないのである．

他方で説明的方法も理解的方法と同じように社会や自然的事象についてのあ

コラム

実証主義的方法の典型──大塚久雄の『社会科学の方法』

大塚によるマルクス理解は，そもそも社会科学に自然科学の方法が適用できると考えていた大塚自身の問題意識に沿ったものである．それはいうまでもなく方法的一元論，すなわち自然科学にも社会科学にもある共通の方法が存在するという理解である．

「マルクスは経済学にも自然科学の場合と同じように理論的な方法を適用するというのですが，対象が単なる自然とちがって生きた人間諸個人の営みであるばあい，深く考えれば，いったいどうして自然と同じように理論的方法を適用することができるのか」．大塚はこのように問題を提起し次のように答える．「マルクス経済学のばあい，このように自然成長的分業という方法概念の操作を介して，人間の営みとしての経済現象に自然科学と同じ理論的方法が適用されることによって，科学的認識が成立することになる．」「自然成長的分業」とは，大塚によれば「分業と共働の仕方が，計画的でなく，偶然的なこととして行われるということを意味」する．そうして，大塚のマルクス解釈ではこの「自然的分業」のもとで『疎外』という現象が起こる」ことになる（大塚 1966：11-4, 21）．

ここで「疎外」とは何か．大塚は次のように説明している．それは，「人間自身の力やその成果が人間自身から独立し，人間に対して，あたかも自然がそうであるような，独自な法則性をもって運動する客観的過程と化してしまうこと」である．「つまり，経済現象がわれわれにとっていわば第2の自然として，マルクス自身の言葉を使えば，『自然史的過程』として現われるということ」なのである（同書：15-6）．大塚によれば，皇居前広場での「群衆」の動きがその一例であるという（これは「メーデー事件」を念頭に思い浮かべてのことと思われる）．彼の説明はこうだ．群衆の動きのなかで「自分たち自身の力が，自分たちにまったく対立した別のものになって，どうにもならなくなる．それはどこから来て，どこに行くか，ぜんぜん見渡すこともできない．これが『疎外』だといったら，よくわかるんじゃないでしょうか．」「そしてまた，人間の『疎外』の現象が，と

第1章　実証主義と実証主義批判論

る解釈を実践しているのである．すでに言及したように概念枠，理論負荷性，パラダイムなどの議論からすれば，一見実証的な方法に立っているかに見える説明的な方法もある特定の認知パターンや枠組みにもとづくアプローチであることになる．さらに言語理論や言説論からすれば，説明的方法も不可避的に解釈的枠組みから事象をとらえていることになる．科学者や観察者は言語を媒介

> りもなおさず，社会関係の『物化』Versachlichung ── 人と人との関係がわれわれの目には物と物との関係として現われてくる ── の現象であることも判ってくるのではないかと思います」(同書: 18-9)．
> 　大塚は繰り返し群衆を例示する．「群衆全体が自然と同じようなものになって動いているのですから，さしあたっては人間をものあつかいにするほかはありません」(同書: 19)．大塚は，疎外によって人と人との関係が物と物との関係，つまり第2の自然として現れるから経済現象を自然現象と同じに扱えるようになると考えるのである．大塚はまた人間の経済的な営みは法則性をもって現れるという．この法則性が物化のことなのか．
> 　大塚の言う「疎外」，「物化」はいかに解消されるのか．大塚のマルクス理解によればこうである．ここでも大塚は群衆を引き合いに出し説明する．すなわち，群衆の無秩序な混乱した動きに対して，「軍隊などのように，計画的な隊列を作らせること」によって行進させれば，混乱は収拾できる．「群衆に隊列行進という計画性を与えて，その混乱を解消してゆく．こうして，人間の『疎外』現象を解消してゆけばいいのだ．こうマルクスはいうのだと思います」(同書: 20)．
> 　人間と人間との関係が物と物との関係となる．これによって社会関係は第2の自然となる．そこで自然と同じように社会を客観的に扱えるようになる．大塚はこう考えた．
> 　大塚の方法論についてはさらに検討しなければならないいくつかの論点がある．ここでは「自然科学と同じ理論的方法とは」一体どのような方法であるのか，を問わざるを得ない．大塚は，「経済現象に自然科学と同じ理論的方法が適用されることによって，科学的認識が成立する」という．そして理論的方法とは，マルクス経済学の場合，自然成長的分業という方法概念の操作を介すること，であるという．大塚は，科学的方法の説明に当たって，当時，科学的方法の代名詞ともなっていた「弁証法」とか「史的唯物論」とかのマルクス主義特有の言葉を意図的に避けている．また，帰納法，演繹法などの言葉も見られない．この点も大塚の社会科学方法論のユニークな特徴をなしている．そこで，あらためて自然成長的分業という方法概念の操作とは何かが問われるのである．

とせずに，かれらの意識から独立した外的な対象として世界を知りうるのではない．かれらは，言語，言説などをとおして世界を認知するのである．この点で説明的方法は解釈的方法であるのだ．

これまでの議論からほかにもいくつかの含意や示唆が得られる．客観的な真理は存在しない／社会は社会的に構築されている／社会科学者の役割は，どのように社会が構築されているのかを研究することにある．だが，実証主義からすれば，このような解釈学的行為は単に意見や主観的判断を下すことに過ぎず，その知的営為はフィクションの創造と変わらぬものになる．これでは知の有効性を判断する基準はどこにも存在しないことになる．

最後にこれまで概観してきた観念論や実在論，認識論，実在と認識の一致，といった問題のたて方，あるいは実証主義に対しては，ローティーによる興味深い批判があるのを紹介しておこう．彼は，「自然の鏡」というメタファーによって認識論中心の伝統的哲学を特徴づけ，批判した．彼によれば，そのメタファーが，「実在の正確な表象」，実在と認識の一致，あるいは真理の対応説，主観と客観などの諸概念と哲学的世界を形づくってきたのである，と言うのだ．彼は自著のタイトルに『哲学と自然の鏡』を選んだ理由として次のように述べている．

「われわれの哲学的確信のほとんどは，命題よりもむしろ描像によって，言明よりもメタファーによって規定されている．伝統的哲学を虜にしている描像は，さまざまな表象——あるものは正確であり，あるものは不正確である——を内に含み，純粋に非経験的な方法によって研究することのできる巨大な鏡としての心という描像なのである．鏡としての心という概念がなかったならば，表象の正確さとしての知識という概念が思いつかれることはなかったであろう」（同 1993：31）．

プラグマティズムの思想的伝統に棹さすローティーは認識論中心の哲学の歴史，「自然の鏡」というイメージの解体を企てたのである．彼によれば，プラグマティズムは一見すると実証主義者にすぎないかのように見える．それは知こそ力であり現実に対処する道具である，という観点を実証主義と共有しているからである．しかし，実のところプラグマティストは実証主義とは異なる立場であるという．それというのも前者は，実在との対応という考えをいっさい

捨て去り,「したがって,現在の科学は,それが実在に対応しているからわれわれの役に立っているのではなく,ただ単に役に立っているだけのことなのだと主張する」からである（同 1985：15）．

補論　客観性と価値自由──ウェーバー,カー,ブキャナン

(1)　ウェーバーの客観性と価値自由

M. ウェーバーの著作は,社会科学方法論に関する研究にかぎってみても,1895 年の教授就任講演『国民国家と経済政策』から 1898 年から 1902 年の病気を経て,ロッシャー,クニースの方法論との格闘（1903-06 年）,その間の『社会科学的および社会政策的認識の〈客観性〉』（1904 年）,マイヤー批判論文（1906 年）,さらに『理解社会学の若干のカテゴリー』（1913 年）,『社会学および経済学の〈価値自由〉の意味』（1918 年）,『職業としての学問』（1919 年）,『社会学の根本問題』（1921 年）とつづく．ウェーバーのいう理念型,社会科学の客観性とは何か．さらに,理念型と客観性とはどのような関係にあるのか．ここでは理念型と客観性に関するわが国のウェーバー研究者の研究をとりあげ,問題を探ることにとどめよう．

近年のウェーバー研究において,理念型はいったいどのようなものとしてとらえられているであろうか．金井『ウェーバーの宗教理論』での理念型論をみよう．曰く……「理念型を用いることによって,ウェーバーは認識の主観性を強調した．認識はすべて主観的なものであるという事実を,改めて,今まで誰もしなかったほどに強調したといってもよい」（金井 1991：21）．「理念型とは理念像 Ideal bild である．ゆえに理念型による事物の認識とは,当の事物について認識者が抱く理念像によって媒介された認識である」（同書：22）．「理念は認識を導き,認識の種類や内容を決定する．認識主体による認識対象の選択,認識側面の決定,認識のノエマとしての認識像の再構成などのすべてにおいて,認識主体の抱く価値や理念（価値理念）はあたかも輝く光源のごとくに対象を照らし出すのである．あらゆる認識におけるこの最も根源的な位相・態様を『認識の主観性モード』ないし『主観性モードにおける認識』とよぶことができよう．ウェーバーは理念型によってまさしくこの点を強調したのである．こ

のような認識論はいうまでもなくカント主義的なものである．カント的理念論と構成主義が理念型の中枢を貫いている」（同書: 23）．

山之内は理念型について「知の不確実性」の小見出しのもとで次のように説明している．「ある分析作業が特定の価値判断を根拠としているとするならば，たとえ同一の対象を扱っても，別の分析者が別の価値判断を前提とした場合，別種の像が構成されることは，大いにありえることでしょう．そして，この別種の像を虚偽だとして完全に排除することはできなくなります．ある特定の価値判断のみが唯一絶対とは言えないからです．社会科学者が提示することのできる像とは，対象についての唯一で確実な実態を示すというものではなく，現実のある側面を抽出してそれを純化した一種のユートピアなのであり，実は仮想のヴィジョンの提示であること――ウェーバー自身の言葉を用いれば『理念型』の提示であること――を認めなければなりません．『理念型』としてあるほかない以上，社会科学が提供できる像は，確実な真理だと申し立てる資格を持たないのであって，本質的に相対的であるほかありません」（山之内1997: 4）．山之内の場合も「確実な真理だと申し立てる資格を持たない」「特定の価値判断からの」「本質的に相対的」な像が理念型ということになる．ニーチェの影響を重視し，従来のウェーバー像の書きかえを試みた山之内にすれば，ウェーバーの社会科学は「近代知としての社会科学」を超えようとする試みであったと評価される．「近代知の限界内にあって，そこで安住していた従来の社会科学は，社会科学によって何らかの正しい知識が得られるということ」に「あまりにもナイーヴな期待を抱き続けてきた」．「ウェーバーの社会科学は，そうしたナイーヴな期待を破壊してしまう恐るべきエネルギーを内包していた」のである（同書: 6）．

このような理念型をとなえるとされるウェーバーは，「客観性」や「価値自由」についてどのように考えていたのであろうか．山之内はウェーバーの「価値自由」について次のように説明している．ウェーバーが，価値自由を論じたのは，「社会科学にたずさわる人間は一切の価値判断にとらわれてはならず，ただひたすら客観的事実を追求すべきだ，といったものではまったくありません．そのような純粋客観主義は，むしろウェーバーが排撃してやまないものでした．彼が論じたのは，社会科学のいかなる命題も，根本的には何らかの価値

第1章　実証主義と実証主義批判論

判断を前提とせざるを得ないということ，そしてこの点をはっきり自覚している必要があるということでした．純粋の客観的な立場などというものは，およそ歴史や文化をその研究対象のうちに含む社会科学においては存在しえない．というのも，社会科学の営み自身が，特定の歴史状況の内部におかれているからであり，特定の文化的時代的環境の要請に対応するものだからである」（同書：3）．こうして見ると金井や山之内の理解ではウェーバーは認識の主観性をとりわけ強調していたことになる．それでは認識の主観性と価値自由の問題はどう処理されたのであろうか．

　折原は，『客観性』論文への逐条解説で，同書でウェーバーは，「(1)社会政策の科学的批判とは何か，(2)社会科学はいかにして可能か」を課題としているとしたうえで，次のようにウェーバーの論述を解説している．ウェーバーにとって，「科学とは，ひたすら事実を認識し，普遍的に［ということはつまり，理想ないし価値判断のいかんにかかわりなく］妥当する真理を探究する別種の精神活動にほかならない」……．ウェーバーは，「『社会科学的』研究領域に，いかなる意味で『普遍的に妥当する』［すなわち，『客観的』な］真理がありうるのか，また，どんな方法でそうした真理に到達することができるのか」を問うている……．折原はまた「認識の経験的妥当性」と「価値理念」との関連についてふれ，「もし認識の［経験的］妥当性を，経験的所与を足場として［つまり，経験的所与にもとづいて］検証することが不可能であるということになれば，およそ経験科学としての社会科学は成立せず，その『客観性』を論ずることはそもそも無意味であろう」と述べている（折原 1998：189-90, 343）．折原は社会科学の「客観性」を「普遍的に妥当する真理」や「客観的な真理」とほぼ同義に用いている．それでは，「存在」と「当為」，あるいは「認識の経験的妥当性」「客観的な真理」と「価値理念の［まさに〈価値理念〉としての規範的］妥当性」とを，各人はどのように峻別したらよいのであろうか．

　折原によれば，ウェーバーは，「ひとりひとりの個人が，実践的価値判断と科学的認識とを，別種の精神活動として峻別した上，両者を緊張関係において〈区別して堅持する〉こと，この意味の醒めた自己抑制を，真の価値自由として説いたのである」という（同書：195-6）．

　そうであれば次のような疑問がわく．「個人による自覚的統制」や「ひとり

ひとりの個人」が，価値判断と科学的認識とを「別種の精神活動として峻別し」たり，「醒めた自己抑制」を自己に課すことは，どのようにしたら可能なのであろうか．折原は「こうした〈価値自由〉の実践はきわめて困難」であることを認めているものの，具体的に有効な方途を呈示してはいない．折原は，『デュルケームとウェーバー（上）』の「ウェーバーの論法-思考態度」でもウェーバーの社会科学方法論についてふれている．そこでも「主体的条件」，すなわち「没主体性」，「脆弱な主体性」ではなく「よく自己抑制のゆきとどいた姿勢」や「恣意的な自己主張を禁欲する」「近代科学のエートス」が強調されていた（同 1981：89-90）．

わが国ウェーバリアンの言説をさらにあげてみよう．安藤は価値自由について次のように説明している．「"ヴェルト・フライハイト"とは価値を"離れ"たり没"する"ことではなく，価値を持ちながらそれに"囚われない"そして囚われないという意味において"自由な"態度を指すことになる」（安藤 1965：89）．安藤によれば，わが国においてウェーバーの「価値自由」概念は，研究者は価値から自由にならなければならない，価値や理念と無関係でなければならないという風に誤って解釈されてきた．それでは安藤はどうしたら客観的な認識を確保できるというのであろうか．安藤の説明は次のとおりである．「ウェーバーは，人間の認識は本来『思惟の規範』（カント！）に拘束されているのだから，認識に際して感情や利害関心がストレートに発動して認識をくもらせることを制御できれば（すなわち禁欲！），客観的に妥当するような認識がえられる，ということを，社会科学の世界では公準，公理とみなしていました．いわば健全なプラグマティズムです」（同 1977：47-8）．別の著書でも「客観性とは各個人の内面的たたかい」，「客観性とは……精神の緊張関係（spannung）にほかならない」とか強調しているのである（同 1965：153-4）．

こうした諸説に直面すると，われわれは，ポパーの次のようなよく知られたマンハイム批判が，そのままウェーバー研究者の方法論解釈にもあてはまるように思われる．「知識社会学は，無意識的に社会科学者を捕らえている社会的諸力やイデオロギーを社会科学者に意識させることで，社会科学を改革しようと希望する．しかし，偏見にまつわる主要な困難は，偏見を除去するそのような直接的方法は存在しないということである．なぜなら，われわれが自分自身

第1章　実証主義と実証主義批判論　　　　　　　　　29

から偏見を除去するという試みにおいて何らかの進歩を果たしたということは，そもそもどのようにして知られるのであろうか．自分自身の偏見を除去したと確信している者が最も偏見に満ちた者であるというのが日常的経験ではないだろうか」（ポパー 1980：206）．

(2)　歴史的事実とは何か——カーの歴史学方法論

E.H.カーの歴史学方法論を端的に示しているのが「歴史的事実」について語っている次の箇所であろう．「現代のジャーナリストなら誰でも知っている通り，輿論を動かす最も効果的な方法は，都合のよい事実を選択し配列することにあるのです．事実はみずからを語る，という言い慣しがあります．もちろん，それは嘘です．事実というのは，歴史家が事実に呼びかけた時にだけ語るものなのです．いかなる事実に，また，いかなる順序，いかなる文脈で発言を許すかを決めるのは歴史家なのです」（カー 1962：8）．

カーは，コリングウッドの歴史論から「いくつか忘れられた真理」を指摘する．①歴史的事実はいつも記録者の心を通じて屈折してくるものであるから，当の書物を著した歴史家を研究すべきであること．②歴史家は自分が研究している人びとの心と，この人びとの行為の背景にある思想を想像的に理解する必要がある．③歴史家は現在の目を通してでなければ過去を眺めることもできず，過去の理解に成功することができない．

だが，カーによれば，歴史記述での歴史家の役割を強調しすぎると次のような重大な問題が生ずることになる．①客観的な歴史解釈は存在しないことになる．②過去の問題を研究するのも現在の問題の理解のためであるとすれば，歴史家は「プラグマチックな歴史観に陥ってしまう」ことが避けられない．カーは「客観的な歴史解釈」と言う．それでは追求すべき客観性も所詮は「解釈」にすぎないとでも考えているのであろうか．

カーは事実と価値を峻別する実証主義的歴史学を批判して次のように述べている．「歴史における解釈はいつでも価値判断と結びついているものであり，因果関係は解釈と結びついているものであります．マイネッケ——あの偉大なマイネッケ，1920年代のマイネッケ——の言葉を借りますと『歴史における因果関係の研究は，価値との関係がなければ不可能である……因果関係の探求

の背後には，直接的にせよ，間接的にせよ，いつも価値の探求が横たわっている．』そして，これは，私が，前に申し上げたこと，つまり歴史の二重の相互機能——現在の光に照らして過去の理解を進め，過去の光に照らして現在の理解を進めるという——のことを思い出させるでしょう」（同書：158）．カーは，歴史家というものは事実と解釈との間，事実と価値との間に立たされているものであると考えるが，それでは，どうしたら客観性は保たれるのか，については言わない（同書：197）．

カーは，歴史研究の方法論として「仮説」と「相互作用」の役割を重視する．カーはまず仮説について次のように述べている．

「……，18世紀や19世紀の科学者たちが一般に法則を信じていたような意味では，もう誰も法則の存在を信じてはおりません．広く認められているところでは，科学者たちが発見を行ない，新しい知識を獲得するといっても，厳密な包括的な法則を打ち樹てることによってではなく，新しい研究への道を開くような仮説を作り出すことを通じてなのであります」（同書：83）．カーによれば，歴史家が研究の過程で用いる仮説の地位は，科学者が用いる仮説のそれと驚くほど似ている．仮説はテストされなければならない（同書：85）．

カーは，歴史学の研究方法と自然科学の研究方法とで方法のうえで大きな違いはない，これまで法則と呼んでいたものは「仮説」と呼ぶべきであると述べて，仮説の方法的な役割を重視している（同書：83）．

さらに，カーによれば科学の方法は「相互的」でなければならない．カーは次のように述べている．科学の方法は「本質的に循環的」なものである，との説もあるが，「『循環的』という言葉よりも『相互的』という言葉の方がよいように思われます．なぜなら，その結果は同じ場所に戻っていくということではなく，原理と事実の間，理論と実際との間のこの相互作用の過程を通って新しい発見へと前進して行くのですから」（同書：84）．

「過去の光に照らして現在を学ぶというのは，また，現在の光に照らして過去を学ぶということも意味しています．歴史の機能は，過去と現在との相互関係を通じて両者を更に深く理解させようとする点にあるのです」（同書：97）．

そうしてカーによれば，歴史家は一般化を行うことを通じて将来の行動のための正当かつ有効な指針を与える．この点では科学と歴史学も，彼らの方法と

第1章 実証主義と実証主義批判論　　31

目的が根本的に違うわけではないのである（同書: 98-100）．しかしながら，ここでもカーは，どうしたら価値にとらわれず「一般化」が可能となるのか，示してはいない．

　カーの方法は「唯物論的知識社会学」，「決定論および思想の社会的拘束性」にもとづくものと理解されている．こうした歴史方法論に依拠するカーの歴史分析と予測はどうであったろうか．

　カーは，1892年に生まれた．「偉大なヴィクトリア時代の信念と楽観主義の絶頂期ではなく，その名残のなかで育った」カーは「きわめつきの進歩を信じていた」．カーはイギリス外務省で経験を積み，1930年代にはナチスへの宥和政策を支持した．やがて学究生活に入り，国際関係を教えた．第2次世界大戦中は「タイムズ」の論説員となり，スターリン政権下のソ連とイギリスの同盟を強く主張し，計画経済が未来を拓く道であるとの信念を抱くにいたった（エヴァンズ 1999: 180）．国際政治，国際関係にかかわる彼の主要な著作は，1939年の『危機の二十年』，戦中の『平和の条件』，1945年の『ナショナリズムの進展』，そして1947年の『西欧世界に対するソ連の衝撃』，1951年のBBCのラジオ講演をもとにした『新しい社会』が知られている．この後，彼はソヴィエト革命史研究に没頭する．

　カーの最も代表的な学術的な著作として知られるのが『危機の二十年』である．ここでカーは，ブルが指摘するように，二項対立的枠組みを意図的に設定し，国際政治の思想と行動の理解と分析を試みる．「ユートピア主義」と「現実主義」，「自由意志」と「決定論」，「理論」と「実践」，「左翼」と「右翼」，「倫理」と「政治」などなど．彼の目的は「ユートピア主義」の批判，「現実主義」の擁護であった．この著作は，カーの史学方法論の有効性を評価するうえでの格好な資料を提供している．とりわけ彼の史学方法論との関連で問題となるのは，1939年の初版本でのチェンバレンの現実主義，ドイツに対するイギリスの宥和的政策を弁護した同時代的な歴史解釈であった．彼は，1938年のミュンヘン協定にいたる交渉を「重要な国際問題を穏やかに変革することで解決に導くアプローチとして，最近では最も成功した事例である」と評価していたのであった．さらにスミスによれば，カーは1938年に出版された別の本で「イギリスの宥和政策をさらに声高に弁護し，チェンバレンの『現実主義』を

賞賛し，懐柔と譲歩を貫こうとしたチェンバレンの努力を称えた」のであった（スミス1997：111）．宥和政策に関する歴史分析の失敗を自ら批判したからであろうか，カーは1946年の第2版でかかる箇所の記述を削除することになる．

その後，カーは第2次世界大戦中から戦後にかけ次々に戦後世界についての分析と見通しをこころみた．しかし，これらも最終的には，すべて外れた．戦後世界の社会主義化への胎動と伝統的国民国家の終焉，自由放任経済の終焉と計画経済の発展，軍事的にではなく政治的経済的なものであるとの一面的な主張にもとづくソ連脅威論，などが彼が力説していた主要な論点であった．彼は，また第2次世界大戦後の「冷戦」の現実に背を向け，それを取りあげ，問題として分析しようとはしなかった．こうした点はカーの歴史学方法論を評価するうえで一体どのように考えたらよいのであろうか（ロング／ウィルソン2002）．

カーは，一方では，事実と価値との峻別に拘泥する絵に描いたような実証主義を批判する．彼自身は，実証主義と対極にあるかにみえる歴史家による解釈学的方法論を採用している．だが，カーは，これと同時に歴史解釈における「理性」の役割を重視し，社会現象への理性の適用，「客観的な歴史解釈」，人間社会の客観的理解にもとづく社会の支配，計画化を構想していた．「合理的と言われながらも人間の統制の外にあった客観的な経済法則に服従していた時期から，人間が意識的行為によって自分の経済的運命を統制する能力を持つと信じる時期へのこうした転換は，私の見るところでは，人間現象に対する理性の適用の前進，自分と自分の環境とを理解し支配する人間能力の増大を現すもので，必要とあれば，これを進歩という古風な名前で呼んでもよいと思うのです」（カー1962：212）．

正統派マルクス主義者と同様に理性による社会の統御を信じるカーは，ポパーの「『断片的な社会工学』の勧め」を「彼が理性に与えている役割がいかに狭いものであるかが判ります」と批判している（同書：232）．

歴史は法則性の抽出と未来予見性の双方において他の諸科学となんら変わるものではないとカーは結論づけている（エヴァンズ1999：46）．

これについてエヴァンズは次のように批判している．カーの歴史の客観性についての定義に欠点を見いだすのは簡単なことである．過去を客観的に解釈していると思いたいならば，歴史家はソヴィエト型の計画経済で歴史を説明しき

ってしまうようにカーは求めたが,こういう見方は1990年に突然終わりを告げた.しかし,市場資本主義が最終的に勝利を収めたという見方に立って退屈で楽観的な未来を予測した人びとも宗教的原理主義の台頭を予言できなかった.「いずれにしても,歴史的客観性は,想像された未来とは一致しないのであって,……歴史家であるかどうかにかかわらず未来を正確に思い描いたり,予言したりすることは誰もできないのである.結局,カー自身が,そういう誤りの古典的な例だったのである」(同書:182).

カーの見解は時代遅れとなった.「言語論的転回」とポストモダンの台頭をへて歴史は多くの言説のなかの1つにすぎないものとなった.第1次資料にもとづいた厳密な科学的歴史,という考え方が厳しい批判にさらされた.「歴史とは何か」ではなく「歴史研究は可能か」に問題の中心が移行した(同書:2).エヴァンズによれば,歴史家のなかには,次のように危機感を募らせたものもいた.最近の思想に見られる脱構築的傾向は,歴史を多かれ少なかれ事実に忠実な過去の記録ではなく,歴史家自身の作り物でありフィクションだと見る傾向を一般化するものである,と(同書:5).彼らが提起したのは次のような問題であった.客観的知識を獲得することは可能であるのか.真実というものは把握しがたい相対的な性格を持っているのではないか.どのように歴史的事実を定義し,事実と虚構とを区別したらよいのか.歴史的因果関係とは何か.

(3) 客観性と価値判断の統一——ブキャナンの工夫

J.M.ブキャナンは,政治経済学者の役割について次のように論じている.「現存する社会構造に存在する欠陥を明らかにし,可能な『改善』を提示することである」(ブキャナン1988:19).

ブキャナンは,一方では政治経済学者の政策提案は,実証主義者が主張するように個人的価値判断から自由でなければならないと考える.だが他方では,先に指摘したように社会にとって望ましい政策提案をするのが政治経済学者の役割であるとも考えている.そうであれば,政治経済学者の政策提案の客観性はどのように担保されるとブキャナンは考えるのであろうか.

ブキャナンは,「経済学は政策科学か」と題する論考の結論で概要次のように述べている.専門的学者によって行われている現代経済学は本質的に方法論

上の混乱がみられる．それは，経済学説の歴史において，経済学者が価値の客観理論と主観理論の間の有効な統合を確立させることに失敗してきたことからやむを得ないことであるかもしれない．経済理論の仕事が，経済の仕組みや市場制度の役割を「説明」することにとどまる限り，言い換えればいくつかの公準をもとに経済学が，（主観的）効用とは何か，費用とは何か，需要と供給や価格決定のメカニズムなどについてあれこれと客観主義的にその理論体系を祖述する限り，経済学が抱えてきた客観的要素と主観的要素は，明らかな矛盾なしに併存することができよう．だが経済的行為主体の科学としてひとたび経済学を「選択の科学」，公共選択の科学，として拡張しようとすると，先のような混乱が生じるのである．ブキャナンにいわせれば，個人の選好にもとづいた選択にかかわる「感覚データは，外部の観察者によって客観的に求められるどんなデータとも次元的に異なっている」のである．換言すれば，観察者としての経済学者は経済的行為者として自らの選好にもとづき選択する人の心の内を知りえないのである．そうして，これらの認識論上の点を経済学者が理解することに失敗したことが，今日みられる方法論上の大混乱に直接結びついているのである（同書：57-8）．

　新旧の厚生経済学者は一般に観察者の全知を前提にしてきた．しかしその前提が明らかにされるのは稀で，さらにその前提の意味が吟味されるのはもっと稀であった．ブキャナンは，観察者としての経済学者が個人の選好関数を読み取ることができるという，この全知の前提はまったく受け入れがたいとする．それというのも，効用は基数的にしろ序数的にしろ，個々の意思決定者にのみ測られるものなのである．それは，主観的にのみ測られる大きさなのである．個人の選好パターンは，行動を通じてのみ結果的に顕示されるほかないのである．「強調される点は明らかである．『選択』に影響する費用は純粋に主観的であり，これらは意思決定者の心のなかにのみ存在する」（同書：55）．

　ブキャナンの独自性を如実に示した研究に費用概念の思想史的発展のあとをたどったものがある．それは彼がオーストリア学派を起源としながらも，独自にロンドンスクール・オブ・エコノミックスの学派から派生した成果と考える「機会費用」の概念を核心とする学説の整理とその政策的応用の試みである．ブキャナンは費用理論の発展に寄与した経済学者としてミーゼス，ハイエク，

ライオネル・ロビンズ，コースらの名を挙げている．

　効用は主観的な現象であり，古典派の生産費のように外部からあるいは客観的に測定しうるのもではない．古典派の生産費理論は，相対的な費用を外部から測定することによって商品の正常交換価値の予測が可能になると考えられたという意味で，客観的であった．

　ブキャナンは「主観的価値を組み入れた正統的新古典派経済学」と「後期オーストリア学派」，なかんずくミーゼスとハイエクの「主観主義経済学」との区別を強調する．この区別が覆い隠されたのは経済理論が市場の相互取引の説明に限定される限りごく当然であった．だが，厚生経済学が登場するとともに以前は通用しえた方法論的曖昧さは通用しなくなる．

　厚生経済学は，何が，いかなる政策が望ましいかの規範的科学である．そこでは，個人や社会の厚生をどのように定義したらよいのか，また，それらをどのように計測したらよいのか，さらにはある政策の実施が望ましいかどうかはどのように評価されるか，などが扱われ，経済制度や組織の善し悪しを問題にする．そこでは，最も望ましいものを選択しようとする人びとの選択的行為を問題としなければならない．

　ブキャナンによれば「予測的科学としての経済学」は仮説の反証を必要とする．この制約に従うならば経済学は客観的，経験的な内容を持たなければならない．そして中心的命題の確証もしくは反証を可能とするものは，測定可能でなければならない．そこではホモエコノミックスの公準のもとで，諸個人の行動パターンにおいて主観的に評価される選択肢の表現として貨幣費用や貨幣収入といった客観的に観察可能な数量が利用される．このようにして経済学の客観化がなされるわけである．だが，こうした世界での費用はブキャナンが「予測的理論における費用」とよぶもので，科学者のモデルのなかに住むオートマン，すなわち純粋な経済人にのみかかわるものである．そこでの客観的なデータが，現実の意思決定者による選択の際の主観的評価から変換されたものであるかどうかは経済理論家の関心ごとではない．だから，厳密にいえば，この理論は決して選択の理論ではないことになる．個々人の選択の際の主観的評価ではないからである．即ち，彼らは客観的に測定可能な与件の変化に反応して行動すると想定されているだけである．

そこで選択理論における費用とは何かが問題になる．ブキャナンは次のように論じている．「この概念の本質的な要素は，費用と選択という行為との間の直接的な関係，すなわち新古典派の予測的理論には存在しない関係である．これに対して，ロンドン＝オーストリア学派の概念においては，費用はある意思決定のマイナスの側面，すなわちある代替的選択肢が選択される前に克服されねばならない障害のことになる．費用とは意思決定者が選択を行うときに，彼が犠牲にし，諦めなければならないものである．それは代替的な行動計画の間の選択の結果として犠牲にしなければならないと予想される満足や効用に対する，彼自身の価値評価を意味している（同書：54-5）．

そうしてブキャナンは選択にしばられたこの費用概念から次のような明確な含意が導かれるという．

①最も重要なことは，費用はもっぱら意思決定者によって負担されなければならないということである．

②費用は主観的である．すなわちそれは意思決定者の心のなかに存在するものである．

③費用は予想にもとづく事前的な概念である．

④費用は選択という事実それ自体の理由によって決して実現されない．すなわち諦められるものは享受されえない．

⑤費用は意思決定者以外の誰によっても測定されえない．なぜなら主観的経験を直接に観察できる方法はないからである．

⑥最後に，費用には意思決定もしくは選択の瞬間の日付が入れられうるのである． 　　　　　　　　　　　　　　　　　　　　　　　　（同書：55-6）

経済学では，限られた資源の使用から利益や成果を最大にするという意味での「効率性」の概念が重視される．だが，「効率性」は計測のためのある共通の尺度，価値尺度がなければ意味がない．「選択」と「費用」の側面からとらえ直された経済学的知見をもとに「効率性」の問題をとらえ直すとどうであろうか．個人の意思決定者にとって効率性の概念は有意味である．しかし，外部の独立の観察者にとっては，個々の経済的行為主体の意思決定過程を知ることはできない．意思決定者の考える「効率性」を外部から観察しては決して知りえないのであるから，それは観察者としての経済学者が推測する「推測的効率

性」ということにならざるをえない．観察者は，観察対象者の価値尺度を推測して効率性の基準を導入することになる．

　政治経済学者の役割は，社会状況を診断し，可能な政策の変更の集合を選択する個々人に提示することである．彼は社会政策の変更を「推測的パレート最適」として提示することができる．そこで，この政治経済学者は実証主義の精神に忠実であろうとすれば，彼のこの行動は倫理的に中立でなければならない．

　厚生経済学の生成を契機に，経済学における主観的要素と客観的要素との矛盾が顕在化したといってよいであろう．

　それは第1に，効用，主観的価値と選択をめぐる問題である．効用はあくまで主観的，個人的なものである．それは，あくまで各個人の心の内にしか存在しない．したがって代替的選択肢のなかから個人が自らの選好にもとづき最も好ましいものを選択するとして，何を選択したかは，事後的，結果的にしか観察者には分からない．行為者の行為を客観主義的に説明しようにもそれを外部の観察者は理解しえないので客観的な事態として説明しえない．

　第2に，厚生経済学，社会的選択の経済学として個人や社会にとって何が望ましいのかを問題視すると，それはまさに規範的問題にならざるを得ないのである．だが，政治経済学が実証主義経済学として規範的問題を回避し，客観的価値中立性を保たねばならないとするのであれば，この要請と規範的科学としての要請との矛盾をどう解決することができるのであろうか．実証科学としての経済学にこだわるのであれば，「客観性」を貫徹させつつ社会的に最も望ましいというきわめて規範的な政策を模索しなければならない．この客観性と規範性との対立をどう解決すればよいのであろうか．

　政治経済学者の政策提案が，実際にパレート最適であることをどのように実証することができるのか．ブキャナンは，政治経済学者の仮説は，彼が提示した選択肢に反応する人びとの行動によって検証される，仮説の検証は，観察可能な人びとの行動によるしかない，行動によってのみ検証が可能となる，と考えるのである．これはどのようなことか．

　政治経済学者にとって人びとが如何なる代替的政策をパレート最適と考えるかは予め知りえない．あくまでこうであろうとの推測にもとづいた「パレート最適」――「推測されたパレート最適」――を提示するほかないのである．つま

り，「推測されたパレート最適」を示し，彼の提案が正しいか，正しくないか「（適切に修正された）全員一致の検証」を行う必要がある．

全員一致による検証．それでは代替案の当否はどのように判断するのか．ブキャナンはポパーの反証主義に立脚して問題の解決を図る．ブキャナンによれば，ある政策の妥当性は，ある社会集団の「相対的全員一致」によって同意が得られたことで検証される，ことになる．ブキャナンの考えでは，もちろん絶対的な全員一致のルールが望ましい．だが彼は，社会集団には反社会的な理性的ではない人が存在しうるゆえに，純粋の「相互の利得」がある場合でも，絶対的な完全な合意は不可能であろうと考えるのである．彼はそこで，ヴィクセルが認め提案したと評価する「相対的全員一致の不完全なルール」を「完全な同意」に取って代わる次善のルールとするのである．こうした手続きが「科学的客観性のある規範」を確立するのに有効と考えるのである（同書: 16, 20）．

推測的効率性を基準とするある政策変更は，実際的には国民投票によりすべての個人によってか，もしくは立法府において彼らの代表によって投票される．もし多数が提案に反対すれば彼の政策は反証されたことになり，代替案が考えられなければならない．

ブキャナンは，多数決ルールに潜む危険性への注意も怠らない．彼は，集合的決定が多数決によってなされると知れば，政治経済学者は，合意よりもその多数の支持を得るような代替案を提示する魅力にかられる．彼の立場からすれば，こうなれば政治経済学者を規定している中立的立場をおかすことになるのである（同書: 17）．ブキャナンが考えるような全員一致ルールはイギリスの植民地であった頃のニュー・イングランドのタウン・ミーティングを連想させる．なるほどそれは政治的自由，市民的自由が普遍的原理として確立し，経済的社会的格差が解消し，価値観，宗教観，文化的アイデンティティなどで深刻な対立がみられない同質的な社会では可能であるのかもしれない．だが，サブ・サハラ地域や宗教紛争が泥沼化しているような地域ではどうであろうか．

第2章
経済学における演繹的方法と帰納的方法

1 経済学方法論のミル的系譜

　社会科学のなかで方法論的基盤がきわめて強固と考えられてきた経済学の方法論史において実証主義的方法論の系譜をたどると，J.S. ミルの『論理学体系』が無視できぬ歴史的作品として残されている．本章では，この『論理学体系』を出発点にして経済学方法論の構築がそれ独自に追求されはじめた過程をたどり，実証主義経済学の方法論における「ミル的伝統」とでもいうべき系譜に検討を加えてみよう．ここでミル的伝統というのは，経済学方法論としての帰納法を援用した演繹的方法のことである．

(1) ミル『論理学体系』と帰納法
ミルの帰納法
　ミルは，『論理学体系』第3編で帰納法を論じ，その具体的方法として5つの方法を指摘し，それぞれに具体例を挙げて説明している［第4図］．
- (1) 一致法 (method of agreement)
- (2) 差異法 (method of difference)
- (3) 一致差異法 (joint method of agreement and difference)：(1) と (2) とを併用する．
- (4) 剰余法 (method of residues)
- (5) 共変法 (method of concomitant variations)

　ミルのこうした帰納法の分類にあたって興味深いのは，それらの具体例とし

第 4 図　ミルの帰納法

(1) 一致法
ABC ——— a
ADE ——— a
AFG ——— a
———
———
∴A ——— a

(2) 差異法
ABC ——— a
BC ——— ā
∴A ——— a

(ā は a ではないことを示す)

(3) 一致差異法
ABC ——— a　　PQ ——— ā
ADE ——— a　　RS ——— ā
AFG ——— a　　TV ——— ā
———　　　　　———
———　　　　　———
∴A ——— a

(4) 剰余法
ABC ——— abc
　B ——— b
　C ——— c
∴A ——— a

(5) 共変法
ABC ——— a
(A→A′) ——— (a→a′)
∴A ——— a

(有尾 1987: 64-7)

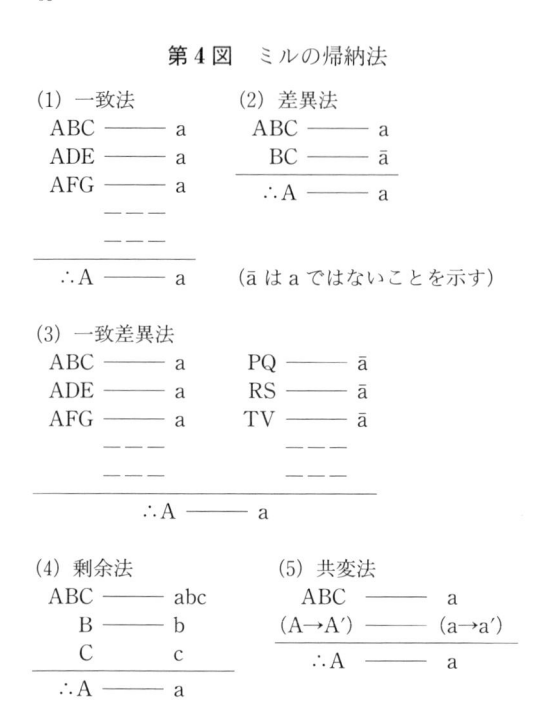

てあげられているものが,自然界の事例であり社会的事象の例示はない点である.このことは何を示唆しているであろうか.

ミルは特殊命題がカバーする範囲と全称命題がカバーする範囲が一致する「完全帰納法」ではなく「不完全帰納法」に立脚していた.それは比較的少ない事例から一般的な結論を導き出せる点で科学方法論として優っていると考えたからである.しかし,これでは帰納法は蓋然的な推理との批判が生じかねない.不完全帰納が成立するためには,「自然の斉一性 (uniformities of nature)」,すなわち自然に法則的な連関が支配している,と前提せざるを得ないのである.普通,自然の斉一性という場合,「共存の斉一性 (uniformities of coexistence)」と「継起の斉一性 (uniformities of succession)」を指す.共存の斉一性とは空間的に斉一の仕方で関係している場合であり,継起の斉一性とは時間的に斉一の仕方で継起する場合である.

「時間における現象生起の秩序は,継起かまたは同時の関係である.それ故に現象生起において支配している斉一性は,継起の斉一性 (uniformities of succession) か,または共存の斉一性 (uniformities of coexistence) である.継起の斉一性はそのすべてが因果関係の法則とその帰結に包含されている」(同 1958: 515).

ミルは「継起の斉一性」については,「特殊な多くの事例」から原理や法則,一般的命題を引き出すことに何ら疑いを抱かなかった.だが,彼は「現象の共

存において支配している斉一性」の問題性に気づいてはいた．これはミルの次のような説明から明らかである．「……ある種類（例えば烏）がある特性（例えば黒）を普遍的に所有するかどうかという研究にあっては」，すなわち「我々が『すべての烏は黒い』というような命題の真理を研究する際には」「継起関係を支配する因果の普遍的法則に類似した，共存の普遍的法則が欠如しているので，我々はここで古人の非科学的な帰納法，──矛盾する例が現れないところでは単純枚挙によるという方法──に頼らなければならない」（同書: 522, 524）．

少ない事例から一般法則を導き出す枚挙法は斉一性を前提としなければ成り立ちえないのである．ミルは，不完全帰納法が論理的に必要とする共存の斉一性を前提としえないことを認めていながら，この難問に対する解決策を見いだせないまま，帰納法を定式化せざるをえなかったのである．

ミルは経済学の方法として帰納法は適当ではないと考えた．それは次のような彼の科学法則観からすれば当然であったろう．ミルはまず当時の科学を「合成の法則（law of composition of causes）」とこの法則によらない「異結果的なもの（heteropathic）」に分けた．ここで合成の法則とは，いくつかの原因の結合結果がおのおのの結果の総計に一致するという法則であった．力学において多くの異なる原因が作用するが，結合の結果（joint effects）は，おのおのの独立の作用の結果に一致する．こうした例がミルのいう合成の法則であった．一方，異結果的なものはミルによれば化学のような場合である．ミルは，この例として，水素と酸素の特性がそれらの化合物である水の特性に痕跡すら見いだせない事象をあげている．この場合，異結果的なものが生み出され何がどう作用したかは見いだしえないのである．

ミルはさらにその経験主義的立場から，科学を実験可能なものおよび観察可能なものと，そうでないものとを区別した．合成の法則と異結果的なものとの区分と同様に観察と実験の可能性をもって現象を区別することは今日ではほとんど意味をなさないが，当時としては避けられない知見であった．いずれにしてもミルは経済学が典型であるが社会科学が対象とする現象は，①複数の原因が作用し，別々の結果が合成されている，②制御された実験ができない，ことの理由に帰納法が適用できないと考えたのであった．

ミルは『論理学体系』第6編第1章の序説の冒頭で「道徳科学は遅れている．これを救う唯一の途はただこの科学に物理学の方法を適当に拡充し一般化して適用することにある」と述べている．ここに，自然科学の方法を社会科学に適用することによって科学が担保されるという，素朴な実証主義科学論の典型がみられる（ミル 1955：51）．

　かつてポパーは，社会科学の諸分野で活躍している人びとは，方法論の問題に多大なる関心を寄せているが，その諸問題をめぐる議論の多くは，より華々しい科学である物理学の諸方法を社会科学へ適用しようとする試みである，と批判した．ポパーは，こうした立場を自然主義的傾向ともいうべき動きと概括する．そうして，このような「物理学における実験的方法をまねようとする意識的な試み」は，「ちょうどミル（Mill）以降に，社会諸科学の方法を改革しようとして繰り返されてきた試みであった」と論じている．このようにポパーによれば，ミルの方法的な立場は，自然主義的なアプローチであるということになる（ポパー 1961：15-6）．

ミルの「道徳科学」論

　ミルは道徳科学をまず，人間の本性に関する科学としてとらえる．ここでは，心理学とエソロジー（Ethology）が研究対象とされる．まず，心理学（精神科学）は観察あるいは実験の科学として精神一般の単純な諸法則の確立にあたる．これに対してエソロジーは性格形成の科学で，演繹的な方法にたつ．ミルの言うエソロジーが，現代の諸科学のどの分野に相当するのか見当がつかない．だが，ミルによれば，それは「個人の性格形成とともに国民や集団の性格形成をも含めた最も広い意味での教育の技術に相応する科学」なのである（ミル 1955：181）．

　ミルは，このエソロジーを媒介，あるいは基礎として社会科学（the Social Science）＝一般社会学（社会動学，社会静学）と特殊社会科学（政治経済学，政治エソロジー）を構想する．

　まず一般社会学だが，これについてミルは次のように述べている．「一般に社会状態を生ずる原因は何か，その特性となる現象は何か」「この問題を解決するところに一般社会学が生じる」（同書：217）．それでは一般社会学が対象

第2章　経済学における演繹的方法と帰納的方法

とする「社会状態」とは何か．ミルは概要次のように説明を加えている．社会状態は肉体における種々な体質，種々な年齢と同様である．それは，ひとつ，あるいは数個の器官や機能の存在様式ではなく総体としての有機体の状態である．だから，われわれが過去について，また現在地球の種々な地域に存在する各種の社会状態についてもっている知識は，適当に分析すれば必ずやある斉一性を示すのである（同書: 218）．そして，1つの社会状態から他の社会状態へと移ってゆく継起に関わる諸法則を見いだすことが社会学の根本問題であると述べている．

「しかしながら，ある原因の結果として生ずる諸現象間にあらわれる共在の斉一性は，……これらの現象を事実規定する因果関係の法則の系でなければならぬ．だから，1つ1つの社会状態における種々の要素間相互の相関関係は，1つの社会状態から他へ移ってゆく継起を規正する諸法則に由来している派生的な法則である．……．それ故，社会学の根本問題は，ある社会状態がそれに続いてその地位にとってかわる状態を生みだすときの法則を見出すことだ」（同書: 218）．

しかし，法則を見出すべきであると言っても人間性に関わる科学は，天文学などの自然科学とは異なる「法則」に甘んずるべきであろう．こうした観点からミルは科学を，精密科学（exact sciences）と精密ならざる科学（not exact sciences）とに区別し，おさまりをつけようとする．この区別をミルは天文学を事例に論じる．ミルによれば，天文学はかつて精密化学ではなかった．だが，天文学は，「星の運行の一般的軌道のみならずその変動をもまた説明し，原因を明らかにする」にいたって精密科学となった．

これに対して，例えば，「潮汐学」はまだ精密科学とはいえないのであった．「それは内在的に不可能なためではなくて，そこに真に派生するものの斉一性を完全なる精密さをもって確定することが難しいから」であった．しかしながら，いくつかの既知の法則や専門的な観測から得られた経験的法則や近似的概括と結びあわせて「大体真理に近い一般的命題」を打ちたてることができるのである．ミルによれば，潮汐学，気象学などとともに社会科学が精密科学ならざる科学であった（同書: 162）．

こうして「人間性の科学（Science of Human Nature）」は，潮汐学などに近

い性質を持ち，したがってそこでは「近似的一般化」あるいは「近似的真理」を精密科学の普遍的真理，法則と同じものと考えてよいのである（同書：163）．

さらにミルは社会状態を分析するのにあたりコントにならって「社会静学」と「社会動学」を区別した．「社会静学における派生的法則は種々なる社会状態を分析して，それの継起の秩序とは無関係にその1つ1つを相互に比較することによって確立された」．これに対して，「その継起の秩序の考察」「社会状態の諸系列を観察し説明すること」は社会動学の対象となる（同書：228）．

これまで長々と一般社会学について論じてきたが，ミルが構想した特殊社会学とは何なのであろうか．ミルはそれが政治経済学と「政治エソロジー」によって構成されると考えた．

まず政治経済学である．ミルはこれを次のような学問として構想した．すなわち，経済学は，「人間性の一法則」——「富の欲望を通じて作用し」「利益の小なるよりも大なるものをとるという」「心理学的法則」——にもとづき，この一法則から「推論」して「生産活動から生じる社会現象」を「説明し予言する」一部門であると．「経済学は人間をただ富の獲得消費のみをこととしているものと考える」．実際にはこれ以外の多くの動機が作用することもあるのだが，経済学は「この欲望に支配されて人間は富を蓄積しさらに富の生産のためにこれを使用してゆくのを明らかにするのである」（ミル 1955：208-9）．ミルは，このように経済学は「富を追求する人間の行為が，最少の労力と克己心とをもって最大の富をえようとする欲望」をもとにア・プリオリに推論し，考察する科学であると考えるのであったが，次のように論じて，その演繹的抽象的性格からもたらされる理論的，政策的制約についても言及していた．「富を追求する人間の行為」が「最大の富をえようとする欲望以外に副次的に他の性質の影響をもこうむることが知られているからには，経済学の結論は他の原因からどの程度に影響されているかを正確に斟酌し訂正するまでは，そのかぎり真の事象の説明や予言に適用することはできないだろう」（ミル 1955：210）．ミルが『論理学体系』のなかで政治経済学について論じている部分の主たる内容は「経済学の定義と方法」(*On the Definition of Political Economy : and on the Method of Philosophical Investigation in the Science*)」(1836) からとられていた．

第2章　経済学における演繹的方法と帰納的方法　　　　　　　　　　45

最後に政治的エソロジー．それは「……一時代，一国民の性格の方は如何なる原因によって規定されるか」，あるいは「国民性の原因」，「人々の性格に及ぼす制度や社会組織の影響」を扱う学問として構想された（ミル 1955 : 212）．しかし，ミル自身，政治的エソロジーが学問的にはまだ「幼稚な状態」にあり，不定形であることを認めていた．

(2)　帰納法は科学の方法たりうるのか

イギリス経験論の正嫡を任じるミルは，ヒュームが指摘した「帰納の問題」，帰納法の正当化の問題，をどのように処理したのであろうか．パンからうけとる滋養の問題とからめて考えてみよう（フィービー 1991 : 12-3）．

(1) パンは過去においていつも滋養を与えてきた．
(2) 過去において常に得られたものは，将来においても得られるであろう．
(3) それゆえにパンは滋養を与え続けるであろう．

この3段論法の(2)は，過去の経験にもとづく一般化によって導き出される．だが，帰納法を正当化するために帰納的に引き出されたものを用いるのは，循環論法ではないか．確かに過去においてパンは人に滋養を与えた．そうであるとしたらパンはこれからも滋養を与え続けるであろうか．ヒュームの議論では否である．とくに彼が麦角中毒にかかっている場合はそうではないのである．

ここではラインバッハの議論をなぞって「ヒュームの問題」=「帰納の問題」をあらためて考えてみよう．「帰納が非分析的性格を持つ」というのがヒュームの第1の主張である．「知識に対する精神の寄与が，もしすべて分析的であるとすれば，帰納的推理を用いるにあたって重大な困難が起こってくる．この問題に注意を向けたことに，哲学史におけるヒュームの意義がある．……すなわち，帰納的推理は分析的ではない，ということだ」（ラインバッハ 1954 : 85）．

ヒュームの第2の主張は，帰納的推論は経験に言及することによって正当化され得ない，ということである．「すなわち，これまで帰納的推理を幾度となく使ってきて，みなうまくいった，だから今後も，この推理を用いて大丈夫なのだ」といった議論である．「もし帰納が信頼しうるものであると仮定すれば，帰納は信頼しうるものであると証明することができる，といった理屈は循環論法であって，そのような理屈は成り立たないのである．」「帰納的推理は正当化

することができない，というのがヒュームの批判の結論となる．」

　ラインバッハによれば「これが経験主義者のジレンマである．」なぜならば，「徹底的に経験主義者であろうとすれば，分析的言明と経験から導かれた言明以外の，いかなる結論をも承認すべきではないし，そうすれば帰納をおこなうことができず，従って将来に関するいかなる言明をも放棄しなければならなくなる」からである．

　そうして「経験主義の古典的時代，すなわちベイコン，ロック，ヒュームの時代は，経験主義の挫折に終わる」はずであった（同書：85-6）．だが，帰納法は生命力を維持し続けた．

　ボーランドはこれについて次のように説明している．19世紀当時，帰納法を用いた科学的な観察から物理学の諸法則に到達したとニュートンが主張しているように考えられ，彼の物理学は帰納的一般化のパラダイムとなっていた（Boland 1982：15）．

　しかしながら，ニュートンが科学方法論として純粋に帰納的方法を考えていた，と理解しては彼の自然科学の方法を誤解することになる．なるほどニュートン＝帰納主義者との誤解が生じるのも理由のないことではない．彼自身が『プリンキピア』第2版の「一般的注解」で「我は仮説を作らず」と言い，現象から引き出しえないものはすべて仮説と呼ばれるべきで，かかる仮説はこれの実験哲学では場所をもたないと明確に述べているからである．だが，ニュートンの『プリンキピア』の重要な研究が，実は帰納的に得られたのではない仮説にもとづいた概念をもとにしたものであることが明らかにされている．たとえば力学理論は，絶対時間や絶対空間，絶対運動，あるいは数学的解析によって得られる質点など仮説や実証的根拠のない概念を基礎に展開されている．また，3つの運動法則にしても，ガリレオやデカルトの業績を理論的に検討して得たものであることが近年の科学史の研究によって明らかにされている．小林によれば，いっさいの仮説を導入することなく，現象から帰納的一般化によってのみ物理学の概念や法則を設定しようとするのはニュートン自身においてもそもそもなしえていない，のである（小林 1996：41-3）．

　帰納法が方法論として生き続けた背景に，当時，論理の方法として帰納と演繹が区別されず，実際には併用されていた事情を指摘することができよう．す

なわち，帰納法は，演繹法の基本命題，仮説を導き出す方法として演繹法の一機能と考えられていたのである．

　ロゼーの科学哲学に関する研究はこうした事情を裏づける結果となってはいないであろうか．ロゼーは，「科学的方法についての考察を歴史的に概観した」著書で，いくつか注目すべき論点を提示している．そのうちの1つが科学的発見のパターンについてのもので，アリストテレスの科学方法論を帰納-演繹法としてとらえ，その「アリストテレスの帰納-演繹法」が中世にも受け継がれたこと，「ベーコンも科学的手続におけるアリストテレスの帰納-演繹理論の大要は受け容れていた」こと，ニュートン，それにミルと同時代人のハーシェル（『自然哲学序説』1830年），ヒューウェル（『帰納的科学の歴史』1837年）にも帰納法と演繹法や仮説を組み合わせた科学方法論の展開がみられること，を説いているのである．彼によると，まず「アリストテレスは，科学的詮議というのは観察から一般原理へと進み，再度観察へ戻ることだと見なした」のであった．即ち，「彼は，科学者のなすべきことは説明しようとする現象から説明原理を帰納し，次に現象についての言明（statesment）をこれらの原理を含んだ前提から演繹することだ，と述べている」（ロゼー 1974：15, 82, 141-57）．

　ロゼーによるとニュートンもそうである．「ニュートンは科学的手続についてのデカルトの方法に反対し，アリストテレスの理論を肯定した．彼はこの帰納-演繹の手続を，『分析と総合の方法』と述べた．ニュートンは，科学的手続は帰納の段階と演繹の段階の両方を包含すべきだと主張することによって，13世紀にグロステストやロジャー・ベーコンが，そして17世紀初頭にガリレオやフランシス・ベーコンが等しく擁護した立場を肯定することになった」のである．「ニュートンはその偉大な著書『自然哲学の数学的諸原理（プリンキピア）』（1686年）においても，『分析と総合の方法』に従って研究した，と明言している」（同書：102, 104）．

　ローティーはミルによる帰納法の定式化をデカルトの『方法序説』とともに時間の浪費と厳しい評価を下している（ローティー 1988：78）．それにしてもミルは，「科学的探究においては，前もって集められたデータから，帰納的推論によって適切な一般原理が導かれる」と素朴に考えたのであろうか．

　素朴な帰納主義は，ヘンペルが「科学的探究についての狭量な帰納主義者の

考え」と批判した方法であった．彼が批判する「狭量な帰納主義者」は，たとえば，実証的探究の過程として次の4段階を区別する．「(1)すべての事実の観察と記録，(2)それらの事実の分析と分類，(3)それらにもとづいた一般化の帰納的導出，(4)その一般化のよりいっそうのテスト．はじめの2つの段階では，観察された事実の相互関係について，なんらかの推定や仮説を用いない，ということはとくに当然のこととされている．この制限は，そのような推定や仮説は偏見を与え，探究の科学的客観性を危うくするであろう，という信念によって加えられたものと思われる」(ヘンペル 1967：16-7)．だが，ヘンペルによれば，「事実」を集めたり，分析したりするには仮説が必要なのである．「科学的知識は，まえもって集められたデータにある帰納的推論の手続きを適用することによってではなく，むしろしばしば"仮説の方法"(the method of hypothesis)とよばれるところのものによって，得られるのである」(同書：26)．

素朴な経験主義，帰納主義に対する批判としては，ハンソンの理論負荷性が知られている．こうした考えによれば，「観察」や「事実」の収集は，単なる感覚与件（sense-deta）の受動的な受容なのではなく，能動的な1つの解釈学的な経験なり行為なのである．あるいは，いかなる理論や仮説から独立した純粋な観察や事実はあり得ないのである．

反証主義を唱えるポパーは，帰納法に対するもっとも厳しい批判者である．『科学的発見の論理』のなかで確率論的な観点からも帰納法は成り立たないと論じている．渡辺の平明な説明によるとポパーの論点は次のようになる．

「a を法則のような言明とし，a_1, a_2, …を具体的な事実の言明とすると，『いかなる情報も存在しないときには，これらのすべての単称言明はそれぞれたがいに相互に独立でなければならぬとするのが唯一の合理的仮定と考えられるから』，a の成り立つ確率は，a_i の成り立つ確率 p_i の積になり，各 p_i は1より小さいので，a の成り立つ確率はいくらでも小さくなってしまう，というのである」(ポパー 1972：447；渡辺 1994：85)．

チャルマーズも同様の論点から「標準的などの確率理論に基づいても，世界について述べている普遍言明の確率はゼロである」と論じている．すなわち「観察の証拠は有限個の観察言明からなっているが，普遍言明は無限の可能な状況について主張している．普遍的一般化が真である確率は，こうして有限個

第2章 経済学における演繹的方法と帰納的方法

を無限で割ることである．たとえ証拠を構成する観察言明の数がどれほど多くなっても，わり算の結果はゼロである」（チャルマーズ 1983：44）．

帰納法は蓋然的にしか成り立たないと考えるべきなのではなかろうか．ミルはラインバッハから次のように厳しく批判された．「ミルはベイコンより 250 年も後に帰納論理学を展開したが，その論理学は数学的方法をほとんど述べていず，要するにベイコンのさまざまな思想を再定式化したものに過ぎなかった」（ラインバッハ 1954：82）．

J.M. ケインズは『確率論』の「帰納法についてのいくつかの歴史的覚書」のなかで，次のように述べている．ヒュームの真の攻撃対象は，帰納法による論証，すなわち過去の個別事象から未来の一般化への推論である，と．ケインズの言わんとしたことは，帰納法的推論の妥当性は，それ自体演繹的には論証できない，それは蓋然的なものとしてとらえるほかにない，ということである．帰納法の蓋然的な正当化をヒュームが選ばなかったのは，彼が数学の詳しい知識を持っていなかったからである．そのため彼は懐疑論に陥ったのである（伊藤 1999：1371）．

伊藤の研究によれば，ケインズはこの時期，帰納法を確率論としてとらえ直そうとした．まず帰納法をアナロジーの設定作業と解釈した．個別的な事象の観察の集合から 1 つの法則的一般性を引き出す帰納的推論を，多様な現象のうちに何らかの共通のパターンを発見するアナロジーの試みと理解したのである．ケインズによれば，アナロジーのために本質的に重要なのは，現象同士での相違をできるだけ厳密に認識しようとする「否定的アナロジー」の作業である．彼によればこの否定的アナロジーに比べれば，対象間に普遍的な一致を見いだそうとする「肯定的アナロジー」の作業は副次的な意義しか持ち得ない．ましてや対象の数を増やしてより多くの事例を枚挙するという「純粋な帰納」の作業も，従来考えられているような本質的な役割を果たし得ない（同書：150-1）．

そうして，彼は，アナロジーによる一般化が可能となるためには，存在論的に帰納的推論は，それ以前に考えられていた以上に限定されざるをえないと考えた．つまり，帰納的推論の基礎を確固たるものにするためには，①「有限性の原理」と②「原子的斉一性の原理」という帰納仮説，存在論的了解が必要である（同書：116）．①の原理は世界の諸現象が相互に独立の多様な性質からな

り，しかもこれらの多様性の範囲は有限である，という仮定である．また，②の原理は①の有限な多様性は空間，時間を通して一定で，変化することがない，というものであった．しかしながら，これらの帰納仮説はそれ自体蓋然性をもつものに過ぎず，これをア・プリオリな真理として証明することはできない．したがって，帰納的推論の妥当性はどこまでいっても蓋然的である他ないのである（同書：150-1, 116）．ケインズは，帰納法を認識論的に根拠づけようと試みたが，その存在論的仮説を究極的に基礎づけることはできなかった．

(3) ミルの演繹法と方法的問題

ミルは演繹法について第3編と第6編でそれぞれ論じているが，これがミルによる演繹法の説明に整合性を欠く印象を与えている．この背景に『論理学体系』の執筆過程で彼は，最初に1編から5編を書き上げ，最後の第6編はコントの『講義』を批判的に吸収するために最後までそのとりまとめに手間取っていた事情があった．ミルはこの過程で第3編11章にも手を加え，それと第6編の演繹法の記述との整合性を図ったのであろうか．疑問の残るところである．

すでに言及した点であるが，ミルは『論理学体系』のとりまとめの過程で，経済学方法論に関する論文「経済学の定義と方法」を執筆していた．この論文は1831年にほぼ書き上げられ，1833年に書き直された後1836年に『ウエストミンスター評論』に発表されたものである．注目すべきはミルがこの論文で政治経済学の方法論を論じ，そこでア・プリオリな方法を経済学の方法論として押しだしていた点である．ミルによるとその方法は，帰納と論証（ratiocination）の方法，あるいは「想定された仮説からの推論」とも言い換えうるのである．そうして，このア・プリオリの方法に対してア・ポステリオリの方法は「真理を発見する手段としてではなく」「真理を検証する手段」としてある，とも言及しているのである（ミル 1957: 183, 195）．

第3編での演繹法の説明

ミルの演繹法が彼の帰納法に包摂された方法であることをみよう．ミルは，『論理学体系』第3編の扉で，帰納法に関する叙述に先立ち，ハーシェルの『自然哲学研究序説』から次の文章を引用している．「このような場合には，帰

納法と演繹法とは，いわば手を携えて学問研究に向っている．すなわち一方によって演繹した結論は，他方によって検証されるのである．このような場合にこんな風に遂行されている理論と実験との結合は，2つの研究方法のいずれか一方だけで行うときよりも，限りなく強力な発見の武器を提供している．……」(同 1958：2).

ミルが考えた演繹法は帰納法を内包した方法である点でアリストテレス，ニュートンの考えを継承している．ミルは第3編第11章「演繹法」の冒頭で演繹法は3つの操作からなっているとして，次の3段階を指摘する．第1は直接帰納の操作，第2は論証の操作，第3は検証の操作である．ミルはこれに続けて演繹法において帰納法が果たす役割を次のように述べている．

「私が研究手続きの第1段階を，帰納的操作と呼ぶのは，全体の基礎として直接帰納が存在しなければならないからである．もっとも，多くの特殊な研究にあっては，帰納が先行の演繹によって取って代わられていることもあるが，しかしこの先行の演繹の前提は，帰納から導かれたものでなければならない」(同書：302).

ところでミルは，この3段階の演繹法の亜種として「仮説」を用いた演繹法のあることも論じている．その場合に用いた仮説を「科学的仮説」といい，この仮説を用いた方法を「仮説的方法」といった．演繹法でこの仮説が用いられるのは，第1段階で用いられる帰納法を省略する場合である．仮説的方法は3段階の中の第1のもの，法則を確かめる帰納を，省略するのであるという．ミルによれば，仮説とは演繹法を速やかに現象に適用することを可能ならしめるために発明されたものである (同 1958：364, 366-7).

ミルの演繹法は，3段階の演繹法の第1段階で帰納法を用いるか，これを省略して直接仮説を用いるかでの違いがあるものの今日の仮説演繹法と同じとみてよいであろう．

第6編での演繹法の説明

ミルは道徳科学の方法として，第6編でも演繹法をとりあげている．まず，第7章で「社会学における化学的または実験的方法 (Chemical or Exprimental Method)」，第8章で「幾何学的，あるいは抽象的方法 (Geometrical or

Abstract Method)」，第9章「物理的，あるいは具体的演繹法（Physical or Concrete Deductive Method)」，第10章で「逆の演繹法，あるいは歴史的方法（Inverse Deductive or Historical Method)」をあげ検討を加えてゆく．

まず，第7章でミルは，社会科学（social science）では実験が不可能であるから化学的あるいは実験的方法は適応できないと次のように論ずる．

「……1つ1つの場合のあらゆる事実をたしかめて記述することは不可能であるからであり，またこれらの事実はたえず変化していて実験の結果を確かめるに必要な時間のたたないうちに，ある重要な情況はつねに同一ではなくなってしまうからである」（ミル 1955：191）．こうして科学的，または実験的方法は社会科学の方法から除外される．

次に幾何学的，あるいは抽象的方法である．これは「現象の継起の法則とはまったく独立した共存的事実の科学」の方法であるから「……力学やその他の応用方面にしばしば起こる相反する諸力の例，即ち反作用したりあるいは相互に変化しあう諸原因の例」は幾何学のような分野では「何ら存在しない」．幾何学的方法は，J. ミルやベンサム，ホッブスのように抽象的な権利や普遍的な格率を根底におき，理論を導き出す方法としても試みられてきた（同書：197）．「幾何学は全然因果関係を探究する学問ではないから，結果を加え合わせるなどということは必要もないしまた容認もされないわけである」（同 1960：144）．それはあくまで抽象的な，公準や公理からの推論による，あるいは分析的な方法である．

これに対して，物理的，あるいは具体的演繹法は，天文学のように，「幾何学的方法におけるごとくただ1つの原因をもつ法則からではなく，その結果に相連なって影響するあらゆる原因を考慮にいれ，その法則を相互に結合して導きだすのである」．あるいは次のようにも説明している．一般的推論によって結論に到達し，特殊の経験によってその結論を検証する方法である，と．幾何学的方法に比べると推論によって得られた結論を経験によって検証する点が異なるのである（同 1955：164, 203-41）．

第10章では逆演繹法が扱われている．ミルによればこの方法はコントが見いだしたものを発展させたものである．それは「社会状態の継起の法則」を確立する方法である．「歴史上の普遍的事実を研究し分析して……進歩の法則を

第2章 経済学における演繹的方法と帰納的方法

発見しよう」とのコントらの試みに触発されたミルは，『自伝』でコントの『実証哲学講義』第5巻から6巻までを読みついでいく過程で「……，私が彼に負うところの多いただ1つの主要な考え方」，すなわち「……，歴史とか統計学とかいう複雑な諸問題に主として適用できるものとしての，演繹法を逆にした考え方」を学んだと回想している（同1960：184）．ミルによるとこの「逆演繹法」とは，特定の経験を照合することで概括的結論を得，あとからそれらの結論が既知の一般的原理から自然に導き出されるものかどうかを確かめる方法である（同書：164）．それは経験的・帰納的に得たものをア・プリオリな演繹的推論によって確認する方法といってよいかもしれない．なおメンガーやポパーが逆演繹法について言及している．メンガーの場合，次のように理解している．社会科学がその法則を経験的な仕方で見いだし，しかる後に人間の性質についての一般的な法則からこれを確証することを要求する方法である（メンガー 1939：82）．

　ミルの演繹法の説明で不明なのは第3編と第6編との記述の不整合性である．ミルは第6編の演繹法の説明で，演繹法を用いた方法を4つ指摘し，順に説明している．そうして，具体的演繹法と逆演繹法とを道徳科学に望ましい方法として提起した．ミルはこの一方で，第3編で帰納法を組み込んだ演繹法，帰納の手続きをへないで仮定を想定する演繹法を論じていた．問題は，第3編と第6編の演繹法がどのような関連にあるのかである．この問題についてミルは次のように考えていたのではないか．すなわち，第6編で列挙した演繹法は，演繹法を方法として具体的な適用を考えた場合の適用例であるということ．第6編での各種の演繹法の説明を通じて，次の点を強調したのである．すなわち，演繹法の道徳科学への具体的な適用を考えた場合，それは経験的に検証可能なものを対象としたものでなければならないし，また，実験の不要な抽象的な公準や公理からの推論による分析的方法であってもならない．それは，あくまで一般的推論によって一応の結論に到達し，特殊的な経験によってその結論を得るという（逆演繹法はこの逆をたどると考えた），実験，検証可能なものを対象とする演繹法でなければならないのである，と．

(4) 経済学方法論のミル的伝統

ミルの方法論研究は，その後ケンブリッジ学派の創始者たちによってどのように継承されていたのか．これをジェヴォンズ，マーシャル，J.N. ケインズに即して概観しよう．

ジェヴォンズは方法論として帰納法にもとづく経験的なアプローチを批判した．だが，彼は，帰納法そのものを否定したわけではなかった．彼は，多くの同時代の研究者の例にもれずニュートンを信奉した．そして，ニュートンの科学方法論の核心ととらえた帰納法と演繹法とを組み合わせた科学方法論，真の帰納法を唱えたのである．それは「事実確認→仮説→演繹→検証」の方法で，ミルと同様，帰納法と演繹法の併用したものであった．ジェヴォンズの考える事実確認から仮説の形成にいたる過程は帰納法によらざるをえないと考えられていたからである（ジェヴォンズ 1981: 13-8；井上 1998: 31-4）．

経済学方法論の視点でマーシャルの『原理』を一読してなによりも瞠目させられるのは，彼のリカード論である．マーシャルは付録「経済学の発達」の注12で，リカードが演繹法に依拠してその経済学の体系的な著述をなしたことについて，次のように指摘する．リカードは代表的なイギリス人とされるが事実は正反対である．その力強い建設的独創性は最高ともいえる天賦の才能の持ち主であることを示すものだが，彼が帰納を嫌い抽象的な議論を喜びとしているのはイギリスで受けた教育に由来するものではない．マーシャルにいわせれば，それはユダヤの出によるものである．ユダヤ民族に属するものは生来，抽象を取り扱うことに何らかの特殊な才能を持っており，そのあるものは近代的な形態に関連した抽象的な計算を愛好している．「最初ある仮説に立ち，つぎに別の仮説にたって研究をすすめ」「またその種々の仮説からでてきた結論を適当に結びあわせ」「種々さまざまな実際的な問題を説明する」（マーシャル 1965: 172-3）．こうした論述からイギリス経験主義の伝統を意識するマーシャルはリカードの演繹法にある種の違和感を感じていたことが分かる．

マーシャルはリカードの演繹法よりも，ミルの方法論を継承した．それというのもマーシャルも「経済学は帰納と演繹の双方を併用する」科学であると考えていたからである．彼は，『原理』第1編第3章「経済法則」で先に指摘した文言を小見出しに用いて次のようにいう．「……資料を収集し，これを整理

第2章 経済学における演繹的方法と帰納的方法

し解釈し，さらにこれらをもととして推論を行うことは，ほとんどすべての科学にとってそうであるように，経済学にとってもなすべき仕事なのである.」そうしてこの後，ドイツ歴史学派のシュモラーの次のような一文を引用しながら帰納と演繹の併用を説くのである.

「観察と叙述，定義と分類とは準備活動である．それによってわれわれが知りたいことは経済現象の相互依存関係についての知識である．帰納と演繹とは，ちょうど左右の両足が歩行に必要なように，科学的な思考にとっては，いずれも欠くことのできないものである」（同書：36）．

ケンブリッジ学派，新古典派の学祖ともいうべきマーシャルが，オーストリア学派のメンガーと帰納法か演繹法で方法論争を交えるドイツ歴史学派のシュモラーを援用して自説を展開しているのは，今日では理解できない光景のようであろう．それは生物進化論的な観点からも経済学をとらえようとするマーシャルの歴史への親近感，あるいは方法論的柔軟性を示しているのかもしれない．

このマーシャルが帰納法を方法論的に取り込もうとするその立場を最も明確に述べている箇所は，『原理』付録「経済学における抽象的推論の用途」であろうか．そこでは「経済学にはながい一連の演繹的推論はない」と次のように論じている．

「……分析と演繹によって裏うちされた帰納は，適切に分類されたいくつかのグループの事実を収集し，配列し，分析して，それから一般的な命題ないし法則を推論するが，それからあとしばらくは演繹が主要な役割を演ずることになる．これら普遍化されたもののうちあるものをさらにたがいに連合させ，それらから暫定的に新しくいっそう広範な普遍化ないし法則をつくりだす．ここでふたたび帰納を用いて事実を収集し，移動させ配列しなおして，この新しい法則と対照させ，これを『検証』するという大切な仕事をするのだ」（同書：205）．

マーシャルのいうところをシェーマ化すれば次のようになろうか．帰納法による「事実」の「収集」→収集した事実の「配列」，「分析」→「普遍化」，「法則の推論と演繹の過程→いっそう広範な「普遍化」，ないし「法則」の定式化→再度の「帰納法」による「事実」の「収集」などによる「検証」．

このように帰納と演繹の併用を説くマーシャルは，帰納と演繹とは「方向は

逆であるが操作としては同一」と考えていた．それというのもマーシャルの理解では，帰納と演繹とは次のような関係にあるからであった．

「……．経済学者は分析と演繹と慎重に行わなければならない．それはただ分析と演繹の手助けをかりることによって，はじめて正しく事実を選択し，それらを正しく分類し，それを思索上の示唆と行動上の指針を与えるのに役立つようにすることができるからであり，またすべての演繹が帰納の土台のうえに行なわれなくてはならないのとまったく同様に，すべての帰納の過程がそのうちに分析と演繹をとりいれなくてはならないからである」（同書: 192）．

マーシャルによると，「方向は逆であるが操作としては同一」の帰納と演繹の関係に対応するものとして「説明と予測」の関係があった．

「……過去の説明と未来の予測は別の操作ではなく，ただ方向は逆であるが同じ操作なのである．前者は結果から原因を，また後者は原因から結果を推論するのだ」（同書: 192-3）．

マーシャルは，「経済科学」の「説明」的役割と「予測」的役割とをきわめて楽観的にとらえていたことが分かる．

だが，こうした方法論的立場に立つマーシャルのミル批判は，やや奇異に思える．すでに見たようにミルは経済学の方法論として演繹法を説くが，それは実際には帰納法との併用論といってもよいものであった．だが，マーシャルによると，ミルは「……この種の演繹の可能な範囲を誇張し，経済学における演繹的方法に対する過大評価をなした」のであった（同書: 192）．このように批判するもののマーシャルは，ここでミルが演繹法をどう「誇張」し「どのように過大評価」したのか明確には述べていない．

マーシャルは，ミルが『論理学体系』で経済学は演繹法にもとづくと論じているのを鵜呑みにして，彼と同様にミルも一種の併用論にあったことを見過ごしているように思える．

マーシャルの教え子であり友人でもあったJ.N.ケインズ——ジョン・メイナード・ケインズの父——の経済学方法論はどのようなものであったのか．ブローグはケインズをシーニア－ミル－ケアンズの流れに位置づけ，経済学方法論の特質を次のように定式化したと主張している．(1)実証科学と規範科学の区別，(2)社会的事象と経済的事象の区別，(3)ア・ポステリオリの方法は経済

第2章 経済学における演繹的方法と帰納的方法

学の出発点としては不適当であり，ア・プリオリな方法が正しい手続きであるとの見地，(4)経済的人間は抽象であり，それゆえに政治経済学は傾向についての科学であり，事実に関する科学ではないとの立場，(5)仮説的法則を具体的な産業上の事実の解釈や説明に適用する場合の観察と実験の重要性（Blaug 1992: 73）．

同様な視角からハンズも経済学方法論のミル的伝統というものをケインズが次のように定式化していると論じている．(1)実証科学と規範科学との区別，(2)社会の他の側面からの富の研究の分離，(3)演繹的，すなわちア・プリオリな，実験的でない方法，(4)抽象性，(5)仮説性，(6)最後の段階での確証にあたっての観察の重要性（Hands 2001: 30）．

本章での論点からすれば，ケインズの経済学方法論の特徴は，なによりも経済学を演繹的方法による実証的科学と位置づけた点にあった．その演繹法もミルの考えをそのまま継承したものであった．これは，ケインズが，第7章「経済学に於ける演繹法」の第1節で，ミルの3段階からなる経済学方法論をあらためて展開し，次のように論じていることからも明白であった．

「注意すべきは，3段階の1つ——即ち中段——だけが，厳格に云って演繹的なのである．かくて完全なる様式に於ける所謂演繹法は，全然演繹的な方法でない事がわかる．一層精確に云へば，それは主として演繹的であるが，尚帰納に依って援助され統御される方法だとも云い得るであろう」（ケインズ 1937: 205-6）．

ここからケインズが，ミルの帰納法と演繹法を併用したその経済学方法論をほぼそのまま引き継いでいることが分かる．こうしてミルからマーシャル，ケインズへと引き継がれる経済学方法論がミルの演繹的方法——3段階の——であることが理解されよう．ケインズはこれらに加えて，経済学が，美や善とか正悪とかの規範やルールを研究する規範的科学ではなく，実証主義科学（positive science）であることを強調していたことも忘れてはならない．そうしてケインズにとっては実証主義科学の成果を実践するものが技術（art）であった．ケインズの方法論はこの後，仮説演繹法とも言い換えられ，実証主義の科学方法論として継承されてゆくのである．

> コラム

パースのアブダクション

　演繹法と帰納法とに特有のアポリアを本能的に感じとったパースは，推論法としてアブダクションを提唱した．それは一種の仮説を思考する能力であり，「特異な憶測本能」であった．「これは混沌とした現象の世界を分節し，ひとつのパターンをよみとる行為だ．そして科学者はこのメカニズムで仮説的な法則をみいだしたあと，演繹や帰納にもとづいて，これを証明するのだと考えた．推論に発見論的な視点を導入したパースの着眼はするどいといえるだろう」（中山 2000：59）．

　パースは，ある日，ニューヨークへの船中で盗難にあう．しかし，探偵もどきの活躍で真犯人を特定化し，逮捕にこぎ着ける．後に，パースはこの探偵物語について「『何故に憶測が往々にして正鵠を射ることがあるのか』についての理論を例示するもの」であると自賛した．「『この特異な憶測本能』……いわば仮説を指向する性質はより一般的にはパースの用語で遡行法(アブダクション)，ないし逆行法(リトログダクション)と呼ばれているものに相当する．」パースは，「われわれがもつアブダクションの能力は『鳥のさえずりや飛行能力にたとえられるものであり，それらが鳥にとって本能であると同様，アブダクションの能力は人間にとってこの上なく高貴な本能なのである』……と考えた」（エーコ他 1990：22-3）．

　パースは，また，「アブダクションが依りどころとするのは，推論を行なう精神と自然界との間に存在する連帯のおかげで，比較・観察によって確かめを怠りさえしなければ憶測というものは充分使いものになるという考えである」（同書：23）．

　「アブダクション，つまり逆行法は――本人も『至らぬ名称』と告白しているが――パースの後の表明によれば……人と造物主との伝達手段であり，よくよく培われなければならぬ『聖なる特権』である」．パースの考えでは，「『偶然性に依るだけでは何人たりとも現象の原因を察することはほとんど無理である』が故に，『疑いもなく人の精神は自然の法則の影響下で発達し，知のはたらきは自然のパタンをふまえているのである』」「『明らかに』とパースは言う．『単なる偶然以上の確率で的中するような憶測を可能にする内なる光なしには，人類はとうの昔に生存競争に敗れて絶滅していたに違いない……』」（同書：23-4）．

　パースは「アブダクションとはつまるところ当て推量に過ぎない」とも述べているが，それは本能のようなもので，ツグミの移住やミツバチの巣作りのような「一種の本能的行動」であるともしている．この点に関して，パースを最も親近

第2章　経済学における演繹的方法と帰納的方法

感を覚える哲学者であるとするチョムスキーは，次のように評価しているという．「パースは知識の生育を論じるには以下のような想定が必要であると論じている．曰く『人間の精神は何らかの正しい理論を想像すべく自然適応する能力』すなわち『アブダクション』の原理として『許容可能な仮説に制約を課すような』一種の『本能』を進化の途上で発達させたのであると．……」(同書: 66).

パースは，「科学方法論との関連で」「アブダクションについて『単なる準備段階』[7.218] であるとしている．他の『本質的に異なった種類の推論』は科学では演繹と帰納である．……．簡単に言えば，一見して驚くべきものと映る事実を予測しうるような仮説ないし命題を立てるまでの過程がアブダクション [7.202]，そうした仮説の必然的かつ蓋然性の高い経験的帰結が跡づけられる過程が演繹法 [7.203]，仮説の実験による検証が帰納法である [7.206]」(同書: 66).

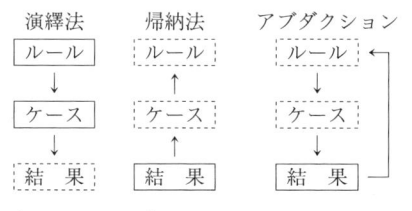

エーコは，パースのアブダクションを演繹法や帰納法と比較している．3つの異なる推論図式 [第5図] が生ずる．この場合，実線の箱はすでに立証済みの命題を，また点線の箱は論証過程で生み出される試みの命題を示している (エーコ 1996: 83-4).

第5図　パースのアブダクション

```
 演繹法           帰納法           アブダクション
┌─────┐         ┌╌╌╌╌╌┐         ┌─────┐
│ルール│         │ルール│ ←─┐   │ルール│
└─────┘         └╌╌╌╌╌┘     │   └─────┘
   ↓                ↑         │      ↓
┌─────┐         ┌─────┐       │   ┌╌╌╌╌╌┐
│ケース│         │ケース│      │   │ケース│
└─────┘         └─────┘       │   └╌╌╌╌╌┘
   ↓                ↑         │      ↓
┌╌╌╌╌╌┐         ┌─────┐       │   ┌─────┐
│結　果│         │結　果│      └── │結　果│
└╌╌╌╌╌┘         └─────┘          └─────┘
```
(エーコ 1996: 83)

パースの「豆の袋の例」(エーコ他 1990: 17)
〔演繹〕
ルール　　この袋から出てくるすべての豆は白い
実例　　　これらの豆はこの袋から出てきた
∴結果　　これらの豆は白い
〔帰納〕
実例　　　これらの豆はこの袋から出てきた
結果　　　これらの豆は白い
∴ルール　この袋から出てくるすべての豆は白い
〔アブダクション〕
ルール　　この袋から出てくる豆は白い
結果　　　これらの豆は白い
∴実例　　これらの豆はこの袋から出てきた

2 オーストリア学派の方法論

　教科書的，辞書的な解説では，オーストリア学派は新古典派経済学に含まれることになる．たとえば『開発経済学事典』と銘打ったある事典は「新古典派経済学」を次のように説明している．「新古典派経済学という用語は，1870年代前半にジェヴォンズ（William Stanley Jevons, 1835-82），メンガー（Carl Menger, 1840-1921），ワルラス（Marie Esprit Léon Walras, 1834-1910）が限界理論を提示した以後の経済学の総称として一般的に用いられる」（渡辺・佐々木 2004：281）．だが，狭義には，ケンブリッジ学派を指すと理解するものや，ワルラスの一般均衡理論を継承発展させた現代の主流派経済学を指すなどの考えもあり，学説は必ずしも一定してはいない．確かに，オーストリア学派には，その主観主義的，反実証主義的な思考様式など新古典派にはない多くの異質な要素を見いだすことができる．とくに，アメリカに亡命したミーゼスやイギリスで活躍しアメリカに移ったハイエクの学説を新古典派経済学と特徴づけるには方法論的に無理がある．また，オーストリア学派は内部的にも一枚岩ではない．それを系譜的に概観すると，メンガーやベーム=バヴェルクらのオーストリア学派とミーゼス，ハイエクらネオ・オーストリアンとも呼ばれる潮流とでは相違が目立ち，オーストリア学派は単線的な学説の発展をみせているわけではないことがわかる．さらに，ミーゼスとハイエクの間にも方法論上の相違を見いだすことができるのである．

(1) メンガーの経済学方法論

　メンガーは，個別的（最広義における歴史的）観点と一般的（理論的）観点，あるいは個別的本質と個別的連関とか，現象形態（定型）と定型的関係（現象の法則）の認識とかの言い回しを好んで用いる．ここで「定型」とは，個別的・具体的諸現象において繰り返し反復されるものの現象形態である．それらの一定の関連性が「定型的関係」ということになる．メンガーはまた，社会現象の領域における法則の厳密さの程度，自然法則と経験的法則の区別にこだわる．自然の領域においてみられる現象の共存と継起における例外のない規則性

と社会現象に見られる例外のあるもの，あるいは例外が可能と思われる規則性との違いを重視する．メンガーは，前者を自然法則，あるいは精密法則，後者を経験的法則とも呼ぶ．メンガーがここで指摘する「共存」「継起」の概念は，ミルがその大著『論理学体系』で法則性や規則性とかかわらせて重視していた概念でもある（メンガー 1939 : 54-5）．メンガーは，その理論経済学の方法を精緻化するうえで，イギリス古典派経済学とミルに多くを学んでいることが明らかである．

メンガーの構想によれば，経済学は3つに区分される．第1の学が歴史的科学である．これは個別的認識——現象の個別的なもの，個別的な国民経済的現象——についての科学であり，国民経済の歴史的科学（歴史と統計学）である（同書 : 41-2）．

第2は理論経済学である．理論経済学は一般的認識——現象の一般的なもの——についての，国民経済的現象の現象形態と法則（一般的本質と一般的連関）を研究する科学である（同書 : 32）．

メンガーの説明によれば，理論経済学は国民経済的現象の現象形態法則の確立，定型と定型的関係の確立が理論的研究の課題となる．具体的には，国民経済的現象の変化の中に繰り返される現象形態，例えば交換，価格，地代，供給，需要の一般的な本質，もしくはこれらの現象間の定型的関係，例えば需要・供給の増減の価格に及ぼす影響，人口増大の地代への影響などを考察するのだという（同書 : 41）．

メンガーは，歴史的科学と理論的科学の相違を，国民経済的現象の領域における個別的方針（歴史的）と一般的方針（理論的）という2つの主要方針と言い換えて再説している．前者は現象の個別的本質と個別的連関の認識を追求し，後者は現象の一般的本質と一般的連関の認識を追求する（同書 : 60）．

これらのほかに第3の学として実践的科学または技術学がある．国民経済の領域におけるこの種の技術学は実践的科学（国民経済政策と財政学）である（同書 : 35）．

ここではメンガーの所説にもとづき彼の考える理論経済学の方法が如何なるものであるのかを詳しくみよう．メンガーによると，理論的経済学の本質は，まさに定型と定型的関係の，換言すれば国民経済的現象の一般的本質と一般的

連関，すなわち法則以外にありえない（同書: 55）．

メンガーは理論的研究の方法として，①経験的・現実主義的方針，②精密的研究方針，の2つを区分する．まず①である．彼によれば経験的・現実主義的方針の到達しうる科学的認識は，次の2種類でしかありえない．すなわち，(a)現実定型，(b)経験的法則，である．メンガーの考えでは，国民経済現象が「その完全な経験的現実性」において観察される限り，単にその「現実定型」と「経験的法則」が獲得されるだけであって，その厳密な（精密的な）理論的認識一般，とくにその厳密な法則（いわゆる自然法則）なるものを得ることはできない．理論的研究の現実的方針は，現象界のすべての領域において，厳密な（精密的な）理論的認識に到達する可能性を原理的に拒むのである（同書: 64-5）．

理論的科学の目的は，直接の経験を超えて認識し，理解することである．観察によって確証された事実的な法則性は，真の「法則」ではありえないのである．現象AおよびBに一般的に現象Cが継起するとか，またはこれらの現象が一般に共存すると結論づけることは，経験主義の観点を超える．なぜなら，こうした結論は経験を観察する方法からは厳密に導き出すことはできないからである．これは換言すれば科学方法論としての帰納法には方法的に限界があるということである．メンガーは，この点を哲学史に言及しつつ強調している．すなわち，アリストテレスが帰納の厳密な科学的性質を否定した場合，このことを正しく認識していた．ベーコンによって本質的に完成された帰納的方法でさえも経験的帰納によって，全く例外のない法則を獲得できる保証を与えることはできない．いずれにしても，メンガーの立脚する方法的立場からすれば，現象の厳密な精密的法則は決して理論的研究の現実的方針からは得られないのである（同書: 64-5）．

これに対してメンガーが理論的経済学の方法として推すのが精密的研究方針と呼ぶものである．その目標は，現象の厳密な法則を確立すること，すなわち例外のないものとして現れるばかりでなく，例外のないことの保証を内包しているところの現象継起形態においての規則性を確立することである．これは，一般に「自然法則」と呼ばれているが，メンガーは「精密的法則」と呼んだほうが適切であると考える（同書: 66）．

第2章 経済学における演繹的方法と帰納的方法

　メンガーは理論的真理の探究にかかわる精密的方針にとって最も基礎的な意義をもっている唯一の認識規則は、ただ1回だけでも観察されたことは、厳密の同一の事実的条件下においては、絶えず繰り返し現象とならねばならぬ、という命題である（同書：68）。

　こうした認識論的基礎に立脚してメンガーは如何なる理論経済学を構築しようとしていたのか。すでに明らかにしたように、彼は演繹的方法を徹底させ純粋に公理から出発し、概念を積み上げた論理的な体系として理論経済学を構築しようとする。

　メンガーはまず理論的研究の精密的方針の本質について次のように論じている。人間現象をその最も本源的な、最も簡単な構成要素に還元し、こうした要因にその本質に相応した度合いを与え、最後に、孤立的に考えられた、こうした最も簡単な要素から複雑な人間現象が構成される法則を研究するところにある（同書：72）。

　それではこのような精密的方針にもとづいた理論経済学とは如何なるのものか。メンガーは、次のように論じる。経済とは財貨欲求の充足に向けられた人間の準備的活動であると解すべきである。そして、国民経済とはその社会的な形態であると解するべきである。理論経済学の研究の課題は、人間経済の最も本源的な、最も基本的な要因の研究、当該現象の度合いの確立、及び人間経済の複雑な現象が、こうした最も簡単な要素から発展するについての法則の研究、にほかならない。

　ここで最も根源的で基礎的な要因とは、いうまでもなく、人間経済の本源的要因——満足の、欲求の完全な充足の追求にほかならない。この最も本源的な要因は、欲望、人間に対して直接自然の提供する財貨（享楽手段ばかりでなく、生産手段を含めての）、および欲望の可能な限りの最も完全な満足の（財貨欲求のできうる限り完全な充足の）追求、である（同書：74）。

　メンガーは理論経済学の前提として以下を指摘している。①ここに観察されるすべての経済的主体がその経済的利益を完全に捉えようと努めているということ、②彼らは価格闘争、経済闘争に際して経済的に追求されるべく目標に関して、その到達のために採られるべき手段についても、誤っていないということ、③彼らは経済的事情に、それが価格形成に影響をもつ限りにおいて、無知

ではないということ，④彼らの経済的自由（その経済的利益の追求）を侵害する何らかの外部的強制も働いていないということ（同書: 85）．ここには，自由な合理的経済人の想定，効用最大化の公準，目的合理主義，完全情報・全知の仮定，など新古典派経済学の公準にかかわるアイデアがほぼ出そろっている．また，メンガーは，こうした前提があくまで非現実的であり，現実の経済においては，かかる前提が残らず同時に実現するということはまれであると，注意を喚起している（同書: 87）．

こうしてみると，メンガーの力説する公理的・演繹的経済学は，「ベーコンの経験的現実的帰納」の方法にもとづく研究とは本質的に相容れないものなのである．

メンガーによれば次のような見解が経済学者間に広まっている．精密的研究の諸結果は演繹による先験的公理から得られる．それゆえに，演繹的な理論によって組み立てられた理論的構築物は，先験的公理以上の真理をもたらしはしない．これに対して，経験的法則は，経験にもとづいているから，演繹によって先験的な公理から獲得されるにすぎないと考えられる精密的研究の結果よりもより大きな真理性を保証するものであり，したがって科学的認識の2つの群れの間に矛盾のある場合には，後者は前者によって修正され，訂正されねばならぬ．精密科学はこのようにして方法的に下位の認識通路とみなされ，これに反して現実主義はより多く保証された認識論的アプローチとみなされる（同書: 83）．

メンガーによればこうした方法的理解は誤謬である．国民経済の精密的理論を完全な経験によって吟味することはまったく方法的な背理，精密的研究の基礎と前提との誤認であり，あわせてまた精神的科学の仕える特別な目的の誤認である．それは，幾何学の原理を現実の対象の測定によって訂正しようとし，現実の対象が純粋幾何学の仮定する大きさと同一でなく，またすべての測定は必然的に不正確な要素を内にはらんでいることを顧みない数学者と同じ誤りを犯すことになる（同書: 83）．

しかしながら精密科学の理論を経験によって検証することを認めないというメンガーの主張は，一般にまたとくに論理実証（経験）主義の立場からの厳しい批判を招くに違いない．一体，精密経済学の理論は歴史現実的な国民経済現

第2章 経済学における演繹的方法と帰納的方法

象とどのような関係にあるのか，理論の当否，正誤などはなにを基準に検証すればよいのか．今日，メンガーの方法論がこうした批判に充分に堪えうる強靱さを備えていないことを批判するのは容易なことであろう．

　メンガーは，こうした理論経済学の認識論的，方法論的基礎に立って，ドイツ歴史学派による理論経済学批判への反批判を試みる．

　メンガーによれば，歴史学派は，精神科学として単に国民生活の経済的側面の理論であるにすぎない——それ以外でありえない——理論経済学を，社会現象の全般論という幻影にまで拡大する（同書：97）．クニースら歴史学派は，精密的方法は「利己のドグマ」に陥っているとして次のように批判する．人間の意思は多数の部分的には全く互いに矛盾しあう動機によって導かれる．このことからして人間の行為一般，とくに経済行為の厳密な法則性は最初から拒否されている．人間はその行為において経験上，一般的にも，またその経済的行為においても，もっぱら一定の動機によってのみ指導されるものではない．けだし，せいぜい人間経済の主要な原動力と認められ得るにすぎない利己のほかに，公共心，隣人愛，慣習，正義感，その他の同様な要因が人間の経済活動を規定するからである．したがって，スミス学派の（非歴史派）経済学者が出発する前提は誤りである，と（同書：104-5）．

　こうした批判にメンガーは次のように反批判する．すなわち，人間の努力のなかではその財貨欲求の準備的・充足に向けられる努力（経済的努力）が図抜けて一般的かつ重要である．それはちょうど人間の衝動の中では各個人に彼自身の幸福を追求せよと命じる衝動が図抜けて一般的かつ強力であるのと同様である．したがって，その理論は，人間経済のこの強力な要因が，他の諸努力や諸考慮によって影響されずに自由に作用するとき，財貨欲求の充足に向けられた人間の活動が如何なる人間活動を構成し，人間現象の如何なる形態に導くかをわれわれに教える．いうまでもなく，この理論は，全体としての人間現象の理解でもなければ，その一定部分の理解でもないが，人間生活の最も重要な側面のなかのひとつの理解をわれわれに与えるであろう．この精密経済学は社会現象または人間現象を，一般的かつ全体的にわれわれに理解させる課題をもつものではない．ただ，人間生活の特別な，もちろん最も重要な経済的側面の理解だけをわれわれに与えることを課題とするのである（同書：110-1）．

それゆえにメンガーは,「利己のドグマ」という歴史学派による批判は誤解であると批判する．精密科学の経済学者が社会的生活の諸構成を，よけいな考慮や，誤謬，無知に影響されない人間私利の自由な作用の観点のもとに，研究の対象としているからといって，人間は実際に利己によって指導されるとか，または無過失であり，全知であるとか主張するものではないのである（同書：112）．

(2) 究極の演繹的方法──ミーゼスの方法

ミル的伝統を断ち切り，メンガーの演繹的方法を純化させ，経済学理論を構築したのがミーゼスである．

ミーゼスの経済学の方法は見事なまでに徹底した演繹法にもとづいている．彼によると，そもそも人間行為の科学は2大部門からなっている．「人間行為学（praxeology）」と「歴史」である．彼の主唱する経済学の基底としての人間行為学とはいかなる学問体系であるのかは後に触れることにして，まず2大部門の1つである歴史が如何なる部門として位置づけられているのかをみてみよう．彼によれば歴史は，人間の行為に関する経験の全データを収集し体系的に編集したものであって人間行為の具体的な内容を扱う．だが，人間が扱わなければならない経験は，常に複雑な現象の経験であり，いかなる実験室的実験も人間行為には実施できない．隔離された事象を実験でテストすることを経験と呼ぶ自然科学的意味では，歴史的経験からは事実は得られない．それは，しかしながら，過去を研究の対象とするのであるから，未来にも妥当するようなことは何も教えることができない．歴史の研究は人間を賢明にするが，それだけでは具体的な仕事に活用できる知識や技能を与えてくれるものではない．歴史的経験によって伝えられる情報は理論の構築や事象の予測のための構築材料として用いることはできないのである．したがって，実証主義や形而上学のこれに類似した学派は，錯覚しているのである．物理学やその他の自然科学を範として人間行為科学を改革することは不可能である．人間行動と社会事象について経験的な理論を確立する手段はないのである．

このようにヒストリシズムと自然科学主義を批判したミーゼスは，それでは人間行為の学をどのようなものととらえているのであろうか．

第2章 経済学における演繹的方法と帰納的方法

　人間行為学は理論的・体系的科学であり，その研究は具体的な行為の一切の環境的，偶然的，個別的状況とは無関係な行為自体である．その認識は具体的な事例や特殊な特徴とは無関係な純粋に形式的，一般的なものである．その言明と命題は経験から導き出されたものではなく論理学や数学の命題と同様に先験的であるから経験と事実にもとづく検証や反証の対象とはならないのである．

　ミーゼスは認識における先天的な要素を重視する．カテゴリーはア・プリオリであって個人の思考と行為とを可能にする精神的な装備である．すべての推理は，ア・プリオリなカテゴリーを前提条件とするからそれを証明しようとしたり，その反証を挙げても無駄である．ア・プリオリなカテゴリーこそが人間に人間文明と呼ばれる一切の想像と生産を可能にするのである（ミーゼス 2002: 14-5, 17）．

　このミーゼスのア・プリオリズムは，彼の進化論的認識論と結びついている．ミーゼスによれば，自然淘汰と進化という概念が，人間の論理的構造とア・プリオリなものの発生に関する仮説の展開を可能にする（同書: 7）．

　自然淘汰は生存競争に不利な本能を発達させた種を排除した．種の保存に役立つ衝動を持つもののみが生き残ってその種を繁殖させることができたのである．要するに，正しいカテゴリー，すなわち実在に合致している，（プラグマティズムの概念を用いれば）役に立つカテゴリーにしたがって行動したものたちのグループだけが生き残れたのである．

　ミーゼスによれば人間行為学は演繹法に基礎をおく．「人間行為学のあらゆる定理は，行為のカテゴリーから論理的推論によって演繹される．」この際の基本的な概念は，目的と手段，成功と失敗，損益，費用である（同書: 55）．村田によれば，ミーゼスは「人間行為学の基本的命題と，そこから導き出される多くの派生的命題とを区別して考えていると思われる」としてミーゼスの『人間行為学』について次のような方法的理解を示している．人間は行為するという公理から演繹される基本的命題と派生的命題の境界を明確に線引きすることは困難であるが，ミーゼスは，第4章から第6章で人間行為学の基本命題を論述している．ミーゼスの基本的な命題とは，「価値基準」，それから導き出される「目的」と「手段」，両者の間に存在する「因果性」，目的から生まれる「費用」，価値と費用との差である「心理的利潤」，行為から生まれる「交換」，

それが意味する「変化」，それに伴う「時間（過去・現在・未来）」，未来に伴う「不確実性」，さらに，「第7章 外界における行為」になって初めて出てくる「限界効用の法則」と「収益の法則」などである，としている（同書：172-3）．

ミーゼスによれば帰納法には決定的な難点がある．それは，自然や社会や歴史に，「斉一性」や「規則性」が存在することを前提としなければ成り立たないからである（同書：26）．

ミーゼスの人間行為学はア・プリオリな演繹的体系であることから経験や事実にもとづく検証や反証の対象にならないのであった．それゆえに，ミーゼスは実証主義にも鋭い批判をむける．彼によれば，それはラプラスによって暗示され，コントによって命名され，現代の論理実証主義，論理経験主義によって再興され，体系化されたものである．この実証主義は，本質的に汎物理主義，すなわち物理学者の「プロトコル命題」——経験ないし知覚したことを科学的言語で表現した文——の記録から出発する以外に，科学的思考方法が存在することを否定する体系なのである（同書：vii）．

ミーゼスによれば，人間行為は，自然科学的方法による観察と記述とが不適当な領域の事象であることになる．彼は人間行為学の研究を混乱させた学派として実証主義とヒストリシズムとをあげる（同書：viii）．

方法論的個人主義は，行為の目的と対象をもつのは個人だけであるとの立場である．ミーゼスによれば，経済学は個々人の目的的な行為に関する科学である．ミーゼスがとなえる，あらゆる人間行為学的思考の出発点は，恣意的に選ばれた公理ではなく，あらゆる人間の精神に充分かつ明白にしかも必然的に存在する自明な命題である．それは，意識的に行動するという人間の特徴である．人間はまさにホモ・アゲンス（homo agens），すなわち行為する動物なのである．そうして，行為するとは，目的を追求すること，すなわち目的を選択し，目的達成の手段に訴えることである．人間行為学の出発点は自明の心理である行為の認識，すなわち意識的な目的追求が存在するという事実の認識である（同書：5-6）．

ミーゼスは，個人の志向と行為によって集団が作られると考える．それゆえに，個人がこれと異なる考えや行動をとれば集団は消滅するのだと主張する．

特定の個人の思考と行為が一集団のみならず種々の集団を生み出すのである．したがって，たとえば，同一個人がとる態度いかんによって集団は国家や宗教共同体や政党になるのだという（同書：100）．この考えでは，個人の行為を知ることによって集団や社会についてもすべてを知ることができる．集団は存在も実在もせず個人の行為のみにおいて存在するからである（同書：102）．

　すでにみたようにミーゼスの人間行為学における「根本原理」はア・プリオリなもので，それは論理的なもので経験に先立つものであり，立証や反証のできないものであった．だが，ポパーによれば，反証できないものは非科学的である．これに対してミーゼスは，ポパーの反証主義は言葉のうえでのごまかしである，まじめな人間なら誰もこのような用語法の問題を議論するような時間の浪費はしない，と批判した（Mises 1962：62）．

　ミーゼスの方法では方法的個人主義と主観主義とは密接に関連づけられている．この立場からすれば「労働者階級」「消費関数」などの集合的概念は成り立たないと考える．また，社会制度の変化は，主に個々の個人の行為によって生じると考える．諸個人の行為の単純な集計が社会的な集合的行為になるわけではなく，単なる個人的行為と集合的行為とが異なる結果になることを考えない．

　これは行為する当人の意図が最も重要なものであることを想定する．しかしながらこれでは，独我論的な主観主義の表明にすぎないのではないか．また，方法論的個人主義に対しては，個人の行為に影響を及ぼす制度の役割について看過しているとの批判もある．これでは制度や個人と制度との相互作用について分析する際に大きな困難に遭遇するとの批判が出されている．

(3) ハイエクの方法と自生的秩序論

　自由主義の旗手としても位置づけられるハイエクの思想的原型は，1930-40年代の集産的経済・計画経済批判論に見いだすことができる．計画経済論争でランゲは計画経済を美術品のオークションのプロセスに類比させ，価格を裁定する役割を負ったオークショニアが，新しい価格をアナウンスし，これに応じて需給が調整されるとした．彼によればオークションの役割は，社会主義計画経済当局が担うことになる．ランゲは計画経済当局が利用可能な資源・最適な

生産技術体系，諸企業の費用条件，最適な資本蓄積率，および諸産業の適正な規模を決定するに必要な知識などの情報をもっていると想定していた．実にランゲは，当局がいかなる私企業よりも，広範な知識を持っているとして，この点に社会主義の競争的資本主義に対する優位をみていたのである（バリー 1984；バトラー 1991；シャンド 1994；フリートウッド 2006）．

これに対してハイエクは次のようにランゲを批判した．まず，計画当局が価格を改定し，試行錯誤によって均衡に達する人工的プロセスは，不断に変化する現実の経済では不可能である．また，ランゲが想定した競争原理の導入は計画経済の原理に反する．さらに，知識・情報の特性からして中央計画経済は不可能である．この問題でハイエクは人知の不可避的な不完全性を考えていた．彼によれば，経済の効率的な運営にとって必要な情報は，多数の急速に変化する，時と場所の特殊状況に関する知識なのである．これらは，中央当局には決して入手しえない知識であり情報なのである．こうした知識と情報についての考えはハイエクに独自の市場観，価格機構観と裏表の関係にあった．

ハイエクの哲学的立場はオーストリア学派に特徴的な主観主義（subjectivism）にある．彼は次のように論じる．

「社会的あるいは人間的行為の対象の大部分は，その用語が《諸科学》で用いられているような特有のせまい意味における《客観的事実》ではない．……人間的行為にかんする限り，物事とは，行為する人びとがそうであると考えるものなのである」（ハイエク 1979：44）．

この切り口からも社会主義計画経済やケインズ主義への批判論が展開されるのである．ハイエクによれば，客観的にみえるマクロ集計概念（総利潤量，総投資，一般物価水準など）は個人の主観的な評価によるもので，個別経済主体の経済活動を無視しては把握しえない情報なのである．このようなハイエクの主観主義は反科学主義にも通ずる．彼は，自然科学，とりわけ物理学の方法を社会科学に持ち込むことに異論をとなえる．ハイエクは，総需要と総供給，総雇用との間に相関関係を見いだし，政府によるそうしたマクロ変数の管理によって経済成長を管理するという発想の根底に，この科学主義が潜んでいるとみるからである．そうしてハイエクは，社会を管理しうると考えるあらゆる思想と闘った．それらには彼が近代合理主義，啓蒙主義の系譜にあるとみた社会主

義,ケインズ主義,国家社会主義,などが含まれている.

ハイエクの経済,社会理論の独自性は,主観主義に立脚した特有の情報論・知識論によっても際立っている.彼によれば科学的知識だけが重要な唯一の知識であるわけではない.また,意識的な知識は個人の活動を成功に導く知識のほんの一部にすぎない.それに,現実に利用される多くの知識は決して出来合いの形で存在するのではない.知識の大部分のものは,個々の人びとをして,新しい事情に直面するやいなや速やかに新しい解決を発見できるがごとき思考の技術のなかに存在するのである.

ハイエクは人知に限界があることについても独自の知見を有していた.それはM.ポラニーにも通ずる独特の情報,知識観である.一般にはXがYについて説明できるのはXがYよりも高等で複雑でなければならないというふうに定式化することができる考えである.この考えからすれば,人間の脳は自らの脳の働きについて充分説明できない,あるいは,人間の活動には自らが認知できない「暗黙知」(tacit knowledge, M.ポラニーの用語)の世界があることになる.この意味からも人間の意識的な認識や認知には固有の限界があるということになる.

多くの人びとにとっては意外に思えるかもしれないが,ハイエクは新古典派経済学を特徴づける目的合理主義を構成的合理主義と呼び,批判した.それというのも,目的を設定し,それを達成するための合理的な手段,最も効果的,効率的な手段を選択すべきであるという考えの背後には,人間の行為を何らかの目的達成のために理性によって意識的に組織し,管理し,統制することができるし,そうすべきであるとの考えが潜んでいると考えたからだ.これは行為を結果,帰結によって評価する立場でもある.それゆえに,ハイエクは,手段合理主義とともに功利主義の帰結主義をも批判の俎上に載せることにもなる.

こうしたハイエクが晩年に到達した地平(フリートウッドは第3期(1960〜)のハイエクと特徴づけるが)は,市場メカニズムとこれを補完する「ふるまいのルール(rules of conducts)」によって構成される自由主義の社会秩序論である.幾度となく繰り返される行為の持続的な遂行の結果,原的ともいえるルールが生み出され,それが硬化した結果生成される秩序である.それは遂行的秩序といってもよい(フリートウッド 2006:187).

行為によって遂行され生成するこの秩序は，意図されざる結果として生成されるのであって，意図的な行為によって作り出されるものではないのである．さらに，この秩序を形成するルールは，その遂行において実践的，経験的に従っているだけであって，行為主体がそれに意識的，合理的にしたがっているわけではないのである．言い換えれば自生的秩序のルールは，言葉によっては語りえぬ，行為によってのみ示しうる，暗黙的（tacit）な事態なのである．

　ハイエクは，市場，貨幣，言語，法，伝統などにこの秩序のありようを見てとる．それは行為の累積的な結果であるが個々人の意識的な行為によっては統御しえない「自生的秩序」なのである．それぞれの領域における人びとの行為の持続的な遂行が，結果的に，それらの行為の従うべき何らかのルールを生成し，秩序を生成する．これらの社会秩序に人びとが従うべき理由あるいは根拠が，社会秩序を構成しているそれらのルールに人びとが従うという行為を持続的に遂行しているということ以外には究極的には存在しえないという意味においても，まぎれもなく遂行的である，ということになる．これらの社会秩序は，秩序を形成するルールに従う行為の持続的な遂行によって，ルール，あるいはそれらが形成する秩序それ自体が繰り返し生成されているという事態のみを，ルールと秩序存立の究極的な根拠としている．落合は，このようなハイエクの自生的秩序論はウィトゲンシュタインの言語ゲーム論に通底する，と指摘していた．彼によると，ウィトゲンシュタインのいう言語ゲームはここでいう遂行的あるいは暗黙的な事態とほとんど重なり合っている．すなわち，言語ゲームは，そのようなゲームが遂行されているという事態以外のいかなる根拠も持ちえないのであるからだ（ベリー 1984；落合 1987：50-1；バトラー 1991；シャンド 1994）．

# 第3章
合理主義の社会理論
経済学と社会学の場合

1 合理主義的方法と経済学

(1) 合理主義の経済学

「合理性」とか「合理的」とは，一般に，広い意味で，理にかなっていることを意味する．合理的行為とは理にかなった行為ということになる．この場合，普通には，目的と手段との関連で議論される．しかし，これを哲学のタームとしてとらえようとするとやや厄介になる．「合理主義」についてある哲学事典は，「一般に理性の見地を重んじ，思想・生活の一切を理性的思惟によって規整しようとする態度をいう」のだという（山崎・市川 1970：238）．別の哲学辞典でも，「一般に理性の見地を重んじる思想・生活のすべてにこれを貫こうとする態度，合理的な態度をいう」と同じような説明になっている．加えて，この辞書では「合理的」について，理性にかなっていることを言うとしたあとで，今日の一般的な用いられ方では，①論理の法則にかなっていること，②科学的と同じ意味，③激情や狂気などに動かされない判断力，およびそのような態度を言う，と説明している．そうしてウェーバーの合理性論について言及し説明を終えている（古在・粟田 1996：78）．

また，ある思想事典は，実践的な意味での合理性はアリストテレスの「賢慮(フロネーシス)」が起源であるという．合理的行為は熟慮を重ねたうえでなされる行為であって，情緒的あるいは慣習的行為と対比されるのだという．そして，このような合理性は目的と手段との関連で語られるとして，やはりウェーバーの「目的合理性」を例示している（木田他 1997：370）．ウェーバーの合理性論

は，シュモラーとメンガーの方法論争を踏まえたもので，学説史的文脈からみると，彼の議論はメンガーやイギリスの経済学方法論を継承したものであるとみることができる．そうであれば，合理主義的方法については，経済学にその例を求め，具体的に検討するとよいのかもしれない．

だが，経済学の世界での合理主義のとらえ方は，哲学的な説明と大きく異なる．経済学では，合理主義は手段との関連でとらえるのが普通であるからだ．すでにみたように，哲学的な説明で合理主義は，行為の目的との関連でとらえられ，理性的なあるいは賢慮にもとづく行為であるとされる．しかし，経済学では，行為の動機，目的は問わないのである．後に詳しくみるようにヒューム的な合理主義の考えに立つ経済学は，動機は何でもよいのである．ヒュームは理性を情念の下僕であると考えた．問題なのは下僕，目的を達成するための手段なのである．この手段の選択が目的の達成にとってもっとも適合的か否かで，その経済的行為が合理的かどうか，が決まるのである．

主流派経済学の効用最大化，あるいは利潤最大（極大）化仮説は，行為についての合理主義的仮説の裏打ちがなければ論理的に成立しない．合理主義仮説はラカトシュ風に言えば近代経済学の「強固な核」である．経済学者によって定義された合理性の経験的定義は観察された選択における推移性であるが，それは次の2つの初期条件を仮定している．①選好は充分に順序づけられ，安定している．②かつ情報が完全である（コールドウェル1989：226-7）．また，最大化仮説は次のような非現実的な仮説をも前提としている．それは，行為主体が存在する選択肢のすべて，および行為の将来の結果，を知悉しているだけでなく，行為主体は自らの選好の完全な内容も知っている，ということである．

合理的な経済主体は何らかの基準にしたがって選択肢のなかからあるものを選択する．ここで2つの選択肢 X_i, X_j に対してどちらが望ましいか判断することができるとき，X_i と X_j との関係を選好関係と呼ぶ．その際，次のような選択関係を満たすことが前提されている．ただし X_i を X_j より選好するを $X_i > X_j$ と表す．また，$X_i = X_j$ は「X_i と X_j は無差別である」ことを表す．

・反射性：任意の X_i に対して $X_i = X_i$

・完備性：任意の X_i, X_j に対して $X_i = X_j$ または $X_j = X_i$

・推移性：任意の X_i, X_j, X_k に対し，$X_i = X_j$ かつ $X_j = X_k$ ならば，$X_i = X_k$

・連続性：任意の X_i, X_j, X_k に対し，もし $X_i > X_j > X_k$ であるならば，X_i と X_k のある合成である Y が存在し，$Y = X_j$ とすることができ，この人にとって2つの選択肢が無差別になる（ヒーフ他 1998 : 11-2）．

合理的選択論も行為にいたる動機は問わない．目的合理主義である．いくつかの行為の経路を選択せざるを得ないときに，行為主体は自己利益を追求し，自らに最善の結果をもたらすと考える行為を選択すると仮定する．そこではリスクや不確実性は存在しない．個人は充分な合理的能力や時間を有し，もっとも合理的な行動を選択することができる．

浜田によれば，新古典派経済学は，「近代経済学一般とともに論理実証主義の立場にたち，いくつかの基本的前提（公準）から，論理的演繹によって反証可能な命題（仮説）を得，その仮説が経験的事実によって反証されるかどうかをたしかめるという方法論に立っている」という．ここで浜田が，新古典派経済学の方法論的立場を「論理実証主義」と評価し，さらにそれをポパーの反証可能性をもって特徴づけているのは経済学研究者としては考えられない重大な錯誤であるが，ここではおこう（浜田 1992 : 732-4）．

さて，浜田の言う公準（postulate）とは，『広辞苑』によれば，「要請」と同義で公理のように自明ではないが，証明不可能な命題で，学問上または実践上，原理として承認されているもの，と説明されている．それゆえに，新古典派は証明不可能な命題を仮説としていることになる．そうすると，新古典派の理論は経験的にみて，おかしい，誤りである，といくら批判しても，お門違いということになる．

しかしながら，この点に関して，厚生経済学の効用の個人間比較の問題とも絡むハロッドとロビンズらの論争が想起される．かかる論争は清水幾太郎が注目し，紹介していたが，経済学の方法論を考えるうえで興味深いものである．そこでは演繹的方法の限界と事実観察の重要性を考え続け帰納法の再興を企図したハロッドが，限界効用逓減の法則について言及し，その法則は人びとの経験的事実，しかも市場経済での経験などといった浅いものではなく，太古からの深い経験にもとづくものなのであると主張したのである．ハロッドのような立場からすれば，新古典派の公準も，演繹的，先験的にではなく，帰納的，経験主義的に位置づけることも可能になる（清水 1972 : 59-62）．

ともあれ浜田はつづけて新古典派の公準として以下をあげている．第1は，経済主体の合理性である．社会を構成する個人は所与のもとで自己の満足の状態を最大化するように行動するという仮定である．第2は，企業の代理人的性

コラム

方法論的個人主義

　合理主義的アプローチが論理的に前提としている方法的個人主義とはなにか．これを経済学の用語として打ち出したのは，シュンペーターである（シュンペーター 1983：167-82）．彼にとってその方法は，彼の言う「純粋理論」——「それは著者の立場いかんに応じて『精密的』または『思弁的』または『演繹的』と呼ばれる」（同書：62）——の目的にとって不可欠な方法であった．シュンペーターは，その概念が，実践的要求や，政治的個人主義，あるいは国民経済のさまざまな組織形態の倫理的その他の評価をまったく含んでいない方的概念であることを強調していた．すでに見たようにミーゼスは，これをもとに経済学理論の構築を試みたのであった．

　原子論的・合成的あるいは構成的方法と特徴づけられるこの方法についてエルスターは次のように説明している．「社会生活の基本単位は，個人の人間行為である．社会制度や社会変動を説明するというのは，個人の行為や個人間の相互作用の結果として制度や変動がどのように生じたのかを示すことだ．この考え方は方法的個人主義（methodological individualism）と呼ばれることが多い」．この説明に加えてエルスターは，この方法論的個人主義の定義に関する注記でさらに，「ここで『個人』という言葉は，広い意味で用いている．つまり，企業や政府などの集合的意思決定者（corporate decision makers）をも含めて用いる」と述べている（エルスター 1997：14）．

　松嶋からの孫引きになるが，ポパーは，「方法的本質主義」や「全体論」的方法と対置しつつ，社会現象を「諸個人の見地」から，いわば「唯名論」的に分析する学説であると次のように述べている．「すべての集合体現象を，個々人の人間の行動や相互作用，目的，希望，思考などに起因するものとして，また個々の人間によって造られ保持されている伝統に起因するものとして理解しようと努めるべきだという教説」である（ポパー 1961：237）．

　一方，ハイエクは『科学による反革命』で，「個人を行為に導いている観念から体系的に出発する」方法としている（ハイエク 1979）．松嶋は，こうした定義からすれば，方法論的個人主義は，人びとの行為が目的合理的であることを必ずしも要求するものではない．それは，習慣的，慣習的，伝統的，あるいは衝動的

第3章　合理主義の社会理論

格である．企業も所与のもとで利潤を最大化すると仮定される．第3は，市場に関する公準で，需給メカニズムにより市場均衡が容易に，安定的に，かつすみやかに達成されるというものである．第4は，情報の完全性の前提である．

> な行動とも両立しうる，と論じる（松嶋 1996: 19-20）．だが，松嶋はこう言いつつも，そうかといって方法論的個人主義が合理主義と無関係かと言えばそうでもないと歯切れが悪い．彼は，「個人の行為という前提から一義的で明証的な帰結が論理的に引き出されるためには，なんらかの意味での合理性を」「備えていなければなるまい」と考えるからである（同書: 9-20）．
> 　このようにして方法論的個人主義の定義は必ずしも定まらないが，この方法に対してはデュルケームやマルクス主義からの批判があろう．廣松はそのデュルケームの方法論的特徴について次のように論じている．デュルケームは，「特種的綜合」を立場的前提とし，ここから一種独特の社会実在論とそして社会的事実を「物」として取り扱うという方法論的準則とを立てる．特殊的綜合というのは，力学主義的・要素主義的な世界観に対する端的なアンチテーゼをなすものであって，全体は部分の総和以上であること，それはいわば化合的・産出的な綜合であることを主張する．……（廣松 1972: 251-2）．
> 　宮島もデュルケームの方法について解説している．「個人主義的な説明の原理——今日，それは『方法的個人主義』とよばれる——は組織的にしりぞけられなければならない」．「人は，えてして個人心理的な要因をもって，とりわけ人間に普遍的に認められると想定されたある種の感情や願望や利害関心を持って社会的現象を説明しがちである．しかし，そもそも社会は個々人の総和ではないし，個々人の相互の結合によって生ずる質的に新しい，より複雑ななにものかであるから，単純に個人の属性に還元されることはできない」（宮島 1978: 21）．
> 　方法論的個人主義という原子論的なアプローチをデュルケームの考えるような社会理論と接合することができるのか．塩野谷は当のシュンペーターの場合，経済理論を扱う限りにおいては明らかに方法論的個人主義に立脚するが，経済領域が非経済領域からうける反作用を考慮に入れる場面では，方法論的全体主義をとっていると理解する．そうしてシュンペーターは，両領域間の相互作用が社会の進化過程を形成すると論じたのだという．しかしながら塩野谷は，個人主義対全体主義という方法論における二元論は，特定の知の領域を分断したときに成立するにすぎない，と主張する．そうして，個人と社会との関係を進化論的にとらえるためには，方法論的個人主義と方法論的全体主義とを媒介する別の次元を導入することが必要であると，問題を提起する（塩野谷 1998: 228-9）．しかしながら，はたして2つを媒介する別の次元があり得るのか．疑問の残るところである．

情報はかなり円滑に伝達され，伝達された情報は必ず合理的行動に組み入れられる．浜田は，以上のような前提のもとで，「経済学の任務は，限られた資源をいかに効率的に用いるかという目的と手段の関係の研究であり，その論理的構造は形式的には制約条件つき最適化の問題に帰着する」と述べている．

公理体系は確かに理論にとってのアルキメデスの点ではある．公理，公準はどこからか開始されねばならない故にその証明が放棄される命題でもある．この証明しきれない前提（公理と推論規則）と，そこから論理的，演繹的な方法で獲得されたものとは厳密に切り離されなければならない．しかし，前提の仮説的性格は帰結にも転移されているのであり，この意味でわれわれの知識のすべては仮説的であるのだ，といった主張も一概に否定はできないのである．

たびたび指摘されることであるが，公準を根拠づけようとする場合，袋小路に陥る．結局のところ，次の三者間の選択しかないからである．①根拠を求めて繰り返し後退する無限後進，②それ自身が根拠づけを必要とするものとしてあらたな言明に根拠を求めるという論理的循環，③ある一定の任意に選んだ点での手続きの中断．以上の手続きのうち，①は実際には追求し得ないし，②は論理的に欠陥をもったものである．それ故に，③の手続きの中断のみが残ることになる．

このような公準についての議論は新古典派経済学の方法論的特徴をよく表している．

(2) サイモンの限定合理性論

合理性仮説への内在的批判としてサイモンの限定合理性論がある．それはどのような学説であろうか．企業の経済理論は，普通，企業を単一の合理的行為体と考える．確かに個人よりも企業の方が合理性仮説が当てはまるようにも思える．企業は人間に比べて，利益の最大化のために目的合理的に動くと想定しやすいからである．市場での競争は企業に利潤の最大化を促し，非効率的な企業は，市場から駆逐される．だが，サイモンは，*Administrative Behavior*（『経営行動』，1947年）で，管理組織における個人の意思決定について論じ，そうした企業理論に批判を加えた．

企業の意思決定を問題とするサイモンによれば，目的設定―代替案の探究―

第3章　合理主義の社会理論

結果の推進―評価―選択，という連鎖が意思決定の基本的枠組みである．意思決定とは，目的に対する手段としての代替案のなかからひとつを選択することである．

ところでよく知られた最適化原理によれば，代替案の選択は，論理的には，(1)目的を達成するためにすべての代替案の列挙，(2)これら代替案のそれぞれを選択した場合に生ずるすべての結果の確定，(3)それぞれの結果の評価による代替案の優先順位づけ，(4)そのなかから最適の代替案の選択，というプロセスになっている．

だが，サイモンが限定合理性をとなえて，先のような合理主義的な意思決定モデルを批判するのは，次のような意思決定の限界性を考慮してのことである．すなわち，合理的に行為すると仮定された意思決定者は，複雑きわまる外的状況を完全に把握できない．それゆえに完全に合理的な意思決定をくだすことは不可能である．そこで，目的の完全な解決をもたらす代替案の選択ではなく，一応の満足をもたらす代替案が選択される．サイモンが折衷的にも合理性を説くのは，人間の順応性，記憶，習慣などの作用によって思考と観察の労力が節約され，また，限られた経験や繰り返された経験が代替案の選択に役立てられ，それなりに個人の合理的行動が可能となる，と考えるからである．

サイモン＝カーネギー・メロン学派は，実証研究をもふまえて次のように説く．企業は利潤極大化行動をとらない．企業はむしろ組織的なルーティン，経験にもとづいた行動様式をとる．そうしたルーティンは，利潤や売り上げなどの重要な指標が通常の傾向から逸脱した時に見直されるにすぎない．その場合でも，完全な情報を収集・分析したあとに決定がなされるのではない．受け入れ可能な代替案が見いだされるまで検討を続けるにすぎない．企業というものは，適当な解決策の追求で満足するのである．

サイモンのように合理性を限定するということは完全な合理性を仮定していう合理性仮説を否定することになる．また，企業の意思決定に関する経験的な分析からの理論化［＝帰納的分析？］は，仮説・演繹法に立つ合理的行為モデルとは方法論的世界が異なろう．

事例研究を重視する経験主義的アプローチに立つ企業行動論では，多様な議論が展開されているが，合理性論を否定するペローのような主張が注目される．

その論点は次のようなものである．企業で働く人びとは，多様な拡散した動機を有しており，単一の統合された目的に向けて動員することはできない．経営者層と中間管理者層，中間管理者層間，中間管理者層と従業員層とのあいだで不断の抗争がみられる．トップは売り上げと成長を重視し，中間管理者は当該部門の予算を増やそうとする．従業員は待遇改善を求め，経営者側の生産性向上運動に抵抗する．また，企業は複雑なもので合理的な行為体ではない．それは多くの個人，部門から構成されており，容易に諸活動を調整できない．企業は情報を得るのも容易でなく，不確実な環境に直面し，将来を予測することはできない……（Perrow 1986）．

(3) 合理主義的経済学への批判論
新古典派批判

センは，合理的経済人の仮説を次のように揶揄している．純粋な経済人は事実，社会的には愚者に近い．しかしこれまで経済理論は，そのような単一の万能な選好順序の後光を背負った合理的な愚者（rational fool）に占領され続けてきたのである（セン 1989：146）．

浜田は，先の解説で，次のような新古典派経済理論に対する批判論をあげている．個人の選好が社会的に形成されるものであるとすれば，選好を固定したうえで最適化分析を緻密に行っても意味がない．企業は個人に擬せられるものではなく階層構造をもった集団としてとらえるべきである．1財モデルや2財モデルなどの成長モデルから得られる結論と多数の資本財からなるモデルからの結論とでは不整合がみられる．パレート最適を重視するあまり時には非人道的な経済状態をも是認しかねない傾向がみられる．社会現象の経済的側面だけを切り取って「孤立系」として扱うという「部分工学」的性格がみられる．浜田は，さらに，「経済合理性の論理を追求するがゆえに，あまりにも仮想的な状況を，しかも経済内的要素のみで説明しようとして，現実からの乖離のはなはだしい分析も多くみられる」とも指摘している（浜田 1992：732-3）．

新古典派経済学を批判する宇沢は，その「理論的な枠組み」として，生産手段の私有制，主観的価値基準の独立性，生産要素の可塑性，市場均衡の安定性をあげ，特徴づけていた．宇沢の説明に即して新古典派経済学の枠組みをなす

「理論前提」についてやや詳しくみると次のようである．主観的価値基準の独立性とは，私有制のもとでは，個々の経済主体は，みずからの所有する生産要素，財・サービスを自分の主観的な価値基準のもとで最も望ましいと思われるように使用あるいは処分することになる．これは経済の基本的構成要素として，抽象的な経済人（ホモ・エコノミクス）としての個人を前提条件とすることでもある．このホモ・エコノミクスは，文化的，歴史的，社会的な側面から切り離され，みずからの主観的な価値基準にしたがって最も望ましいと思われる行動を選択すると想定されている．また，生産要素が可塑的というのは，ある生産要素が特定用途に対して固定化されないで，各時点で必要に応じて，ひとつの用途から他の用途に転用することが可能であって，そのためにとくに費用を要せず，時間的経過が伴わないことが想定される．この希少資源の可塑性に関する前提は，さらに，生産期間について，生産期間がゼロという「特異な仮定」に立つことになる．「さまざまな生産要素を生産過程に投入するとき，ただちに産出物となって現れる」．そうして宇沢は，「生産要素が可塑的であって，生産期間がゼロであるというような前提条件のもとでは，資本主義的な経済制度の成立自体，論理的に意味をなさない」と批判を強めている．

　宇沢は，さらに，新古典派は，市場均衡の安定性についても「きわめて特異な仮定」を設けているとする．すなわち，すべての財・サービスについて，需要と供給とが等しくなるような市場価格体系が存在し，しかも需要と供給との乖離はただちに価格体系の変動となってあらわれ，この均衡市場価格体系が常に成立するという条件がみたされている（宇沢 1977：69-109）．

『一般理論』の世界

　ケインズは『一般理論』第 4 編 12 章「長期期待の状態」で新古典派とは異なる世界を想定しているようである．ケインズの考えでは長期期待は経済的アクターの確信の状態に影響を受ける．だが，ケインズは，この確信の状態についてア・プリオリにいえることは多くないとみる．それは実際の観察に依存しなければならないからである．それゆえ，ケインズはこの問題について論じることを「余談風の議論」であるとして，それが『一般理論』の大部分とは異なった抽象水準にあることへ注意を促している（Keynes 1936：148-9）．

ケインズが 12 章で論じようとしたことは，ひとまずおくとして，ここではいくつか興味深い表現を拾ってみよう．
　知識の乏しさ危うさ──「顕著な事実は，われわれが予想収益を推定するさいに依拠しなければならない知識の基礎がかなり当てにならないということである.」「投資物件の数年後における収益を規定する諸要因についてのわれわれの知識は通常きわめてわずかで，しばしば無視しうるほどである」(同書：149).
　血気と富籤──「投資は一生の仕事として事業に乗り出す血気盛んで建設的衝動に駆られた人びとがたくさんいたことに依存しており，実際に予想利潤の正確な計算に依存するものではなかった．事業はある程度富籤のようなものであった」(同書：150).
　イチかバチかの掛け──「実業家たちは技能と偶然とが混じったゲームを演ずる」「もし人間本性がイチかバチかやってみることになんの誘惑も感ぜず，工場や鉄道や鉱山やあるいは農場を建設することに（利益を獲得すること以外に）なんの満足も覚えなかったとしたら，単に冷静な計算の結果としての投資はあまり多くは行われなかったに違いない」(同書：150-1).
　慣行──「（重要な投資物件の再評価は）実際には，われわれは暗黙のうちに一致して，実をいえば一種の慣行（convention）に頼っている」(同書：152).
　時間と無知の暗い圧力──「孤立した無知な個人の気まぐれ」(同書：154)「玄人筋の投資家は，経験上市場の群集心理に最も多く影響するような種類の，情報や雰囲気の差し迫った変化を先んじて予想することに関心を持たざるをえないのである.」「われわれの将来を蔽い隠している時間と無知の暗い圧力」(同書：155).
　血気と衝動──「なにか積極的なことをしようとするわれわれの決意のおそらく大部分は，血気──不活動よりもむしろ活動しようとする自生的衝動──の結果としてのみ行われるのであって，数量的確率を乗じた数量的利益の加重平均の結果として行われるものではない」(同書：161-2).
　あらためて論じることもなく，「富籤」「群集心理」「時間と無知の暗い圧力」「血気」「衝動」などのレトリックから，ケインズの経済学的世界が新古典派とは異質であることが窺えるであろう．

第3章 合理主義の社会理論

制度派経済学の批判論

　制度学派の系譜にたつホジソンは新古典派の最大化仮説に対する批判理論を2つのタイプにわけている．1つは，複雑性，知識，不確実性，および計算能力の限界に関する理論的な批判である．複雑性，不確実性，不完全知識が事実として存在する場合，最大化行動は不可能になる．いま1つは，心理学の実験的な結果，およびその他の経験主義的批判，である．こうした批判からすれば，最大化行動が類型的な行動ではなく，経済の世界でも非合理的な行動が蔓延していることになる（ホジソン 1997：80, 83, 91）．

　とくに精神分析学，心理学，認知理論などのアプローチからすると，合理主義は次のような致命的ともいえる難点を抱えているとホジソンはみる．第1に，フロイト以後の心理学の成果を認めない．すべての行動は，所与の選好，効用関数にしたがってプログラム化されると考える主流派経済学は，人間行動における無意識的慣習の存在とその働きを認めない．第2に，認知理論は精神が受け取る混沌とした大量のデータに対して構成的に何らかの意味を付与することによって対処することを明らかにしてきた．すべてのセンス・データを合理的・意識的に処理することは不可能であり，また，少なくとも認知水準で利用可能な情報のすべてを最善な形で利用してはいないし，またその大部分について熟慮してはいない．さらにホジソンによれば，認知は文化的な特質を有している．センス・データは，複雑で文化的に特殊な概念枠組みをとおしてのみ理解されうるものなのである．つまり，われわれは生まれた瞬間から社会的言語や共有されている象徴的秩序を獲得し始める．個人的知識は社会的言語によって表現され，社会的に獲得された一連の認知的フィルターを通過する．われわれは世界についての多くのことを，個人ではいかなる意味をもたない言語や象徴を通じて知覚する．ホジソンは，情報や知識の不確実性に関する経済学者の関心が増大していると評価するものの，彼らは，センス・データと知識とが異なるものであることすら認識していないと苦言を呈している．

　ホジソンはそのうえで習慣とルーティン化を重視する．あらゆる局面の行動を完全なる合理的配慮を持って行うのは，これに関連する情報量と計算能力の制約のために不可能である．人間は特定の進行中の諸行為を連続的な合理的評価から切り離すためのメカニズムを獲得した．それが習慣とルーティン化であ

るというわけである．こう主張するホジソンは，制度学派の先達ヴェブレンのよく知られた論文から次の一節を引用する．個人の行動は，集団内の仲間に対する慣習的関係によって拘束され，指導されるばかりでなく，この関係は制度的性格を有しているために，制度的舞台が変わるとともに変化する．個人行動の欲求や願望，目標や目的，方法と手段，振幅と拡散は，きわめて複雑で全体として不安定な性格の制度的変数の関数である．

そうしてホジソンは，「非純粋性」と「混成性の原理」を基軸概念として新たな社会像を打ち出そうとする．ここでいう「非純粋性」とは何か．古典的な自由主義は社会を契約関係のネットワークとして，また個々人間の契約の総体としてみなしている．だが，デュルケームが主張するように，市場と分業が発達した社会でも契約になじまないが，社会にとって不可欠な要素がある．それがホジソンのいう「非純粋性」である．

そのうえでホジソンは，社会を構成する原理を「混成性の原理」によってとらえようとする．「混成性の原理」というのは，各システム，あるいはサブ・システムには，それぞれ，システム全体を支配しないとしても，そのシステムが機能するために不可欠である「非純粋性」が含まれているという考えである．この「混成性の原理」に立つことは，次のような新たな社会観の表明となる．すなわち，諸現象を最終的な要素，部分に分解し，今度はそれを集めて組み立て直して全体の姿をつくりあげるという，デカルト的で機械的な思考方法から脱却しなければならない，と（同書）．

2 合理主義的方法と社会学

(1) ウェーバーの社会的行為理論

非経済学の世界，とりわけ社会学の世界では，合理主義はどのようにとらえられているであろうか．ウェーバーの社会学では，合理主義が社会的行為論の文脈で扱われている．だが，本章の主題にかかわる『社会学の基礎概念』などのウェーバーの論文は，論理的に充分考察され整序的に論述されたものであるとはいえない．このため，書き残されたものの読解には困難が伴う．

彼によると，社会学は，「社会的行為を解釈によって理解するという方法で

第3章 合理主義の社会理論

社会的行為の過程および結果を因果的に説明しようとする科学をさす（ウェーバー 1972：8）．そこで社会的行為であるが，ウェーバーによれば，「単数あるいは複数の行為者の考えている意味が他の人々の行動と関係を持ち，その過程がこれに左右される行為を指す」（同書：8）．ウェーバーの言うところを換言すれば，①行為者は，主観的な意味，思念された意味にしたがって行為する．②他者も同様な行為を行うのであるから行為者は相互的な行為の関係を取り結ぶ．③行為者の行為は，この相互行為によって影響をうけ，方向づけられる．ここで注意しておきたいのは，ウェーバーの場合，マルクスのように，社会的行為として労働のみに特別な役割を与えるようなことはしなかった点である．

ウェーバーのいう「解釈によって理解する」とはどのような方法なのであろうか．ウェーバーは，なにゆえにか，行為を理解するにあたって，確かさにこだわる．社会的行為の理解に「明確性」を求める．彼は，社会的行為の理解の明確性は2つあって，合理的なものか，それとも追体験的なものか，に分かれるという．ひとつは，数学のように合理的に理解できるもの，あるいは合理的方向性を持つ目的的行為である．これらの社会的行為は，それに用いられる手段の理解から見ていつも最高度の明確性を有しており，その知的意味が直接明白に把握できる．いまひとつの理解の明確性は追体験的なものである．ここでウェーバーは次のような2つの例を挙げる．①多くの宗教的および慈善的な徳行など．②不安，憤怒，野心，嫉妬，猜疑，愛情，自負，復讐心，信頼，献身などの欲望，直接の感情，ここから生ずる非合理的な反応．彼によれば，これらの場合，できる限り知的に解釈したうえで感情移入的想像力によって追体験的に理解する．とくに②のような場合は，われわれに身に覚えがあればあるほど，明確にエモーショナルに追体験でき，感情移入によってその意味を理解することができる，という．

ウェーバーはかく言うものの，われわれ普通人にとっては，他者の常軌を逸した，あるいは非常識な行為は追体験や感情移入によって理解することはできないであろう．また，宗教的，及び慈善的な徳行の動機に，偽善的な名誉欲や権力欲，あるいは本人が自覚できないなにものかが潜んでいることがありうる．それらの多くが，小説のテーマになり，あるいは，事件の要因をなしていた．だが，追体験や感情移入はあくまで個人的な経験であって，それは他者の行為

を理解する共通の物差しとはなり得ないであろう．

　ウェーバーは，他方で理解について直接的で観察可能な理解と説明的理解という２つの理解の仕方があるともいう．しかしながら，ウェーバーによるこの解説は明確を欠いており，こうした区別が有効であるかは疑問である．だが，彼が何をどのように考えようとしたのかをおさえる必要からここでは後者に注目しよう．ウェーバーによれば「説明的理解」とは次のようなことである．例えば，行為者が，$2 \times 2 = 4$という命題を述べたり書いたりした場合，かかる行為をどのような動機からなしたのかを解釈する，あるいは理解する場合，これを動機決定的理解と言う．この場合，行為者は，商売のうえでの勘定を行っているのか，科学上の証明をしているのか，はたまた技術上の計算をしているのか，等．ウェーバーはこれを合理的動機理解と非合理的動機理解に二分する．たとえば，木を切る行為の場合についてみれば，その行為は給与のためか，自家用のためか，気晴らしのためか（＝合理的動機理解），それとも興奮のあまりなのか（非合理的動機理解）などが考えられる，というのである．こうした二分法も妥当であるのか疑問である．樵が木を切る場合，たとえば，妻と痴話げんかをして，興奮しつつ（これは「非合理的動機理解」）その気晴らしに（これは「合理的動機理解」）木を切る場合がありうるからである．観察者は，樵が木を切っているのを観察しても，樵の心中にまで入り込んで理解し，こうであると断定することはできないのである．さらに，心理学や精神病理学によれば樵自身にしても，なぜ木を切っているのか，自分自身に問うてみても，うまく説明がつかないときがあり得るのである．

　ウェーバーは，行為の意味について，このように明確な解釈にこだわるが，この一方でその明確性だけでは因果的にも妥当な説明であるとは言えないと認めている．それでは，行為についての確かさを，因果的に妥当な説明であることを，どう検証するのであろうか．ウェーバーは，観察とこれによる統計的規則性を求めることであるとでも考えていたのであろうか（同書: 16-7）．

　よく知られているように，ウェーバーは，社会的行為の類型として，(1)目的合理的行為，(2)倫理的，道徳的，宗教的，あるいは美的な価値基準にもとづく価値合理的行為，(3)気分や感情にもとづく感情的行為，(4)習慣や惰性にもとづく伝統的行為，を考えていた．こうしたウェーバーの社会的行為理論は，

第3章　合理主義の社会理論

目的合理主義的行為を最重要な概念として観念的に構築し，これを行為類型の基準として把握したうえで，これ以外の非合理主義的行為を考察する行為理論の試みであると評価される．

　ウェーバーは，社会的行為理論を理念型，類型把握にもとづき構想したことは確かであろう．彼は非合理的な要素が社会的行為に影響を及ぼしている場合には，類型構成的に，まず目的合理的行為を観念的に構成したうえで，非合理的なものをそれからの偏向として研究すればよいと論ずる．言い換えれば，それは，①類型として純粋目的合理性を観念的に再構成し，②感情や錯誤などのあらゆる非合理的影響を被る現実の行為を純粋合理的行為に期待される仮定からの偏向として理解する，方法である．ウェーバーはこの方法によって株式恐慌や政治的軍事的行動を説明することができると主張する．まず，非合理的勘定の影響がなかった場合に想像される行為の仮定，すなわち純粋合理的過程を観念的に再構成し，次に非合理的要素を攪乱的要因として導入する．例えば，1866年の戦役（＝プロイセンとオーストリアの戦争）の仮定を分析する場合，まずモルトケとベネディックの双方が自他の状況を完全に知っているとして，理想的な目的合理性のもとで如何に行動したかを想像し，それと事実とを比較して，しかる後に，そこに認められる距離——原因は，誤った情報，事実の誤認，人間の気質，戦略以外の顧慮のいずれであるにせよ——を因果的に説明するのである，という．

　ウェーバーの社会的行為論は，個人の行為を解明しようとする一種のミクロ理論であると考えられる．だが，ウェーバーは，すでにみたように，これを株式恐慌や軍事行動の分析にも拡張し，さらには，カルヴィニズムと「資本主義の精神」に関する研究や宗教学の研究などのマクロ研究の方法的基礎として位置づけようとした．こうしたウェーバーの研究を，近年では，ヨーロッパ近代の発展を目的合理的行為の社会への浸透としてとらえる近代批判の思想として読み込もうとする．それによれば，ウェーバーは，近代資本主義がもたらす帰結のひとつは計算（予測）可能性の増大であり，それに伴う魔術からの解放，脱魔術化であるとみる．魔術からの解放とは，救いのためのあらゆる魔術的方法を迷信として，排除することを言う．それは，礼典・祭儀的シンボルを退け，ひたすら神への絶対的な服従を説いた．救いという超越的な目標の追求による

日常生活の合理的計画的な組織化は，社会生活の合理的組織化の推進力となった．彼は，また，西欧の近代資本主義が，種々の職業の専門化，行政組織における官僚制の発達をもたらすことの意味をも考察しようとした．すなわち，理性的な，合目的的な相互行為が，近代においては道具的合理性として官僚制を制度化し，ひとたび制度化された官僚制は合目的的理性を支配に変質させる．個々人の合理的な社会的行為の結果として生み出された官僚制は，一転して社会の変化を妨げ，人びとを支配する「鉄の檻」となるという，近代に対する批判的見通しである．

　それでは，ウェーバーの説く目的合理的行為はいかなる行為類型であるか．それはウェーバーにとって明確ではないのである．それゆえに合理主義行為の説明はウェーバー研究者のなかでも明確さを欠き，合理主義的方法は，人間の社会的な行為を合理主義的にとらえるということに他ならない，といった同義反復的な説明も目につくのである．まず，安藤英治編の『倫理』の解説では，「合理主義」について次のように説明している．「一般的には，『合理主義』とは自覚的に目的や価値を設定し，その目的や価値に照らして合理的な，つまり首尾一貫した態度決定をおこなうような精神的態度のこと」であるとしている．ここでは，合理主義は，「首尾一貫した態度決定」とほぼ同義であると解釈されている（安藤 1977：79）．「目的合理主義的行為」とはこうした「合理主義」に立ち目的を達成しようとする行為なのであるのだろうか．

　これに対して，林は，『理解社会学のカテゴリー』の解説で次のような理解を見せている．「ウェーバーの『目的合理性』の概念は，すぐれて近代にのみ特有の現象を表わしているのである．要するに，『目的合理的』とは，周囲が合理的な関係にあり，それに対して正確な合理的な期待や予測を懐くことができ，それに対して合理的な考量をしつつ目的を追求することであって，決して単に目的のためにガメツク手段を計算して選ぶという意味ではない」（林 1973：118）．「周囲が合理的関係にある」とはいったいいかなる関係であろうか．周囲が合理的な関係でなければ行為主体は合理的に行為することができないのであろうか．「単に目的のためにガメツク手段を計算して選ぶという意味ではない」合理的行為とはいかなる行為であろうか．

　このようにして安藤，林の解説はいずれも一種のトートロジーに陥っている．

第3章　合理主義の社会理論

肝心の合理主義について説明をすることなく，合理主義的行為とは合理的な行為である，といった説明に終始しているのである．

ウェーバーの合理主義的行為や方法についての記述はどう見ても拡散し，捉えどころがない．ウェーバーの考えでは，理解社会学の方法としての合理主義的方法はあくまで方法論上の手段として理解すべきであり，そもそも目的合理性が実際の行為をどこまで規定しているのか，などについて問題にすべきではないのだ．ウェーバーはその理由として，以下のような事情を指摘している．歴史的，社会的に重要な行為は，質を異にする多くの動機によって影響されている．したがって，これらの動機から本当の意味の平均を引き出すことは困難なのであるからだ．そうして，ウェーバーは，経済学で行われている社会的行為の理想型的構成は非現実的なものとみなければならない，と主張するのである．

ウェーバーは，さらに，見境なく社会的行為を合理主義的に解釈しては危険であるとも説いている．それというのも，合理主義的解釈によって得られる明確性を理由に，ある社会的行為が因果的に正しい解釈であると説明するわけにはいかない，からであるという．ウェーバーの考えでは，そうした解釈自体が，所詮，明確度のとくに高い因果的仮説であるに過ぎないからだ．しかし，ウェーバーは，このように述べた直後に，合理的解釈がそれなりに有効であると次のように論じるのである．合理的解釈によって，伝統による抑圧，感情，錯誤，非経済的な目的や顧慮の介入に影響される行為を平均的に把握し，その現実の過程と理想型的過程との距離を通じて行為の諸動機の認識を助けることができるのである，と．

ウェーバーは，こうした一方では，心理や精神分析にも言及し，次のように論じてもいる．本人の思い込みや精神分析でいう抑圧——本人が認めていない動機——とかが働いて，真の動機が不完全にしか意識されない場合や，主観的には正直であっても，行為者自身の目から自分の行為の目標の真の連関を覆い隠すことがよくある．

それでは，こうした個人の動機理解の困難性をどう打開したらよいのか．これに対してもウェーバーは，具体的解決策を述べず，社会学としてこの連関を確かめ，解釈によって明らかにするという仕事を果たさなければならないと，

一種の精神論を強調するだけである．

　すでにみたように，ウェーバーは，社会的行為の例証として，樵の行為とともに株式恐慌，1866年の戦役を指摘していた．1866年戦役分析は，まずモルトケ，ベネディックを合理的行為者として想定し分析することを奨めている．彼が，戦役の分析を個人の行為に焦点を当てることによって分析できると考えている点では，方法論的個人主義のアプローチに立脚しているようにみえる．しかしながら，株式恐慌とともに戦争も多くの人びとの行為からなる集合的行為である．それらのゲームに参加するアクターはモルトケやベネディックひとりではない．ウェーバーはこの集合的行為を個人の行為とみなして個人主義的方法を適用している訳ではない．そうであるから集合的行為を個人主義的アプローチによって扱えるとみるウェーバーのアプローチは，根本的な方法論上の問題を孕んでいると言わなければならないのである．

　彼の論考のなかに，集合的行為と個人的行為とを区別する必要を説いている箇所がある．だが，それも，あくまで個人の社会的行為を明確化するという考え方からである．ウェーバーは，社会的行為というものは，大勢が同じ行為をすることや他人の行為に影響された行為ではないのだという．また，他人の行為の模倣も，たんに反射的に起こる限りでは社会的行為ではないとする．ここからもウェーバーの関心が，方法的個人主義から個人の社会的行為を明確にしようとしたもので，個人的行為と集合的行為との方法論上の区別を明確にする必要からではないのは明らかであろう．

　ウェーバーの立場は，マルクスのそれと同様に，行為と意識の二元論にもとづいており，言語を基礎にした行為の理論が欠けていた．たとえば，ウィトゲンシュタインの言語ゲーム論と規則についての議論を踏まえると，合理的で，社会的に有意味な行為を，ウェーバーの考えたように，たんに行為者によって意図された意味から理解するわけにはいかない．有意味な行為とは，その行為が規則に従っているもの，あるいは規則の適用と見なされうるものでなくてはならない．その意味で合理的な行為とは，規則に従い，社会的な脈絡と関連づけられ，社会的に理解された行為にほかならない．つまり，ある制度的な脈絡のなかで，ある行為が社会的行為となるのであり意味をもつことになるのである．それは，規則に従った相互主観的な了解のもとでなされた行為なのであ

る．したがって，行為者がある意図をもってなした行為であっても，その行為の持つ意味は，当人の意図を超えて規則と脈絡とによって与えられるのである．

(2) パレートの社会的行為理論

パレートの場合，その社会理論で，論理的行為と非論理的行為に二分する．この論理的行為とはいかなるものか．パレートは，行為者の意識する目的あるいは主観的目的と第三者が観察によって確定する目的あるいは客観的目的とが一致する行為，であるとする．他方で，非論理的行為とは如何なるものであろうか．パレートは以下の4つのタイプを指摘する．(1)主観的にも客観的にも目的を持たない行為．儀礼や慣習に従ってなされた行為の多くがこのタイプに属する．(2)主観的目的は持つが客観的目的を持たない行為．ギリシアの水夫が，主観的目的として，航海の安全のためポセイドンに身を捧げた．だが，そうしたことを迷信とする第三者にとっては，そうした犠牲が航海の安全には役に立たないことは明らかである．(3)主観的目的は持たないが客観的目的を持つ行為．本能に基づいた動物の行為がこれにあたる．(4)主観的，客観的目的をともに持つが両者が一致しない行為．行為者の意図とは異なる結果を生み出すような行為である．

パレートのこの分類によれば，人間の行為として重要なのは，目的を持った第2，第4の行為である．パレートによれば，人間は自らの非論理的な行為についても論理的な装いを付け加えようとするとみた．実際は感情や下位の意識から生じた行為であっても，あたかもそれらが論理的な目的の基づいた粉飾する傾向があるのだという．

松嶋は，論理的行為を，ウェーバーの「目的合理的行為」に対応するもので「行為者が自己の目的の実現のために適合的であると一般的に考えられている手段を，自覚的かつ論理的推論に基づいて選んでいるような行為である」と解釈する（松嶋1996：108）．パレートは，特に生産，交換，それに消費行動は基本的に論理的とみなしていた．その根拠は，これらの行為は，ほぼ一定の条件の下で反復して行われる行為であるからであった．さらにパレートは後年には，「経済過程の歴史貫通的な核を取り出して示すことを『純粋経済学』の課題と考えるようになっていった」（同書：109）．

ワルラスの一般均衡理論を発展させたパレートの経済学は，彼の社会理論の一部をなしていた．彼の壮大な社会理論は，(a)社会心理的要因（「基本要素」あるいは「残基」），(b)経済的要因（「利益」），(c)イデオロギー的要因（「誘導」あるいは「派生体」），(d)社会的異質性とエリート周流，によって組み立てられていた．一般均衡である社会的均衡が先の4つの要因の相互関係の総体として成立するのに対して，部分的均衡である経済的均衡は，要因(a)，(c)，(d)を所与としたうえで得られる要因(b)の均衡として考えられていた．

　行為理論としての性格をももつパレートの社会理論において，多くの社会的行為は非論理的行為ととらえられていた．パレートは社会学を非論理的行為についての研究と規定していた．その構成要因として重要なのが残基と派生体であった．残基は，観察することのできない人間の感情や本能の表現で，内的本能にかかわるものであった．「(パレートは)，本能や感動ないし感情が人間の非論理的行動を決定する有力な要素であると考え，それを『基本要素』と呼んだ．どういう基本要素があるかは，帰納法的に研究した．」それは，通常明確さを欠き，厳密な限界が定められない次の6つの基本要素からなった．すなわち，組み合わせ（あるいは結合）への本能，グループを持続させる本能，強い感動を外部的な行動で表すという傾向，社交性，個人とその付属物の保全にかかわる基本要素，性（セックス）である．また，「ある要素がなぜある行動を引き起こすかについての理由付け，あるいはこのような理由付けを正当化する議論を，パレートは，『誘導』(derivations) と呼んだ」(森嶋1994：174)．松嶋は，パレートが一方で現実の社会的均衡が合理主義的な方法によっては構成しえないことに気づきながら，他方で彼の経済学を合理主義的なままに放置したと批判し，さらに，より具体的にいえば（目的）合理的に行動するという想定は経済学にとって必要なのだろうかと，疑問を呈する（松嶋1996：113-4）．もっとも，森嶋がいうように，パレートの社会学は，「非論理的行動の分析について深い興味を示し，その一般的な分析方法を詳細に示したが，適切で重要な問題を具体的に指摘したり，その理論的解明を提示することはほとんどなかった」のである（森嶋1994：170）．

　ウェーバーもパレートもその行為理論において，合理主義的，あるいは論理的行為と区別して非合理的あるいは非論理的行為論が重要な一部となっていた

第3章　合理主義の社会理論

ことはここで留意しておきたい．ウェーバーの合理主義的行為を類型によって把握しようとする社会的行為論もパレートの論理的行為論もともに合理的な行為者同士の明確な相互作用論を欠いている．諸行為主体の合理的行為は，いかなる結果を生み出すのか．マルクスやデュルケームは，諸個人の社会的行為がある合成的な結果を生みだすこと，あるいは単なる諸個人の行為の集合に帰結しないことを説く．だが，方法論的個人主義に立った場合でも，合理的の諸個人の行為は，必ずしも社会的に合理的な結果をもたらさないことが起こりうる．ウェーバーやパレートはこの点を看過しているのである．かかる問題に取り組んだのがパーソンズであった．

(3) パーソンズの社会的行為理論

富永らの研究によれば，パーソンズの社会理論の発展過程は3つの段階に区分することができる．①主意主義的行為理論を構想する時期．②行為の一般理論，社会体系論を構想する時期．③いわゆる AGIL 図式を打ち出す時期（富永 1995；高城 1986）．ここでは行為理論の視角から①から②までの展開を概観しよう．

パーソンズは，19世紀以来のヨーロッパ思想における人間行為についての見方が，次のように3つの異なる経路を経て発展してきたと整理した．(1)功利主義者や古典派経済学者達が発展させた合理主義的，個人主義的行為理論，(2)実証主義者達の自然科学的理論，(3)理念主義者達の文化価値を中心とした理念主義的行為論．富永によれば，パーソンズはその主意主義的行為理論を打ち出すにあたって，3つの流れを次のように評価している．(1)から合理主義的アプローチが導き出されたが，このアプローチでは，人間行為の非合理的な行為や秩序，目標，規範などをうまく理論化できなかった．これに対して(2)は，人間の行為に対する科学的アプローチとして一応評価できるが，主観性や規範的要因を付随的なものとする嫌いがあった．(3)は，文化，観念，価値，規範などの役割を重視する視角は評価できるがあまりにも主観主義的で歴史主義的な嫌いがあった．富永は，パーソンズとウェーバーの行為論を行為論のマクロ的源流と位置づける．そうして両者の共通点として，(1)行為とは個人の行為のことであって，その行為理論は方法論的個人主義に立っている，(2)人

間行為をとらえるには行為者の主観的な世界に立ち入ることが不可欠と考える，(3)行為分析の準拠点を行為の合理性におく，(4)行為理論の基礎的カテゴリーとして，行為の目的，手段，動機，または選択基準（行為者を規制している価値）をあげる．しかし，富永は，『社会的行為の構造』で，パーソンズは，実証主義的行為理論と理念主義的行為理論という2つの対立する流れを主意主義的行為理論と彼がよぶものに向かって収斂させる，ということをもっぱら彼の中心主題としていたがそれは一度も明確に定式化されないままで終わってしまったが，と論じている（富永1993：486-7）．

パーソンズが，主意主義的行為論で問題にしたのは，具体的な行為システムをつくりあげている「行為単位」と諸「行為単位」間の「構造的相互連関」であった．そうして，有意味な行為分析のために，行為の目的，動機，手段，条件および規範を考慮した目的＝手段図式を打ち出した．だが，彼は個人の行為の動機づけや状況の分析が充分ではないと感じた．また，個人主義的な行為理論では，各人の合理的な行為としてのランダムな目的追求が，論理的には各人の利害の衝突を引き起こしかねないことに気づいていた．それはホッブズの言う「万人の万人に対する戦い」の悪しき状況である．こうしたアポリアの解決のためにもパーソンズは，社会的行為の一般理論化をめざした．そして，1951年に「行為の一般理論」とこれを基礎にした「社会体系論」を打ち出すにいたる（高城1986：63）．彼は，行為者の状況に対する指向として行為をとらえるうえで行為者，状況，および指向からなる「行為の準拠枠」の概念的な精緻化が必要であるとみた．このためパーソンズは，二重の条件依存性（double contingency），役割期待の相補性（complementarity）をもとに，行為主体としての自我（ego, ＝行為者A）と他我（alter, ＝行為者B）が登場する相互行為のモデルを考えたのである．行為者Aは状況に指向する．だが，行為者Aは行為者Bから見ればBの要求を充足する客体に他ならない．A, Bは行為主体であると同時に行為対象でもあるのだ．AはBの特定行為を「期待」し，BもまたAの特定行為を「期待」する．かかる行為体系の最小限の安定条件として，「役割期待の相補性」と「二重の条件依存性」と呼ぶ事態が必要となる．なぜならば，Aの特定の行為を条件としたBの出方次第でAの要求充足が依存する．これはBについても同様に当てはまる．このためにはA, Bと

第3章　合理主義の社会理論

も相互の意思伝達を可能ならしめる共通の基盤，行為を評価する共通の価値基準，共通の評価が必要となるのである．そこで相互行為過程を統合するうえでの大前提として「行為の制度的統合の公理」（パーソンズ）の導入が要請されることになる．それは「相互行為体系が安定できるための基本条件」として，共通の価値基準が人びとによって「欲求性向」として内面化され，分有されているということである．そうして制度化されている諸慣習，諸規範に従うことが，行為者の自己利益につながり，社会的行為となるのである．パーソンズの行為者は，行為のあり方を定める規範に多かれ少なかれ受動的に従うものと暗に想定されている（同書：76-7）．

　パーソンズはその目的＝手段図式にもとづく行為分析のうえで，準拠点とする合理的行為について次のように述べていた．「行為が合理的であるのは，それが，状況の諸条件のなかで行為者が将来の目的を追求し，自らに入手可能な手段のうちで，実証的で経験的な科学によって検証可能である理由にもとづいて，目的にとって，内在的にもっとも適合的な手段を用いるかぎりにおいてである」（パーソンズ 1976：97-8）．

　パーソンズによれば，このような合理的行為をなす最たるものが科学者であるということになる．そして，科学者の行為は日常生活者の行為と基本的に連続しているために，科学者の行為こそ現実の人間の行為を評価するうえでモデルになりうる．それというのも，日常生活者は，状況についてより広範な知識をもつ観察者の期待に自らの現実の進路を同調させるからである．この点が科学者が日常生活者の模範であるというわけだ．

　パーソンズの提唱する厳密な意味での合理性は，社会的世界を科学的に観察する際のカテゴリーのひとつであって，社会的世界の内部にある行為者の心のカテゴリーではない．シュッツは，早い段階で，パーソンズの社会的行為理論の方法的問題点について次のように批判していた．「彼は行為者の心のなかの主観的諸事象を，観察者だけに接近できるその事象の解釈図式ととり違え，したがって主観的現象の解釈のための客観的図式とこの主観的現象自体とを混同してしまっている．」「パーソンズ教授が全然問うていない問いが1つだけある．それは行為者の主観的見地からみて彼の心のなかで現になにが生じているかということである．」「パーソンズは真に主観的な範疇を発見することに腐心せず，

主観的見地の解釈のための客観的範疇をもっぱら追求しているのである」(シュッツ／パーソンズ 1980：110-1).

シュッツは，こう批判してパーソンズが，ウェーバーから引き継いできた解釈的方法と説明的方法との方法的統一という課題をいまだ果たしえないでいることを突いたのであった．フッサールの哲学的主題を社会学に位置づけ直そうとした彼によれば，日常生活における行為の意味を根源的に了解することなく社会を客観的に観察することはできない．シュッツによれば，人間行為の社会理論を構築するうえでは，日常世界における人間の行為の意味理解を，自己のレベル，他者のレベル，そして相互主観性のレベルで哲学的に根拠づけなければならない．山田によれば，シュッツは，次のような考えを強く押し出すようになった．「合理性の理念は，日常的思考の特徴ではないし，またありえない．従ってそれは日常生活における人間行為を解釈する上での方法的原理たりえない，ということである」(山田 2000：41-2).

そして，シュッツは，「多元的現実」論の視角からパーソンズを批判した．シュッツの「多元的現実」論からすれば，パーソンズの社会的行為理論は現実の人間行為を評価する基準たりえないのである．パーソンズが試みているような科学的理論構成の世界は，日常的世界とは異なるレリヴァンス（関連的重要性）のシステムに支配された別の限定された意味領域である．シュッツの考えでは，科学的理論構成の世界から日常的意味世界へは簡単に移行できない．それというのも，存在論的にいって，ひとつの意味領域から別の意味領域へは「跳躍」をともない，科学的世界のものを直接的には日常世界へ持ち込むことはできないからである．

シュッツの多元的現実論は，現象学やベルグソンの影響をうけて発展させられたものであると理解されている．彼の言う多元的世界は至高の現実であるワーキングの世界（world of working）を基盤に，夢の世界，空想の世界，宗教の世界，科学的思索の世界など多様な世界をそのスペクトラムとして有している．これらのさまざまな意味領域を支配するのは，意識の緊張であり，「持続」（ベルグソン）である．1人ひとりの人間は，意識の流れのなかで，これらの「限定された意味領域」を「飛び地」的に経験するのであるという．そして，個々の意味領域には固有の認知様式がある．したがって，ある現実から他の現

第 3 章　合理主義の社会理論　　　　　　　　　　　　　　　　97

実への移行に際しては，主観的なショックが発生することになる（同書: 40-3）.
　山田によれば，ガーフィンケルによるパーソンズ『社会的行為の構造』批判の中心的な理論的ポリシーは，「具体的な諸活動」と「分析を通して提供された行為」とを区別することにあるという．この区別の目的は何か．それは，第1のペアー部分である「具体的な諸活動」について何も記述しないことである．換言すれば，具体的な現実の世界で起こっていることを無視するために，この区別をもうけているのであるという．ガーフィンケルによれば，パーソンズに典型なように，あらゆる理論は生活世界を想定することによって，実際には生活世界を無視した理論を構築していることである．これに対してガーフィンケルの主唱するエスノメソドロジー（ethnomethodology）——人びとが用いるメソッド——が対象にするのは，「ローカルな場面において現実に（アクチュアルに）『自然に組織された日常的諸活動』の研究である．」彼は，第1の生活世界の中身を独自に「プリーナム（plenum）」と言う言葉によって意味づけする．エスノメソドロジーとは文字どおり人びとの使うメソッドのことである．それはもっぱら2つの研究方法を用いた．「背後期待破棄実験」と「会話分析」である．前者は，実験者が他の社会メンバーが当然視している因習に挑戦する方法．クラスの学生に実家に帰って下宿人のように振る舞うように指示した実験で知られている．会話分析は，例えば，話す順番や会話のトピックスを誰がコントロールするか，という点に焦点を当て，会話という相互行為に潜んでいる規則や権力の問題を考察しようとするのである．
　ガーフィンケルは，ウィーダとの共著で「解釈定理（rendering theorem）」という図式を使って説明している．先にあげた「2つのペアは，解釈定理においては以下のような『チェックからマルかっこへ』という図式で示される．
　　　　　｛　｝　→　（　）
ここでチェックかっこが示すものは『ローカルな場面において産出された，自然に説明可能な，生きられた秩序性としての秩序現象』を指す．……そして矢印は，社会分析家の熟練した『方法手続（methodic procedure）』を指す．最後の（　）は『方法手続』によって特定化された説明である．言い換えれば，（　）は分析家の注意深く，熟達した，テクニカルな方法手続きを通して，発見され，集められ，特定化され，トピックとして論理的に議論され，観察可能に

された『記号化された対象（signed object）』である.」

　ガーフィンケルによれば，パーソンズの社会学によって発見された社会は（　）であるし，それを可能にするのが矢印である．つまり「→（　）」だけで成り立っている世界である．「これに対して，エスノメソドロジーにとっての社会は（　）の中には存在しない．むしろ，生きられた社会秩序として{　}のなかに存在する」（同書：72-5）.

　エスノメソドロジーは，科学以前の「生活世界」に関心をおき，人びとがどのように構築してゆくのかを「内的理解」を通して明らかにしようとする．エスノメソドロジーの見地からすれば，社会的現実は自然科学の対象である自然的事物とは異なり，それ自体客観的に存在するものではない．それは人びとによって意味付けられ，志向されるかぎりで存在するものである．それゆえに，社会的現実の事実性や客観性なるものも，人びとの意味付与作業から独立して存在するものではなく，人びとの日常生活における解釈や説明による産物なのである.

　山田によると，現象学的方法を導入することによって，エスノメソドロジーの方法的深化を試みようとした浜日出夫は，ガーフィンケルもパーソンズのそれと同じ科学方法論に依拠していると批判する．「両者とも行為の意味は主観に与えられるのではなく，観察者の客観に与えられると主張するからである.」「ガーフィンケルは『行動に意味を結びつけるのは観察者であって，行動をおこなっている被観察者ではない．行為を反省において経験するのは観察者である』と断言する」のであるという（同書：71-2）.

3　合理主義的行為理論の説明力とアポリア

(1)　目的合理主義の問題点

　目的合理主義が所与とする行為の目的や結果にかかわる問題がある．合理主義的行為論は手段的合理主義と言い換えうる．目的合理主義は所与の目的を達成する手段とその有効性や効率性を問題にする．この立場からすれば，ある目的を達成するための方法や手段は，科学的な実証的な手続きによって客観的に確定しうる．それは事実判断の問題であるからだという．そして，目的合理主

義は，目的や達成された結果は問わない．それでは目的合理主義が所与とする達成されるべき目的はいったい如何に与えられるのであろうか．

　ヒュームは「情念」を行為の動因と考えた．「理性は情念の奴隷であるし，奴隷であるのが唯一正しいのだ」(『人生論』第3編第3章第3節)．ヒュームにとって行為主体は，理性ではなく情念によって突き動かされるものなのである．なるほど行為の目的は個人的であり，個別的であるが，それらは個人の情動や欲望，嫉妬や怨嗟，あるいは無意識，何らかの意思にもとづくものである．それはあくまで主観的，相対的なものであって，客観的，絶対的なものではない．

　そこで次のような批判が起きる．①それが目的とする「幸福」や「快」とは何か．個人によって異なる効用を，誰もが納得するように明確に規定することは難しいのではないか．②道徳的，倫理的，あるいは規範的に，その目的や結果の当否を問わなくてよいのか．③共通の了解が得られないのであれば，誰もが納得するようにこれらの結果を評価する基準を設定することもできないのではないか．

　厚生経済学の登場とともにこうした功利主義のかかえる問題性が浮き彫りになってきた．厚生経済学は本来的に規範的経済学であった．それは個人や社会の厚生，あるいは福祉をどのように定義し，計測したらよいのか，またある経済の変化や代替的な政策の実施や，どのような経済制度や組織が望ましいかを考察し，時には政策提案することを課題とするからである．このような問題に取り組み厚生経済学を体系化したのがピグーであった．彼はそこで，効用が測定可能で，個人間で比較可能であることを前提とし，また，社会の経済的厚生を個人の効用の総和とみなした．このことは正統派経済学の基本問題にかかわる歴史的論争を生み出すことになった．

　実証主義経済学者として経済学から価値判断を追放しようとしたロビンズは，厚生経済学の体系化により倫理学と経済学の統合を押し進めようとしたピグーを徹底的に批判した．ピグーの効用の測定可能性と個人間の比較可能性の学説へのロビンズの挑戦は，限界効用学説の根幹にかかわるものであった．この論争は，まず経験主義にもとづき常識的に効用の比較可能性を主張するハロッドとこれを批判するロビンズとの論争を生み出した．また，ヒックスやカルドア

が先の前提を必要としない「保証原理」なる考え方を提起する契機ともなったのである．

(2) 社会的選択理論のアポリア

自己利益を追求する各個人の合理的行為を集積すれば，その結果として，公共の利益の確保につながるのか．社会的選択の困難性は，多数決原理でのものごとの決定の問題として読み替えることができる．次にみる各人が個人的に最善のことがらを「選好」し，これを目的合理主義にたって追求した結果を社会的に集合した場合，社会の選択としてある社会的合意を形成しうるのかという問題である．こうした問題に真っ向から立ち向かった業績にアローの不確定性定理として知られる知見がある．彼はそこで，合理的諸個人による社会的選択が必ずしも社会的な合意，総意を形成することにはならない，と結論づけている．

アローの所説を彼の難解な論文に即して説明するのは容易ではない．ここではいくつかのテキストの助けを得ることにしよう．

アローは，社会を構成する個々人の評価から一貫した社会的評価（社会的厚生関数）を導くことのできる民主的手続きが存在するのかを問題にし，否定的結論を導いた．

彼は，民主主義社会が最低限満たすべき意思決定ルールとして以下をあげている．

社会的推移性／広範性／パレート原理／無関係対象からの独立性／非独裁制．これを分かりやすく説明すると次のルールとなる．①広範性・整合性：任意の2つの選択肢に順序がつけられ，それが推移性を満たすこと．②パレート性：すべての個人がXよりもYを選好するならば，社会もXよりもYを選好する．③独立性：社会的な選好順序の決定には，社会を構成する人びとによってのみ決定され，集団外の人びとが押しつけようとする「公共の目的」に配慮する必要はない．選択肢XとYについての社会的順序付けは，各個人のXとYについての順序付けのみに依存する．④非独裁：特定の個人が社会的決定を非排除的・独裁的に行わないこと．

「以上のような民主的意思決定ルールにおいてアローは次のような定理を証

明した．『すくなくとも３つの選択肢があるものとすれば，上記の４つの条件をすべて満たす集合的意思決定は存在しない．』これを次のように説明するむきもある．アローは②から④の条件を満たし

第６図　投票のパラドックス

候補（選択肢）	アダムズ(X)	ブラック(Y)	クラーク(Z)
投票者　A	1	2	3
B	3	1	2
C	2	3	1

ても，単純多数決ルールは①の条件を満たさないこと，つまり投票のパラドックスが生じることを指摘した」（加藤・浜田 1996：68-9）．

　アローの定理は難解で容易には説明しがたい．これを分かりやすく「投票のパラドックス」に置き換えて説明しようとするテキストが多い．投票のパラドックスは古くから知られており，コンドルセも問題としてとりあげている．実はアロー自身もあるエッセイのなかで社会的選択の不確定性を投票のパラドックスで説明している［第６図］．ややややこしいが彼の説明を聞こう．彼は単純化のためにある企業の可能な投資戦略が３つあると仮定する．そして，この企業の株主が最適な戦略を選択しようとするケースを想定する．しかしながら，アローによれば，投票の多数決制は推移律を満足させる結果とならない場合があるのである．「なぜそのような事態が起きるのか調べるために，選挙の例をとってみよう．かりに，アダムズ，ブラック，クラークの３人の候補と，３人の投票者が存在するものとしよう．第一投票者はアダムズをブラックより，ブラックをクラークよりも選好している．各々の投票者については推移律的順序づけを持っていると仮定すれば，第一投票者はアダムズをクラークより選好するであろう．かりに，第二投票者が，ブラックをクラークより，クラークをアダムズより選好しているとすれば，ブラックをアダムズよりも選好するということになる．第三投票者はクラークをアダムズより，アダムズをブラックより選好しているとしよう．このとき，第一投票者と第三投票者はアダムズをブラックよりも選好しているので，アダムズがそのグループによって選ばれることになる．同様にして，ブラックは，第一投票者と第二投票者によってクラークよりも多数を獲得する．推移律によれば，アダムズがクラークを負かして，選挙で選ばれることになる．しかしながら，事実は，第二投票者と第三投票者はクラークをアダムズよりも選好しているのである．この非推移律は，ときには

投票のパラドックスとも呼ばれている」（ブレイト／スペンサー 1988：81）．

(3) 合理主義的行為理論の新たな展開

　方法的個人主義に依拠した合理主義的方法は①あくまで個人の行為を分析の対象としている．②それゆえに社会理論として構築しえないという批判がある．これに対して，そうした諸個人の相互作用を理論化して行為理論として拡張を図ろうとする動きがある．パーソンズの相互行為論はその試みの1つであった．ここではパーソンズの方法とは異なるアプローチから社会的相互行為，間主観性の形成の問題として論じようとする試みを検討することにしよう．

　オルレアンは，投資行動において作用している合理主義的間主観性の形成のメカニズムを3つの合理性の概念を打ち出すことによって明確にしようとする．彼のいう3つの合理性とは，①ファンダメンタル合理性，②戦略的合理性，③自己言及的合理性，である．オルレアンは，これらの合理性をケインズの美人投票の例にならい，もっとも美しい写真を選ぶゲームを想定する．

　ファンダメンタル合理性（＝戦略 SO）——自分自身の判断によってもっとも美しい写真を選択する，というのがこの合理性である．審査委員会のメンバーが公表されていないような場合に自分自身の判断でもっとも美しいと思った写真を選択するというのがそうである．自分自身の意見の採用（戦略 SO）．この合理性がめざすのは，「客観的真理——先の例では美についての観念——を発見することである．」それは，「普遍妥当する知識」を生み出そうとする試みであり，一般に科学研究が動員されるのはこの合理性の働きによるものである（オルレアン 2001：80）．

　戦略的合理性（＝戦略 SI）——審査委員会のメンバーが公表されている場合，委員会の意見を探り当てようとすることがある．「他者の意見の適用」（戦略 SI）がこの戦略的合理性の特徴である．この合理性は「もっぱら他者の理解に努めるが，追求される目標は機会主義的（＝日和見主義的，他者の出方をうかがい，利用しようとする態度）なものにとどまっている」（同書：77-81）．

　自己言及的戦略（戦略 S∞）——オルレアンによるとゲームに勝つためには「自分自身の意見を採用（戦略 SO）してもいけないし，他者の意見を適用（戦略 SI）してもいけない．考えなければならないことは，他者がめいめい多

第 3 章　合理主義の社会理論　　　　　　　　　　　103

数意見を予測しようとする（戦略 S∞）とき，どのような選択が形成されるか，ということである」（同書：79）．この結果，選択される戦略が自己言及的戦略であるということになる．それは金融市場に独特な合理性である．それは，皆が自分の信念にもとづいた意見（市場判断）を持っていないという特殊な条件下で，他者の意見を見抜き，市場の多数意見を見いだそうとする認知的態度である．論者によれば，ケインズは投資家が互いの意見を見抜こうとして信念を高次化していく「鏡面的戦略」を論じた．

　オルレアンによれば，「自己言及的合理性を最初に分析したのはケインズである．『美人投票』に関して，彼は次のような説明を加えている．『この場合，各投票者は彼自身が最も美しいと思う写真を選ぶのではなく，他の投票者の投票を最も多く集めると思う写真を選択しなければならず，しかも投票者の全員が問題を同じ観点から眺めているのである．ここで問題なのは，自分の最善の判断に照らして最も美しい写真を選ぶことでもなければ，いわんや平均的な意見が最も美しいと本当に考える写真を選ぶことでもないのである．われわれが，平均的な意見は何が平均的な意見になると期待しているかを予測することに知恵をしぼる場合，われわれは 3 次元の領域に到達している．さらに 4 次元，5 次元，それ以上の高次元を実践する人もあると私は信じている』」（同書：82）．

　伊藤はこうした美人投票に喩えられるケインズの「行為選択の図式」を確率の問題からとらえ直して次のようなきわめて興味深い解釈を示している．ケインズの図式では，それぞれの期待は個人的な信念と欲求にもとづくものであって何らかの客観的，論理的根拠にもとづくものではない．それゆえに結果として生ずる確率は基本的には主観的なものである．しかし，それは諸個人の独立の期待の度合いではなく，共同体全体の期待についての推測であるから各個人が問題にしているのは純然たる主観的確率ではなく，「間主観的な確率（inter-subjective probability）」なのである．しかも実際に有効な確率は，これらの間主観的な確率が共同体全体としてはどのようなところに落ち着くのかというものであるから，個々人はそれぞれの仕方で複数の主観的な確率の集約（pooling）を試みようとしていることになる．言い換えれば人びとはケインズが言うようにすでに 3 次元のレベルで考えているのであり，何人かの人びとはさらに 4 次元，5 次元，あるいはそれ以上の次元で考えているのである，というわ

> コラム

純粋協調ゲームとシェリングの戦略論

シェリングの標識

　自己言及的な状況を表す事例のなかでも取り立てて研究されてきたのが「純粋協調ゲーム」である．オルレアンは，シェリングの「繰り返しの協調ゲーム」での「標識的戦略」に，より方法論のうえでの類自性を見いだしている．それは，文化的・社会的文脈によって条件づけられた集団的な参照基準を発見することによって，多数意見を見いだそうというものである．シェリングが大いに興味を寄せたのがこの類いのゲームであった．彼は，戦略的合理性だけでは解への到達が不可能であることを知っていた．合理性と利益最大化だけでは諸均衡の総体から1つの均衡を区別することはできない．だが，この種のゲームでは参加者は協調に成功するのが普通である．それは戦略合理性だけではなく広く認知的資源を活用しているからである．「シェリングによれば，プレイヤーが協調に成功するのは，諸均衡の中から標識をもつ1つの均衡——すなわちほかの諸均衡と明確に区別されるような一定の属性をもった均衡——を見つけ出すことによってである．」「シェリングの標識」と呼ぶこの選択戦略は，「問題を知覚する諸方法の中から標識的な方法——誰から見ても明確で一意的な協調点を現れさせるような——を直接に選び出すことである．」「シェリングの解の場合，認知指標を見つけ出すために，自己言及的合理性が行使される」（オルレアン 2001：91）．

　シェリングは，人びとがどのように認知標識を見いだし，協調的行動をとるのか，いくつかの実験を試みている．そのひとつは次のようなものである．コネチカットやニューヘヴンの人びとがニューヨークで人と会わなければならない．ただし，どこで会ったらよいかは知らせていない．また，相互に連絡も取れない．こうした状況のもとで人びとはどのような行動をとるであろうか．シェリングの実験では，この場合大多数は，グランド・セントラル駅を選んだ．さらに第1の例の変形で会合日については事前に知らされているが，会合時間は知らされていない．この場合，何時に集合するかという実験である．シェリングの実験では，この場合，すべての人が12時を選んだ．シェリングは，このほかにデパートではぐれた夫妻の行動，パラシュートで降下した後の2人の行動，ある条件の下で100ドルを山分けする場合などの事例を挙げ，心理的・認知的要因から協調的行為の現実的可能性を論じている（Schelling 1960：53-8）．

シェリングの戦略論

　シェリングは，もともとは経済学者であった．ここから，一応，彼が合理的な

行為者モデルを基礎に紛争の理論の構築をはかろうとするのはうなずける．だが，彼の独自性は，そこにとどまるのを許さない．シェリングは社会心理学的なアプローチとゲーム理論などの論理的・戦略的なアプローチの結合によって人間の紛争の解明を試みようとするのである．彼によれば紛争は，敵対と協調とがしばしば微妙に相互作用しあっている場である．米ソ冷戦期のように2つの超大国の存在によって特徴づけられる国際関係の戦略的状況において，シェリングはゼロサム的状況把握を非合理的なものと考えた．それというのも，冷戦期の米ソ関係は，ゼロサムというよりもむしろマイナス・ツゥといった方がよいかもしれないからであった．全面的な核戦争による国家の滅亡である．国家の消滅にいたるような戦略の選択は，シェリングによれば，究極的な非合理主義的な選択であると言えるのであった．彼は，スペクトラムの対極にゼロサムゲーム的世界をおき，他方の極に純粋協調ゲームをおく．対立するもの同士にも共通の利害が存在するはずであると考えるシェリングは，この両極の極の間に関心を向けるのである．そこでは紛争と相互利益という2つの要素が存在する．行為者は相互に敵対関係にあっても，同時に何らかの相互利益の存在を感じているのであるから，双方が明確な直接のコミュニケーションを欠いているとしても，共通の利益点を確定し，そこに期待を収斂させることによって，双方の行為を暗黙裡に調整できるとみるのである．この期待の収斂にいたるメカニズムは，シェリングが「相互依存的決定の理論」と呼ぶアプローチ（Schelling 1960 : 89f）によって説明される．自己利益の最大化を指向する行為者による紛争において，おのおのの行為者の最善の選択は相手の出方に依存する．そこで彼の構想する戦略的な行為とは，相手の行為が自己にどのように関係しているのかを勘案しつつ自己の期待にもとづき行為することによって，相手の選択に影響を行使することにある．つまりこうである．①bのaに対する行為→② ①についてのaの分析・評価と予期（＝期待）→行為選択→③ ②についてのbによる分析・評価と予期→行為選択．この過程は，相互的な期待形成の螺旋的過程（spiral of reciprocal expectations）で心理的な過程である．そこで行為者相互の利益の対立，収斂がはかられる．

　この具体的な応用例として，核戦争の脅威と危険に対して，如何に合理的に対処するのか，という問題例が考えられる．Aはその保有する武力を実際に行使するのではなく，むしろBに対してAによる武力行使の脅威を認知させ，Bの行為に影響を与えるようにすることが望ましい．戦争を起こすことは馬鹿馬鹿しいことであり，それよりもむしろ戦争の脅威をもって相手の期待に影響を与える方が現実的な戦略的対応なのである．シェリングのアプローチが，国際政治理論や国際関係理論で「戦略的リアリズム」と言われる所以である．

けである（伊藤 1999 : 165）．

　このようにオルレアンは，3つの合理性を区別し，自己言及的合理性こそが投資行動のゲームに勝利する戦略であると論じている．だが，彼の論点はこれにとどまらない．それは，自己言及的合理性が構築されるプロセスにも及んでいる．彼によると，自己言及合理性に至る過程は，ファンダメンタル合理性→戦略的合理性→自己言及的合理性，のプロセスである．前回以前の多数意見を模倣するというプロセスを通じて満場一致への収斂が達成される．この過程で「共有信念コンベンション」が形成される．オルレアンによると，これによって「事実上ファンダメンタル合理性が支配的になる．そもそも共有信念の安定は，その説得力・論証力を通じて正当性を得ることを前提とする．だが，戦略的行動をとる投機家によって共有信念が問い直しをうけるとき戦略的合理性が力を増す．そうして，最終的に不信が一般化すると自己言及的合理性が純粋に作用するようになる（オルレアン 2001 : 70）．

補論　合理主義の国際関係理論

(1)　ウォルツの『国際政治理論』

　かつて国際学会（ISA）の年次総会（1988年，セントルイス）で学会の泰斗で会長に就いていたコヘインが「国際制度論—2つのアプローチ」なる基調報告を行った．その2つとは，合理主義と反映主義のアプローチである．合理主義のアプローチには，米国で支配的な国際関係理論の潮流であるネオ・リアリズムとネオ・リベラリズムが挙げられていた．これに対して反映主義は，文化や規範，価値などの非個人的な社会的諸力の果たす役割を重視する潮流とされ，ポスト構造主義，社会構築主義，歴史的唯物論など多様な学派が一括されていた（Keohane 1989 : ch. 7）．

　コヘインのこうした自己認識は，あまりにも米国偏重の学的潮流の整理であるが，近代経済学の方法論にもとづく合理主義が当時国際政治理論，国際関係理論の主流となっている事態を如実に示していた．こうした合理主義的「転回」に大きな役割と影響を及ぼしたのが，コヘインも認めるように，ウォルツの *Theory of International Politics*（1979）であった．ウォルツは，この著作

において従来の伝統的なリアリズムを批判し，みずから構造的リアリズムなるものを打ち出した．ここでいう従来のリアリズムとはウォルツが不充分な合理主義のアプローチに立つとみたモーゲンソーや自然科学主義的な実証主義を信奉する行動科学（behavioral science）のアプローチであった．ウォルツの理論と方法は，やがてネオ・リアリズムとも呼称されるようになり，リアリズムの主流となっていった．この動きは，リアリズムの潮流にとどまらず理想主義を標榜し，本来リアリズムとは対極的位置にあると考えられていたリベラリズムの潮流にも多大な影響を与えた．ネオ・リベラリズムのなかには *After Hegemony*（1984）を著したコヘインのように合理主義的方法論を取り入れる動きがみられ，リベラリズムの潮流に質的ともいえる変容をもたらした．そうして，リベラリズムとリアリズムの総合（synthesis），ネオ・リベラル制度主義の台頭，がとりざたされるにいたったのである．それは，合理主義的理論の勝利ともいえる動きであった（*ibid*: ch.7; Rengger 2000: 47）．

　ラギーは，そうした動きを新功利主義と規定し，ネオ・リアリズムもネオ・リベラル制度主義もともにきわめて類似した分析上の基盤に立っている点で，両者は収斂しつつあるといえると評価し，次のように特徴づけている．曰く，双方とも，無政府性を所与として国家を最も重要な行為体とし想定している．国家のアイデンティティ，利害をア・プリオリに，外在的に所与としている．仮説・演繹的な方法論に依拠している．ラギーによれば，なかでもコヘインは，1970年代はじめにはナイとの共著でリアリズムの国家中心主義を批判していたのであるが，今やリアリズムの軍門に下り，国際政治の最も重要なアクターは国家である，国家は自己利益によって突き動かされている，自助のシステムが国際システムである，国際システムでは相対的能力が重要である，などと主張するにいたっている．ウォルツとコヘインにあっては，前者が市場に関する経済理論を応用しているのに対して後者が企業や産業組織の経済理論に依拠している違いがあるだけである（Ruggie 1998: 7-9）．

　ウォルツがいかなる方法論的立場にあるか．彼の立論に即して検討してみよう．彼は，まず理論を検証するに当たっては以下の手順を踏まねばならないと主張する．(1)検証されるべき理論を言明する，(2)理論から仮説を推論する，(3)仮説を経験によってあるいは観察によって検証する，(4)(2)，(3)の段階で

は，検証されるべき理論において見いだされる範疇を用いる，(5)理論に含まれない不安定な変数は，これを除去するか，あるいは制御下におく，(6)明確で厳格な検証方法を考案する，(7)検証されなかった場合には，理論が失敗であったのか，理論を修正してみるべきなのか，理論から説明できる主張の範囲を狭めるべきか，について問うこと．こうしたステップにおいてうまく事が運ばないのであれば，理論が誤っていたことになる．また，理論から導き出された仮説が検証されるのであるから，仮説が誤りとなれば(2)，(7)のステップでの手続きを再検討しなければならないであろう．仮説は理論から正しく推論されたのであろうか．理論から適切に導き出された仮説が無効であるとすれば，どの程度理論の当否を問題にすべきであろうか．検証が満足すべき結果をもたらさなかったとしても拙速にその理論を拒むべきではない．仮に検証された場合でも安閑としてはいけない．なぜならば，理論の信頼性というものは，多様で困難な検証がなされたかどうかによるからである．

　ウォルツはさらに研究方法について紙幅を割いて論じている．やや冗漫とも思われるがいくつか特徴的な記述を拾ってみよう．曰く，いくらデータを蓄積しても，そこから観察と経験によって直接知見が得られるわけではない．理論は発見されるのではなく，発明されるのである．換言すれば，理論は，創造的なアイデアから生み出される．モデルというものは，理論を表現したものであり，現実を単純化することでそれを描写したものである．帰納法によって理論を得ることができると主張することは，現象を説明する手段が考え出される以前に現象を理解することができると主張するに等しい．演繹によって得られるものは，論理的にいって当初の前提から導き出されたものにすぎない．帰納と演繹は，理論の構築に不可欠であるが，創造的なアイデアが出現することによってのみ理論は構築されるのである．国際政治の組織構造はきわめて一定しており，同じパターンが繰り返される．こうした継続性を説明する理論として最小限の説明変数を有した理論を構築すべきである．経験的に複雑なものは単純化されひとつの基本要素，すなわち国際政治構造に還元されるべきである．理論の簡明性（parsimony）とエレガントさが肝要なのである．

　ウォルツは，のちに『国際政治理論』の検証理論は，ポパー流の"素朴な反証主義（naive falcificationist）"のように受けとられたかもしれないとみて，

そうした印象を払拭すべきであろうと考えた．そこで彼は，ポパーの反証主義が，実際には社会科学方法論として難点があると次のように論じたのである．勢力均衡理論のように理論の正確な限定が不可能であるがゆえに，多くの科学理論と同様にその検証は困難である．それゆえにわれわれとしては，多様な検証（方法）を適用すべきである．ポパーは反証可能性のみを正当な検証であるとしているがそうではない．検証は，適切な方法かもしれないが唯一の方法ではない．理論を検証する基礎的な知識もまた疑わしい場合があり得る．また，科学においては究極的な言明，あるいは確実に真理である言明は存在しないのである．原理的にいって，われわれは理論というものを無限に検証しなければならないのであるが，理論を検証することは困難である．なんとなれば，検証結果の解釈もまた微妙な仕事となるからである．この一方で理論は，多様な方法で信頼性を得ることができる．反証できなかった場合，確証できた場合，理論どおりに結果が生み出された場合，それに理論そのものの知的力能によっても（Keohane 1986: 334-6）．

このようにウォルツはあれこれと方法論を論じるが，彼が実証主義的方法として如何なる方法を最終的に確立したのかは不分明である．だが，彼は，レベル分析では，明確にシステム分析に立っている．そうしてウォルツは，個人や国内的要因による理論をユニット・レベル分析あるいは，還元主義として批判する．それは，彼が1959年の旧作で展開した戦争の原因を個人に帰したファースト・イメージのアプローチ，国内要因に帰したセカンド・イメージのアプローチのことである．

ウォルツによれば，ユニット・レベルの分析によっては，全体を説明できないのである．それというのも国内変数は無限にあり，また絶えず変化しているからである．これに対して，国際システムは変化せず，同じものとして存在し続けている．国内変数が変化しているのにもかかわらず国際システムで類似した結果が生ずるのは，いったい何によって説明されるべきか．国内要因からの説明が適切でないことが明らかであろう．こうして，ウォルツが説くのは，システム・レベルの分析である．その理論の組立を簡明に特徴づければ，スミスの分業論・市場論とホッブズの無政府性のロジックを応用したものである．

ウォルツは，国際政治構造を次の3つによって特徴づけている．(1)秩序原

理（ordering princeples），(2)単位の属性（character of the units），(3)能力（distribution of capabilities）の配分．彼はこの3つのキーワードによってシステム論の展開を試みる．

　ウォルツは，まずホッブズの『リヴァイアサン』のロジックを援用し，国際システムにおける国家を個人に見たてたうえで次のように論じる．自然状態にある国家は生存のために抗争し，戦争状態にある．だが，国際場裏にはリヴァイアサンも世界国家もない．国家は生存のために自己利益を追求し存亡をかけた戦いを挑み続けるしかない．さらに，ウォルツはスミスの分業・市場論を下敷きにして次のように説く．無政府性のもとで諸国家は，存亡をかけて自己利益を追求する．こうした個々の国家のアトミスチックなばらばらで勝手な行動は，おのおのの国家の意図とは無関係に自然と国際システムをつくりあげる．ひとたび国際システムが形成されると，この国際システムが各国家を制約するようになる．「（無政府性の）見えざる手」．国内のようなヒエラルヒー的秩序では，単位は機能にしたがって差異化される．そこにおいてすべての単位は同じものでなく，機能に応じて特化されている．そうして相互依存の国内的システムが形成される．これに対して無政府性によって特徴づけられる国際政治場裏では，競争・社会化・均衡化という見えざる手が働く．すなわち，国際的な無政府性の秩序原理のもとでは，単位としての各国家は類似し，機能の面でも差異化はみられない．国際場裏で各国家は自助（self-help）を追求する．さもなければ，滅亡か衰退の道を歩まざるをえないからだ．国際システムにおいて超大国は弱小国の行動を変えることができる．だが，後者には超大国に追随するしか選択の余地はない．無政府性のもとでの各国のパワーの相違は，各国に生存競争を強いる．弱小国は，超大国が成功した事例を模倣するしかない．国家や個人が市場メカニズムに抗すると経済的な損失をうけるのと同様に，国家も無政府性の論理に歯向かうことはできない．したがってシステム内では，経済学が想定する競争的システムと同様に競争者は合理性によって規制されてゆく．この過程で各国家はより類似性を強め，無政府的秩序を自然に意図せずに再生産することになる．こうした国際システムでは，また，均衡化の動きが作用する．それは，ひとつには超大国との能力の相対的な格差を縮めようとする弱小国の行動によって生み出される．他方で弱小国はより強力な国家に対して

弱小国同士で連携し均衡をはかろうとする．この動きはもちろん，真の協力を生み出すわけではない．しかしながらこうした動きによって国家間の能力の格差が縮小され，超大国による国際システムの位階的支配秩序への転換が阻まれる．各国が自己の生存のために模倣したり，均衡をはかろうとしたりすることで，国際システムは無意識的に維持されて，構造変化は無政府性が存在する以上生じないことになる．ウォルツは，勢力均衡を経綸の中心的な手段と位置づける．そうして彼は，多極構造を評価するモーゲンソーとは異なり第2次世界大戦後の二極構造を評価することになる．

ウォルツの論理に対しては，まず自己利益を追求する合理的行為主体の行為から無媒介的に国際アナーキー→諸国家の抗争，を導きだすことができるのかという批判がある．次に見るコヘインの国際レジーム，国際協調論はこの点からの批判の1つである．ゲーム理論に認知的要因を組み込んだアクセルロッドやシェリングのアプローチはウォルツへの批判と見ることもできる．また，国際アナーキー→国際抗争のロジックに対しては，国際社会にある種の秩序を見てとることができるとする英国学派による批判や後に概観する社会構築主義からの有力な批判もある．そうして，何よりも，興味深い事実はウォルツが安定的ととらえたはずの二極体制である米ソ冷戦構造が，ソ連・東欧圏における社会主義体制の崩壊によって変容したことである．ウォルツの理論は，こうした動的過程を説明できない弱点を抱えているとの批判を浴びたのである．

(2) コヘインの『覇権後』と国際政治経済学

この間，国際組織や制度，あるいは国際政治現象の分析に近代経済学の方法を用いた研究が蓄積されてきている．それらはオルソンらの集合行為論，新制度経済学派のコース，ウィリアムソンらの取引コスト論，それにゲーム理論などを分析の道具とした国際レジーム論，IMFなどの国際機関論，地域統合論，政策決定論，国際紛争・国際協調論，国際政策協調論などである．ここでは，集合行為論，囚人のジレンマ，取引コスト論を概観した後にコヘインの所説を紹介しよう．

集合行為論

オルソンは『集合行為論』の執筆動機について次のように記している．

「私は，主として，経済理論の演繹的方法が，伝統的に政治的，社会的現象と呼ばれてきたものの理解にどれだけ役立つかを経済学者たちに示し，そうした理解が，次には，経済学におけるいくつかの伝統的問題についてのわれわれの考え方にどう影響するのかを示すことを意図して，本書『集合行為論』を書いた」（オルソン 1983 : i-ii）．

オルソンの集合行為論は，まずは，集団の行為についての常識的とも思えた理解を根底から崩す結果となった．というのも，もしある集団の成員が共通の利益や目的を持つのであれば，そしてもし彼らの目的が達成され，全員の状態が改善するのであれば，その集団の個人は彼らが合理的で利己的である限り，その達成を目指して行為するであろうことが当然のように考えられていた．しかし，オルソンはこうした常識の陥穽を次のようにつく．

「ある一集団内の個人の数が少数でない場合，あるいは共通の利益のために個人を行為させる強制もしくは他の工夫がない場合，合理的で利己的個人は，その共通のあるいは集団的利益の達成をめざして行為しないであろう．」あるいは「諸個人から成る集団は，その共通のあるいは集団の利益を達成するために行為するという考えは，集団の諸個人は合理的にその個人的諸利益を増進するという仮定から導き出される論理と合わず，事実，その仮定とは一致しないのである」（同書 : 2-3）．

オルソンは，個人が合理的に個人的利益を追求するのであれば，集団の目的のために行為した結果得られる集団の一員としての利益が，集団の一員として行為せずに自己利益を追求した場合よりも小さいと予想されれば，集団的に行為しないであろうというのである．

また，オルソンは，大規模集団では，成員は集団目的を実現するための負担を自発的に負わない，あるいは払わない傾向があると論ずるのである．それにはいくつかの理由が考えられる．第1に，大規模集団の成員は負担しなくても便益を享受できる．第2に，各成員が負担するコストが集団全体のコストに比して余りにも小さいので構成員は負担しなくともそれが集合財の供給，集団目的の達成に影響が及ぶとは考えない．また，負担が比較的小さいので非難や制

裁をうける可能性が少ない．これらに加えて，さらに，たとえ本人がコストを負担しても，他の成員がそれを負担するという保証はない．オルソンの考える大規模集団の成員は，自己の個人的利得の最大化を合理的に追求するとすれば集団の目的を助長するようには行動しない，という命題からは，成員に集団的目的を追求させるには，強制や何らかの別個の誘因が必要であるという主張が導き出される．

　しかしながら，オルソンによればそうした議論は小規模な集団については必ずしも妥当しない．それというのも，大規模集団では個々の成員の受け取る便益は集団全体のそれに比して小さいが，小集団では集団全体の便益に比して成員の便益は相対的に大きく，参加の誘因が強いからである．また，小規模集団の場合には大規模集団でみられるような問題は生じない．こうしたオルソンの集合行為論は，（国際）集合財／公共財——国際レジーム，IMF，WTOなどの国際機関や国際協定など——の構築と維持，フリーライダー（「ただ乗り」）問題を考える有力な理論を提供したのである．

ゲーム理論

　単純な囚人のジレンマには2人のプレーヤーがいる．それぞれが協調（co-operation）と裏切り（defection）という2つの選択肢から自分の行動を選ぶ．相互に相手が次のとる行動を知らないままに，自分の行動を選ばなければならない．この場合，相手がどう出ようと，自分の方は協調するよりは裏切った方が得である．しかしながら双方が裏切りを選ぶと，双方が協調を選ぶよりも損をしてしまう結果となる．ここにジレンマがある．1回限りの単純な囚人のジレンマ論は，自己利益の最大化のために合理的に行為した結果が必ずしもパレート・フロンティアをもたらさないことを明らかにした．パレート・フロンティアは1組の結果であって，そこではそれ以上の利得は生じないし，またそこではあるものの利得は他のものの損失となる．

　囚人のジレンマ論は，私益を追求する活動が「コモンズの悲劇」をもたらすことを簡明に説明し，協調，協力の必要を説く論拠を提供している．コモンズの悲劇とは，ハーディンが1968年に論じたものでコモンズの消失に警鐘を鳴らした研究であった（ハーディン1993）．これを牧草地を例にとると，牛飼い

たちがコモンズ（共有牧草地）で飼育の取り決めをして，飼育する牛の頭数を制限し，牧草地を持続可能な形で利用することができれば，牛飼いたちの長期的な利益になる．しかし，牛飼いたちがおのおの目先の自己利益を追求して，飼育頭数を競争的に増やしてゆくとどうなるのか．牧草地の牧草は消失し，荒れ地となり，放牧業自体が成り立たなくなる．コモンズの悲劇は砂漠化，環境汚染，湖沼や海洋資源の枯渇，軍拡競争などの悲劇を説明するロジックとして用いられることになる．囚人のジレンマでパレート・フロンティアに到達するには，状況と他のプレーヤーについての情報が必要となる．そのためには「囚人」を隔てている壁を取り除かなければならない．それによって各プレーヤーはおのおのの意図と行為の結果とについて知ることができるようになるのである．

　ここではとくにアクセルロッドの研究に注目しよう．やや複雑なゲーム理論を用いて協力・協調理論を発展させようとした彼は次のような実験を試みた．ゲーム理論の専門家に思い思いの戦略を提出してもらい，これらの行動決定規則を互いに競い合わせて，すべての対戦のなかでどの規則が最も成績がよいか調べるというコンピューター選手権である．そうして，反復囚人のジレンマに直面したときにどのような戦略を採ればよいかを調べた．アクセルロッドによれば，実に奇妙なことに，この選手権では，最も単純な戦略を用いたものの上に勝利の女神が輝いた．それは「しっぺ返し（tit-for-tat）」の戦略であった．それは，初回は協調し，その後は前の回に相手がとった行動をとるという戦略であった．アクセルロッドはこの選手権を再度開催し，あらためてどの戦略が最も優れたものかを実験した．多くの参加者が前回の結果を知ったうえで競技に加わった．だが，この場合もやはり「しっぺ返し」が勝利した．これらの結果を踏まえてアクセルロッドは，「相互主義（reciprocity）」戦略を最善の選択と考えた．それは，すなわち，相手が協調している限り，不要ないさかいは避ける，相手が不意に裏切ってきたときには怒りを表す可能性を示す，一度怒りを表したあとは心を広くして長く遺恨をもたない，相手が自分についてくることができるような明快な行動をとること，であった（アクセルロッド 1998: 19-21）．

　これらの結果は，『リヴァイアサン』のホッブズの言うような中央の権力の

手を借りなくても,条件さえ整えば協調関係がエゴイストの集団の中に現実に出現しうることを物語っている,のである (同書: 20).

アクセルロッドはさらに3段階からなる協調関係の進化についても論じている. 最初の段階は, 周りが無条件に裏切りを繰り返すただなかで, 協調関係を始めなくてはいけない. もし協調派が裏切り派のなかでちりぢりになり, 互いに助け合う機会がない場合には協調関係は育ちえない. しかし, 協調派が少数でも互いに内輪でつきあう機会に恵まれ, 互恵主義にもとづいて協調しあうことができれば協調関係は進化しうる. 第2段階＝やがて, 互恵主義にもとづく戦略は, 多くの戦略に競り勝って栄えることができる. 第3段階＝互恵主義にもとづく協調関係が強固になるにつれて協調的でない戦略の侵入を防ぐことができる (同書: 20).

取引費用論

コースは, まず企業組織, 産業組織の研究を深化させるなかで「企業の性質について」の論文でこの概念を打ち出した. 取引費用とは, 所有権を確定し, 取引相手を見いだし, 交渉して合意に達し, 契約を結び, 契約の確認や履行などに要する費用のことである. それは市場での取引には諸々の費用がかかっているというあまりにも単純な事実の認識にもとづくものであった (Coase 1937). しかしながら, それは企業の経済学, 内部組織の研究や所有権, 契約などについての経済学的研究を大きく発展させる契機となった. 彼はその後公害などに係わる費用について論じた論文「社会的費用の問題」で, 後に「コースの定理」と呼ばれる論点を明確にした. それは, 取引費用が存在せず, さらに経済主体相互が交渉するにあたって何らの規制も存在しないのであれば, 市場での資源配分の誤りは市場における契約によって是正される, というものである (Coase 1960).

取引費用学派によれば, 「制度」とは取引費用を引き下げるために発達してきたもので, それは経済的なパフォーマンスを左右する重要な要因となるのであった. 取引費用は情報, 交渉, 監視, 調整, 契約の執行に係わる費用である. メイヤーによれば, 密接な対人関係のある閉鎖的な経済は取引費用は低いが生産費用は高いことになる. これに対して, 大規模で複雑な発達した経済では, 相

互依存の市場的ネットワークが広がるが，非個人的な交換過程によりあらゆる種類の機会主義（ごまかし，怠け，モラル・ハザード）が横行し，取引費用は高くなる．こうしたなかで，参加者を拘束し，社会的相互作用の不確実性を軽減し，取引費用が高くならないような複雑な制度的構造が形成され，発達してきた．それは所有権，正式の契約と保証，会社，組織の階層構造，垂直統合，有限責任，あるいはさまざまな行政的，法的枠組みであった（マイヤー 1999：111-2；アクセルロッド 1998：20）．

コヘインの『覇権後』

こうした研究成果を国際政治学の問題群の分析用具として用いた代表的業績として注目されたのが *After Hegemony*（コヘイン 1998）であった．ここではその内容を概観して，経済学の概念を適用した国際政治経済学展開の試みがどのようなものであるのか見てみたい．

コヘインは，著作のプランで「世界経済における協調と対立に関する政治理論を展開するために経済学の概念を利用している」ことを明らかにする．彼は自著の主題を次のように説明している．「協調と国際レジームの理論」と題される第 2 部は「本書の理論的核心を構成し，2 つの主要な用語である『協調』と『国際レジーム』の定義から始める」（同書：11）．第 4 章での定義をふまえて第 5 章から第 7 章は，国際レジームについての機能主義的理論を提示する．第 5 章の議論は，ゲーム理論や集合財理論を用い，共通の政府が存在しない場合でも，『利己主義者の間で協調が現れる』（Axelrod 1981, 1984)」ことを論証する（コヘイン 1998：12）．

コヘインの主張点をあらためて確認すると，まず，「政治理論の展開のために経済の概念を利用している」点について別の箇所では次のように述べている．「(第 5 章での) 国際レジームの機能主義的理論の展開において私は，……囚人のジレンマの論理や集合行為論に依拠している」（同書：93）．

さらに，著書の主論点については次のように述べている．「(第 5, 6 章では) 現実主義と同様に行為主体は合理的利己主義であると想定する．そのような仮定のもとで，現実主義の悲観的な結果が必ずしも生じないということを示したい．世界政治についての現実主義の仮定が，協調を促進するルールや原則を含

第 3 章　合理主義の社会理論

む制度的な取り決めの形式と整合的であることを示したい」(同書: 75-6).

　コヘインの理解では，現実主義，とりわけウォルツに代表される新現実主義は，国際的無政府状態のなかで自国の利益を最大化しようとする行為主体としての国家を想定し，ホッブズ的状況――諸国家の抗争――を不可避と見る．コヘインの大胆な理論的挑戦は，この新現実主義の基本的な論理にもとづいたとしても，国際協調を導き出すことができる，との結論を得ようとしている点にある．

　コヘインは，1 回かぎりの囚人のジレンマと集合行為問題について論じた後，繰り返しの囚人のジレンマと小集団の集合行為論を展開して議論を発展させている．そうしてまず繰り返しの囚人のジレンマでは，プレーヤーは合理的に協調することが一般的に認められているとする．

　また，集合行為論に開する理論では，OECD や G7 のような少数の国家が関係する場合には，集合行為のジレンマは避けられうると説く．それというのも，オルソンによれば，互いに監視が可能で，相手の行動に反応する少数の行為主体間では，有効な寡占的調整が可能であるからである．コヘインは，さらにコースの定理をも引き合いに出し国際協調にとってのレジームの有効性や覇権衰退後もレジームの維持が可能であり，また必要なことを説く．

　コヘインは，「政治的市場の失敗とコースの定理」と題した第 6 章では，「コースの定理の逆転」の論理によって，所有権を限定する明確な法的枠組みやすべての参加者にほぼ等しく入手可能な低コストの情報を提供することは，パレート最適な協調解を促進すると論じる (同書: 99)．ここでコヘインがいう「コースの定理の逆転」とは，彼の結論が有効となる次のような 3 つの条件を指している．すなわち，(1)政府の権威によって支援され行為の責任を確定する法的枠組みの存在，(2)情報が完全であること，(3)取引費用が存在しないこと，である．だが，世界政治の場裏は，不完全市場と同様に，相互に有益な協調を阻むような制度的欠陥によって特徴づけられている．「世界政府は存在せず，これは所有権や法的責任ルールを脆弱にする．情報は，きわめて費用が高く，異なる行為体によって公平には保有されているわけではない．組織やサイドペイメントの費用を含め，取引費用はしばしばきわめて大きい」(同書: 99)．

　(1), (2), (3)の問題についてコヘインは次のように論じる．世界政治に確

立された法的責任や所有権について信頼できる責任体制を確立することはできないが，寡占企業の分析で議論される「準協定」や慣例に似たものを打ち立てることは可能である．また，レジームの存在は交渉の取引費用を低下させ，合意を得るために各国政府が集まる費用を低下させ，さらにレジームが一度確立されれば追加的な問題を処理する限界費用はそれがない場合よりも低下する．

　不確実性と情報に関してもコヘインはレジームの情報機能はきわめて重要であると説く．それというのも「市場の失敗の文献は，その最も基本的な論点——すなわち，適切な制度が存在しない場合には，不確実性のために相互に有益な交渉が行われない——を詳細に述べ，特に重要な３つの困難，すなわち情報の非対称性，モラル・ハザード，無責任を指摘し」ているからである（同書：106）．

　こうした問題とレジームとの関連についてコヘインは次のように論じる．(1)レジームは，その原則やルールが予想される行動の範囲を狭めるので，不確実性を低下させ，また，より広範囲な情報の利用可能性が広がるにつれ情報分布の非対称性を改善することができる．(2)レジーム内で行為主体の行動を監視することができ，それによってモラル・ハザードが緩和される．(3)詐欺や瞞着，無責任な行為の結果は，当該の問題領域を越えて広がるため，レジームの枠内での特定問題領域間のリンケージはそうした問題行動の費用を高め，結局のところ裏切りの可能性を減ずることになる．

　このように論じたあとでコヘインはさらに，レジームは覇権衰退後の協調の持続を説明する，と既存レジームの有用性について議論を展開する．国際レジームは一度形成されるとそれが生み出す良質で対称的な情報が取引費用を引き下げ，交渉を容易にする点で利益が得られる．レジームの存続もこの点から，すなわち，それが情報を提供し，取引費用を削減するものとして理解できるのである．また，ウィリアムソンが説く寡占と同様に，レジームは形成よりも維持が容易である．レジームの原則，ルール，制度手続きやそれらとともに発展する非公式の相互作用は，コミュニケーションを可能にし，その結果，取引費用を削減し，また情報交換を容易にする取り決めとして政府にとって有益である．また，レジーム形成の高い費用はかえってレジームの存続を助ける．

　コヘインは，最後に，理論編の最終章で，以上のような議論を新古典派経済

学の合理的行為者モデル仮説を基本前提にして展開してきたことを明らかにする．このうえで，先の厳格な仮定をゆるめ，より現実的な仮定，すなわちサイモン (Simon) が説くような「限定合理主義」の満足化仮説に立ってあらためて問題を取り扱った場合にも，さらには規範的な問題をも組み込んだ場合でも，充分当てはまることを論ずるのである．

　コヘインが本書を著した動機はきわめて実際的であった．それは米国の覇権の衰退した後の国際協調体制の可能性とその実現の条件を考察しようとしたものであった．コヘインは，「覇権的リーダーシップは，おそらく今世紀にはアメリカにしろ他のどの国にしろ復活しないであろう」とみていた．そのうえで「覇権なき後の協調の持続」について次のようにも見通していた．「覇権的レジームの後退の後，いっそう対称的な協調様式が一時的な対立の後に進展するかもしれない．実際，1970 年代の継続的な協調の試みは，覇権の後退が必ずしも協調の死の鐘を鳴らすとは限らないことを示している」(コヘイン 1998：8)．だが，彼の議論は，アメリカ合衆国の没落を理論の前提とした点で，先走ったものであった．湾岸戦争，イラク，アフガニスタン戦争は，コヘインが考えるような意味では，また彼が想定した時期には，アメリカ合衆国の覇権は衰退していないことを示していたからである．

第4章
論理実証主義と批判的合理主義

1 言語論的転回と論理実証主義

　言語をどう考えたらよいのか．常識的な考えによれば，言語は感情や意思を媒介する手段である．主体があらかじめ心のなかで思念したことを言語を介して発話の形で表現し，伝達する．だが，言語論的転回を経て，こうした考え方は古くさい考えとして批判され，影響力を失った．イギリスの日常言語学派，構造主義，ポスト構造主義，ポストモダンは，人びとの認識や話し手の意図などは，言語を抜きには存在しないと考えるからである．話し手自身も主体としては言語体系のなかで形成されるもので，そうした主体は存在論的には言語に先行して存在するとは考えられないというのである．

デカルト／ロック／フッサールの限界性

　言語が哲学思想の主たる潮流となる前の哲学思想における言語の扱いは，ロックの考えに現れている．ロックは，言語の役割を「記憶と伝達」に限った．われわれが一度考えたことを記録し，また，自分が考えたことを他人に伝達することが言語の役割と考えたのである．だが，そうだとすれば，知識は，記憶や伝達が行われる前に言語なしに成立していたことになる．言語は単なる媒体ということになる．ロックは，思考とは心の中の観念の操作であり，心の中で観念によって作られる「心の命題（mental propositions）」こそが本当の考えであって，記録と伝達のために外面的な表現を与えたものが「言葉の命題（verbal propositions）」言語表現に他ならなかった．このようなロック的言語観は，

第4章　論理実証主義と批判的合理主義

久しく思想界を支配していたのである．

　デカルトは『哲学原理』（1644年）で，人間が何故に誤謬をおかすのかについて論じ，その原因として4つ指摘していた．第1に，幼児期の先入見．第2に，幼児期の先入見を大人になっても忘れられないこと．第3に，人間が感覚に現前しないものに注意をむけることの困難性．そうして最後が言語であった．デカルトによれば，人が誤りをおかすのは，言語を通して思考するからである．言語の単位である語ではなく，思考の単位である観念によって思考を進めれば間違いをおかすことがない，というのである．デカルトがこうした認識に陥った根底には，世界を構成するのは事物と観念であり，言葉は媒体にすぎないという考えがあった．

　もともと真の実在を問う存在論として始まった哲学は，近代に入るとともに，認識や主体の認識の機制を明らかにすることを根本問題と考えるようになった．この典型がフッサールであった．しかしながら，言語論的な哲学思想からすれば，フッサールの認識論は，言語の伝達性を捨象した世界を想定して理論を構築しようとした点に根本的な難点があった．それは，デリダが『声と現象』で問題にしたことでよく知られている．なるほど，初期のフッサールは純粋な論理学が成り立つためには，いかなる状況によっても左右されないイデア的な世界を構築しなければならないと考えたのである．そこで彼はまず言語記号を，意味作用をもつ有意味な記号である「表現」と単に何ものかを指し示すだけの「指標」とに区別した．そのうえで，「すべての表現が伝達的対話においては指標としての機能を果たしている」という事実から，伝達的会話の中で機能する言語表現を意味作用にとって非本質的なものとして退け，代わりに「孤独な心的生活」を言語考察の基本的場面として設定したのであった．この手続きは当然にも，フッサールの言語論からコミュニケーションの次元を欠落させることになる（フッサール1970：24-47；野家1993：11）．だが，すべての伝達性を捨象した純粋さとは何であるのか．純粋な意味にとってはそれが他者に伝達されるという側面は二次的なものであるのか．他者性もシニフィアンをも捨象した心的世界とは成立しうるのであろうか，との批判がだされたのである（小林敏明1991：202-3；野家1993；丹治1996）．

　言語は，具体的に何かを誰かに向かって話し，聞き，書き，読むという行為

の中にしか存在し得ない．頭の中や心の中，あるいは辞書の中に言語があるわけではない．話し，聞くという人間の具体的行為を離れて，われわれは言語を見いだすことはできないのである．その限りで，言語表現の基本型は「伝達的対話」のなかにこそ求めねばならないであろう．だが，フッサールは，そのようには考えず，むしろ伝達的対話の場面を，言語表現にとって非本質的な要素として捨象したのであった．

　タリスは次のように論じている．現象学の企てが最初からうまくいくはずのないものである．厳密さを期して「判断停止」によってあらゆるものを括弧に入れるとしても，哲学者フッサールが思考するときに用いる言語だけはその例外にされている．言語を用いずには，思考することはできないのである．換言すればフッサールがその哲学的探求で追求した細心さ，厳密さは言語を哲学的考察の本質的な要素として位置づけるや不可能となる．なぜなら，フッサールが鋭く見抜いていたように，言語は細心さや厳密さを必然的に無効にするからである（タリス 1990：381）．

論理実証（経験）主義

　問題はこれにとどまらない．20世紀に入ると，実在をどう認識するかについて，それを意識の仕組みにではなく，むしろ言語使用のあり方として考えようとの機運が強まってくる．言語は思考の媒体ではなく思考そのものを構成するものであるのではないか，言語なしではわれわれは考えることができないのではないか，というわけである（丹治 1996：1-4）．

　言語論的哲学思想の展開に大きな影響を及ぼしたのが論理実証（経験）主義である．この動きを主導したのは，フレーゲ，ラッセル，ウィトゲンシュタインから強い影響をうけたノイラートやカルナップらの「ウィーン学団」であった．

　フレーゲは，それまでの名辞（語）を単位とする論理学にかえて，命題（文）を単位とする論理学を考えだした．彼はそこで，命題の構造を関数の形式で表現する方式も案出したのである．そして，このフレーゲの命題論理学を基礎に記号論理学を体系化しようとしたのがラッセルであるとされる（寺中 2007：558）．

第4章　論理実証主義と批判的合理主義　　　　　　　　　123

　論理実証主義のバイブルと位置づけられた『論考』は，ユニークな論述スタイルと内容によって著名である．野家によれば，全体は断章というべき526個の哲学的命題から構成されており，それぞれの命題には10進法の番号がつけられている．数字は命題の重要性を表していることから，1桁数字の命題を拾うと，それは7つになる．それらは例えば，「1 世界とは，その場に起こることのすべてである」「2 その場に起こること，すなわち事実とは，諸事態が成立することである」「3 事実の論理絵とは，思考のことである」「4 思考とは有意義な命題のことである」「5 命題は，諸要素命題の真理関数である．……」などである．そして最後の命題は「7 語りえぬことは，沈黙しなくてはならない」となっている．

　『論考』は，フレーゲとラッセルの記号論理学を道具に，いくつか独創的な理論や論点を提示したとされる．後に概観する写像理論とともに真理関数の理論がそうである．そこでは真偽いずれかの値（真理値）をとる命題についての考究が深められ，「真理表」が案出されたことで知られている．彼によれば，命題の最小単位である要素命題は論理結合子によって結合され複合命題が形成される．ここで論理結合子とは，否定（$\sim p$：pではない），連言（$p \wedge q$：p そして q），選言（$p \vee q$：p あるいは q），条件法（$p \supset q$：p ならば q）からなる論理的な接続詞のことである．そうして，この論理結合子を用いてつくられた複合命題の真偽は，それを構成している要素命題の真偽によって一義的に決定される．要素命題の真理値から複合命題の真理値を決める働きが真理関数であり，ここから複合命題は要素命題の真理関数ということになる（野家 2001：16-9）．

　『論考』は，こうした命題論や真理関数についての考えを基礎に，独特の写像理論を打ち出したことで知られている．そこで，この写像理論を次のように説明してはどうであろうか．言語の役割は事実の描写である，言語と世界は構造上同一であって，事実の論理形式は命題の写像形式である，世界がひとつであるから世界を記述する科学もひとつである，事実認識と価値認識とは峻別すべきである．……．

　あるいは次のようにも説明される．〈実態―事態―世界のシステム〉と〈語―文―理論〉のシステムを想定し，語は事態の要素を代現し，文は事態の写し

であり，したがって言語は事態の構造を模写する，と考える．文が真であることは，それが実在と対応しているからである．云々．いずれの解説も容易には理解できないであろう．

永井の解説を借りると，ここでいう「**事態**とは諸**対象**（事物，もの）が特定の仕方で結びついてできたものである．事態には，現に成立している事態と，成立してはいないが成立可能な事態があり，現に成立している事態が**事実**と呼ばれる．また，要素的な事態が結びついてできた複合的な事態は**状態**と呼ばれる．そして**世界**とは，対象ではなく事実（成立している事態）を全部集めたもののことである」（永井 1995: 56）．

ウィトゲンシュタインの前期哲学――「同型写像」論

ウィトゲンシュタインの考えた哲学的世界は，日常の言語的世界に生きるわれわれの常識ではなかなか理解できない．サールによれば『論考』を理解するための鍵は「意味の写像理論」というべきものである．ウィトゲンシュタインは，もし言語が実在を描写するとするならば，またもし文が事態を描写するとするならば，文と事態の間に共通の何かが存在しなければならないと信じていた．サールはこれを次のような比喩によって説明している．文とそれが描写する事態は……ちょうど絵の中の要素が世界の中の対象に対応しているように，また絵の中の要素の配置が実在の中の対象の可能な配置に対応しているように，文は世界の中の対象に対応する名前を含みもち，さらに文の中の名前の配置は世界の中の対象の可能な配置に対応している．サールの理解では，ウィトゲンシュタインは，実在の構造を言語の構造から読み取ることができると考えた．その理由は，実在の構造が言語の構造を決定しなければならないからであった（マギー 1993: 438-9）．

写像理論は，永井の解説では次のようになる．「命題は像である．像を構成する諸要素は，それによって写像されるものの持つ諸要素に対応する．だから，命題を構成する諸要素も，命題によって写像されるものの持つ諸要素に対応することになる．命題は対象の名前である名辞から成り立っており，命題における名辞の配列の仕方は，事態における対象の配列の仕方に対応する．つまり，世界の構成要素と言語の構成要素とは対応しているのであって，言語を語ると

第4章 論理実証主義と批判的合理主義

いうことの本質は，世界において成立している事実を写像することにある，というわけである．」これを世界・事態・対象の存在論に関連づけて説明し直すと次のようになるという．「**名辞**は対象を指示する．**要素命題**は（要素的）事態の成立を主張し，**複合命題**は複合的な事態，つまり状態の成立を主張する．つまり，一般に**命題**は事実がいかにあるかを語る」（永井 1995：60）．

この問題では野家の次のような解説も有益であろう．ウィトゲンシュタインによれば，事態を描写する命題の最小単位は要素命題であるから，この要素命題の真偽が事態の成立，不成立と一致することになる．そこで，彼は，「真なる要素命題のすべてを列挙できるならば，世界は完全に記述される」（4・26）と考えるのである．「言語の側には『名―要素命題―複合命題』という系列が，世界の側には『事物（対象）―要素的事態―複合的事態』という系列」があって，「これら両系列が論理的形式を共有することによって予定調和的に一致するというのが，『論理哲学論』が描き出す世界像なのである」（野家 2001：21-2）．

ウィトゲンシュタインの写像理論に対してはいくつか根本的な疑問が提示されてきた．しかしながら，彼自身，後に『論考』の考えを捨てることになるので，ここではくどい説明をさけて，1つだけ，永井の次のような批判をあげておこう．「（ウィトゲンシュタインによれば）われわれが文を作るとき，われわれは対象の名前を配列している．その配列は世界の中の対象の可能な配列の1つに対応しているはずだ．この配列が世界の中で現実に起こっているならば，われわれの作った文は真となる．そうでなければ，それは偽となる．もし，その名前の配列が世界の事物の配列を写すことができないように配列されているならば，それは無意味となる．」「しかしそれなら，世界に起こる事実を記述することをそもそも意図していない文はどうなるのか．ウィトゲンシュタインは価値判断をそうしたものとしているが，そのほかにも，あいさつや命令，意図の表明や約束，それに小説の中の文章や役者の台詞，あるいは嘘や冗談といった膨大な領域が，『論考』が有意味と見なす言語群から閉め出されることになる！……」（永井 1995：62-3）．

論理実証主義の形成と限界

　ウィトゲンシュタインの『論考』は，ウィーン学団として知られる論理実証（経験）主義の形成の触媒となり，次のような考え方を生み出すにいたった．「語の意味とは，指示対象である．」「文の意味は文の構文規則と語の意味によって決まる．」語の意味は，語が指示対象を直示しているか，によって分かるのであるから，文の意味は語の指示対象によって分かる．ここから次のような検証理論が打ち出された．すなわち，おのおのの語の指示対象のつながりが分かれば，語の文Ｓの意味する事態の成立・不成立は検証できる．われわれが真としている文は世界に実在する物を指示する語によって綴られており，事実と「対応」しているがゆえに「真」なのだ．

　論理実証（経験）主義が目ざしたのは，ヘーゲルの「絶対者」，あるいはハイデガーの無のような，真偽を確定できない概念を哲学や論理学の世界から放逐することであった．論理実証主義の哲学的企ては大庭の説明によれば次の点にあった．

　第１に，近代科学の客観的＝普遍妥当的な真理性を誰も否定し得ない「経験」をもとに基礎づけること．

　第２に，その"基礎づけ"を理性論者の武器でもあった「論理」によって行うこと．

　第３に，「論理」を武器に経験論を組み立て直し，それにもとづいて科学／疑似科学の明確な線引きをしようと試みた（大庭1990：63）．

　そうして論理実証主義は，カントが提起したア・プリオリな総合命題という第３の可能性を否定し，すべての命題を「分析的（ア・プリオリ）」と「総合的（ア・ポステリオリ）」のいずれかに分類する二分法を採用した．事実問題とは独立に意味にもとづく真理と事実にもとづく真理，の２つである．すなわち，①世界は人間の認識とは独立に決まった仕方で実在するものからなっており，②真な文，あるいは推論の真偽は，(i)世界の実在と対応しているが故に真な「総合的な」文，あるいは総合的な真理と，(ii)語の意味ゆえに真である「分析的な文，あるいは分析的真理という，２種類に分かれる」という，啓蒙主義以来の《実在論》，《対応説》，《分析／総合》の二分法を継承した議論が展開されることになった（同書：68）．

大庭の解説では論理実証主義は次のような三重の想定に立っている．①直示的にのみ理解可能な言語という想定．②直示的には理解できない語を直示的に理解可能な語彙に「還元する」手続きという想定．③直示的に理解しうる文は即，検証可能であるとの想定．大庭は，「この３つの想定いずれもが到底支持し得ない想定である」と批判する（同書：77）．このような想定に対して，そもそも直示的に理解できない語，目に見えないもの，直接観察できないものを表す語はどう定義するのであろうか，という疑問が生じるのである．

記号論理学の限界性
　ウィトゲンシュタインの主張に対する批判点としても紹介したが，そもそも記号論理学の世界は，日常言語が人びとの日々の言語行為で果たしている役割と機能に十分対応できるほど豊かであろうか，という問題がある．
　述語論理学に直接翻訳できる言語はきわめて限られている．それらは，文結合子と呼ばれる等位接続詞と数詞，量化形容詞など量化子と呼ばれるごくわずかな日常言語にすぎない．述語論理学では，自然言語の名詞，形容詞，動詞のあいだの区別がまもられていない．それらは述語論理学では，すべて述語として一括されてしまうからである．
　従属接続詞，前置詞，それにさまざまな副詞は対応物が存在しない．
　何にもまして，述語論理学の最も著しい限界は，それが平叙文しか説明できない点である．命令文や疑問文は，現在のところ，まったく述語論理学ではカバーできてはいない．たしかに「命令論理学」や「疑問論理学」が試みられるのではあるが，見通しは定かではない．
　こうして，いかに述語論理学の世界を拡張しようにも，記号論理的言語の世界と日常言語の世界との間隙は容易には埋めることができないと考える人たちが多い．
　だが，日常言語の世界を記号言語に置き換え，日常言語的世界を表現するうえで，これまで指摘された批判では収まりきれない根本的な難点がある．それというのも，意味論的，語用論的にとらえると，日常言語の世界は常にコンテクスト依存的なのである．日常的な言語行為を，コンテクストから切り取り，記号論理学として意味論を試みようとしても，越えることのできない限界があ

るのだ．

クワインによる論理実証主義批判

　論理実証主義に対する内在的批判の動きとしてはポパーの「反証主義」，クワインの「2つのドグマ」，後期ウィトゲンシュタインの「言語ゲーム」論が重要である．ポパーの反証主義についてはあらためて論じることにして，ここでは大庭らの研究を手がかりにクワインの論理実証主義批判を概観しよう．クワインもウィトゲンシュタインも，辞書的辞項が世界の物や出来事に対応するとは主張できないことを論証しようとした．

　クワインは，「全体論」的意味論の立場から言語は全体的な構造として，つまり各部分の意味は全体によって決定されると考えた．そのうえで，事実の如何とは独立に真なる命題，事実に依存して真なる命題，という古くからの真理論に決定的な批判を加えた．彼は，そこで，①「語の意味のみによって真あるいは偽となるような『分析的な』文は，存在しない．」②「他の多くの文と切り離された総合的文の真偽を決定しうる経験は，存在しない」ことを論じた．そうして，論理実証主義が考えたようには「科学と形而上学とを明確に境界づけることはできない．言説は，それを受容した成果の共同での承認において『真』とされる」と主張したのである（同書：118-9）．

　クワインによるこれらの主張は2つのテーゼとして次のように定式化された．ひとつは，「分離不可能性テーゼ」である．これは，意味のみによって真である言明と事実に照らして真である言明との，つまり分析性と総合性の分離は不可能であるというテーゼ，である．今ひとつは，観察や実験において有利な証拠や不利な証拠に反応するのは理論全体であって，どれか1つの仮説ではないとの，いわゆるデュエム=クワインのテーゼ，である（藤田・丹治1990：14）．このように，クワインが分析的と総合的という区別を否定したことの持つ意味は大きい．それは「近代的な理性の法廷に対する解体宣言」に他ならないからである（大庭1990：145）．

　クワインによれば，分析的と総合的とを明確に分かつ境界線は存在しない．また，如何なる文であれ単独に「事実」と照合して真なる文はない．どんな単純と思われる文も，実は，他の膨大なる文を前提として，はじめて主張可能に

第4章　論理実証主義と批判的合理主義　　129

なっている．したがって，ある文が真とされるということは，実は，その文が属している文ネットワーク総体が真とされる，ということなのだ．これを次のように言い換えることもできる．仮説は孤立して検証や反証にさらされるわけではない．その周りは一群の補助的仮説や初期条件や背景的知識によって取り巻かれている．したがって文の1つひとつについて，しかもその言語とは独立に，「文と対応する事実」を列挙することはできないのであるから，「真」であるということは，いわゆる「事実との対応」のことではあり得ないと（同書：146）．

大庭はクワインの論理実証主義批判の意義を次のようにも述べている．「我々が『真』としている文は，世界に実在するものを〈指示〉する語によって綴られており，事実と〈対応〉しているがゆえに『真』なのだ，という常識に対してクワインは，真向から冷水を浴びせている」のである（同書：148）．

2　批判的合理主義とその批判論の展開

(1)　ポパーの批判的合理主義
批判的合理主義

ポパーはウィーン学団の内在的批判者として批判的合理主義を提唱した．やがて，全体主義を批判し漸次的社会工学を提唱する．

ポパーは，『探究の論理』（1934年）で，科学と非科学とを分かつ境界設定の基準をウィーン学団のいう「検証」にではなく「反証可能性」に求め，それによって科学研究を耐えざる推測と反駁のプロセスとしてとらえる新たな科学像を提起した．この後，第2次世界大戦の災禍をくぐり抜けたポパーは，あらためて知の確実性や絶対性の主張が知のダイナミックな発展にとって好ましいことではないばかりか，左右の全体主義として深刻な社会的破滅をもたらしかねないと考えるようになった．彼が拒否したのは歴史の中に法則性を見いだそうとする歴史法則主義，ユートピア主義，そしてものの本質を極めようとする概念本質主義であった．そうして，ポパーは，プルードン批判の書であるマルクスの『哲学の貧困』をもじった『歴史主義の貧困』で歴史法則主義ともいうべきヘーゲルやマルクス主義に特徴的な方法論と歴史解釈を批判した．彼は，

歴史には法則があり，人間はこれをつかむことができる，社会科学の目的は，歴史の趨勢を明らかにし，その進むべき道を予測し，人間の実践に役立てることにある，というマルクス主義の主張は決して証明することのできない歴史の動きに関する形而上学であるというのである．

ポパーの批判的合理主義の方法は，徹底した可謬主義と知識の成長，反帰納主義，批判的実在論，文化科学と自然科学の方法的一元論などとして特徴づけられてきた．われわれもポパーの科学方法論をいくつかのキーワードで概観してみよう．

(1)境界設定の問題．すなわち科学と非科学（あるいは形而上学）とを区別することが彼の重要なテーマであった．それでは科学と非科学とをどのような基準によって区別するのか．ポパーは反証可能性を備えているかどうかで両者を区別する．ここで注意を要するのはそれが有意味性と無意味性とを区別するための基準ではない点である．それはあくまで科学的言明と非科学的言明との区別なのである．

(2)帰納論理批判．ミルが『論理学体系』(1843年)で説くように，個別事例の観察にもとづき対象とする現象の因果関係を，一般化されたかたちで言い表す命題の定立にまでこぎつけるのを，個別経験からの一般化，帰納と言う．だが，経験的事実についての言明をいくら重ねてもそれは結局，単称言明でしかあり得ない．それ自体が普遍言明として真であることを経験によって知ることはできない．ヒュームが明らかにしたように，帰納的な推論手続きは論理的に異議のない形でこれを済ますことは不可能である．単称命題を探索することによって普遍命題にいたることを可能にするには，帰納的推論が論理的に正しい形態であることを保証する帰納の原理を必要とする．

(3)反証可能性．ポパーは，自然法則の「検証性」や「帰納推論性」や「仮説蓋然性」を拒否して経験的理論の吟味の演繹的方法を提唱した．その吟味とは，仮説を反証する (falsify)，すなわち反駁する試みのことをさす．そのためにポパーは，全称命題を存在否定命題に変形する（＝「全ての白鳥は白い」→「白くない白鳥はいない」→白くない白鳥が見いだされたとすればもとの命題は「反証」されたと考える）．科学理論は「真理」を把握することはできない．科学理論は真理ではない．それは，厳しい反証の試みに耐えて生き残った仮説に

すぎないのである．

　(4) 知識の成長．試行錯誤による排除というポパーの方法，すなわち否定式 (modus tollens) は，次のような弁証法的形式をとる．すべての科学的議論は，問題 (P1) とともに出発し，この問題に対してわれわれはある種の暫定的な解決——暫定的理論 (TT: Tentative Theory)——を提出し，ついでこの理論は誤りによる排除 (EE: Error Elimination) をめざして批判される．そしてこの過程は弁証法の過程のように，それ自身を更新してゆく．ポパーは，これを次のような図式に凝縮した．P1 → TT → EE → P2．

　(5) 共約可能性 (commensurability)・科学の客観性．科学の客観性は何によって保証されるのか．ポパーによればそれは，科学の批判的方法が科学者達のあいだでルールとして維持されているかにかかっている．科学者達が異なるモデル，仮説，方法論，準拠枠組み，アプローチ等によって対象の分析や理論化を行っているとしても，彼らのあいだで互いに批判的な討論を交わしあうための方法，ルールが共有されていることが重要である．ポパーによれば，科学の客観性とはさまざまな科学者の個人的な関わりごとではなくて，科学者の相互批判，敵・味方に分かれた分業，彼らの共同作業という社会的な関わりごとなのである．したがって，科学の客観性はある面ではこのような批判を可能とする社会的・政治的な諸関係の総体に依存している．ポパーのいう方法の客観性とは，「方法の社会的・公共的な性格」という意味を含んでいる．

　ポパーにとって肝心なのは，①知識一般が既存の出来上がった体系ではなく，つねに反証に対して開かれた仮説的なものであること，②事象の受動的な観察によって既存の理論の正当化をはかることではなく，むしろ既存の理論を反駁することによって知識のダイナミックな発展を指向すること．彼によれば，科学方法論は，発見の論理としての「精神のサーチライト理論」でなければならない．

ポパーの行為理論——「状況の論理」

　ポパーの社会科学方法論としての状況的分析の方法について，彼自身，『知的自伝』で次のように述懐している．「状況的分析の方法——1938 年に私が『貧困』に初めて付け加え，のちに『開かれた社会』の第 14 章でいささか詳し

く説明したもの——は，私が先に『ゼロ方法』と呼んだものから発展させられた．その主眼点は，経済学的理論（限界効用理論）の方法を他の社会諸科学に適用できるように一般化する企てであった．私ののちの定式化では，この方法は，行為者の行為の合理性（ゼロ性格）を説明する仕方で，行為者が行為しているところの，特に制度的状況を含む，社会的状況のモデルを構成することから成っている．さらに，そのようなモデルは，社会科学のテスト可能な仮説である」（ポパー 1978: 165-6）．「ゼロ方法」については，さらに『貧困』で，次のように説明を加えている．「『ゼロ方法』というのは，介在する諸個人がすべてまったき合理性をもつという仮定（そしておそらく，十全な情報をもつという仮定）の上にモデルを構築して，人々の現実の行動がそのモデルの行動からどれほど偏差するかを，一種のゼロ座標として後者を用いながら評価する方法のことを意味している」（同 1961: 212-3）．

ポパーは，「社会的事態は物理的なそれよりももっと錯綜している」と考えるのは「広汎にゆきわたった偏見」であると考えていた（同書: 210）．それというのもポパーは次のような知見に立っていたからである．というのは「社会的事態のすべてではないにしても，その大部分においては，合理性の要素が存在している．疑いもなく，人間というものはまったく合理的に行動することはまずない，といっていい．……しかし人間は，それにもかかわらず，多かれ少なかれ合理的に行為するのである．そしてこのことが，人間の行動や相互行動について比較的単純なモデルを構築することを可能ならしめるのであり，またそのモデルを近似として用いることを可能ならしめるのである」（同書: 212）．

ポパー批判——反証主義は経済学の方法たり得るか

ポパーの反証可能性に対してはさまざまな批判が浴びせられてきた．影山の整理では次のような批判がある．①もっぱら経験の不確実性を根拠に，不確実な験証による理論の決定的な反証は困難であるとする反証の非決定論．②「白いカラスがいる」とかの純粋存在証明の反証不可能性．③「さいころを投げて1の目が出る確率は10分の1である」とかの確率言明の反証不可能性．④ホーリズムからの批判．現象の証明や予測には実際には多くの理論が体系的に関係している．実際に反証があがったからといってその原因が複雑な理論体系の

第4章　論理実証主義と批判的合理主義

どこにあるのか特定できない．⑤④との関連で形而上学的言明も反証可能となるとの批判．ほとんどが形而上学的言明からなる理論体系でも，それにたった1つの反証可能な言明を連言で結びつければ，そのほとんど形而上学的な理論体系が，それだけで反証可能となってしまう．⑥パラダイム論からの批判．単なる観察や実験では理論を反証できない．事実には理論を倒す力はないのであって，理論を倒すためには別の理論が必要である．⑦安易に反証に屈しないで反証逃れをした事例が科学史上豊富に存在する（小河原2000：79-92）．

ポパーの方法を社会科学に導入した場合どうであろうか．まず反証主義が経済学に適用できるのかという強い疑念が表明されている．そうした批判の要点は次のようである．①制御された実験は経済学では不可能である．理論のテストが可能となるには，すべての外生変数が知られていて，残余の諸変数を一定に維持して1変数のみを変化させて，その結果が注意深く観察されるような場合である．②反証可能な一般法則の欠如．経済学の場合，物理学的ないし自然科学的意味での充分に妥当な科学的法則はほとんど，あるいは全く確立されていない．せいぜい普遍的に妥当するとは言えない経験的，あるいは歴史的一般化の形で表現される趨勢，傾向，パターンがあるのみである．③モデルのテストは理論のテストとは言えない場合がある．どんな理論を表現するにしても多種多様なモデルが構築されうるし，また単一のモデルの経験的な反証は，必ずしもその理論の反証を意味するわけではない．④経験的データは収集方法によって影響をうけ，理論的構成物を正確に表現しえないことがありうる．⑤初期条件の確認不可能性．初期条件の中には確認すらできないものがある．この確認不可能から合理性についての仮説についての如何なるテストも無効となる（コールドウェル1989：329-30）．

レドマンの批判も興味深い．彼は次のように反証主義を批判するのである．①デュエム＝クワイン・テーゼからの批判．われわれの信条体系，種々の理論は，諸前提，諸法則，および種々の条件からなる複雑なクモの巣のごときものである．それらは「すべての白鳥は白い」といった単一の言明とは異なる．したがって，科学者は理論のどの部分が問題を生じさせているのか，容易に知ることはできない．それゆえに理論は決定的に反証されることはありえないのである．②反帰納主義のジレンマ．反帰納主義者ポパーは非帰納的図式を展開す

るのに失敗している．それというのも，結局のところ帰納の問題を再浮上させてしまうからである．科学の目的が真理を得ることではなく真理近似値を増加させることにあるとしても，ある理論が他の理論よりもすぐれているということを人はどのように知りうるのか．ポパーによると，理論の比較は検証の程度，すなわち如何に理論が反証テストに耐えてきたのかにかかっている．だが，ある理論が数多くのテストにパスしたのであれば，その理論はさらに多くのテストにパスし信頼できるであろうと推論する．これこそがまさに帰納の問題ではないか，というのである．③科学史の示すところでは，科学が実際に行ってきたことは観察が理論とあわない場合でも理論を排除してこなかった．ポパーは科学者の客観性を過大評価している．科学者というものは自説にこだわるものである．ラカトシュが言うように自分の理論を反証したい学者などいるものだろうか．④観察言明が誤りうるのである．理論を決定的に反証する以上，観察言明の経験的基礎は絶対的でなければならない．それなのにポパー自身，観察言明を受容したり却下したりすることは，究極的には陪審員の審理に似たプロセスの決断に依存すると論じているではないか（レドマン 1994：57-64）．

　ハチソンの『経済理論の意義と基本的定式』は，経済学にポパー主義を適用した最初の試みの1つであると評価されている．だが，演繹的な方法に立つロビンズやマハルップなどはハチソンの反証主義的・実証主義的な「超経験主義」に違和感を感じていた（フィビー 1991：57-8）．

　ポパーの方法をケインズの『一般理論』の場合についてみると，刊行当初に経済政策思想のパラダイム転換がにわかに生じたのではなかった．『一般理論』を支持するものは多くなかったのである．また，ケインズ自身，それを理論的な仕事と見なしており，『一般理論』の仮説のいくつかを検証するために経験的な仕事につく必要性を感じていなかった．さらに，ケインズ自身は，それが経験的にテストされ，何らかの政策的目的のために使われる前に，その理論を仕上げる懐妊期間を望んでいた節があったとも指摘されている．第2次世界大戦後の計量経済学的手法の発展が『一般理論』の仮説に対して意味のある検証を与えたのであったが，それまでには20年近くを費やした．ポパーが，自らの方法が厳格すぎる点に気づいていたとも見て取れる一文がある．「『我々の科学的手続きは決して全面的に規則に基づくというものではなく，当て推量や予

感がいつも含まれているのである．つまり，我々は科学から推測や冒険的見込みという要素を取り除くことができないのである（Popper 1983 : 188）』」（フィビー 1991 : 52-3）．

　方法論的個人主義と合理主義的行為論とによって特徴づけられたポパーの方法論を経済学に厳密に適用したら，現代マクロ経済学は成り立たないとの批判もある．それというのも，新古典派経済学にはポパーが否定する全体論的なものを含んでいるからである．ある比較的小さな市場部門の価格変化，ないし供給の変化さえ，直ちに他のすべての部門価格あるいは需要に影響を及ぼすであろう．したがって，経済理論においては個人の行為の社会的効果は全体論的であるはずだ，というわけである．

(2)　批判的合理主義への批判論の展開

　ポパーの反証主義，批判的合理主義に対する「科学哲学」からの方法論的批判の流れをクーン，ラカトシュ，ファイヤアーベントの順に概観しよう．

クーン

　一世を風靡した「パラダイム」の提唱者クーンの科学論は周知のことであろう．ここではチャルマーズの要をえた解説を借りよう．

　「彼の科学論の主要な特徴は，科学が進歩する際の革命的な性格を強調していることにある．科学は1つの理論的構造体を捨てて，それと両立しない他の理論的構造体で置きかえるという革命を通して進歩するのである．もう1つの重要な特徴は，クーンの理論において，科学者集団（共同体）の社会学的性質が重大な役割を演じていることにある」（チャルマーズ 1983 : 151）．

　クーンがイメージした科学の進歩，「科学革命」の道筋は次のようであろう．前科学―通常科学―危機―革命―新たな通常科学―……．成熟した科学はある「パラダイム」に支配されている．科学者集団は，科学的活動の積み重ねによってパラダイムを洗練させ，発展させてゆく．やがて研究者とその集団は解決不能な困難に直面し，手に負えなくなる．危機である．そうして新しいパラダイムが現れ，研究者集団が組織されると古いパラダイムは捨てられ，危機は克服される．パラダイムを共同主観性に置き換えて理解することも可能であろう．

共同主観の成立,一般化→その動揺→崩壊→新たな共同主観の成立.

クーンによれば,科学の進歩は,帰納法にも演繹法によっても保証されない.観察による証拠の蓄積や反証能力が科学の活動を説明するものでもない.それはパラダイム内の革命的な breaks によってもたらされる.この革命はむしろ文化的価値などの非科学的要素が導入されることから生じる.

クーンの理論に対しては,まずパラダイム概念の不明確さ,多義性への批判が出された.これに対してクーンは第2版の補章(1969年)でパラダイムを「専門母型(disciplinary matrix)」と言い換えたが,モデルとして性格は変わらなかった.また,新旧パラダイムの間の翻訳不可能性,共約不可能性も批判にさらされた.さらにクーンの科学革命論は,一種の線形モデルに立ったもので時間を基準に単に時期を区分しているだけである,通常期と革命期とを区別できるのか,連続性もあるのではないか,などの批判も出された.

クーン的立場から経済学説を整理したハチソンは『経済学の革命と進歩』で,経済学における革命について次のように論じている.(a)スミス的革命,(b)ジェヴォンズ的革命,そして(c)ケインズ的革命,の歴史的妥当性に対しては,相当程度の支持があると思われる.ハチソンは,こうした区分に対して,あまりにも狭くイギリス中心的に整理しすぎているとの意見があろう,として次のように言い換えている.「(a)レッセ・フェール革命,(b)限界革命,そして(c)マクロ経済学革命である(ただし,イギリスにおけるジェヴォンズ革命を別にすれば,効用『革命』なるものは実際にはなかったのだ,と論ずることも可能なはずである)」(ハチソン 1987: 320).

ラカトシュ

ラカトシュは次のようにポパー,クーンを,批判する.「ポパーの反証可能性の規準は,科学と疑似科学との間の境界設定問題の解決になっているであろうか.いやなっていない.というのもポパーの規準は科学理論のもつ驚くべきしたたかさを勘定に入れていないからである.科学者は厚顔なのだ.」「(とすれば),再び,科学の資格証明は一体何なのか.われわれは降参して,科学革命とは,参加に基づく単なる非合理的変化であり,宗教的回心と同じだ,と認めねばならないのか.アメリカの優れた科学哲学者トム[トマス]・クーンは,

第 4 章 論理実証主義と批判的合理主義

ポパーの反証主義の粗雑さに気づいた末に，そうした結論に達した．しかしもしクーンが正しいとすると，科学と疑似科学との間に明確な区別はなく，科学的進歩と知的退行との違いもなく，知的誠実さについての客観的規準もないことになる．だがその際，科学的進歩と知的頽廃とを区別しようとする場合に，どのような規準があり得るというのだろうか．」こう述べたあとでラカトシュは「ポパーとクーンの双方が解けなかった問題のうちの幾つかを解く」方法論として「科学的研究プログラム」を提唱するのである（ラカトシュ 1986: 6-7）．

　ラカトシュによるポパー批判の核心は次の点にあった．すなわち，われわれはしばしば一連の諸理論をテストするのであって，たった1つの仮説や理論を反証するわけではないのである．デュエム＝クワイン命題の意味を理解していたラカトシュにすれば，ポパーの方法は「素朴な反証主義」であるという他ないのであった．ラカトシュは，一方で，支配的パラダイムと通常科学というクーンの科学論の核心部分を嫌った．それらは不健全であり独断主義の土壌を醸成しかねない，と懸念したからである．また，支配的パラダイム論は，歴史的に見ても受け入れ難いものであった．彼はいくつかの理論が競い合っているような状態を望ましいと感じていたのである．

　それではラカトシュのいう「科学的研究プログラム」とは何か．「ニュートンの重力理論も，アインシュタインの相対論も，量子力学も，マルクス主義も，フロイト主義も，どれもすべて研究プログラムである．どれもその特徴として，したたかに防護される『堅い核』をもち，どれもそれよりはもう少し柔軟性のある防御帯をもち，どれも高度な問題解決機構をもっている．」「……，では，どれもすべて等しくよい理論なのであろうか．……どうしたら科学的，つまり前進的プログラムと，疑似科学的，つまり退行的プログラムとを区別できるのか」（同書: 8-9）．

　「前進的なプログラムでは，理論が，それまでには知られていなかった新しい事実の発見を促すのである．これに反し退行的プログラムでは，理論は，既知の理論とうまく折合うためにのみ組織される．」ラカトシュはここで，退行的プログラムの例としてマルクス主義を事例としてあげる．曰く，「たとえばマルクス主義は，これまで何らかのとてつもない新しい事実を1つでもうまく予言したであろうか．全くそれはない！うまくいかなかった有名な予言はいく

つかある．労働者階級の絶対的貧困が予言された．最初の社会主義革命は最も産業の発達した社会で起こるであろう，という予言もなされた．社会主義社会では革命はなくなる，という予言もなされた．社会主義国どうしでの利害の衝突は起こらない，という予言もあった．つまり，マルクス主義の初期の予言もなかなか大胆で，人の眼を見張らせるような類のものではあったが，どれもうまくはいかなかった．マルクス主義はすべてについて，うまくいかなかった理由を説明した．労働者階級の生活水準の向上を説明するには，帝国主義理論をつくり出した．最初の社会主義革命が産業上の後発国ロシアに起こったことも説明した．1953 年のベルリン，1956 年のブタペスト，1968 年のプラハも"説明"した．中ソ紛争も"説明"した．しかしそれに要する補助仮説はすべて，ことが起こったあとでマルクス理論を事実から守るためにでっち上げられたものであった．ニュートン・プログラムは新しい事実を数多く引き出した．マルクス・プログラムは事実の後追いをするだけであり，事実に追いつこうと走り続けてきただけである」(同書: 10-1)．

ラカトシュの科学的研究プログラムには，「否定的発見法」と「肯定的発見法」がある．各プログラムは，「強固な核」と「防御帯」からなっている．強固な核とは，プログラムを定義づけるものであり，プログラムが発展する基礎となる一般的な仮説の形をとっている．それは，プログラムを支持するものの「決断」によって修正したり，反証することができないものとされる．そうして，強固な核を取り巻いているのが防御帯である．それは，強固な核を反証からまもる役割を負わされており，補助仮説や初期条件にかかわる仮定や観察言明などから構成される．プログラムと観察データがうまく一致しない場合，それは強固な核である基本仮定ではなく防御帯の欠陥によるものとされる．

これに対して，ラカトシュのいう否定的発見法とは，プログラムが機能している間は，強固な核に手をつけるべきでないという立場である．これに対して，プログラムと観察結果とが齟齬をきたしたときに，防護帯に手をつけ，修正しようとする活動を肯定的発見方法とよぶ．強固な核を修正しなければならないと考えた科学者は，研究プログラムから飛び出ることになる．さらに，ラカトシュは，新しい現象の発見に成功したかどうかによってもプログラムを前進的プログラムと退行的プログラムとに区分する．

第4章 論理実証主義と批判的合理主義

　ラカトシュの洗練された方法論的反証主義は，諸理論が孤立して存在しているのではないことを認めている．むしろ理論は，大きな，そしてダイナミックな体系の一部であると考える．そのような体系，あるいは体系内部にあって諸理論はしばし修正を受けいれている．諸仮説が追加され，修正され，あるいは削除されることになる．ひとつの理論について語るのは無意味であり，方法論的な議論が言及するのは一連の諸理論でなければならない．後続する理論は何らかのア・ノマリー（anomaly）を調停するために先行する理論に補助条項を付け加えることにより，あるいは意味的再解釈を加えることによってもたらされる．研究の伝統が時間の経過につれてどのように変化をするのかを評価し，理論の変化や修正が前進的であるかを発見することが重要である．

　ラカトシュの研究プログラムに対してはいくつか重要な批判が出されている．たとえば，ラカトシュの方法的立場では，理論のテストは考えられているものよりもはるかに複雑になり，決定的なテストはほとんどありえないのではないか，また，ある理論が反証された場合でも，適当な後継理論がない限りその理論は拒絶されることはない，との批判もある．これらは，ラカトシュが言うように反証テストは科学者に理論を捨てさすことにならないとの批判である（コールドウェル1989：117-21）．

　また，ラカトシュの理論に対しては，①何がハード・コアを形成するのか明確ではない，②ハード・コアがいったん形成されると，コア部分が固定化されて，容易に反駁不可能になるのではないか，③ハード・コアになる命題と防御帯の命題とをどう区別するのか，などの問題点が指摘されている．

ファイヤアーベント

　「相対主義」からの方法論的な挑戦を試みるのがファイヤアーベントのアナーキズム的方法論である．科学理論で「どの点が良く，どの点が悪いと見なされるかは，個人によって，集団によって異なる．知識を求める目的は，当該の個人や集団が重視している価値に依存する．」「それゆえ，相対主義者にとって，理論を比較して優劣を判断する基準は個人や集団の価値や関心に依存し，したがって科学と非科学との区別も，それにともなって変わる」ことになる（チャルマーズ1983：171-2）．

ファイヤアーベントは,方法論は「なんでもかまわない」と主張する.曰く,「科学は本質的にアナーキスト的な営為である.すなわち,理論的アナーキズムは,これに代わる法と秩序による諸方策よりも人間主義的であり,また一層確実に進歩を助長する.」「このことは歴史的エピソードの探究によっても,また観念と行動との間の関係の抽象的分析によっても示される.進歩を妨げない唯一の原理は,anything goes(なんでもかまわない)である.」「新しい仮説は受容されている〈理論〉に一致しなければならない,という整合性の条件は,旧い理論を保存するものであって,より良い理論を保存するものではないのだ

> **コラム**
>
> ### フリードマンの「実証的経済学」の方法
>
> 　実証主義の捉え方と経済学方法論,理論とは何かを考えるうえで興味深い所説がフリードマンによって著されている.彼は,そこで実証的経済学の方法について次のように論じていたのである.「……原則として,いかなる特定の倫理的立場にも規範的判断にも依存しない.ケインズ(John Neville Keynes)が言うように,それは『現にあること』を扱うものであって『あるべきこと』を扱うものではない.実証経済学の仕事は,状況のいかなる変化であろうともその帰結についての正しい予測をなすために用いうる一般命題の体系を提供することである.その成果は,その体系が生み出す予測の正確さと範囲と適合性とによって判断されるべきである」(フリードマン 1953:4).
> 　この一文からフリードマンが実証的方法をどのように考えていたかが分かる.まず彼は,ケインズに倣って,事実と規範の区別の必要性を強調している.これは実証的を標榜する立場からすれば当然の事柄であり,フリードマンの実証的経済学についての所説でとくに重要な論点ではない.むしろわれわれが注目するのは,彼が,経済理論に非現実的な諸前提を用いることを容認し,実証的経済学の仕事が予測の正確さにあると主張している点である.彼は,別の箇所で「一般に理論が有意義であればあるほど……諸前提はますます非現実的である」と述べていた.彼にとっての重要な問題は,理論が充分に正確な予測を生み出すことができたかにあり,これこそが,その理論がうまく機能しているかどうかをみる唯一の判断材料なのであった(同書:14).
> 　さらに興味深いのは,フリードマンが,その実証的経済学の方法を論ずる際に,ポパー流の反証主義に近い方法的立場を説いていた点である.彼は,事実の証拠によっては決して仮説を「立証(prove)」したことにならないと考えていた.フ

第4章　論理実証主義と批判的合理主義　　　　　　　　　141

から，非理性的である．よく確立された理論と矛盾する仮説は，他のどんな方法によっても得られない証拠をわれわれに提供する．理論の増殖は科学のために有益であるが，斉一性は科学の批判的能力を損なうことになる．斉一性はまた個人の自由な発展をも危うくする」（ファイヤアーベント 1981：iii-iv）．

　ファイヤアーベントは，共約可能性についても疑念を呈す．反対に共約不可能性を主張する．その論拠としての3つのテーゼ．第1.「共約不可能な思考（行為，知覚）の枠組が存在するということ．……これは歴史的な（人類学的な）証拠によって支持されなければならない歴史的（人類学的）テーゼなので

　リードマンは，われわれが幾分不正確に仮説は経験によって「確証された（confirmed）」というときに一般的に意味していることはこれである，と述べている（同書：9）．
　われわれはこのフリードマンの所説をめぐって，理論とは何か，について考えざるをえない．ごく単純な仮説や理論で社会や精神の働きを説明できる学説ほど，切れ味があり，説明力がある．マルクス主義は，生産力と生産関係，生産様式によって社会の構造と発展の機制を解明しえたと主張した．それは，わずかな概念で精神の構造と病理を説明しようとしたフロイトの精神分析についてもいえよう．ウォルツも次のように説いていた．国際政治のダイナミックスを解明しようとして個人，国内要因，国際システムの要因をあれこれと考えるのは無駄である．説明要因をあれこれと列挙したのでは説明にならないのである．理論には簡明性が求められるのであって，整合性やエレガントさを欠いては魅力的ではないのである．
　理論の有効性を過去の歴史的事件や現在生起している事態を説明する力に求める人びともいるであろう．アメリカはなぜ広島・長崎に原爆を投下したのか，あるいはニューヨーク証券市場の株式暴落と世界的な金融パニックが現在起こったとして，この原因をどこまで説明しうるのか．歴史的文脈が適切におさえられ，資料の分析やデータの解析にもとづいて論理的，整合的，説得的な説明や解明になっているか．しかしながら，これらの場合，説明や解明を行うものとそれらを受けるものとの二重の解釈的行為とならざるをえないのではなかろうか．
　だが，真正な実証主義者からすれば，将来の予測は，主観的解釈行為にはあたらないかもしれない．もっとも，この場合，予測があたったか外れたかは衆目によって確認できる事柄であると考えてのことであるが．いずれにしても，どんな理論であってもよい，それが充分な予測力をもっていればよい，というのはファイヤアーベント張りのある種の知的アナーキズムであろう．

ある」．第2．「共約不可能性は知覚の領域に類比をもち，またそれは知覚の歴史の一部である」．「すなわち個人における知覚と思考の発展は相互に共約不可能な段階を通過する」．第3．「科学者の諸見解，特に基本的な事柄についての諸見解はしばしば，異なった文化の基礎に横たわるイデオロギーと同じように，互いに異なっているということ」である．その例として古典力学と相対性理論，唯物論と心身二元論などを例示しうる（同書：363-5）．

チャルマーズは，ファイヤアーベントがいう共約不可能性を次のように説明している．「概念や概念を用いた観察言明の意味と解釈は，それらが登場する理論的文脈に依存する．したがって，2つの競合理論の基本原理が完全に根本的に異なっており，一方の理論の基本概念をもう一方の理論の観点からは正確に表すことができないならば，2つの競合理論の間に共通する観察言明が全く存在しない，ということになる．そのような場合には，競合理論を理論的に比較することが不可能となる．すなわち，競合理論を互いに比較しうるような事柄を論理的に導出することができない」のである（チャルマーズ 1983：224）．

理論を比較し，評価し，さらには順序づけることのできる客観的で普遍的な基準は存在するのであろうか．ファイヤアーベントにとって，理論の客観的な基準などは存在しない，選択の基準を適用しようと試みることは危険である．なぜならばそれは理論の排除につながるからであり，定義づけることによって経験的な内容を損なうことになるからである．そうではなく，むしろ多元論の方が経験的内容を豊かにする．理論の選択は科学にとって有害なのである．それでは気ままな理論的多元主義が科学の前進をもたらすのか．ダダイストの方法論不要論は実際の科学の発展を正確に反映しているのか（コールドウェル 1989：305-6）．

第 2 編　言語理論と言語論的社会理論の可能性

第5章
日常言語派の言語哲学と言語行為論

1　ウィトゲンシュタインの言語哲学

　イギリス日常言語派の流れを形づくったウィトゲンシュタインによっても論理実証主義批判への批判がなされる．それは自らの言語哲学の超克を試みた後期哲学の『探求』，『確実性』を中心に展開された．彼は，『論考』の世界を超克し，日常言語を基礎にして哲学を再構築しなければならないと考えたのである．彼の努力はイギリス日常言語派の形成に大きな影響を及ぼすことになるのである．サールはかかる事情について次のように考えている．「後期の仕事で，彼は意味の使用，もしくは道具概念に賛成して，意味の写像理論を捨て去ったのです．……言語の正しい概念を獲得するためには，それが実生活でどのように機能しているのか，ひたすら見る必要があります」（マギー 1993：442）．
　ウィトゲンシュタインは，『探求』にいたる過程で「言語ゲーム」を基本概念として開発し，重視するようになった．言語をゲームになぞらえることで人びとの日常の生活経験が，そこでの言語的表現の使用，そのルールを離れてはありえないことを論じようとした．たとえば将棋の駒は，将棋というゲームの中で「意味をもっている」と言うことができよう．しかし，それが有意味なのは，駒が，何かある〈もの〉と結びつけられているからではない．そうではなく将棋というゲームを規定している規則の体系，将棋のさし方が1つひとつの駒を有意味にしている．そして，そのような規則にしたがって，互いに駒を動かし合うというゲームのコンテクストのなかでのみ，1つひとつの駒とその動きは意味をもつ．その人がどのような思いを込めて駒を動かそうと，その思い

によって指し手が王手になるわけではない．その一手が埋め込まれている全体的な状況がそうしているのである（丹治 1996：14-5）．

わたしたちは言語を多様な多くの目的のために使う．例えば，記述，報告，伝達，確認，否定，推測，命令，疑問，物語，演劇，歌唱，なぞなぞ，冗談，問題解決，翻訳，要求，感謝，挨拶，呪い，祈り，警告，回想，感情表現などなど．これらのさまざまな活動をすべてウィトゲンシュタインは「言語ゲーム」と呼ぶのである（『探究』23, 27, 180, 288, 645 節；グレーリング 1994：138）．

すでにみたように『論考』では語の意味とはその語が表示する対象であった．だが，『探求』では，語の意味，ある表現の意味とは，言語のなかでのその語の使用，さまざまな言語ゲームのなかでその表現に与えられる使用，であるとされる．

言語を用いて人びとはさまざまな言語活動を行っている．われわれはそこでの活動に目を向ければよいのである．そうしてウィトゲンシュタインは言語の習得，理解，使用などについて執拗に論じることになる．彼によれば，まず，言語の習得とは，ある表現をそれが属する言語ゲームのなかで用いることができるようになることである．それは「技術の習得」であるといってよい．文を理解するということは，言語を理解するということであり，そうして，言語を理解するということは，1つの技術を習得することなのである（『探究』199 節）．

理解は技術の習得であり，実践である，というウィトゲンシュタインの言語理解は「規則に従う」という考えのうえに成り立っている．表現の意味を理解するという実践は，さまざまな言語ゲームのなかで表現を使用するための規則に従う実践であると考えるからだ．彼によれば「言語使用は規則に支配された活動である．哲学用語を用いれば，『規範的』活動である」（グレーリング 1994：148；『探究』143～242 節）．

規則どおりに行動しても，それは単なる偶然の一致で本人は規則に従っていないかもしれない．あるいは，そのような規則の存在さえ知らないことさえありうる．だが，規則を構成するのは，われわれが集合的に規則を使用することである．規則に従うことは，同意や慣習や訓練によって成立した一般的な実践なのでもある．だから，規則に従うことは本質的に社会的な実践であり，それは共同体内に共通の基準があって，それにある社会的行為が一致するということ

第5章　日常言語派の言語哲学と言語行為論

である（グレーリング 1994 : 154, 156）．

　繰り返しになるが『論考』では，一方に独立した事実の領域があり，それに向かい合って他方に言語（思考）があり，そうして事実が言語を制約し，決定づけていた．真と偽とは両構造に対応関係があるかないかによって決まっていた．後期哲学では，これと対照的に，言語を含む生活の形式が世界を決定していると考えるのだという．

　しかしながら，ウィトゲンシュタインのいう生活の形式は分かりにくい．言語ゲームと生活の形式について次のように考えてみてはどうであろうか．言語ゲームをひとつの全体として，つまり外からその妥当性を問うということは考えられない．まして，それに答えることなどできない．これらの言語ゲームは生活の形式——共有された経験，一致，慣習，規則——のうえにある．生活の形式は言語ゲームを支え，それに内容を与えているのである．この生活形式は，言語が使用される多様なコンテクストと捉え直してもよいであろう．言語能力は単に文章の統語論的な習得を含むだけではなく，特有の文章が適合する環境条件をも含む．言語の習得は言語が使用される多様なコンテクストから切り離すことができないのである．

　このようなウィトゲンシュタインの思考は反実在論，相対主義としての特徴を持っている．まず，言語と思考から独立した実在があるとは考えない思想につながる．また，実在と認識との対応も問題にならない．サールも次のように見ている．「彼の前期の見解は，実在世界の構造が言語の構造を決定するという結論を持ちました．しかし，彼の後期の仕事では，ある意味でそれがあべこべになっています．『哲学探究』では言語の構造が実在世界についてのわれわれの考え方を決定しているのです」（マギー 1993 : 442）．

　そうして，こうした認識上の相対主義からすれば，真理や知識，倫理的価値も絶対的でなく，相対的なのである．それゆえ，異なった概念図式，異なった「生活の形式」の数だけ，さまざまな「真理」「実在」「価値」が存在するということになる（グレーリング 1994 : 197）．

　「言語ゲーム」や「規則に従う」といった論点は慣習や制度，社会的行為などに関するある種の社会理論として理解することもできる．

　ウィトゲンシュタインのいう規則とは，文法，社会的慣習，法をも含む広い

概念である．この規則についての彼の議論は，哲学へのウィトゲンシュタインの最も重要な貢献であると考えられている．この点ではハイエクの思想や一見するとまったく異なる世界の理論とも受け取られかねない廣松の「パロール主体」，あるいは経路依存性などとも通底するのである．

「『規則に従う』という，人間の言語にとって最も根底的な実践（根本的言語ゲーム）から，いかにして命題という形を持った『規則』が生み出され，論理として言語の中で働くのか」．換言すればそれは規則（規範）の起源という問題に他ならない（鬼界 2003: 350）．

鬼界の解釈によれば，ウィトゲンシュタインは『探求』から『確実性』に至る過程で「規則に従う」という概念を通じて言語（言語ゲーム）の根底に到達した．その結果彼は，「論理」と「規則」に関するそれまでの見方を180度転換せざるを得なかった．根本的な転換とはどのようなことであろうか．鬼界はこれを次のように説明する．従来の見方によれば，言語ゲームの根底にはそれを根本的に規定する規則が存在し，言語の使用とはこれらの規則に従った行動なのであった．これらの規則は命題によって表され，そうした規則の全体が論理に他ならないのであった．「しかしながら，探求を進めていくうちにウィトゲンシュタインが見いだしたことは，実はそうした規則が存在しないということであった．我々が言葉を話す際に，それを参照する規則が存在しないばかりでなく，どのような規則に従って言葉を話しているのかと問われてもたいていの者は答えを持たず，子供が言葉を習得するに際しても大人は規則を教えるのではなく，実際の使用を示すのである．規則が登場するのはむしろ第二言語（外国語）の教科書においてであり，それはすでに修得者が完全な母語を習得していることを前提としているのである．こうした現実に直面することでウィトゲンシュタインは，言語ゲームの根底にあるのが規則ではなく，『数を数える』とか『同じことを続ける』といった，それ以上は分解も分析もできない原初的な実践であることを見いだしたのである」（鬼界 2003: 351-2）．

ここから鬼界は「硬化理論」ともいうべき理論がうちだされたと考える．それは「『規則に従う』という実践からどのように『規則』が生み出されるのか」という問題である．「『具体的判断がくり返しなされる中で，誰がやってもほとんどいつも同じ結果となる判断は，いわば次第に化石のごとく硬くなり，その

うち完全に固定化され規則となる』」というものであった．「硬化理論が主張するのは，あらゆる規則の起源が経験命題であるということであり」「次第にかつて経験命題であったものがいったん硬化して規則に転化されるやそれが不動の基準という新しい役割を言語ゲームの中で獲得するのであり，この役割こそ規則の規則性であり，論理の論理性なのである」(同書：350-4)．

しかし，規則が「不動の基準」となるという鬼界のような解釈では言語ゲームの言語空間は閉じられた世界となってしまう．それでは人びとは閉じられた言語空間の囚虜として生きながらえなければならないのか．こうした解釈に対して，ウィトゲンシュタインの言語空間は決して閉じられてはいないと論じるのがマギーである．マギーは次のように述べている．ウィトゲンシュタインによれば規則が可能な結末のすべてを説明するわけではない．言語はいたるところで規則によって縛られているわけではない．どのような規則体系にもつねに多くの間隙が開いているのである．第1に，現存する規則では説明されないような新しい社会的実践の可能性がつねに存在するという意味で規則体系は決して完全にはならないのである．第2に，規則はつねに異なる解釈に左右される．各行為者は，独自の解釈にしたがって行為するが，勝手な解釈によっては行為の目的を達成できない．各行為者は言語共同体の共通のあるいは平均的な解釈を探り，行為する．しかしながら，各行為者による規則の解釈が完全に一致することは原理的にありえず，微妙な差異が生じるのが現実である．加えて，一見したところ規則に一致していないように見えても，行為者はその行為が規則に一致していることが判明するようにその規則を解釈する何らかの仕方を見いだすことができる．「これのよい例がアメリカの所得税法の発展です．そこでは，税を課す当局と，自分の行動が規則に一致してみえるようにその規則を再解釈して，規則の目的を逃れようとする人々との間に，絶え間ない闘争が存在します」(マギー 1993：458-9)．

ここでの規則とは，数学のような絶対的な規範でも，チェスゲームのような固定的な規範でもない．言語ゲームの内部での規則とは，共同体の中でのわれわれの言語使用の中に慣習的なコンヴェンションとして黙約的に示されているものであり，ある程度の曖昧性を伴うと同時に，自然な変化を伴いうるという意味で動的なものである，と考えるべきであろう (米沢 2007：150)．

2 オースティンとサールの言語行為論

(1) オースティンの言語行為論

「日常言語の哲学」,「日常言語派」とも呼ばれるオースティンらの焦点は日常言語にあてられる．オースティンらは，日常言語の論理的，統語論的な考察よりも発話という実際の社会的コンテクストにおける言語の用法に注目する．

How to do things with words(「如何にして言葉によって事を行うか」)．『言語と行為』(オースティン 1978) の冒頭でオースティンは概要次のように述べている．

哲学者達は，過去あまりにも長い間,「陳述文」の役割をなんらかの事態を「記述する」ないし「何らかの事実を記述すること」以外はあり得ないと考え，しかも，この役割を真であるか偽であるかのいずれかの形で果たすべきであるという想定をもち続けてきた (同書: 4)．だが，日常生活で発言を利用する多種多様な仕方に目を向ければ，その実いかなるものも「記述」「報告」せず，その文を述べることがある行為の遂行そのものであるか，少なくともその遂行の不可欠の一部であるかのような文が普通にみられるのである．

オースティンは，最初，ある事態を記述し，真偽のいえる陳述文，すなわち事実確認的発言と，真偽がいえず，例えば約束という行為を達成しようとしているような種類の発言，との区別を提案する．しかし，その後，オースティンは,「事実確認的発言」を含めどのような発言も何らかの意味において行為の遂行であると考えた．たとえば,「明日君に払うと私は約束する」と言うかわりにある状況では「明日払うよ」と言うことで，約束の行為を遂行できる．さらに「その猫はマットの上にいる」は,「私はここにその猫がマットの上にいることを確認する」の短縮形で，行為遂行的な発話であるとみることができる．

オースティンは，発言にかかわる行為を以下の3つに区分した．(1)発話行為 (locutionary acts), (2)発話内行為 (illocutionary acts), (3)発話媒介行為 (perlocutionary acts)．たとえば,「私はXを約束します」という私の発言は，(1)そのような音声を発することによる発話行為の遂行であり，(2)同時にその発言のもつ本質的な力としての「約束」という発話内行為の遂行であり，(3)

第5章　日常言語派の言語哲学と言語行為論

そしてその結果として（コンテクストによっては）対話者を安心させたり，不安がらせたりするという発話媒介行為の遂行なのである．

　それぞれの発言がいかなる言語行為を遂行することになるのか．それは語の表す抽象的な観念というよりはむしろ社会の構成とその中で成立している慣習（convention）とルールとに大きく依存している．

　(1) 発語行為，(2) 発語内行為，(3) 発語媒介行為，の関係については，久保の次のような解説が有益であろう．「(1)は文・語句を発する行為をいい，(2)は(1)の行為の際に，その発するという行為の中に含まれる行為をいう〔il- は『……の中に』の意の接頭辞（prefix）〕．また，(3)は(1)，(2)の行為を媒介にして，その結果生まれてくる行為をいう〔per- は『……を通して／介して』の意の接頭辞〕．」そうして，発語行為，発語内行為，発語媒介行為のそれぞれの関係については，次のような例をあげて説明を加えている．「例えば，夫が妻に『今度ネックレス買ってあげるよ』という文を発したとすると，彼は，その文を発したという発語行為を遂行すると同時に，『約束』という発語内行為を遂行し，その結果，『妻を喜ばせるという』発語媒介行為を遂行したことになる」（ヴァンダーヴェーケン 1995: 164）．

　オースティンは，まず冒頭で彼の言語行為の研究プログラムから「真面目」でないものを除外したいと次のように主張する．「言葉は，『真面目に（seriously）』話され，『真面目に』受け取られるように話されるものでなければならない，という主張は正しいだろうか．この主張は漠然としているが，一般的には，まことにもっともな主張である．およそどのような主張であっても，その言わんとするところを論議しようとするときに無視してはならない常識であろう．たとえば，そのような時，冗談を言っていたり，詩を書いていたりしている，と言うのでは困るのである」（オースティン 1978: 16. ただし訳は一部変えた）．

　ここでオースティンは，「真面目」ではないものを研究からさしあたり除外すべきであると提案している．だが，ここで彼は「真面目」を厳密に定義してはいないのである．加えて，興味深いのは，注意深く引用文を読めば分かるように，何故か彼は「真面目」を括弧に括って表記している点である．

　このような問題性をはらみながらもオースティンはさらに議論を進めて行為

第 7 図　不適切性（Infelicities）

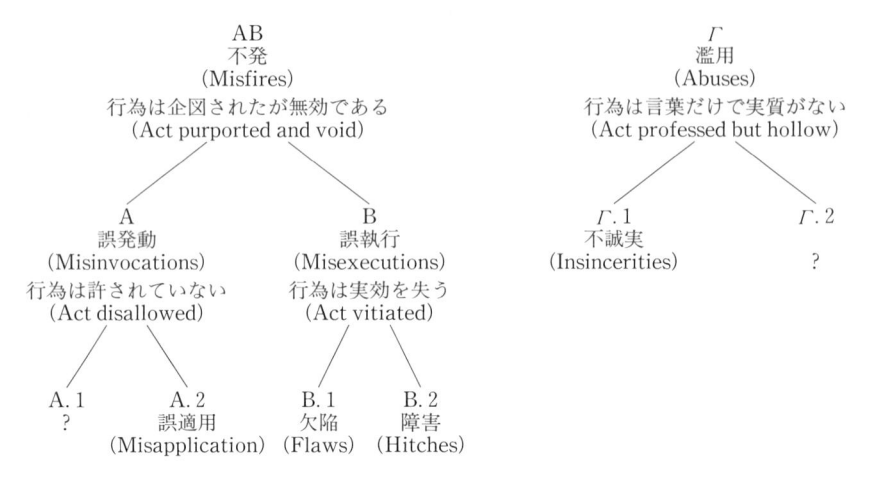

```
                    AB                                    Γ
                    不発                                   濫用
                 (Misfires)                            (Abuses)
        行為は企図されたが無効である              行為は言葉だけで実質がない
        (Act purported and void)              (Act professed but hollow)

         A              B                      Γ.1              Γ.2
       誤発動          誤執行                  不誠実
   (Misinvocations) (Misexecutions)        (Insincerities)       ?
   行為は許されていない  行為は実効を失う
    (Act disallowed)  (Act vitiated)

   A.1   A.2        B.1    B.2
    ?   誤適用      欠陥    障害
      (Misapplication) (Flaws) (Hitches)
```

遂行的発言を「円滑，かつ適切に機能させるために必要とされる」「6 つの規則」を列挙する．彼によれば，これら規則の「いずれか（あるいは複数個）の条項に違反するとき」行為遂行的発言は「不適切」となるのである［第 7 図］（同書：25-7）．「遂行的発言がなされた際に何かがうまくいかない，または，何かがうまくはこんでいないといわれ得るようなその何かに関する理論を不適切性の理論（the doctrine of the *Infelicities*）と名付けよう」（同書：25）．

オースティンの図で A 条項は，「誤発動」であって，事実，そこに然るべき手続きが存在しないということであるか，あるいは，仮に，そうした事実が存在したとしてもその手続きなるものを，それが企図された仕方で適用されるようにすることはできないということかのいずれかである．この意味でこの A という種類の不適切行為を『誤発動』と呼ぶことができる，と考える．

これに対して，B 条項は誤執行（*Misexecution*）である．これは儀礼慣行の手続きを執行する段階でしくじり，その結果，大なり小なり惨澹たる結果に終わるというような種類のものである．この場合企図された行為はこの式次第の執行に際して何らかの欠陥（flaw）あるいは障害（hitch）によってその実効が失われる（vitiated）わけである（同書：30-1）．

さらに，Γ・1 と Γ・2 の条項にかかわる違反事例は，不誠実（insincerity），

第5章　日常言語派の言語哲学と言語行為論　　153

反則 (infraction), および違反 (breach) とに属するものである (同書:68).

　オースティンの研究方法で興味深いのは, こうした分類がどれほど完全であろうかと自問し, 遂行的発言をおびやかす「不十分さ」,「汚染」,「誤解」があり得ることを認めたうえで, これらを当面の考察から除外して議論を進めている点である (同書: 36-9).「不十分さ」とは,「強制の下で (under duress) 行われたり, 偶然に (by accident) 行われたり, あるいは, さまざまな種類の錯誤 (mistakes) により行われたり, あるいは意図することなく (unintentionally) 行われたりしがちな」行為のことである.

　また,「行為遂行発言は, まさに発言であるが故にすべての発言を汚染する別種の災禍をもまた被ることになる」と「災禍」について触れている. 彼がここで考えているのは次のような行為である. やや長くなるが引用しよう.「この災禍という語で, 私は, たとえば, 次のようなことを考えているのである. すなわち, ある種の遂行的発言は, たとえば舞台の上で役者によって語られたり, 詩のなかで用いられたり, 独り言の中で述べられたりした時に, 独特の仕方で実質のないものとなったり, あるいは無効となったりするというような種類のことがらである. このことはおよそ発言といえるもののすべてについて同様な意味で妥当する. すなわち, 発言はそれぞれの特殊な状況において大きくその相貌を変化させるのである. そのような状況において言語は, 独特な仕方で——すなわち, それとわかるような仕方で——, まじめにではなく, しかし正常の用法に寄生する仕方で使用されている. この種の仕方は言語褪化 (*etiolation of the language*) の理論というべきものの範囲の中で扱われるべき種類のものであろう. われわれは, これらのすべてを一応考慮の対象から除外する」(同書1978: 38).

　こうしたオースティンの言語行為についての考え方は, 法的行為をモデルにしているといわれる. 法学者ハートやその周辺の人びととの学的交流を通じて彼独自の言語行為という着想を得たのであるというのである. このようなオースティンの言語行為論を「これまで哲学の支配してきた2つのフェティシズム」すなわち,「真／偽, および価値／事実という二分法への信仰」に徹底した混乱を与えることを試みたものと評価する向きもある (立川・山田 1990: 171). 他方でイーグルトンのような論評もある. 彼は, アングロ=サクソンの

言語哲学の一派と遠縁の関係にあり，言語行為論と呼ばれているそれは「言語のとらえ方がどうも病的な法律専門家じみたところがある」と揶揄している（イーグルトン 1985：182-4）．

(2) サールの言語行為論

サールはオースティンの言語行為論を精緻化させたと評価されている（サール 1986, 2006）．ここでは，言語行為の規則についての独自の所説と方法的特徴について考えてみたい．

サールの議論で注目されるは，統制的規則と構成的規則という2つの種類の規則の区別である．このうち，統制的規則は，「食物を切るときは，右手にナイフを持て」とか「士官はディナーの席でネクタイを着用しなければならない」のように「命令文の形式をとるか，あるいは命令文として言い換えられることを特徴としている．」統制的規則は，こうした「エチケットに関する規則がその規則とは独立に成立している個人間の関係を統制するという例にみられるように，既存の行動形態をそれに先行して，またそれとは独立に統制する」（同 1986：58-9）．

これに対して，構成的規則は，「たんに統制するだけではなく，新たな行動形態を創造（create）したり，定義したりするものである．」サールによれば，構成的規則は，チェスやアメリカンフットボールの規則がその例であり，それらの規則は，競技を統制するのみではなく，いわば，そのようなゲームの内容そのものを創造するのである（同書：58）．

「言語哲学における探究の方法はアプリオリな方法でもなく，また，思弁的なものでもない．むしろ，それは，経験的方法でありさらに合理的な方法でもある．したがって，言語哲学が，現実の自然言語の諸事実に対して鋭い注意を向けるものにならざるを得ないというのは当然のことであろう」（同書：4）．

サールはここで自然言語の諸事実に基礎をおいた実証的方法のすすめを説いているように思える．それは自ら認めているようにア・プリオリな方法ではあり得ない．そうであればここで示唆している言語学の方法論は，さまざまな，いや，可能な限りあらゆる言語行為の事例を，収集し，分析し，一般的法則を見いだす帰納法によるということなのであろうか．

> コラム

ハーバーマスのコミュニケーション論的社会理論

　新啓蒙主義の装いのもとオースティンのいう「真面目な」言語使用論を基礎にフランクフルト学派の社会理論の展開を試みたものにハーバーマスのコミュニケーション論がある．ハーバーマスは，そこで後に見るデリダ＝サール論争との関連で，参考になる興味深い論点を提供している．ひとまずここでは，山脇らの要領を得た解説に依拠しながらハーバーマスの所説を概観することにしたい（ハーバーマス 1985；山脇 1993）．

　ハーバーマスは，現代社会の現実を行政的システムや貨幣経済システムによる「生活世界の植民地化」ととらえる．そうして，彼は，それを「コミュニケーション理論」を手がかりに打ち破ろうとする．その戦略は，「啓蒙的理性」を新たな水準で継承し，「理論命題の正しさ，実践的規範の正当性，主観的誠実さ」という3つの次元で妥当性要求を掲げつつ，合意形成をめざすコミュニケーション的理性と行為に基づくものである．そもそも「啓蒙的理性は，科学的理論理性，倫理的実践理性，美的判断力の3つを統合する理性のあり方を追究していた」のであった（山脇 1993：24-31）．

　フランクフルト学派の言語論的転回を企図するハーバーマスが，自らの方法的独自性として打ち出そうとしたものは，社会科学を言語論的に位置づけ直し，社会の合理性を，言語能力と行為能力を持った主体がいかに他者に対して自らの知識を用いるかの問題と関連させ，とらえるところにある．ハーバーマスは，その哲学的基礎づけを，自ら独自に定式化した「普遍的語用論」に委ねる．この「普遍的語用論」は，人間の言語活動を考察するにあたって，いっさいの支配関係を排除した「理想的発話状況」のもとで，発話者が，言明の正しさ，規範的正当性，主観的誠実さの3つについて，「妥当性要求」を掲げるような相互行為を主題化するものである．そのようなものとしてとらえられる相互行為こそ，成果指向的な「戦略的行為」とは区別された「コミュニケーション行為」とみなされるのである．それゆえに，「コミュニケーション的行為とは，あくまでいっさいの支配関係を断ち切り，3つの妥当性要求をもって遂行される規範的相互行為であり，それゆえ，解放への関心に基づくイデオロギー批判という否定的側面と，相互了解への関心に基づくあるべき社会に向けてのコンセンサス（合意）形成という肯定的側面の双方から捉えられなければならない．」ハーバーマスは，そうした行為のプロセスを経て合意形成がなされるときに，初めて「コミュニケーション的合理性」が成り立つというのである．

　このようにハーバーマスがコミュニケーション行為による合意形成を主張するのは，彼の真理論と無縁ではない．彼は，可謬主義に立脚した真理の合意説とも

> いうべき真理論を説くのである．彼は，まず可謬主義から，すべての知識は誤りに陥りがちであるから，つねに公共的な批判にさらされる必要があると考える．そうして，命題の真偽は言語共同体における討論と合意を通じて最終的には決定するしかない，というのである．
> 　このようなコミュニケーション的行為を現実化するためには，当然，コミュニケーションの主体形成が問題となる．コミュニケーションを遂行しようとする主体は，「まず理想的発話状況を先取りし，双方の妥当性要求を吟味し，合意形成に向けて事柄を討議してゆくような根本姿勢が要求される．むろんそれだけではない．コミュニケーション的理性が啓蒙的理性のプロジェクトを更新せんとする以上，コミュニケーションの遂行主体は，科学，モラル，芸術の専門的固定化を突破すべく，この3つを統合してゆくような広い視野を常に保持していなければならない」（同書：30）．しかしながら，このような理想的な高度の要求が課せられるコミュニケーションの主体形成は，現代の社会状況のもとではたして可能なのであろうか．
> 　ハーバーマスはそもそも生活世界を「人間的なもの」の根拠地として打ち出す．だが彼は，「生活世界」において肯定的に認識されるべき諸価値を科学とモラルと芸術に限定し，他方批判されるべき対象としての「システム」を行政的権力と貨幣的システムに限定している．社会のうちでどこまでが「生活世界」でどこまでが「システム」なのであろうか．ハーバーマスは，現代社会を，これら相互の対抗関係として特徴づけ，問題視する．しかし，今日重要と思われる社会科学的トピックスはこれにつきない．また，非欧米的な文化圏で討論中心型コミュニケーションが有効であるかどうかについては考慮されていない．
> 　こうした点に関連してリオタールによるハーバーマス批判は興味深い．すなわち，彼がいうように「……，正当化の問題を，普遍的コンセンサスの追求，彼が

　サールは，まず，発話内行為の構造の研究対象として「約束」をとりあげる．それというのも「約束」は，発話行為のなかでも比較的形式が整っており，構造も明確であるからだ．サールによれば，この行為の性質が教えるさまざまなことがらは，「広く一般的に適用されうるものである」と理解しうるからである．

　次に「約束」という発話行為の分析に当たっては，「約束」という行為が首尾よくかつ欠陥をもつことなく遂行されるための必要十分条件を考察する．サールのいう発話内行為における「欠陥」という概念は，オースティンの「不適切（infelicities）」という概念と密接な関係をもつ．したがって，当然のことと

言うところの《論議》(Diskurs) すなわち論証間の対話という手段によるその追求という方向に練り上げることは可能ではないし，また慎重さを欠くように思われる.」
　なぜハーバーマスはコミュニケーション合理性が成り立つというような陥穽に陥ったのか．リオタールは次のように論じている．「実は，ハーバーマスが示唆している方向は2つのことを仮定しているのである．その第1は，すべての語り手が，すべての言語ゲームに対して普遍的で有効であるような規則ないしメタ規則に関して一致し合うことができる，というものであるが，これについては，言語ゲームはそれぞれ異型であり，それぞれ異質の言語行為規則に属していることは明らかである．第2の仮定は，対話の目的はコンセンサスであるということである．しかしながら，これについてもまた，科学の言語行為を分析しつつわれわれが示したように，コンセンサスは議論の一状態に過ぎず，けっしてその目的ではない．目的はむしろパラロジーなのである．」
　リオタールは，ハーバーマスがこうした考えにいたるのは彼の研究の源に，ある「信憑」があるからだとする．それというのは，「集団的（普遍的）主体としての人間が，すべての言語ゲームにおいて許容される《手》の制御という手段によって，その共通の解放を追求するという信憑，そしてある言表の正当性はこうした解放への貢献にこそ存するという信憑である」（リオタール 1986: 160-1).
　これに対してリオタールがモデルとするパラロジー (paralogie) とは，複数の互いに矛盾しあうシナリオや異なるゲームによって動くような社会のことである．いずれにしても，ハーバーマスのコミュニケーション論は，オースティン／サールの言語行為論の成果に著しく依拠したものである．したがって，彼の議論の土台は，オースティン／サールの「真面目な」言語行為の理論化という研究戦略が妥当性を欠くことになれば崩壊しかねないものなのである．

して分析は約束するという概念の中心的部分に向けられることになる．また，彼は，分析にあたっては，完璧であり，かつ顕在的な約束のみを扱い，省略的表現，ほのめかし，隠喩などによってなされた約束は無視することにする．これに加えて，定言的な約束のみを扱い，仮言的な約束は扱わないことにする（同書: 97-100).
　しかしながら，こうした条件を課したのでは実際の言語行為における「約束」を包括的にとらえることにはならないであろう．余程の例外的事例でない限り，約束が「完璧」に履行されることはないのであって，また，「省略的表現」「ほのめかし」「隠喩」によってなされる約束がむしろ普通であると考える

べきであろう.

　サールにいわせれば,「これから扱おうとしている約束は単純で理想化された事例である. 理想化されたモデルを構成するというこのような方法は, 多くの科学において実践されている種類の理論構成, たとえば, 経済モデルの構成とか, 惑星を点として扱って太陽系を説明する場合などに類似したものである. 抽象化と理論化なくしては体系を構成することは不可能である」(同書: 100-1).

> **コラム**
>
> ### デリダ=サール論争
>
> 　すでに指摘したことであるが, イーグルトンは, オースティンの言語行為論には, 言語のとらえ方が病的な法律専門家じみたところがあると述べ, デリダのサール批判に注意を促していた. さらに, バフチンを引き合いに出して, 言語行為が行われている場面には, オースティンが想定したよりもはるかに多くのことが含まれていると批判した (イーグルトン 1985: 184).
>
> 　イーグルトンが指摘するような論点をめぐってデリダとサールの論争がある. デリダによる揶揄を交えた毒のあるサール批判の特徴がいま 1 つ浮かびあがってこないが, この論争については次のような解説がある.「サールらは, 記号は反復されることにより, その意味を強化するものであると主張した. デリダはこれに対し, 記号はあらゆる点で不均質な存在であるが故に, 反復されることでかえってその同一的な性質を風化させてゆくと反論した」(デリダ 2002; 立川・山田 1990: 198-205; 土田他 1996: 217).
>
> 　また, デリダの「反復可能性 (iterabilite)」によるサール批判は次のように解説されている. デリダの「反復可能性」とは, 単に同じものを繰り返す可能性のことではない.「記号が記号でありうるには (デリダはさらに一般化してマークと呼んでいるが), それが発信者の完全なる不在において, そして同じく受信者の完全な不在においても, なおかつ機能しえるものでなければならないことが強調される.」「……それは限りなく繰り返すことを可能にすると同時に, 変質させたり空虚なものにしたりするような二重の可能性である.」
>
> 　デリダはオースティンの言語行為論が「伝統的な真理概念を解体する可能性」をもっていることを認めつつも,「反復可能性」の観点から批判の俎上にのせ, 従来の「形而上学」へと後戻りしてしまったと論じる. オースティンはその「一般理論」を構築するために「『ふまじめ』で『非日常的』で『寄生的な』発言を考察から除外した. デリダによれば, そうした例は「後に検討すべき異常な例,

第 5 章　日常言語派の言語哲学と言語行為論　　　　　　　　　　　159

　こうした発言からすると，サールは，帰納法とか演繹法とかの科学的発見方法について，さほど関心を抱いてはいないようである．先に見たように彼は経験的方法を追求するという一方で，ここでは「理想化されたモデル」を採るともいっている．ここでのモデル論は仮説演繹法のことでないのだろうか．いずれにしてもサールは言語行為論にかかわる方法論的問題を充分突き詰めて考えているようには感じられない．

限界的な例などではなく，行為遂行的発言の可能性に当初から『寄生』しているもの」なのである．「発話者の意図が完全に現前しているような，純粋な行為遂行的発言などはなく，発言の『原点』は，はじめから不純なものとなる可能性をはらんでいるのだ．」加えてデリダは，オースティンが寄生的発言を『一般理論』から排除する点にある種の政治性を嗅ぎとる．「オースティンが『ふまじめな』発言を含む一般理論を先送りにするのは，単なる『研究上の戦略』（サール）ではなく，正常と異常などの価値の階層構造をあらかじめ前提としているから」ではないかと（林・廣瀬 2003: 107-11）．
　オースティンのようなまじめな言語行為論では，また，「政治的虚言」についての考察をはじめから閉め出すことになろう．デリダによれば，「虚言〔＝嘘〕」の伝統的概念は意識的・志向的な意識の次元を問題とする．嘘をつく人は自分の頭の中にあることや自分が隠蔽したり歪曲したりしていることについて知っていることになる．意図的，意識的なたぶらかしとしての虚言の場合は，自分自身に対する虚言はありえないことになる．そうであるから，無意識や病的な症状のあらわれのようなものは虚言とはいえなくなる．デリダは，虚言というパラダイムが政治的言説とあいまって生じていることがらを分析するための最良の道具ではないと指摘しつつも，虚言の言説と誠実な言説との差異を忘れてはならないとし，アーレントの研究に注目するよう促す．彼女によれば，虚言は，〈前近代〉社会においては，外交や国家的理由（レゾン・デタ）などに関しては慣行的に受け入れられ，政治に結びつけられていた．それは契約によって政治的なものの限定された領域に限られていた．この虚言の歴史に現代的変化が生じた．それは虚言が政治的なものに限定されず，一種，制御不能の絶対に達していることであるという．デリダは，アーレントが，マスメディアの発達，情報とプロパガンダの諸手段の伝達構造に結びついた全体主義の分析を通じて，現代の政治的虚言がもはや限界を持たないこと，虚言がもう境界づけられないことを明らかにした，と評価する（デリダ 2001: 152-3）．

サールの研究は，こうして「誠実な約束」の条件を考える．そうして「話し手Sが聞き手Hがいる時に文Tを発話し」，「このとき，SがTを字義通りに発話しつつ，且つ欠陥なくHに対してPという約束をする」場合の条件を9つあげる．この条件でとくに注目されるのがその第1の条件「正常出力条件」が成立していることである．この入力と出力にかかわる正常な条件として次のような事態が成立していなければならない．「話し手と聞き手の両者が当該言語を使いこなせるということ，さらに聾唖とか失語症とか喉頭炎などの身体的欠陥がこの両者にないということ，そしてまた，劇中で役を演じているのでもなければ冗談を言っているのでもないということなどがこれに含まれている．ここで注意しなければならないことは，この条件によって，コミュニケーションに対する聾唖などの阻害要因だけでなく，さらに，冗談を言うことや劇中で役を演じることなどの，コミュニケーションに対する寄生的形態も同時に排除されているということである」(同書：102)．

　サールはくどいように，次のように念を押してもいる．「『真面目な』発話ということによって，私は，演技をすること，言葉を教えること，詩を朗唱すること，発音を練習すること，などとの対比を狙っている．また，『字義通り』の発話ということによって，私は比喩的な発話や，揶揄的な発話などとの区別を狙っている」(同書：127-8)．

　驚くべきことにここでサールは，字義通りの発話と比喩的な発話，レトリックを区別するといっている．だが，レトリック論からすれば，言語行為はフォーラ，すなわち字義通りの意味と，テーマ，すなわち派生的意味，とがあることになる．真面目な発話がコンテクストによっては，不真面目な発話と解されることがあり得るのである．たとえばド・マンの読解法はテクストの修辞性に強くこだわる修辞的読解，レトリック批評ともいうべきものであることが知られている．それは，テクストには，文字どおり意味と文彩的意味があるということである．発話行為もテクストであるとすれば，ド・マンのような立場からは発話行為＝テクストの意図を決定することは不可能であるということになる．

補論　国際関係理論としての社会構築主義

　近年における国際関係理論，あるいは国際政治理論の特徴のひとつは社会構築主義を標榜する潮流の台頭であろう．このような動きの背景には合理主義的，あるいは実証主義的方法論への根強い批判とともに解釈学の再評価やポストモダンの影響があるとみてよいであろう．ここでは社会構築主義の区分について概観した後ラギー，ウェント，オヌフの所説を紹介しよう．

(1)　社会構築主義とは何か

　ジャクソンとソレンセン共編の『入門　国際関係理論とアプローチ　第2版』(2003年) は方法論を主題にした第9章「ポスト実証主義」で社会構築主義について論じている．そこでは批判理論，ポストモダニズム，規範理論，説明的な国際関係理論か解釈的な国際関係理論か，などと並んで社会構築主義がとりあげられている．そして，必ずしも十分とはいえないが社会構築主義の存在論的，認識論的基礎から説明がはじめられ，観念論的，非実在論的な理論の特徴が説かれている．すなわち，社会構築主義は批判理論とポストモダンと同様に，外的に客観的な社会的実在は存在しないとの存在論的な立場にその方法論的根拠をおいた考えであると位置づけられている．国際システムは太陽系のようには人間の意識から独立して外的に存在するものではなく，それは人びとの相互主観的な知覚として存在するのである．それは純粋に知的で観念的なものなのである．さらに彼らによれば，社会構築主義は，学説的には，18世紀にまでさかのぼることができる．ヴィーコがそれであるという．ヴィーコは，自然界は神によって創造されたが，歴史的世界を創造したのは人間であると論じたからだ．このように社会構築主義は，ソレンセンらの教科書では，社会的世界は所与ではなく，それはまた人びとの思考や観念から独立に存在するものではないという，哲学的観念論に立ち，社会科学的実証主義と唯物論に対立する方法論的立場である，とされている．教科書は，そうして，社会構築主義の代表的論客として，カッツェンスタイン (Katzenstein 1996a)，クラトクウィル (Kratochwil 1989)，オヌフ (Onuf 1997)，ウェント (Wendt 1992) らをあげて

いる（Jackson and Sorensen 2003: 252-9）．

他方で，ベイリスとスミスの『グローバリゼーションと世界政治 第2版』(2001年)では，その第2部第5章で「国際理論に対する反映主義と構築主義的アプローチ」で問題を説明している．そこでスミスは社会構築主義を，合理主義・実証主義アプローチと反映主義（reflectivism）のそれとを橋渡しするものとして位置づけている（Baylis and Smith 2001）．

また，主要な論客の1人であるラギーの場合は，社会構築主義を(1)新古典派的アプローチ，(2)ポストモダン的アプローチ，(3)この間にあって揺れる自然主義的アプローチ，の3つに区分している．(1)はデュルケーム，ウェーバーの伝統を受け継ぐラギー，クラトクウィル，オヌフら，(2)はニーチェを知的起源とするアシュレイ，キャンベルら，(3)はウェントによって代表させている（Ruggie 1998: 11-39）．

ジャクソンらとスミスら，それにラギーのあいだでは，いくつかの点で不一致が見られる．第1に，ジャクソンらの教科書は，社会構築主義を相互主観的な観念論のアプローチとして位置づけるのに対して，スミスらは反対に批判的実在論に立つウェントひとりによってそれを代表させ，そのアプローチを実証主義・合理主義と反映主義とを総合する方法として位置づけている．第2に，ポストモダンの評価での食い違いである．ジャクソンらとラギーは，それを社会構築主義に含めているのに対して，スミスは，反映主義のアプローチに含めている．第3に，ウェントの評価での対立である．ジャクソンらはウェントを主観主義的アプローチに分類しているのに対して，スミスらとラギーは，彼を批判的実在論，ないし自然主義的社会構築主義に位置づけているのである．ウェントは一方で観念論に，他方では実在論と，相対立する陣営に引き裂かれているのである．

さらにラギーの社会構築主義の分類にも疑問が残る．それはもっぱらデュルケームやウェーバーらの社会学的学説に多くを依拠し社会構築主義を標榜するラギー自身と，言語行為論的アプローチに傾斜するクラトクウィル，オヌフらとを，ひとつに括るのが妥当かどうかという問題である．

(2) ラギー，ウェント，オヌフの所説

ラギーの所説

　ラギーは，実証主義・新功利主義（neo-utilitarianism）に対する批判的見地から社会構築主義を提唱する．彼が新功利主義の潮流としてとくに批判の俎上に載せるのは，1980年代に隆盛をみたネオ・リベラリズムでありネオ・リアリズムである．ラギーは，すでに1986年に，クラトクウィルとの共同論文で実証主義的アプローチの批判を試み，社会構築主義の流れに棹さした（Kratochwil and Ruggie 1986）．

　ラギーによればネオ・リアリズムとネオ・リベラル制度主義は，功利主義の枠組みと概念で国際関係論をとらえている点で共通している．そこでは国家のアイデンティティと利害を所与とする合理的な行為者として国家が位置づけられ，パワーや国家安全保障や厚生によって定義づけられる物質的利害，期待効用の最大化を図るものとして，したがってまた，国際的制度は個々の行為主体にとって，そうしたものを追求するのに有用かどうかの観点からとらえられる．さらに方法論的にみると，新功利主義は，仮説演繹法に立脚している．ア・プリオリな前提から出発し，自らの選好にもとづき自己の能力を用いて行動する諸国家の相互作用を説明しようとする．それゆえにラギーは，新功利主義が主権国家が現在のアイデンティティと利害とをどのように構築したのか，という根本的な問題にこたえてはいなし，また，特定のアイデンティティや規範的要素が利害を形成するという事態を扱う分析的手段もない，と批判するのである．

　ラギーによれば，社会構築主義は国際関係理論としての先行研究が存在しない．しかしながら方法論的に先行研究と評価することができる研究がないわけではない．たとえば，ハース（Haas 1986, 1997）やドイチェ（Deutsch 1957）の業績がそうである．また，国際制度・レジーム，人権，国際援助，非植民地化，アパルトヘイト，人道主義的介入などの重要問題や論点にかかわる研究成果もそうであるという．知的共同体（Epistemic communities）論（Haas 1992）やこの流れを受けたブレトンウッズ協定締結の研究（Ikenberry 1992）などである．彼によれば，社会構築主義は，次の3つの特徴のうちのいずれかの2つを認める方法的立場である．

　(1) ネオ・リアリズムは国家のアイデンティティと利害とを単純に所与のも

のとみなす．だが，英国学派や批判理論が主張するようにそれは諸国家からなる社会の相互作用によって構築されるものなのである．たとえば国際法上の概念としての主権は諸国家の相互承認の過程をへて授けられるのである．

(2) サールが主張するように，理念的な信念は集合的意図（collective intentionality）なのであって，新功利主義が仮定するような個人の信念ではない．また，相互主観的な信念は「社会的事実」でもある．デュルケームは，社会成員によって共有される価値や規範は，個人が自由に考え出す個人表象とは異なり，個人の外にあり個人の行動を束縛するものであると考え，これを集合的意図と呼んだ．集合表象はこれに重なる．

(3) 社会構築主義は，国際関係ではサールの提唱する規制的ルール（regulative rules）と構成的ルール（constitutive rules）という異なるルールが作用していると考える．ここで規制的ルールとは左側通行のようなルールのことであり，構成的ルールとしては，例えばチェスやアメリカンフットボールのルールを例示しうる．社会構築主義によれば，秩序とはこれら2つのものからなり，それらは共有された意味と集合的な行為をつくりあげ，社会的な行為の枠組みをかたちづくるのである．

ウェントの所説

ウェントは，最初 agency-structure（「行為（作用）‐構造」）論でデビュー．そこでウォルツとウォーラーステインの構造主義理論を批判的に論じ注目されたのであった．そして，それらに代わるものとしてウェントは「構造（化）論（structuration theory）」を提唱した．ウェントによれば，まずウォルツの構造主義は，存在論的には個人主義的で，構造主義とは縁もゆかりもないアプローチである．そこで国家は存在論的に国際システムと構造に先行し，構造に対して支配的な影響力を及ぼすのでなければならない．こうしたウォルツの逆をゆくのがウォーラーステインの方法である．彼の場合，国際システムが先行して存在し，国家の存在を規定することになる．それは純粋に全体論的なアプローチであって，国家はすべての意味を生成的な国際構造から引き出す．双方とも，存在論的に先行する実体（entity）（ウォルツの場合は国家，ウォーラーステイ

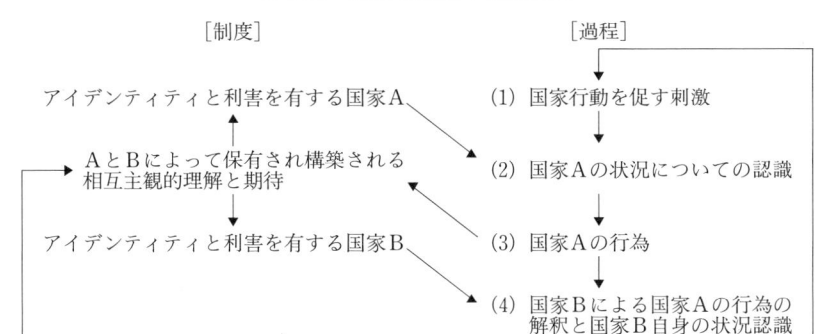

第5章　日常言語派の言語哲学と言語行為論

第8図　制度と過程の相互決定

［制度］　　　　　　　　　　　　　［過程］

アイデンティティと利害を有する国家A　　(1) 国家行動を促す刺激

AとBによって保有され構築される
相互主観的理解と期待　　　　　　　　　(2) 国家Aの状況についての認識

アイデンティティと利害を有する国家B　　(3) 国家Aの行為

　　　　　　　　　　　　　　　　　　　(4) 国家Bによる国家Aの行為の
　　　　　　　　　　　　　　　　　　　　　解釈と国家B自身の状況認識

　　　　　　　　　　　　　　　　　　　(5) 国家Bの行為

(Wendt 1992: 406)

ンの場合は国際システム）が，所与のものとされ，それ自体自明なものとされている点である．換言すれば，ウォルツには国家論が，ウォーラーステインには国際システム論が欠けているのである．ウェントは，これをギデンズの「行為（作用）-構造」論に依拠して克服しようとする．彼によれば，ギデンズのかかる理論によって，個体論的なものと全体論的なものとを統合することができるのである［第8図］．

　ウェントの立論の哲学的基礎は科学的実在論（scientific realism），批判的実在論にある．その実在論によれば，観察しえない生成する構造であっても，その影響，結果が観察できるのであれば，実在するかのようにとり扱われるのである．構造（化）論にとって科学的実在論は認識論的基礎として重要である．すなわち，ある事態を必然的に生じさせる因果的メカニズムを明らかにすることが説明的言明にとって必要であるからだ．

　ウェントの構造（化）論の核心をまとめると次のようになる．(1)個人主義的なアプローチに対して，行為（作用）を生成する社会構造の実在と重要性——それ自体は必ずしも観察することはできないが——を受け入れるべきであること．(2)人間の意図と動機を説明する理論の必要性．(3)行為（作用）と構造とを弁証法的に統合すべきであること．(4)社会構造は，空間的，時間的構造とは分離できない．それゆえに時間と空間とを理論的，具体的な社会的研究に組

み入れるべきであること (Wendt 1987: 356).

　ウェントは，バスカーに依拠して構造を内的に関連した要素（行為体，ユニット）の組み合わせとしてとらえている．それゆえに諸要素は，構造のなかにしめるそれぞれの位置から独立に規定したり，とらえたりすることはできない．こうした立場からすると関係性の概念をもって国家をとらえようとする国家システム論が得られる．国家は国際システムの外にあるものとは，あるいは，国家は政治権力のグローバルな構造のなかにおける位置とは無関係には，とらえられないのである．

　科学的実在論に立ちギデンズの理論に依拠してネオ・リアリズム批判を試みたウェントは，この後，ミードの社会心理学的方法をも導入して新たにネオ・リベラリズムとネオ・リアリズム批判を展開した．ウェントの理解では，ネオ・リベラルとネオ・リアリストの論争は合理主義を基盤にして戦わされてきた．合理主義の行為論は，行為主体のアイデンティティと利害を外生的に所与としたうえで，行為主体の行動がいかなる結果を生み出すのかに焦点をあててきた．これに対してウェントは，ミードの方法を援用して，アイデンティティと利害が国際制度の従属変数であることを説くのである．すなわち，行為からはなれてはアナーキーな論理は存在しない，過程を抜きにしては構造も因果関係も存在しない，自助，権力政治は構築された制度であり，アナーキーの本質的特徴ではない，アナーキーも国家がつくりだすものである，と (Wendt 1992: 395).

　ウェントの心理学的アプローチによる社会構築主義社会理論の基本な考え方は，人間の対象的行為は対象が人間に対してもつ意味にもとづいてなされるという点である．これは次のように例示しうる．国家は友好国に対するのとは異なった対応を敵国に対して見せる．それというのも敵国は当該国に対して脅威を与え友好国とはなりえないからである．アナーキーと権力の配分論は，敵＝味方の関係を明らかにするうえで不充分である．たとえば，米国の軍事力はキューバとカナダでは異なった重要性をもっている．これは英国のミサイルがソ連のそれとは異なった意味を持っているのと同様である．さらに，社会が大学とは何かを忘れてしまえば教授の権力や学生の行為は存在しない．米国とソ連が敵対関係をやめれば冷戦は終焉する．われわれの行為を組織する構造を構築

するものはこうした集合的意味なのである．行為者はアイデンティティを獲得するが，それはこのような集合的意味に参加することによってである．アイデンティティは本質的に関係的なのである．

　自我と利害の観念は重要なる他者の行動を反映する．ウェントによれば，このアイデンティティの形成の原理は「鏡を見る自我」というミードのシンボリック相互行為論の概念によって把握することができる．2つの行為体を考えてみよう．行為者Aと行為者Bとが出会ったとする．おのおのは生き残りを望み，一定の物質的能力を保有している．しかし，双方とも権力や征服への指向を有していない．さらに双方とも安全保障にかかわる歴史を共有していない．こうした場合，二者はどのように行動するであろうか．リアリストは行為者Aと行為者Bとが相手の意図について最悪の仮定に立って行動すると主張するであろう．しかし，最悪の事態を想定するのでは社会というものは成り立たないであろう．行為体による多くの決定は蓋然性にもとづいてなされるし，なされるべきであろう．こうした決定は相互作用によって行為者が何をするのかによって生みだされるであろう．行為者Bは行為者Aの意図について錯誤をおかす可能性があるが，相手が行動に移す以前に脅威を受けていると仮定する根拠はないのである．それというのも，脅威を受けているかいないかはシグナルの発信とその解釈の過程なのである．社会的脅威というものも社会的に構築されるものなのである．

　ウェントはこうした理論の具体的な例証として，さらにエイリアンを引き合いに出し，次のように論じる．地球以外の文明に接したとしよう．この場合，われわれはア・プリオリにエイリアンから攻撃を受けると仮定することができようか．そう仮定できないであろう．われわれはもちろん極度に警戒的である．だが，われわれが軍隊を警戒体制において攻撃に移せるかは，エイリアンの動作がわれわれの安全保障にとってどうあるかのわれわれの解釈によるであろう．彼らがたくさんの飛行船で飛来し，ニューヨークを破壊したとなると，われわれは事態を脅威として対応する．しかし，1つの飛行船で平和の使者として飛来したとなれば安心するであろう．このようにシグナルを送ること，これを解釈すること，そして対応することの過程は，まさに社会的行為であり，相互主観的意味の形成過程なのである．こうした相互行為が長い間繰り返される

と相互的なタイプ化が進められ，問題に関する比較的安定的な観念をもつようになる．繰り返される相互行為によってアイデンティティと利害を規定する比較的に持続的な社会構造が生み出されるのである（*ibid*: 405）．

オヌフの所説

オヌフとクラトクウィルは，オースティンやサールの言語哲学，言語行為論の成果に依拠し，社会理論の枠組みの転換を図ろうとする．ここではオヌフの議論を紹介しよう．オヌフによれば，人間は社会的存在であるという命題が社会構築主義のもっとも基本的な立場である．すなわち，社会関係がなければわれわれは人間たりえない．社会関係が人びとを現にあるように構築するのである．そこではわれわれは，相互に行為すること，それも相互的な言語行為によって，現にあるような世界をつくりだすのである．なるほど Saying is doing なのである．国家も同様に社会的に構築された社会であり，それは人びとの行為によってつくりあげられた．諸国家の関係によって世界は構築される．

社会は人びとをつくる．人びとは社会をつくる．これは連続的な二重の過程である．これを研究するにはそれらの中間から出発しなければならない．中間から出発するということは，第3の要因，ルールを導入することである．ルールが人間と社会との結節点なのである．

オヌフのルールのアプローチは，法哲学と言語哲学の成果を汲みとりギデンズの「行為（作用）－構造」論を批判的に発展させたということができる．それは，ギデンズの難点，行為と構造との連続的・動的な過程においての行為か構造かのジレンマ，の解決策としてルールを強調する点に特徴的である．ルールは社会的構築の同時的な過程として行為と構造とを結合させるというのである．

このように行為の社会的構築にあたってルールを強調するオヌフは，日常言語派の言語哲学，言語行為論を手がかりに規則やルールをおさえる．彼によると，ルールとは何をなすべきであるかを伝える言明であり，そのルールはサールの言語行為論に依拠して概念的に把握することができる．

オースティンの分類法を改善したサールの言語行為論によれば，発話内行為は5つのカテゴリーに区別される（サール 2006）．オヌフはこのうちから表現型（expressives）言語行為と宣言型（declarations）言語行為を除いた3つに注

第5章　日常言語派の言語哲学と言語行為論　　　　　169

目する．それらは，それぞれ断言型言語行為（assertive speech acts），指令型言語行為（directive speech acts），行為拘束型言語行為（commissive speech acts）になる．オヌフはさらに，これら3つの言語行為のカテゴリーに対応したそれぞれのルールを考える．断言型は，言明，記述，断定などで，何らかのしかたで独立の存在している世界に対応している．そうして，それらが対応したりしなかったりで，われわれはそれを真であるとか偽であるとか言うことになる．一方，指令型は，命令，指揮，要求などにかかわるルールである．さらに，行為拘束型は，約束，保証，誓約などにかかわる．これらの発話行為は，成功したりしなかったりする限りで，行為が順守されたとか，完遂されたとか，満たされたとか，守られたとか，破られたとか言うのである（Onuf 1997：9-10）．オヌフの説明によるとそれぞれは次のようになる．

　(a)断言型言語行為――行為指示的ルール（instruction rules）

　この形式のルールは規範的に言明されたものではない．だが，ルールに従うと有益な結果が得られる．それは，ものが存在する仕方，ものが作用する仕方，そうしてこうした情報に従わなかった場合，どのような結果が生じるのかについて行為者に情報をもたらす．たとえば，器具の使い方，委員会の委員の定員，外交官の信任状などに関するルールがそうである．そうしたルールに含まれる情報は一般的な言葉づかいで言明しうる．そうしたものを原則と呼ぶ場合がある．こうした情報の提供は規範的なものではないが，行為者に対してどうすべきであるかを知らせる．彼らの世界との関係における有用な情報を伝えるのである．このルールは，勢力均衡を構成し規制している．それは，超大国が同盟国を選択するさいや戦争に突き進むさいに行うべきルールである．

　(b)指令型言語行為――行為指令的ルール（directive rules）

　この言語行為は，命令（imperatives）として認識しうるものであり，行為者に何をなすべきか，どうしなければならないかを伝える．それはきわめて規範的であり，ルールを無視した場合の結果についての情報をも与える．行為者はこうした情報を得てルールに従うのが合理的であるか，そうでないかを決める．勢力圏はかかるルールにもとづくヒエラルヒーである．そこで行為者は，命令の連鎖の中にあるのを見いだす．オヌフによれば，パクス・アメリカーナは，きわめて非公式なこの種の制度である．

(c)行為拘束型言語行為──行為拘束的ルール（commitment rules）

かかる言語行為は約束にかかわる．話し手は聞き手が受け入れる約束をする．約束の網が十分に一般化され，規則的なものになるとともに，それらの約束は行為拘束的ルールとなる．行為者はこうしたルールを結果によって認識する．こうした結果は権利と義務であり，行為者は他の行為者との関係でかかる権利と義務を有していることを知る．行為者の権利は他の行為者の義務を構成する．たとえば国家間の条約は公式の行為拘束ルールから構成されており，条約締結国に適用される．この場合，行為者は他の行為者とパートナー・シップの関係にあることを見いだす．主権の原理と承認のルールは，行為者としての各国を対等なものにする．各国は相互的な関係において権利と義務を有する．

オヌフはさらにサールの所説を援用して次のように論じる．社会構築主義の観点からすればすべてのルールは常に構成的（constitutive）であると同時に規制的（regulative）である．さらに行為の規制は行為が実践される世界を構築する．規制的ルールは行為を規制する．他方で構成的ルールは，行為の型をつくりだす．規制的なものは構築的なものを含意し，逆に構築的なものは規制的なものを含意すると考えることができる．

ルールのうちで顕著な形式性の程度を達成し，支持されたものは法的なもの（legal）となる．それは，他のルールによって効果的にバックアップされているフォーマルなルールでもある．行為者はルールを法的なものにしようとし，またそれが法的なものであれば従おうとする．法的環境にいる行為者はルールに従うことが合理的なのである．

国際政治経済学や国際関係の分野で，ルールと関連した行為をレジームと呼んでいる．彼らはそれを同時に制度（institutions）とも呼んでいる．レジームは，原理，ルール，規範，それに諸手続きからなる（Onuf 1997, 1998）．

言語行為論の拡張による国際問題へのアプローチはユニークな試みである．だが，言語行為論的社会構築主義が方法論的に十分鍛えられた強靭な方法であるといえるかは疑問である．なぜなら，国際場裏のさまざまなアクターの言語行為は，オースティンとデリダとの論争が明るみに出したように，彼らが依拠するオースティンとサールが考えたような「まじめな」言語行為としてはとらえきれないないからである．

第6章
ソシュールの言語記号論

　ソシュールは，後の世で「ソシュールの思想」として論評される自らの思想をどのように考えていたのであろうか．今日，『講義』の原書自体がソシュールの教え子たちによって独自に編まれたもので，もはやソシュール理解にとって適当なテクストではないことが明らかになっている．丸山は，「今でも『講義』の文章から出発してソシュールを批判するという不毛な作業をくりかえす人びと」がいることを問題視している．だが，われわれは，佐藤信夫がいうようにソシュールが残したものの文献学的検討と解釈の仕事に打ちこむわけにもいかない．ここでは丸山によるソシュール言語学の理解を手がかりにソシュールの言語記号論を概観するほかない．それがたとえ「ソシュール風」であったとしても，あるいはソシュール言語学の再構築の課題から外れた言語哲学的，言語思想的解釈であったとしても（佐藤 1996：118-9）．

シニフィアンとシニフィエ
　丸山によれば，ソシュールは，人間のもつ普遍的な言語能力，抽象化能力，象徴能力，カテゴリー化能力およびその活動をランガージュと呼び，個々の言語共同体で用いられる多種多様な国語体をラングと呼んだ．ラングは言語体系を意味する．丸山はラングを次のように説明している．「……ある特定の言語においては，音声の対立のさせ方，組み合わせ方，単語の作り方，単語同士の結びつけ方，語順，そして単語の持つ意味領域などには一定の規則があり，この規則の総体」である．一方，パロールは「特定の話し手によって発せられた具体的音声の連続」，個々の発話である（丸山 1994：64-5, 70）．
　ソシュールは言語体系（ラング）をもっぱら言語研究の対象とした．言語体

系は社会的な産物であり，慣習的／規約的（コンヴェンショナル）なものである．これは，人間は言語体系を意図的に構築できない，人々はすでにある言語体系に従わざるを得ない，ということである．

丸山によると，言語記号（シーニュ／シーニエ）は，記号と呼ばれていても他の一切の記号とは異なって，あらかじめ自らの外にある意味を指し示すものではさらさらなく，いわば表現と意味とを同時に備えた二重の存在である．「ソシュールは表現の面をシニフィアン signifiant『意味するもの』，内容の面をシニフィエ signifie『意味されるもの』（それぞれ，フランス語の signifier『意味する』の現在分詞と過去分詞）」と名づけた．丸山はここで重要な点として以下を指摘している．①シーニュが２つの項から成るというよりもシーニュが誕生すると同時に２つの項が生まれたこと，一方は，他方の存在を前提として存在するという事実である．さらに，②シニフィアン，シニフィエとも言語内にみられるカテゴリーのクラスであり，シニフィアンが物理音であるとか，シニフィエが言語外現実であるとか思考対象であるとか考えてはいけないということである（同書：105）．

ソシュールのシニフィアンを理解するうえで重要なのはそれが物理音ではなく音的イメージであることだという．たとえば女性がソプラノに近い声で発音した Bonjour と年配の男性がバスに近い声で発音した Bonjour が同じものとして受け取られ，また文字にしても「木」という字が，楷書で書こうが草書で書こうが，鉛筆で書こうが筆で書こうが，いつでも「木」という字であることを，丸山は例に引いて説明している．「言語音の意味は，物理音自体とは無関係に，その語の音的イメージと他の語の音的イメージの対立からのみ生ずる」のである．これは，「言葉の本質的機能がその信号性にある」ということでもある．丸山はここで，たとえば，赤信号は青信号や黄信号と対立することによって意味をもつのであって，赤に色が薄ければゆっくり走ってよく，濃ければ速く走ってよいというのではない，と明解な説明を加えている．こうしてみると，言葉の持つ意味とは他の単語との関係のうちに捉えられた体系内の《価値》であることが分かる（同書：128, 129）．

ソシュールはこの《価値》を１枚の紙を用いて説明している．１枚の紙をさまざまな形に切り抜いたとき，それぞれの形は他の形との差異によって区別さ

れる．おのおのの形は他の形とのこうした関係性によって自らの同一性が保証されるというわけである．

また，シニフィアンとシニフィエの関係を丸山は「シーニュの双面性と不可分離性」として次のように論じていた．①シニフィアンとシニフィエの相互依存性．「シニフィエとシニフィアンはシーニュの画定とともに生まれ，互いの存在を前提としてのみ存在する」ものであること，②この相互性の論理的必然として両者は不可分離性にあること，「言語学の対象はあくまでシーニュであって，抽象的に分離されたシニフィエ，シニフィアンではない．意味を考慮しない音声研究も，表現面を無視した意味論も成立しない」としていた（同 1985：81）．

ソシュールが考え出したこのシニフィアンとシニフィエとの関係は，わかったようでその実は，わかりにくい関係である．ソシュールはシニフィアンとシニフィエの関係を肉体と魂，あるいは裏と表というメタファーで説明している．これを吉本のように理解すると分かりやすいかもしれない．「ソシュールの言語概念は，話す行為と聞く行為を起点につくられている．話すという行為の原点に一方の人（甲と呼ぶ）がいて，それを聞く受容点に他の1人（乙と呼ぶ）がいる．話す甲は，まずある言語を話したいと思ったとき，その『概念』（たとえば『犬』という言語を話したいときなら，まず『犬』という概念）を意識にのぼらせる．そしてその『概念』をあらわすのに使われる言語記号（『犬』という言語）を表象する『聴覚映像』（音のイメージとしての『イヌ』）とむすびつける．そして脳が発声器官にたいし，その『聴覚映像』（『イヌ』）と相関する刺戟をあたえると，音声波が甲の口から発現されて甲の耳へ伝わる．乙にはいまと逆さまな過程が起こって聞く行為は終わる」（吉本 2003：61）．

言葉の恣意性

ソシュールの言語理論を理解するうえでは，言葉の「恣意性（arbitary）」の概念が重要であるとも強調されてきた．しかしながら，この概念もなかなか呑み込めない．これを「同じ事物や概念を，それぞれの国語で勝手に別々の呼び名で表している」と理解しては恣意性を誤って理解したことになるのだという．丸山らによれば，ソシュールの指摘した恣意性は2つの射程がある．

第1は，1つの言語記号の中に含まれるシニフィアン（意味するもの）とシニフィエ（意味されるもの）との間には少しも自然的な関係はない，という意味での恣意性である．これはブルッカーの次の説明が分かりやすい．「例えば，英語において chair という記号は，ある音と，我々が座る物体としての椅子という概念によって構成されているが，フランス語やドイツ語では，その概念あるいはシニフィエは同じままだが，それと関連づけられる音あるいはシニフィアンはそれぞれ chaise,　Stuhl というように異なるわけだ」（ブルッカー 2003：50）．

　第2に，シーニエ（記号）がもつ価値に関するものである．これは次のようなことである．たとえば，英語の man には人間以外に「男」という意味があるのに対して，日本語の「人間」にはそうした意味がないことからも分かるように，それぞれの言語体系において，各シーニエが担っている価値は，他のシーニエとの関係においてしか決まらないのだが，その関係の仕方にはなんら必然的で自然な関係がない，という意味で恣意的なのである．

　丸山は，これら2つの恣意性について次のように説明している．「第1の恣意性は，シーニュ内部のシニフィアンとシニフィエの関係において見出されるもので」，「シニフィエの担っている概念 x と，それを表現する聴覚映像 y との間には，いささかも自然的かつ論理的絆がないという事実の指摘であって」「この恣意性は，いわば一記号内の縦の関係（○↕）であり，原理的にはその記号が属している体系全体を考慮に入れなくても検証できる性質のものである．」また，第2の恣意性については，「それは一言語体系内の記号同士の横の関係（○↔○↔○）に見出されるもので，個々の辞項のもつ価値が，その体系内に共存する他の辞項との対立関係からのみ決定されるという恣意性のことである」（丸山 1985：85-6）．繰り返しになるが，2つの恣意性のうち第1のものは，シニフィアンとシニフィエとに，第2のものは，あるシーニエとこれとは別のシーニエとの間に，それぞれかかわるものなのである［第9図］．

　これらに加えて，丸山はさらに，「この恣意的という語を『自分勝手に作り変えられる』という意」にとってもならないと注意を促していた．シニフィエとシニフィアンとの絆は語る主体にとっては恣意的ではなく，押しつけられているということである．丸山によれば，ソシュールは次のような言葉でその点

第 9 図　言語記号の恣意性

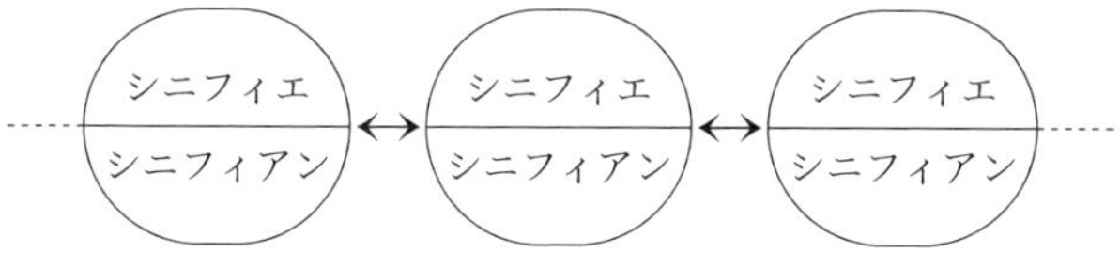

　　〔記号1〕　　　〔記号2〕　　　〔記号3〕
（シニフィエ／シニフィアン）⇔（シニフィエ／シニフィアン）⇔（シニフィエ／シニフィアン）

を注意している．「それを用いるべく運命づけられている人間社会との関連においては，シーニエはいささかも自由なものではなく，押しつけられたものである．」丸山はここにこそ，「言葉の持つ逆説的な両面」があるという．つまり「原理的にはいかに恣意的なものでも，今ここにでき上がってしまったものとして存在する言語は，必然的なものと化して私たち1人ひとりを規制する」のである．たとえば，「私たちは，日本人として日本語共同体の中に生まれて来てしまった以上，日本語的思考からも逃れられなければ，日本語的調音の仕組みからも逃れられ」ないのである（同1994：117-25）．これは後にあらためて触れることになるが，言語によってわれわれの認識は制約を受けるという言語相対主義の考えである．

　丸山は「恣意性」を「同じ事物や概念を，それぞれ勝手に別々の呼び名で表している」と理解しては「恣意性」を「誤解」することになると論じていた．これでは言語を名称目録と考えるのと同じになってしまうからだ．だが，「誤解」の例はすでにあった．たとえばバンヴェニストである．バンヴェニストは，ソシュールの『講義』の一文——boeuf「牛」というシニフィエが，国境の一方の側ではシニフィアンとして b-ö-f をもち，反対側では o-k-s をもつ——を引用して，ソシュールはシニフィアンをシニフィエに結合する絆は恣意的である，あるいはもっと簡単にいって言語記号は恣意的であることを立証することになる，と述べていた．バンヴェニストは「縦の恣意性」と「横の恣意性」の区別がつかず，さらには，それらと「言語記号の恣意性」を混同していたのである．バンヴェニストはこれにとどまらず，次のようにシニフィアンとシニフィエとの結びつきは「必然的」であるとさえ論じていたのである．「言語体系の根源的要素である記号は，能記と所記を含んでいて，この2つの成分は互いに共実質的であるから，両者の結びつきは<u>必然的</u>と認められなければならな

い」（バンヴェニスト 1983：61）．

　記号の性質を「恣意的」であるとしたソシュールの議論をバンヴェニストは「ソシュールのあれほど綿密な推論にあるこのような異常」とまでいい切っている．そうして，それは次のような事情から生じたものであろうと論じる．「はじめの定義に含まれなかった第3項の，無意識の，陰で行なわれた援用によって，ゆがめられていることは明らかである．その第3項とは，物そのもの，すなわち実在物である．ソシュールは，soeur『姉妹』の観念が能記 s-ö-r と結ばれていないと言うが，それにもかかわらず，この観念の<u>実在物</u> réalité のことを考えているのである．b-ö-f と o-k-s の差異について語るときも，彼は自分の意に反して，この2つの辞項が同じ実在物にあてはまるという事実に依拠している．こういうわけで，はじめに記号の定義からはっきりと排除された<u>物</u>が，回り道を通ってそこにはいりこみ，永続的に矛盾を住み込ませているのである．……」．バンヴェニストは，かかる点をソシュールが記号を定義するやり方と記号に付与した基本的性質との間の矛盾であるとしていた．そうして，ソシュールに，このような「矛盾」や「異常」が生じたのは，彼の「批判的注意力のゆるみ」にあるのではなく，むしろ「19世紀末の歴史的，相対主義的思索の弁別特徴，ないし比較による理解という哲学的思考形式の傾きやすい論法」によるものと考えたいとしていた（同書：56，57）．

線状的，共時的／通時的，連辞的／範例的関係

　恣意性について多くを費やしたが，記号の特質についてソシュール言語学が見いだしたもう1つの重要なものがある．それは「シニフィアンは，聴覚的なものであるがゆえに，時間の中でのみ展開されてゆく……，それは線をなす」ということである．そして個別の記号がそうである以上に個々の発話はいっそう線状的である．これはスコールズによれば，大きな語りの構造を重視する文学研究につながる（スコールズ 1992：25）．

　言語研究に対する共時的アプローチと通時的アプローチの区別も重要である．特定の言語現象をそれと同時に存在する体系全体の一部として研究するか，関連する諸現象の歴史的連続の一部として研究するか．ソシュールによれば，ある言語体系の全体を充分に扱えるのは共時的研究である．したがってこの研究

が優先される．

ギデンズの評価によれば，ソシュールの革新は，ラングを時間とは関係なく存在するものとして扱った点にあった．ソシュール以前の言語学が言語使用の変化を追跡することに集中したのに対して，ソシュールは体系としてのラングを分析の前面においたのである（ギデンズ1998：131）．

第10図　連合関係の説明図

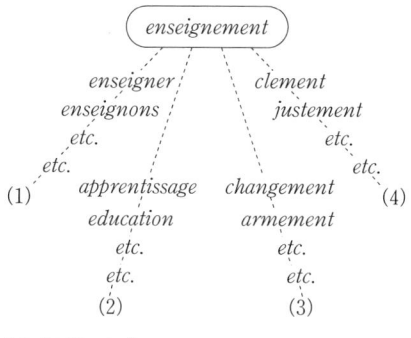

```
            enseignement
   enseigner        clement
   enseignons       justement
      etc.            etc.
       etc.                etc.
  (1)  apprentissage  changement  (4)
       education      armement
         etc.            etc.
          etc.            etc.
          (2)             (3)
```

（ガデ 1995: 147）

ソシュールによる今ひとつのさらなる——その後の言語学研究にとって，そして文学研究への応用にとっても重要な意義をもつ——区別がある．それは記号における連辞的（syntagmatic）な関係と範列的（paradigmatic）な関係（もともとのソシュールの用語では**連合（連想）関係**と呼ばれた）の区別である．それは，次のようなことである．例えば，「彼女［①］は［②］薔薇［③］だ［④］．」という文章で連辞的な関係とは①②③④という線状的な文の連なりのことである．また，①において「彼女」にかえうる「彼」，「わたし」等，③において「薔薇」にかえうる「芍薬」「百合」などの言葉がそれぞれ「範例」的な関係におかれている．ソシュールは建築物を例に説明しているという．ある寺院の構成因子である，たとえばドーリア式の柱は，一方では柱という点でその寺院を作っている他の要素——土台とか屋根とか壁など——との関係（顕在的・対比）で価値を生じ，他方でドーリア式という形式の点で，他のイオニア式，コリント式の柱との関係（潜在的・対立）から価値が生じる（ルメール 1983: 47）．

ソシュールの連合関係についてのガデの解説は興味深い．彼は「言説の連鎖の外では，種々の連合(アソシアシオン)がつくりだされ，このなかである語はほかの語たちを呼び起こし，これらとさまざまなタイプの関係を取り結ぶ」と主張する．つまり，ある語は「『**ひとつの側面，あるいは別の側面**によってそれとなにか共通のものをもった無数のほかの語の観念を，ここの精神にたいして無意識的に呼びおこすことだろう．それはじつにさまざまの側面によってでありうる．』[III D

263 : fr.2026]」．たとえば，*enseignement*［教育］という辞項は，*enseigner*［教育する］，*renseigner*［情報を与える］，*apprentissage*［学習］，*armement*［武装］などを呼びおこす．ガデによれば「こうした関係はすべて，順序づけられておらず，連鎖のなかに共現前することがけっしてないために潜在的と言われるのだが，これをソシュールは連合関係と名づけている」のである（ガデ 1995 : 146）．

ガデは *enseignement*［教育］というネットワークのもとに表象された，それに連合しうる辞項を 4 系列に整理している［第 10 図］．「すなわち，①語基(ラディカル)のレベルで成立する関連，②語全体の記号内容間の関連，③（動詞語基からの）同種の形成様式と同種の接尾辞，④文法的関連を欠いた，純粋記号表現(シニフィアン)の関連（韻）．もっとも連合系列がそれだけに限定される必然性はない．『連合グループの数は，無限である』（II G 2.27 a : fr.2033）のだ」（ガデ 1995 : 146-7）．

幻想としての指示作用／言語相対主義

丸山によって説明されるソシュールの言語論は次のようなユニークな存在論・認識論として解釈される．「言葉は《表現》であると同時に《意味》であり，これらはもともと存在しなかった関係でありながら，混沌としたカオスのような連続体に人間が働きかける活動を通じて生み出され，同時に連続体の方もその関係が反映されて不連続化し，概念化するという，相互的差異化活動こそ言葉の働きである」ということになる［第 11 図］（丸山 1994 : 102）．

丸山の場合，「言語によって分節される概念以前の現実」の存在を認める．

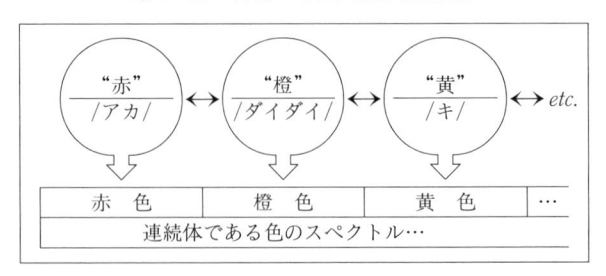

第 11 図　言語の相互的差異化活動

"赤"/アカ/ ↔ "橙"/ダイダイ/ ↔ "黄"/キ/ ↔ *etc.*

| 赤色 | 橙色 | 黄色 | … |

連続体である色のスペクトル…

（丸山 1994 : 102）

第6章　ソシュールの言語記号論

これを丸山は「言語外現実」とも言い換えている．言語によって，言語を通じて，われわれはこの「言語外現実を把握し，私たちを取り巻いている世界を区切り，グループ別に分け，カテゴリー化する」ことができるというわけである．この「言語外現実」はどのようなものか．丸山は，あらためて次のように述べている．「言語以前の現実は混沌とした連続体であって，私たちは自国語の意味体系のおかげで，この連続体の適当な箇所に境界線を画すことができます．」とまれ丸山は，言語以前に「混沌とした連続体」としての「言語外現実」が存在するのを認めているのである（同書: 91-2）．丸山の所説は，サピア＝ウォーフ説の再版であり，その言語哲学は，カント風の物自体論を思わせるような存在論・認識論によって特徴づけることができる．

丸山以上に強い相対主義に立ってソシュールを解釈するものもいる．たとえば石田はソシュールを「実体論的な認識から関係論的な認識への転換」を強く打ち出したと評価する．石田によれば，ここで「実体論的な認識図式とは簡単にいえば，実体を前提とし，認識をその実体（＝容体）についての意識（＝主体）の活動と考え，また主体と客体との間を媒介するものとして言語や記号を考えるという立場」である．石田は，ソシュールの「『ノート』草稿」からの一文を引用して自説を根拠づけようとする．しかし，その記述が，石田の説を裏づける論拠となっているかは疑問である．第1に，ソシュールは「真理」という言葉を使っている．第2に，物事を認識する場合，認識の視点が正しいときに現実と対応する，と述べている．それゆえにソシュールの一文が石田のいう関係論的な相対主義とは無縁であり，むしろ実在と認識との一致を前提とした認識論的立場を論じていると解釈することも可能である．いずれにしても，こうした石田の所説は，ポスト・ソシュール派とでもいうべきラカンやデリダの理論から強い影響をうけたものである（石田 2003: 29-32）．

デリダやラカンによれば，世界は無媒介的に経験することはできない．知が可能になるのはただ，言語や象徴界のカテゴリーと法則を通じてである．
「(ラカンの有名な言葉を用いれば)『言葉の世界が事物の世界を創る』とか，意味とはまったく言語の産物ないし効果であって，言語はそれを表現したり，記号化したりするだけのものではない」（タリス 1990: 99）．

デリダによれば，ソシュールの『一般言語学講義』は，一方で現前性の形而

上学を力強く批判しているとともに，他方，ロゴス中心主義を明白に肯定し，それに否応なく絡めとられている．ソシュールは，言語の本質に対する自分の洞察から当然でてくる論理的帰結が分からなかったか，もしくはそれを認めることを尻込みした．それは記号の本質が恣意性と差異性にあるので，必然的に話者は自分の使う記号のなかに現前できないという点であった（同書: 396）．

デリダの衣鉢を継ぐカラーは，この点をいっそう徹底させた議論を展開する．「ソシュールが研究を厳密化すればするほど，彼は言語システムの純粋に関係的な性格を強調するようになる．……彼は，つぎのように結論しさえする．『言語というシステムにあっては，実定的な辞項をもたない関係しか存在しない』（『一般言語学講義』）．これは思いきった言いかたである．一般的には，ある言語を構成するものは実定的な実在としての語であり，それが相互に結びついてシステムを作り，互いの関係を獲得すると考えられているに違いない．しかし，ソシュールによる言語の基本の構成単位の性質の分析は，記号とは差異のシステムが産出したものであり，この単位は実定的な実在ではなくて，差異のもたらす効果なのだという，それとは逆の結論にたどりついてしまう．これはロゴス中心主義への強力な批判である．デリダの解説するところによれば，システムがただ差異のみによって成りたっているというこの結論は，発話事象なりシステムなりに現前するかもしれぬ実定的な実在に言語理論の基礎をもとめる企ての土台を突きくずしてしまうことになる」（カラー 1985: I-156）．

カラーは，記号の非-実体性から出発して，意味するもの（シニフィアン）と意味されるもの（シニフィエ）との差異もまた非-実体的なものだと結論するにいたる．「しかし，記号とは実体のない，純粋に差異的な性格のものであるとすると，意味するものと意味されるものとの違いは実体的なものではありえなくなり，ある時点においては意味されるものとみなしうるものが，同時に意味するものとなることもありえることになるだろう」（同書: II-60）．

言語相対主義説批判

ソシュールは，言語の本質を恣意性にあるとした．だが，ソシュールの言語記号論からポスト・ソシュール派が主張するように，言語は閉じたシステムである，言語の真の指示作用はありえない，言語によって伝えられる意味は言語

第 6 章　ソシュールの言語記号論　　　　　181

システムに内在的である，などといった主張を導き出すことができるかについては大きな争点となっている．タリスは次のように批判している．意味は指示作用と同じか．ポスト・ソシュール派は，指示作用は言語内部のもので，言語外への指示作用を否定した．ここには，意味と指示作用をあたかも同一であるかのように取り扱うやり方がみられる（タリス 1990：158-9）．

　すでに指摘したようにバンヴェニストはソシュールに一種の言語相対説を読み取り次のように批判していた．ソシュールは「b-ö-f と o-k-s の差異について語るときも，彼は自分の意に反して，この 2 つの辞項が同じ実在物にあてはまるという事実に依拠している．こういうわけで，はじめに記号の定義からはっきりと排除された<u>物</u>が，回り道を通ってそこにはいりこみ，永続的に矛盾を住みこませているのである」と（バンヴェニスト 1983：56）．牛という客観的な実在を想定しなければ同じ牛を恣意的に b-ö-f とよび，o-k-s とよぶ事実が根拠づけられない．ポスト・ソシュール派は，人びとがどのような言語を用いるにせよ，それぞれの言語によって分節される概念以前の現実があるという批判にどう答えるのか．

　よく引き合いに出されるのが色の名を表す語彙，色彩のスペクトルの例である．色彩のスペクトルは連続体である．目に見える色彩のスペクトルを分節する仕方は言語ごとに違う．たとえば，英語では基本的には単語 11 個で全色を表す．ところがフィリピンのハヌノー語では 4 個でうまく間に合わせている．これは，色彩という基本的な感覚でさえ母語によってその知覚や識別力が左右されることを示している．そうして，これが一般化され，現実に対する経験は，その現実が言語的に構造化されていて，その構造に合致する形でしかなされないと主張されるようになる．「われわれは，『自分たちが生まれ落ちた環境のなかで身につけた言語の定める境界にしたがって』スペクトルを——あるいは世界を——見ている，もしくは少なくとも識別している」．言語相対説によれば，「なにが現実と見なされるかは，自然が言語によって分節されているそのされ方によって不可避的に決定される」というわけである．

　だが，言語相対主義者の主張が成り立つためには色彩のスペクトルに示された客観的な実在の存在を主張しなければならない．タリスは次のように言語相対主義を批判する．そもそも「異なる民族がそれぞれの異なる母語にしたがっ

て，自然の一部たる同一の対象を異なる仕方で分割している，こういう観察が成り立つためには，その前提として，その同一の対象が，異なった仕方で分割されている同一の対象であるとして，繰り返し同定されることが可能でなければならない．」色彩についてみると，われわれは色彩のスペクトルは連続体であることを知っている．だが，それは，感覚を通じて得られる，あるいは知覚力によって得られる現実であり言葉によって得られる現実とは違うことを論拠としているのである（タリス 1990 : 100-2）．

構造主義と記号論（学）

言語記号についてのソシュールの研究からそれぞれ密接な関係を保ちつつ新たな研究領域として構造主義が生み出され，さらには記号論（学）が新たな展開をみることになる．

記号学（セミオロジー）について言及したソシュールの一文は，記号学を「伝達の記号学」と「意味作用の記号学」に2区分できることを示唆していた．加賀野井によれば，前者はおもに信号の解読を中心としてコミュニケーションの研究に力点を置く流れである．それは，発信者の意図を中心とする「伝達の記号論」，「作者の記号論」として展開される．これに対して，「意味作用の記号学」は，「森羅万象」が記号となり，自然的ではなく人工的な記号を対象に「解釈を中心とした『読者の記号学』」ということができる．加賀野はまた，意味作用の記号学は，「ある事象が人間文化の中でどのような意味をもちうるのかを研究するところからみれば，これに『文化記号論』という名称があたえられたとしても不思議はない」と述べている（加賀野 1995 : 156-61）．

構造主義は，記号論と同時に，あるいはそれに先行する形で，展開してきた．それは，まず，ソシュールによる記号理論の体系化の試みとして本格的に始まった．シニフィアン・シニフィエ，ラング・パロール，差異，対立，体系，統合・範列，共時態・通時態などの概念によって言語構造の分析が試みられた．文学の分野では，ロシア・フォルマリズムの流れをくむテクスト構造主義が現れた．それは，文学テクストの形式分析を通じて，詩性の探究をめざした．こうした流れはヤーコブソンに，さらにはレヴィ=ストロースらによってフランスにおける構造主義やテクスト記号論へと受け継がれた．

レヴィ゠ストロースは，よく知られているように，親族や神話に潜む無意識的なシステムや構造を，言語体系とのアナロジーで見事にとらえた．人類学研究で名高い『親族の構造』は，近親相姦の忌避とそこで機能している婚姻規則の解明がテーマであった．そこで彼は，婚姻の構造として，クロスカズン「交差従兄弟婚」をとりあげ，その現象の背後に部族間の交流と均衡を維持する仕組みとして女性の交換体系が存在することを探り当てたのである．クロスカズンとは兄と妹，姉と弟の子ども同士の婚姻のことである．

さらに神話の構造分析についてみると，彼は，神話を，統合体・範例，ラング・パロール，共時態・通時態などのカテゴリーによる記述可能な記号体系として分析してみせた．すなわち，レヴィ゠ストロースは，そうして神話を，意味を持つ最小の構成要素である「神話素」に分解し，同一の意味的機能を持つ神話素の束（範列）と物語の流れを構成する通時的な線状性を持つ神話素の束（統合体）に還元した．そのうえで，彼は，エディプス神話を事例としてとりあげ，それを範列と統合体の2軸で作用する二次元的神話素の束にまとめてみせ，ものの見事にエディプス神話の論理構造を明らかにしたのであった．

こうして，構造主義は，人間活動の深層や無意識的行為の背後に，普段の観察では析出できない一定の規則性や法則性を持った音韻律や親族，神話の「構造」があることを明らかにしてみせたのである．構造主義は，そうして，詩的言語の研究，作品の読解，理解可能性を支えるコードや約束ごとに関心を集中することになる．また，構造主義は，二項対立の概念を駆使して対象を二項関係的なものとしてとらえ，あるいはそこから二項対立的な関係を析出してみせる点に特徴があった．

この後，フーコー，ラカン，バルトらが構造主義者と称され，「無意識的構造」や「象徴界の領界」を発見し，それらと意識的行為との関連を明らかにしようとした．この動きは，1968年とも1980年前後ともされ定説はないが，バルト，クリスティヴァ，デリダらのテクスト論へと受け継がれ，ポスト構造主義ともポストモダンともいわれる新たな思潮へと変容していった．

第7章
修辞理論，構造主義詩学と政治的言説

1 修辞理論

修辞学の復活

　手元のレトリックに関する小辞典によると，ギリシア語でレトリックは弁論，あるいは弁論・議論において聴衆に対し説得的に話す技術，およびその理論を意味した．その起源は古代ギリシアのソフィストたちの活動に見いだせる．レトリックを体系化したのは，アリストテレスであった．彼は『詩学』で創作者の立場を，『弁論術』で聞き手の立場を視点として両者を相互に補完させる考えであったという（脇阪 2002 : 145-8）．

　弁論がメディアとして優勢を誇っていた古典古代の時代では，雄弁が重視され，詩学は無視された．中世になると，知識の伝達が口頭から書記言語に移る．これとともに雄弁法は衰退しはじめる．弁論術の流れは，17世紀に入ると古典修辞学として再構成される．弁論術が，「雄弁家」という語り手の技術であったのに対し，修辞学は，美文や装飾文を作る技術，つまり書き手の技術へと変貌する．土田らによれば，弁論術から古典修辞学への移行で真っ先に脱落したのは，口頭技術を前提とした点線の部分である．古典修辞学は残りの3つを統合しながら，その主要部分である「措辞」と呼ばれる部分を中心に修辞学を構成することになる［第12図］（土田他 1996 : 72）．ここで措辞を構成する転位とは形の変化による文彩，転義は意味変化による文彩，思考の彩は論理変換とも呼ばれ，反語や婉曲法などである．

　19世紀はレトリックの氷河期とされる．だが，20世紀に入り，次第にレト

第12図　古典修辞学と現代修辞学の区別

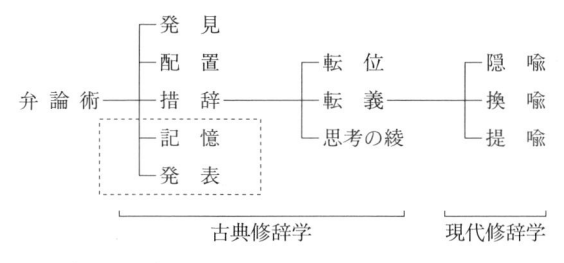

```
                ┌─ 発　見
                │  配　置          ┌─ 転　位          ┌─ 隠　喩
 弁論術 ────────┤  措　辞 ────────┤  転　義 ────────┤  換　喩
                │ ┌──────┐       └─ 思考の綾        └─ 提　喩
                │ │ 記　憶 │
                └─┤ 発　表 │
                  └──────┘
                └──────────────────┘  └──────────────┘
                      古典修辞学              現代修辞学
```

（土田他 1996: 72）

リックへの関心が高まる．こうした動きを土田らは次のように特徴づけている．
　「古典修辞学と現代修辞学は，等しく修辞を扱う．この意味においては，異なる点はあまりない．しかしながら 1960 年代，突然息を吹き返した修辞学は，多くの点で古典修辞学とは異なる考え方をしていたのである．第 12 図からすぐに言えることは，古典修辞学の領域に比べ，現代修辞学ではその関心が『隠喩』『換喩』『提喩』などを下位範疇として持つ転義（trope）と呼ばれる部分に集中していることである．ジュネットの言葉に従えば，現代修辞学とは『限定された修辞学』ということになる」（同書: 68-9）．
　ルブールも引き合いに出しているジュネット（論文「痩せたレトリック」『コミニカシオン誌』16 号所収）は次のように論じている．「16 世紀以降，レトリックは『修辞』に還元され，さらには，単なる文彩のリストに，ついには文彩の 1 つ，隠喩へと還元されてやせ細ってしまった．……」（ルブール 2000: 40）．
　しかしながら，彼は 1960 年代に入って非言語的な学問領域から突然レトリックが復興したとする．「レトリックは考慮の外に置くわけにはいかない学問領域，魅力あふれると同時に危険な学問領域として，充実，発展してゆく．」この復興を促したのは弁論を研究対象とする学問ではなく，バルト，エーコなどによる記号学，それに精神分析，音楽分析論などであった．この波が言語の領域にまで及びはじめる．ルブールの場合は，この言語の領域におけるレトリックの復活に焦点をあわせる．そうして，レトリックの本質を論証と文体の交わる領域に求め，文彩を分析することによって明らかになると主張する（同書: 42-4）．

そうして彼は文彩を次のように分類してみせる（ルブール 2000：47-91）．

I　語の文彩（言葉の音声的な素材に関わるもの．例えばリズム，同子音反復法，脚韻，地口，同語意義反復法など）

II　意味の文彩（語を本来の意味からずらして用いるもの．いわゆる転義（trope）．たとえば隠喩）
　　1　基幹的転義（換喩，提喩，隠喩）
　　2　複合的転義（誇張法，緩叙法，撞着語法）

III　構文の文彩（文もしくは弁論の組立てに関するもの．たとえば倒置）
　　1　省略法・接続辞省略・黙説法
　　2　反復法・対照法
　　3　統辞破綻法・漸層法・交差配語法

IV　思考の文彩（言い表されたものと言い表した主体（弁論者）との関係，および言い表されたものとその指示対象との関係に関するもの．たとえばアイロニー）
　　1　アレゴリー
　　2　アイロニー

こうして構造主義的美学理論，言語理論，記号理論の発展のなかでレトリッ

第 13-a 図　現代修辞学における隠喩の処理

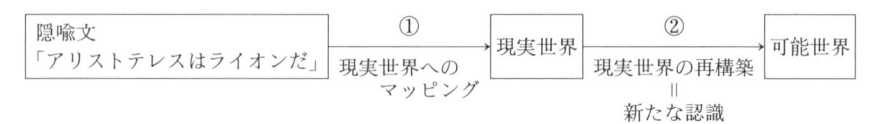

隠喩文「アリストテレスはライオンだ」 ─①現実世界へのマッピング→ 現実世界 ─②現実世界の再構築＝新たな認識→ 可能世界

第 13-b 図　古典修辞学における隠喩の処理

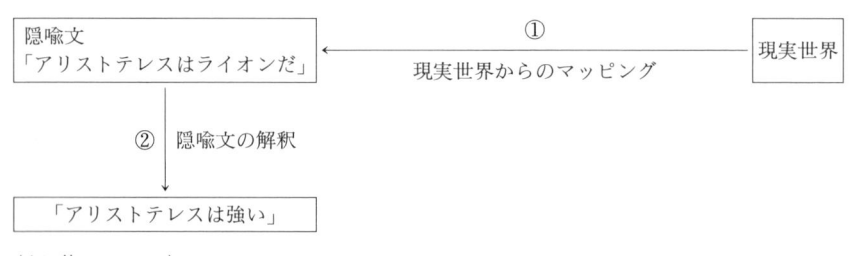

隠喩文「アリストテレスはライオンだ」 ←①現実世界からのマッピング─ 現実世界
↓②隠喩文の解釈
「アリストテレスは強い」

（土田他 1996: 70-1）

第 7 章　修辞理論，構造主義詩学と政治的言説　　　　　　　　187

クへの関心がいよいよ高まる．狭義の修辞の枠を越えて，ひろく文化現象としての言述考察を促し，人間社会の諸現象を文化の詩学として統一にとらえようとする動きと並行して，レトリックを社会的コミュニケーションの観点から取り上げようとする傾向が強まる（脇阪他 2002: 149-50；土田他 1996: 68-7）．

　さらにレトリックは認識論的次元でもとらえ直されることになる．土田らの現代修辞学の隠喩理論によれば，隠喩文が語られる前に，あらかじめ切り取られた現実世界は存在していないことになる．現実世界からの参照という古典修辞学理論とは異なり，出発点は隠喩文である．隠喩文が現実世界へと投射（マッピング）され，現実世界を再構築するのである．「（この）再構築において，われわれ主体が得るもの，それは，世界の再創造という体験であり，『**世界認識**』の新たな広がりに他ならない．現代修辞理論にとっての修辞とは，単なる装飾ではなく，世界の地平を新たに広げる概念装置に他ならない」［第 13 図］（土田他 1996: 72）．

隠喩メタファー，換喩メトニミー，提喩シネクドキ

　認知言語学の分かりやすい説明によれば，「メタファーとは，『ある事柄をそれとよく似た別の事柄を用いて表現すること』」である．「つまり，類似性（similarity）に基づいた連想を言語化する認知」ということになる．そこでは，「気分」「感情」「運勢」「思想」「人生」「恋愛」「苦悩」「交際」「時間」などのはっきりしない対象を分かりやすい事柄に移し替えて理解を容易にする喩えのことである，と説明している．そうして，「人生は芝居」「人生は旅」「恋愛は炎」「時間は金」などが代表的メタファーとされている．

　そこでの説明ではまた，「目標領域」「起点領域」なる概念を用いてメタファーの仕組みの明確化を図っている．目標領域とは喩えられるもののことで，また起点領域とは喩え

第 14-a 図　概念の移し替え（メタファー）

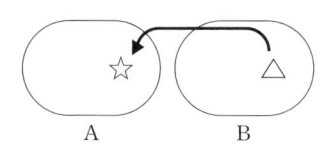

第 14-b 図　概念の隣接性（メトニミー）

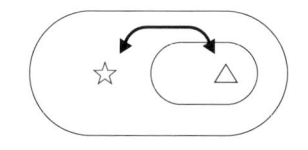

（吉村 2004: 105, 109）

> **コラム**
>
> ## 修辞としての「勢力均衡論」
>
> 　ワイトは,「現実主義」の伝統を決定づけてきたと彼が考える科学的前提——機械論的, 生物学的, 心理学的前提——について言及した箇所で現実主義の理論を特徴づける均衡概念や勢力均衡論が, 実に天秤という機械的象徴, その比喩にもとづくものであることを説いている.
>
> 　「機械論的理論は, 釣り合いのとれた1組の天秤(バランス)を象徴(スケール)として国際政治に提供する. それは15世紀を通じて発展し, ルネッサンスのもっとも象徴的な概念の1つとなった.(省略)15世紀を通じて天秤というこの機械論的象徴, この均衡概念は, 推論的思考・芸術・科学から実際的世界へと導入されていった. 複式簿記は商業の街ベニスで発明された. 諸費目を帳簿に次々と単純に記載するのではなく, 費目は貸方と借方, 収入と支出として反対側のページに記載され, こうして『帳簿の帳尻を合わせる(バランス)』. 均衡理論は政治学にも導入された. 勢力均衡(バランス・オブ・パワー)という理論は15世紀末に初めて公式化され,〔スペインとポルトガルの海外領土分割を定めたトルデシリャス条約が締結された〕1494年の後, ルチェライとグイッチャルディーニによる表現が初期のものとしてはよく知られている.(ただし, 重商主義的な『貿易差額(バランス・オブ・トレイド)』が使われるようになるのは, 17世紀のことである.)力の均衡概念は, マキャベリのすべての国際政治像を支えている. 1494年以前, ロレンツォ・デ・メディチが死去した時点でイタリアは『均衡状態』にあった. だが, フランスの侵攻が均衡を破った. マキャベリにとって, これは現実主義的な歴史分析, 規範(プリクリプション)でなく, 叙述(デイスクリプション)であって, これこそが現実主義者による勢力均衡についての概念化の特徴をなした. 勢力均衡を概念化することはいまやすべての国際理論にとっての土台となっており, それを抜きにして世界政治を論じることは不可能である.……」(ワイト 2007: 22-4).

るもののことである. 第14-a図で「XはYだ」といった時のXが目標領域でYが起点領域となる. ここで領域という概念を用いるのは, 概念を点でとらえず広がりのある範囲として捉えているからである.

　この解説では, さらにメタファーの区別で重要なのは構造のメタファーと存在のメタファーである, と説明している. 構造のメタファーとは, 人生を芝居に喩えた場合のように, 人生(目標領域)は芝居(起点領域)にかかわるさまざまな概念(例えば開幕, 閉幕, 主役, 脇役, スポットライトなど)によって構造化されることをいう. これに対して存在のメタファーというのは, 形のな

第7章　修辞理論，構造主義詩学と政治的言説

いものを目に見えるものに置き換える喩えのことである．例えば知力を機械に喩える方法がそれで，「頭が錆ついて回らない」「早くスイッチを入れろ」「知能がフルに作動する」「疲かれた．油が切れてきた」「頭が故障した」などの表現法がそうである．存在のメタファーは目標領域をモノ化する点に特徴があることになる（吉村2004：106-7）．

メタファーが類似性にもとづいた喩えであるのに対して，メトニミーは，隣接性にもとづいた喩え表現である．メタファーが異領域（目標・起点）を結ぶ写像関係を問題とするのに対して，メトニミーは，単一領域内で起こる喩えの現象であることになる．「メトニミーは，『ある事柄を，その物の近くにある別の物を用いて表現すること』」ということになる．メトニミーの例として，a「昨晩．シェイクスピアを読んだ」．b「モスクワは沈黙している」．c「やかんが沸いている」などの用例が挙げられている．aの場合はシェイクスピアとシェイクスピアの作品が，bではモスクワにあるモスクワ政府が，cではやかんとやかんの中の水，がそれぞれ近接関係にあるわけだからだという．そうしてこの近接関係は(A)全体と部分（「車，満タンにして」）(B)容器と中身（グラスを飲み干す）(C)生産者と生産物（フォードを買う）(D)場所と機関（ワシントンとモスクワの対話）(E)場所と出来事（神戸は地震政策を変えさせた），に区別できると解説している［第14-b図］（同書：108-10）．

この認知言語学の説明では，レトリックをメタファーとメトニミーに二分しているが，メトニミーをシネクドキと区別してレトリックをメタファー，メトニミー，シネクドキの3つの関係で捉え直すべきとの主張が見られる．まずルブールは，シネクドキは2つの対象が必然の関係におかれている点にメトニミーとの相違を見る．例えば，家庭，世帯を表す「炉（foyer）」を用いるのはメトニミーで，百人の人間を表すのに「頭数百（cent rete）」というのはシネクドキとなる．頭は必然的に人体に属するからであるという理由だ．ルブールはさらに部分によって全体を表すこと，種によって属（類）を表すこともあるし，これらとまったく逆の場合もあると説明している（ルブール2000：62）．

2つの関係項が必然かどうかによるシネクドキとメトニミーとの区別に批判的な考えもある．認識の三角形としてメタファー，メトニミー，シネクドキの3つを代表的な修辞と位置づける瀬戸は次のような説を唱えている．「認識の

> **コラム**
>
> ## 経済学と修辞
>
> 　スミスの「見えざる手」は典型的な隠喩として知られている．塩野谷はこの隠喩を，「スミスから 100 年後，新古典派経済学者によって厳密に定式化されることになった市場機構の作用を，直感的に把握してみせた秀抜の例である」と評価する（塩野谷 1998：28）．
>
> 　シュンペーターの研究者である塩野谷は，さらに，シュンペーターが『経済分析の歴史』でケネーの経済表がハーヴェイの血液循環の発見の影響を受けた定常循環の考えにあることを指摘していることに触れた後でダーウィンの『種の起源』がマルサスの『人口論』に強く影響を受けた事実や新古典派経済学が物理学に全面的に依存していた事情を指摘している．「新古典派経済学というおおきなパラダイムそのものが，物理学の隠喩であった」というわけである（同書：167-8）．
>
> 　確かに，ジェヴォンズ，ワルラスは物理学に類似した学問として経済学を位置づけた．これに対してマーシャルは「経済学における力学的類似と物理学的類似」（1898 年）の論文で経済学を生物学のメタファーで捉えようと試みた．彼の『経済学原理』は，結局，その大部分が力学の隠喩によって基礎づけられていたが，生物学的な経済学の体系化の意図は，彼が社会や経済の「進化」や「有機的成長」について考察し，生産の要素としてそれまでの資本，労働，土地に加えて組織を第 4 の要素としてとりあげ，それに他の諸要素を統合する位置を与えた点に明らかであった（同書：185-6）．

三角形」としてメタファー，メトニミー，シネクドキの 3 つを代表的な修辞として位置づける．メタファーは，類似性にもとづく．より抽象的で分かりにくい対象を，より具体的で分かりやすい対象に見立てる．メトニミーは，現実世界での隣接関係にもとづく意味変化がそうであるという．「赤ずきん」（赤ずきんをかぶった女の子）「きつね」（油揚げをさす）シネクドキは，意味的世界における包含関係にもとづく意味変化．包含関係とは類と種である．この類と種の関係は私たちの頭のなかで構成された関係である．瀬戸はこの具体例として，「焼き鳥」を挙げる．この場合「鳥」は文字通り鳥一般を意味するのではなく，それはもっぱら「鶏」をさす．この場合鳥は類名であり，鶏はそれに含まれる種名である．瀬戸は同様な例とし「親子丼」（鶏とその卵）を挙げている（瀬

戸 1995：203-6）．

2　修辞と政治的言説——ルブールによる分析

　ルブールは政治的言説にみられるレトリックについても事例を挙げ説明している．たとえば，「派生反復法」（同一の文のなかに同根の単語を複数個用いる文彩）として後のような例が挙げられている．
　「フランスをフランス人の手に」（ビシー政権の標語）
　「働き手が働くべき時が来た」（ゼネストの収拾をめざす 1968 年 5 月 30 日ドゴール演説）
　ルブールはこれらの例をもとに，「もし，文彩を用いず，単に『フランスをその市民の手に』とか『労働者は働かねばならない』といっていたとしたら，表現の説得力は大幅に減じられることになろう」と述べている（ルブール 2000：44-5）．こうしたルブールの言及する事例のうちでも，フランスの有力な政治家ドゴールとジスカール・デスタンの演説分析は本章とのかかわりで興味深い．

　ドゴール：「『最も長かった日』の夜のドゴール」（1944 年 6 月 6 日）
　ルブールは，連合軍のノルマンディー上陸作戦が敢行された日の夜にドゴールが BBC 放送で行った演説に見受けられるレトリックを次のように分析する．演説の序論と結論は深い感動に溢れている．序論と結論との間でドゴールは，証明と命令とを交互に交えながら，教示し論証しようとしている．「至高の」「待ち望まれた突撃」など，はじめは，いかにうまくフランスの名において発言するのかに腐心している．増幅的反復という中心的文彩が目をひく．「フランスの戦い」は 1 つの恣意的な命名であるという．なぜなら，この時点では，連合国軍がまだ上陸作戦に成功してはいないからである．ドゴールはこれを既成事実として，そのまま第 2 フレーズで「フランスをあげての戦い」という．これを「ノルマンディーの戦い」といっては，増幅は不可能であったにちがいない．
　「圧政」と「自由」を対置させる対照法も用いられてもいる．この方法は引

いてゆく「潮」の隠喩によって増幅されている．もちろんここにはアナロジーが含まれている．最も重要な命令にかかわる箇所では，敵をさまざまに言い換えながら発せられている．新たな命令が発せられる箇所での「憤怒をもって」と「秩序を保って」という表現の結合は「撞着語法」である．また，ドゴールはこの新たな命令を，歴史から引き出した例証によって正当化している．

「説得推論」も用いられている．上陸したのはフランス軍ではないのにあたかもフランス軍が作戦に参加したかのように演説しているのである．（フランス）「政府」という「演説中，最も重い意味を担っている語がある．」だが，当時，ドゴール将軍の軍は，臨時政府としてしか認められておらず，連合国は，解放後のフランスをドゴールの政府に担当させようと考えていたわけではない．ドゴールはこの機会を利用して自分をフランス政府の首班として認めさせようとしていたのである．ドゴールは，自分の声をフランスの声と同一化しようとして，「われわれフランス人」とか「われわれ（血涙にけむる雲）」とかの表現を用いている．

結論部は感動を狙うところで，まず「はめ込みの効果」が用いられ，序論の終わりに使われていた「フランスをあげての戦い」という言葉で始まっている．同様の効果は，最終部の「偉大さ」と冒頭部の「至高の」との呼応によっても生み出されている．それに加えて，連続的隠喩「われわれの血涙けむる雲」がみられる．これは一種の凝縮されたアレゴリーだといえる．また冒頭につづく部分の潮の満ち引きと同様にアナロジーが用いられている．これは，満潮は必ず引くとか雨の後は上天気などといった自然の揺り戻し現象を出発点にしたアナロジーである．こうしたドゴールの演説をルブールは次のように評価している．この演説の力は，そこで用いられていた文彩の華麗さにあるのではなく，文彩の用いられ方の適切さにある．ドゴールは，「どんぴしゃりの言葉」，つまり当時のフランス人の「憤怒」と「苦しみ」を表す言葉，4年にわたる占領によってかきたてられた愛国心を表す言葉を用いたのだ．ドゴールはこの感情をとらえ，これを自分に向けて転移し，自分がこの感情を体現していることを示すのに成功したのである（同書：107-13）．

第7章　修辞理論，構造主義詩学と政治的言説

ジスカール・デスタンとセイレーンの声（1978年1月27日）

　ジスカール・デスタンの「フランスのための良き選択」と呼ばれる演説の抜粋も事例としてとりあげられている．それは，自由主義政策を推進したバール首相の緊縮的財政政策の賞賛に続く部分である．演説で，選挙民に「あなた方」と呼びかけ，バール政権の緊縮経済政策の成果は「あなた方」の努力のおかげであると述べる．このうえで，「説得推論（人が努力して得たものはその人の物だ，などなど）によって，「これはあなた方が［…………］勝ち取った財産です」と結論づける．

　しかし，この論法は次の「財産を左翼に台なしにさせるな，というための1段階にすぎない．」ルブールによれば，この演説の焦眉の核心部分は，「海に墜ちた人間」にまつわるレトリック論証であるという．その論証の中心は「アレゴリー」である．他面では，このアレゴリーは，1つのアナロジーに立っているという．ジスカールは，セイレーンの歌声に魅惑されるオデュッセウスの主題を本気で使っているのだという．

　「フォーラ『ある人間が　潮に逆らって泳ぐ　そして岸にたどり着こうとしている』

　　テーマ『あなた方選挙民が　努力を払い　経済再建を成し遂げようとしている』

　　ここからアナロジーの最後の項が演繹される．

　　フォーラ『耳元で声が聞こえる　身を任せるだけでいいんだよ』

　　テーマ『大衆に媚びる左翼が　成果を台なしにしてしまう』」

ここで，「フォーラ（phore）」は字義通りの意味，あるいは言われたことそのまま，「テーマ（thème）」は派生的な意味，理解すべき内容の意味，である．

　ルブールによれば，ジスカールの演説のアレゴリーがもつ機能は2つあるという．第1に，脚色作用である．これは増幅作用の一方法で，遭難した泳者という具体例のおかげで，フランスの状況は1つの悲劇，われわれの悲劇として描かれることになる．第2は「交話的」機能．このアレゴリーは，「身を任せるだけでいいんだよ」と左翼，およびその支持勢力に発言権を与えるふりをしながら，実際はそれを取り上げているのである．確かに，左翼は発言を認められているかもしれないが，それはアレゴリーの枠内に限られているのである．

それは, せいぜい誘惑者の声, セイレーンの声でしかないのである.

ルブールは, さらにセイレーンを用いた同様のアレゴリーの例として 1982 年イギリス下院での, 当時の首相サッチャーの論説をあげている. サッチャーは労働党の福祉拡充の主張を非難して次のように反論したという. 「オデュッセウスがもしセイレーンの声を聞いていたら, その船は難破してしまい, 無事に目的地には着けなかったでしょう」. この話には落ちがついていて, 野党の議員は次のように反論したという. (サッチャーのこのギリシア古典の理解は誤りで) オデュッセウスはセイレーンの声を聞いたのである. そして, 彼の船はいったん座礁したが, 船は結局無事目的地についたのである, と (同書: 117-22).

ルブールの政治的言語行為にかかわるレトリック論からのこうした事例分析は興味深いものがあるが, いくつかの問題を指摘せざるを得ない. 第1に, それらは言語行為にかかわるドゴール, ジスカール・デスタンの政治的意図をレトリック研究者としてのルブールが, 当時の社会的・歴史的状況とあわせて彼なりに分析し, 解釈したものであるにすぎない. それゆえに言語行為の対象, 受信者, 聞き手, あるいは読み手の分析が欠けているのである. フランスのコミュニスト, 親独勢力, 反独自由主義者, あるいは労働者や農民などのさまざまな社会階層が, 当時, どのような歴史的・社会的状況にあって, 実際に, 演説をどのように聞いたのか, 解釈したのか, あるいは読んだのかは, 考察されてはいないのである. また, そうした考察が可能であるかについても方法論的に反省されてはいないのである. したがって言語行為の「効果」がドゴールやジスカール・デスタンの企図どおりに達成されたのか, という点で「実証的」にその効果が「検証」されてはいないのである.

3　構造主義詩学

詩学の説明

詩とは？　ある国語辞典によれば「文芸のひとつの形態. 人間生活, 自然観照から得た感動を, 一種のリズムをもつ言語形式で表したもの」となっている. 同じ辞書は詩学について「詩に関して研究する学問」と実に素っ気ない.

第 7 章　修辞理論，構造主義詩学と政治的言説　　　　　　　　　195

　詩学について歴史・発生的に概観すると次のような説明が得られる．すなわち，最初に詩学について体系的に論じたのはアリストテレスである．彼はまず，『詩学』を『弁論術』と相互補完的なものとして位置づけていた．このうち，『詩学』は主として悲劇を扱ったものとして残されている．しかし，残存しているそれは「草案あるいはメモというほうが正しい」といわれるほど不完全なものである．さらに，この『詩学』には，もともと第 2 巻があり，喜劇について論じられていたのではないかと推測されている．しかしながら，アリストテレスは，悲劇こそが再現による詩作（文学）の可能性を実現したと考えていたようである（松本・岡 1997 : 318-9）．

　アリストテレスの後に古代ローマのホラーティウスは，書簡詩の形をとった『詩論』を残し，後世に大きな影響を与えた．それは，読者を「楽しませながら教えること」の視点から詩作の実践的指針を与えたものであった．それはまた，弁論術の指針としても広く読まれたという．ここでは，中世以後の詩学の歴史について触れる余裕はないが，今日では，詩学についての次のような説明は広く目にするものである．「詩学とは，文学的な効果を生み出す約束事や読みの手続きを記述することによって，その効果を説明しようとする試みである」（カラー 2003 : 103）．

ヤーコブソンの詩学／コミュニケーション論
　近年の詩学理論の発展に大きな影響を与えたものにヤーコブソンの詩学理論がある．まず，彼の言語コミュニケーション論は，彼自身の詩学理論の拡張に重要な役割を果たした．「構造主義によれば，単純な手信号から映画や小説の物語といった洗練された形態に至るすべてのコミュニケーション・システムが，

第 15 図　ヤーコブソン「言語伝達の 6 つの基本機能」

```
                    コンテクスト
                    メッセージ
  発信者 ........................................ 受信者
                    接触
                    コード
```

（ヤーコブソン 1973: 194）

言語という原初的なシステムとのアナロジーで理解できる．この伝統における初期のモデルがヤーコブソンによって提示された（ブルッカー 2003：80）．

ヤーコブソンは，あらゆる言語事象に含まれる 6 つの構成要素によって言語コミュニケーションの特徴を明らかにしようとした［第 15 図］．

「発信者 addresser は受信者 addressee にメッセージ message を送る．メッセージが有効であるためには，第 1 に，そのメッセージによって関説されるコンテクスト context（"関説物 referent" といういささか曖昧な術語で呼ばれることもある）が必要である．これは受信者がとらえることのできるものでなければならず，ことばの形をとっているか，あるいは言語化され得るものである．次にメッセージはコード code を要求する．これは発信者と受信者（言い換えればメッセージの符号化者と復号化者）に全面的に，あるいは少なくとも部分的に，共通するものでなければならない．最後に，メッセージは接触 contact を要求する．これは発信者と受信者との間の物理的回路・心理的連結で，両者をして伝達を開始し，持続することを可能にするものである」（ヤーコブソン 1973：187-8）．

ヤーコブソンは，言語メッセージの多様性は，これらの要因の「相互の階層的順位の異なり」によって規定されるとしている．

この「ヤーコブソン詩学を成立させていた記号コミュニケーションの 6 つの機能モデル」（土田他 1996：62）についてスコールズは次のように説明している．「すべてのメッセージがつねにこれら 6 つの機能を背後にもっているのであるが，メッセージ（省略）によっては，それらのうちのどれかの機能が強調されて支配的になったりもする．ほとんどのメッセージは〈指示的 referential〉，すなわちコンテクスト指向的である．〈喚情的 emotive〉なメッセージもある．それは発信者を指向するもので，……間投詞のように発信者の態度を表す．また，〈能動的 conative〉なメッセージもある．それは，命令文でのように，主として受信者を指向する．〈交話的 phatic〉なメッセージは，接触そのものを指向する．……コードそれ自体を指向するものは，〈メタ言語的 metalingual〉なメッセージであり，言語学習の途中にある人の発話は，当然ながら高度にメタ言語的である．……我々にとってもっとも重要なのは，発話において，メッセージが自らの音のパターンや語法や統辞法に注意を引きつけ

ることによって，メッセージそれ自身を強調する場合である．これこそが〈詩的機能 poetic function〉なのである」（スコールズ 1992：38-9）．

池上は，ヤーコブソンのモデルを改良した独自のモデルで諸機能を説明している．言葉の最も基本的な働きとしてさまざまの物事を表す要因である「伝達内容」という要因との関連で出てくる機能を「指示機能」，「話し手」（発信者）との関連で出てくる，たとえば何かに驚いて反射的に「アッ」というような，機能が「表出機能」，「聞き手」（受信者）にもっぱら向けられている言葉のはたらきが「働きかけ機能」である．これらに加えて「コード」という要因に関係する機能が「メタ言語機能」である．これは，語の意味を他の表現で規定するような場合に典型的にみられるものである．そうして，「メッセージ」，伝達表現そのものに焦点が当てられる言葉の使い方が「詩的機能」である．「『伝達内容』ではなくて『伝達表現』そのものに焦点が当てられるということは，『何』を表現するのかということ——これは『指示機能』になる——よりも，『いかに』表現するかということのほうに重点が置かれるということである」と説明を加えている（池上他 1994：36-7, 38）．

ヤーコブソンが考える諸機能のうち，言語の詩的機能について改めて考えてみよう．メッセージの狙いが，メッセージ自体の，そのものとしての形態の生成に集中しているのであれば，それは言葉の詩的機能である．ムーナンは，ヤーコブソンの詩学理論を次のように要約している．ヤーコブソンの結論的な表現によれば，「詩的機能の特性は『メッセージをメッセージそのものとして目標化すること（*Einstellung*），メッセージ自身のためのメッセージという点を重視すること』にある」（ムーナン 2001：174）．

スコールズも言語の詩的機能について次のように説明している．「我々にとって最も重要なのは，発話において，メッセージが自らの音のパターンや語法や統辞法に注意を引きつけることによって，メッセージそれ自身を強調する場合である．これこそが〈詩的機能 poetic function〉なのである．」スコールズの説明で注目されるのは，こう説明した後で，詩的機能は「あらゆる言語にみられるものであり，決して『芸術』に限られるものではない」「文学の言語だけが完全に詩的であるというのでもない」と述べている点である（スコールズ 1992：39-40）．

そうして，今日では，次のような詩学についての理解が一般化している．「……方法論的概念としての『詩学』は狭義の詩的テクストを越えて，文化テクスト全般に広がっている」（脇阪他2002：61）．

韻律論

ヤーコブソンの詩学理論にはさらに，音，韻律，抑揚などのレベルの重ねあわせによって，詩的テクストの効果が生まれるとする主張がある．例えば脚韻．ヤーコブソンが注目するこの詩的現象は，ある音がテクスト上に繰り返し現れることによって生まれるのである．彼は，ここから詩的言語の特質は等価な要素（機能的に同質とみなされる要素）の反復にあるとする．この同一要素の回帰としての反復は，詩のテクスト上のすべての要素を他の要素の反復とみなす汎反復性へと拡張される．それゆえに，また，他のレベルで反復がおこっている箇所であるレベルだけに反復が欠落していると「期待挫折」が生じ，そこが読者の注意を喚起することになる．彼の問題関心はこのように，非意味的要素や構造から如何にして詩的意味が生じるかを明らかにすることにあった（土田他1996：36）．

この問題にかかわりヤーコブソンがあげている事例分析は興味深い．それは，韻律論からの政治スローガン「アイクを愛す *I Like Ike*」の詩的機能分析の試みである．ここで「アイク」とは，米国共和党のアイゼンハワー元大統領のことである．

「"アイクを愛す *I Like Ike*"」／ay layk ayk／という簡潔な構造の政治スローガンは，3個の単音節語から成り，3個の二重母音／ay／を数え，その各々には／……l……k／……k／と1つずつの子音が均斉的に続く．3語の組成は変化を見せている．第1の語には子音音素が含まれず，第2の語では二重母音をはさんで2つの子音音素があり，第3の語では語末の子音が1つある．……

'*I like／Ike*' という3音節の文句の2つのコーロン colon は互いに脚韻を踏み，韻を踏む2語のうち第2のものは第1のものに完全に包まれていて（こだま式押韻，すなわち／layk／-／ayk／で），対象を全的に包み込んでいる感情の類音法的な映像を成している．2つのコーロンはまた互いに頭韻を踏み，2語のうち第1のものは第2のものに包含されて，愛する主体が愛される客体に

第7章 修辞理論，構造主義詩学と政治的言説

よって包み込まれていることの類音法的映像に成っている．この選挙用キャッチフレーズの副次的な詩的機能が，その重みと効きめを補強しているのである」(ヤーコブソン 1973: 192-3)．

ジョナサン・カラーも「広告では，言語の仕掛けがしばしば抒情詩以上に派手に前景化されていて，異なったレベルの構造がより大胆に統合されている」と述べ，詩的機能の重要な例としてこれを例示している．彼は次のように論じている．「このスローガンでは，言葉遊びによって，好かれる対象（アイク）と好きになる主語（アイ）の両方が，行為（ライク）の中に包み込まれている．『ア・イ・』と『ア・イ・ク・』がどちらも『ラ・イ・ク・』に含まれていると，アイクを好きにならずにはいられないのではないか．この広告では，アイクを好きにならねばいけないということが，まさに言語の構造そのものの中に刻まれているのだ」(カラー 2003: 45-6)．ヤーコブソンは，1956-61年にかけて大統領に就いていたアイゼンハワーにかかわる政治的言説をとらえ，かかる音韻論的な分析を行った．時枝誠記は，リズムは言語以前の意識のあり方と無関係ではないとし，リズムは言語の「源本的な場面」だとした（石原他 1991: 206）．リズムが生命を吹き込み，あるいは心をゆさぶる．人を悲しませたり，喜ばせたり……．ヤーコブソンは，詩歌にかぎらず政治的スローガンのなかにも詩的機能を見いだしたのである．

こうしたヤーコブソンの詩的機能分析の評価ではムーナンの批判が興味深い．それはヤーコブソンの試みが「1900-20年のロシア的状況の理論化」であると述べている点である．ムーナンによれば，その状況とは，未だ「定型詩の形式的音調法（韻律法）に根深いきずなをもつ国の状況」であり，文盲の国ロシアで，大衆は口頭による伝播が，詩の伝播の生きた経路なのであった．こうした状況のもとでヤーコブソンらのロシア・フォルマリストが見いだしたものは「硬化した記憶術風の構造の再発見にすぎなかった．それは，どんな文明においてもすべの知識の保存と伝達のために記憶を助けるものとしての『詩』の起源に見いだされるような，構造だった．それらは，音楽性，リズム，意味上の並行語法をも含めての平行語法——要するにすべて，たとえ歴史的にはあとになってから詩的になったにしても，昔は詩でも何でもなかったものだ」(ムーナン 2001: 175)．

ソシュールのアナグラム研究——言語と無意識との接合

アナグラムとは綴り換え（例えば live → evil）のことで，ソシュールが発見した詩的技法である．彼は，古代インドのヴェーダ詩をはじめとする複数の言語，時代と詩人にわたって詩的言語の生成メカニズムの研究を試みた．ソシュールはそこでこれまでの詩学や韻律法の研究で明らかにされてこなかった驚くべき事実を発見した．それは，詩人が作品のなかにあるテーマ語を隠し入れているというテーマ語の法則と，そうしたテーマ語を詩のなかにちりばめるという対化の法則であった．彼は，当初，こうした文字の規則性を単なる偶然とは考えず，詩人の意識的な技法であると考えた．だが，研究を重ねるなかで偶然の仕業との結論に至ったソシュールは，結局，この研究を断念する．

こうした事情についてガデは次のように述べている．「ソシュールは，ギリシア語とラテン語の叙事詩・叙情詩・劇詩へ，ついでラテン語の散文へとその探求を徐々に拡張していく．彼は，いたるところにアナグラムの『奔流』を発見する．アナグラムのこの豊富さは詩人の意図的な操作を明かすものでしかありえないと確信して，彼は同時代のラテン詩作家に問いかける．彼の作品のなかにアナグラムが見いだされるのは，『偶然によるものなのか，それとも意図によるものなのか？』と．……その詩人は返答せず，ソシュールは，約 140 冊のノートを埋めつくすこの膨大な仕事をただちに放棄してしまうことになる．それについていっさい公表せずに」（ガデ 1995：23）．

だが，ひとたび中断されたアナグラム研究は，やがて精神分析と結びつくことによって脚光を浴びることになる．アナグラムの技法が詩人の意識や意図によって統御された操作ではなく，詩人の無意識によって引き起こされた結果と考えることはできないか．ここでフロイト的な分裂した主体（意識・前意識・無意識）の理論を導入するとどうなるであろうか．立川らはこの点を次のように説明している．そもそも音的断片というのは，われわれ「語る主体」（=「聴く主体」）には意識できないのであり，いわば無意識的な聴取によってしかとらえられない．なぜならソシュールの言語記号理論が明らかにしたように，語る主体である人間は記号しか認識できない．ところが音素断片は記号ではなく，シニフィアンを構成する音節でさえなく，シニフィエから剝離されたシニフィアン，ソシュールが「アポセーム」と呼んだものに等しい．それはクリスティ

> コラム

ボードレール『猫たち』の注解

　ヤーコブソンはレヴィ＝ストロースとボードレールのソネットの注釈を試みている．スコールズの説明によると，彼らはまずこのソネットを構成する要素は何か，ということを決定しようとする．さらに韻律の構成，統辞パターン，語の選択と配置にかんするその他のさまざまなパターンを決定している規則を抽出しようと試み，それらを確定する．さらに彼らは，広範な文法分析にはそれほど依存しないような詩の読み，解釈を提示する．
　こうしたヤーコブソンらの事例分析に対して，リファテールは，ヤーコブソンとレヴィ＝ストロースによる『猫たち』の読みが重大な点で欠陥を持ち，その結果「超詩」という偽りの構成物を生み出してしまったと批判する．そうして，彼は，ヤーコブソンらの分析が，詩のなかに存在する確定可能な構造体系はすべて必ず詩的構造であるという前提に立っているが，詩のなかには文学的作品としての機能も効果もまったく果たさないようなある種の構造があるのではないか，と疑問を呈するのである．リファテールは，ヤーコブソンらが詩のなかにさまざまな部分を結びつける対応の驚くべき連鎖を絶対的な説得力を持って実証したことは認めるが，これらの対応の体系のうちで一体どれがそのテクストを詩たらしめることに貢献しているのかについては何も教えてはくれない，と批判するのである（スコールズ 1992：48-55）．
　リファテールのヤーコブソンとレヴィ＝スロースに対する批判についてはイーグルトンも言及している．彼の批判を箇条書き風にまとめると以下になる．第1に，「ヤコブソンとレヴィ＝ストロースが特定した構造のいくつかは，どんなに注意深い読者でもおよそ気づきそうにないものばかりだった．」第2に，「その分析は読書のプロセスをいっさい考慮に入れていない．その分析はテクストを，時間のなかに生ずるものとしてではなく，空間のなかの対象として共時的にとらえているにすぎない．詩のなかの個々の意味は，すでに読んだ部分をその時点で私たちにもう一度思いおこさせ，すでに獲得した意味を修正するように私たちにうながすものだ．反復される語なりイメージは，それが反復されたというまさにその事実によって，最初のときと同じことを意味しない．」第3に，「読者がテクストそのものから，テクストが帯びている文化的社会的コードへと目を転ずればすぐわかるような，ある種の決定的重要性を持つ共示義(コノテーション)を，このボードレール詩の分析は見落としている」（イーグルトン 1985：180）．

ヴァが記号と区別して「意味生成的差異化＝微分素」と，名づけたものでもある．この音素断片は，フロイトのいう無意識のプロセス，1次過程にしたがって詩のなかに散種されている．これらのテーマ語の断片は，意味的にはそれと無関係なテクストのなかの他の語のうえに転移され，その結果2つ以上の語が1か所に圧縮される．夢の断片的内容の諸要素が潜在的内容によって重層決定されるのと同様に，固有名詞の断片によって重層決定される．つまり，意味を担った記号としての言語の線状性の下に，重層的な言葉の音楽——ポリフォニー——が実現されているのである．ソシュールのアナグラム研究は，ヤーコブソンによって「第二のソシュール革命」と呼ばれ，「ポスト構造主義」研究に引き継がれてゆくのである（立川・山田 1990：124-31）．

ヤーコブソンの失語症研究——修辞学と言語学，精神分析との接合

土田らによれば，今日，メタファーとメトニミーは，修辞技法としての概念を大きく逸脱して，「われわれの精神活動を統御する二大原理として，数多くの発想を刺激している」とまで位置づけられている（土田他 1996：73）．こうした概念の拡張にあたって大きな影響力をおよぼしたのがロシア・フォルマリズムとソシュール構造言語学の影響を受けたヤーコブソンの『言語の2つの面と失語症の2つのタイプ』（1956）であった．ヤーコブソンは，この論文で「発話には，一定の言語存在体の選択 selection と，それから，それを複雑性のヨリ高度な言語単位にまとめる結合 combination との，2つの面がある」ことを確認した上で（「選択 selection」は「範　列」を「結合 combination」は「統　辞」を踏まえている），失語症は①類似関係の認識に基づく「選択と代置の能力」が損傷したために，「メタ言語的操作の退化を来た」すタイプ（相似性の異常）と，②語を文にまとめあげる「結合と結構の能力」が損傷したために，「言語単位の階層を維持する能力を損なう」タイプ（隣接性の異常）との2つに分類できるとした（ヤーコブソン 1973：21-44；石原他 1991：202-3）．「選択」（範列的関係）—「相似性」—「隠喩」と「結合」（連辞的関係）—「隣接性」—「換喩」という2つのグループにまとめられる概念によって，あらゆる失語症の症例を2つに分類することが可能であるとするのである．それに従えば，「類似性障害」は主に受信者のコード解読過程においてみられるもので，語喪

第7章 修辞理論，構造主義詩学と政治的言説

失，文脈なしの語の理解・発話，類義語の使用，名前付けなどの諸能力の喪失といった症状を呈する．一方，「隣接性障害」は，発信者のメッセージのコード化の過程においてみられるもので，失文法症，屈折の廃棄，派生語・複合語の認定能力の喪失，語内部の音素の結合・配列能力の喪失という症状が現れる（スコールズ 1992：304）．

　ヤーコブソンは，これにとどまらず隠喩(メタファー)と換喩(メトニミー)の概念をさらに拡張し，「両手法の間の拮抗は，個人内であれ社会的であれ，あらゆる象徴過程に明らかに見られる」として，文化的な営為を2つにタイプ化した．すなわち，①抒情詩，ロマン主義や象徴主義の小説，シュールレアリスムの絵画，フロイトの夢の象徴は隠喩的，②叙事詩，写実主義の小説，キュビスムの絵画，人間の欲望の働きは換喩的，と2つに分類したのである．ヤーコブソンは，フロイトの夢分析とフレーザの『金枝篇』を引き合いに出しつつメタファーとメトニミーの原理がこうした分野へ拡張可能であることを示唆している．こうして，この後，ヤーコブソンのかかる2つの概念は，文化記号論のキー・コンセプトとして位置づけられ，構造主義的言語学，記号理論，精神分析学，認知言語学に大きな影響を及ぼすことになる．

　ただし，こうしたヤーコブソンによる失語症の形態の図式化に対してムーナンのような批判があるのを指摘しておこう．すなわち，ヤーコブソンの構造主義的方法は，「ありとあらゆる問題を――事実の持つ複雑性を犠牲にして――二項の対立に還元してしまおうという，彼の哲学的な好み」の現れである．「とにかく彼は文学ばかりか，その他の芸術についてまで，徹底的な還元をおこなって，ありとあらゆる話法をたった2種類の手法にしぼってしまった．その2つとは，隠喩（類似）と換喩（隣接）である」（ムーナン 2001：176）．

　また，石原らによれば，ヘイドン・ホワイトは，ヤーコブソンのように2つではなく「事実を提示する方法を，修辞学上位の4つの比喩形式に還元するモデルを提示している」という．すなわちそれは，「明らかに別の物としてとらえられる2つの物や出来事の間に類似や相同性を見出してゆく方法としての『隠喩』，2つの物や出来事を，因果関係や隣接関係で関連づけていく方法としての『換喩』，体系の中の要素の集まりを全体性と有機的統一をもつものとして提示する方法としての『提喩』，そして表面上の意味とは正反対の内容をア

イロニックに提示する方法としての『反語法』」である．そうして石原らはホワイトの所説を踏まえて次のようなテクスト分析の可能性を示唆している．「文学テクスト全体を『隠喩』の方法のテクスト，『換喩』の方法のテクストと単一的に特徴づけ分類していく（例えばヤーコブソンなどの考え方）よりは，むしろある文学テクストを構成する言葉を，『隠喩』『換喩』『提喩』『反語法』といった比喩の複雑に絡み合う，多声的なテクストとして分析してゆく方向に，新しいテクストの読みの展望の可能性があるといってよいであろう」（石原 1991：233-5）．

いずれにしてもヤーコブソンの失語症の研究は，構造主義，記号論と精神分析とを接合する方向性を打ち出した点で重要な研究であった．

4　テクスト論

1960年代から1970年代にかけての構造主義の流行は，文学研究とカルチュラル・スタディーズにおけるテクストとテクスト批判の考えを一変させてしまった．

テクスト概念を拡張して文化記号論的視角から人間の社会的行為を文化テクストととらえる動きは，世界は言語的，記号的にコード化されている，あるいは世界はテクストを通じてのみ認識される，という考えに行き着く．また，詩学概念をもこれと同時に拡張して理解することができるとすれば，詩性は文化記号全体に拡張することができよう．それによって人を喜ばせ，あるいは悲しませる詩的機能は，狭義の言語コミュニケーション以外にも見いだすことができることになる．ここでは「テクスト」を概念的にどのように把握することができるのか，言語的領域を越えてそれを拡張することが可能であるのか．諸説を検討し考えてみる必要があろう．

ある小辞典はテクストについて次のように説明している．「語源的には『織られたもの』を意味し，一般に言語によるまとまりのある記述全体を指す．」さらに，「言語テクストをとりまく，一定の言語外の現象（環境）が，相互に関連しあう一まとまりとして把握されるとき，これを言語外テクストと呼ぶこともある」としている．そうして，「言語をコミュニケーションとの関係で捉

えるとき，テクストは単なる文の連鎖の視点ではなく，特定の状況のもとでの行為と考えられる」のである（脇阪他 2002: 97）．

作品は解釈者に対して開かれている（エーコ）とか作品からテクストへ（バルト）とかの強いメッセージ性をもったテクスト論が一部の人びとをとらえた．バルトは，「作品とテクストを対立させ，作品は作者のもの，テクストは読者のものであることを明らかにした」（土田他 1996: 63-4）．バルトが批判したのは次のような考えであった．ことばや記号の集積としての「作品」は，作者が何らかの意図を表そうとして創造したもので，読者は作者の意図を忠実に正しく理解すべきである．

こうしたテクスト解釈の展開と同時にテクスト概念をコミュニケーション全般に拡張する動きが生じた．「テクストとは，言語テクストのほかに，非言語的コミュニケーションにおける現象や各種の視覚的コミュニケーションから演劇や映画などにおけるコミュニケーション行為に及ぶ」ものと考えられるようになった．この点で，テクストの拡張に関するスコールズの次のような簡略な説明は参考になろう．「特定のコード（群）にもとづき，何らかのメディアを使って，送り手から受け手に伝達されるシグナルの集合．そのようなシグナルの集合を受けとった側は，それをテクストとして知覚したうえで，入手できる適切なコード（群）を使いながら，それを解釈する」（スコールズ 2000: 277）．これをポストモダン風に解説すれば「テクスト」には，単に文字に記されたもの（文，メモ，レポート，小説など）だけでなく，歌，写真，絵画，建築，情報システム，そしていかなる形式をとるものであれ表象（representation）を試みているものはすべて含まれる，のである．何らかのコミュニケーションを意図する表現行為にも拡張されるとすれば「例えば，建造物や一定の都市空間などもテクストとして扱われることになり，いわば『織りなされたもの』としてのテクストが，テクスト記号論の展開により再認識されている」（脇阪他 1992: 139）．たしかに人びとはバルトの「神話学」にみられる構造主義の枠組みを応用しつつ，さまざまな非言語的文化――写真，映画，ファッション，音楽，スポーツ，建築，都市など――をテクストとして考察してきた．

いずれにせよ文化記号論によれば，あらゆる種類のものを記号として解釈し，同時にあらゆる種類のものを記号として意味づけながら，われわれは生活して

いる．言語学のアナロジーで，記号はシニフィアン，シニフィエとして，社会的行為はパロール，それを読み説くコードはラングとしてとらえられる．そうして，人びとは，こうしたコードを解読し，解釈することになる．これは言語的なコミュニケーションと基本構図においてなんら異なるものではない．

　池上は要点として次のようにまとめている．われわれはまわりに「ことば」以外にもいろいろと言葉らしいものがある．われわれを取り巻くあらゆる文化対象，文化的現象を「ことば（らしいもの）」としてとらえることが可能である（池上 1994：72-1）．

　テクスト論の拡張を企図する場合，さらにコンテクスト，インターテクスト性などについての理解も求められる．まずコンテクストについては石原らの説明が有益である．それによれば，もともと，コンテクストという概念は，言語学の分野で，抽象的な言語形式と，場面という言語外の要素との結びつきを示すために用いられた．ここで場面というのは，時実誠記が主体，素材とともに言語の3要素としてあげていたものである．コンテクストは，日本語では，「文脈」や「脈絡」と訳される．狭義には，ある語が位置している言語構造のことであるが，広義には，言葉が存在している場にかかわる，たとえば話し手聞き手といった具体的な要素から，その時代の文化状況までをも含む，いろいろな要素にかかわる（石原他 1991：144）．

　池上は，テクストとコンテクストについて興味深い指摘を行っている．彼は，「メッセージ」の代わりに，同じ概念を指してしばしば「テクスト」という術語が使われることがあると述べたあとで，テクストとコンテクストとについて触れ，次のように述べているのである．「『コンテクスト』の『コン』は〈共に〉を意味する接頭辞である．『コンテクスト』とは『テクスト』と共在する『テクスト』である．『テクスト』は自らの表面的な限界を越えて，限りなく拡がってゆく滞在性を持っている」（池上他 1994：40-1）．

　さらにインターテクスト性（intertextuality）について解説すると次のようになるであろうか．小説や詩，歴史資料などテクストは自己充足的なまたは自律的な実体ではなく，他のテクストから生産されることを示す．ある特定の読者が，あるテクストからどのような解釈を得るかは，そのテクストと他のテクストとの関係をどのように認識するかで決まる．例えば新聞に載った政治家の

写真は，それがたんにその写真の主体である政治家の表象として解釈されるのではなく，同じ政治家を撮った他の写真やその政治家が行った演説，彼についての新聞の報道や風刺漫画などの枠組みを通して解釈される場合，より多くの意味，または別のレベルの意味を生むかもしれないのである，と．

この概念はそもそもクリスティヴァによって生み出されたものである．こうした事情について土田らは次のように解説している．

「ミハイル・**バフチン**が『ディアロジスム』あるいは『ポリフォニー』という言葉で示唆したように，実は，1つのテクストのなかでは複数もしくは無数の声＝テクストが複雑に反響しあい，絶え間ない対話を交わし合っているのだ．こうした対話的なテクスト理論が，ジュリア・**クリステヴァ**によって提示された『間テクスト性』，あるいは『テクスト相互関連性』の理論と呼ばれているものである」（土田他 1996：168）．

ミハイル・バフチンは『ドストエフスキーの詩学』（1929）において，ドストエフスキーの小説にはさまざまな登場人物の声のポリフォニー（polyphony＝多声）的な相互作用があると論じた．この考えによれば，対話的な作品においては，ある特定の世界観が他のもののそれらに対して優位に立つことはない．また，作者のものと考えられる声が必ずしもテクストのなかでもっとも人の注意を引きつけ説得力があるとは限らないことになる（チルダーズ／ヘンツィ 1998：139）．

インターテクスト性は，たとえばロッジによると次のような説明になる．「あるテクストが別のテクストとの関係を作り上げる仕方にはさまざまなものがある．パロディー，文体模倣，主題模倣，間接的言及，直接的引用，構造的平行関係など．理論家の中には，間テクスト性こそ文学の条件であり，作者が意識していようがいまいが，すべてのテクストは別のテクストの繊維で織り成されていると信じているものもいる．」ジョイスの『ユリシーズ』は，間テクスト性にもとづいて書かれた作品としては最大の影響力を持つ作品であろう．それは「あらゆる類のテクストを基にしてパロディー，文体模倣，引用，関連性の暗示などを試みている．たとえば，場面が新聞社に設定された章では，変遷するジャーナリズムの文体を模した見出しを立てて節を切り，別の章などは，主に低俗な女性雑誌の文体で書かれ，さらに産院に設定された別の章では，古

英語の時代から20世紀までの英語散文の歴史的変化がそのままパロディーにされている」（ロッジ1997：137-44）．

　彼女は，さらにアナグラム論のような語の線状的連鎖に従う一義的意味作用とは別種の多義的意味形成に注目する．こうしたテクストの多声性は，「フェノ・テクスト（現象としてのテクスト）」と「ジェノ・テクスト（生成としてのテクスト）」の多層性として考察される．フェノ・テクストとは，ほぼこれまでテクストと呼んでいたものをさし，ジェノ・テクストは，フェノ・テクストを生み出す深層のテクストである．フロイトになぞらえれば，前者は意識を後者は無意識に対応する．そうして彼女は，言葉の意味から出てくるわけではないシニフィアンの力に注目する．詩のもつラディカルな政治的潜勢力を，とりわけ線的な指向を切断する音声のパターンに見いだしてゆく（ベルジー2003：24-7）．クリスティヴァのこの議論によれば，テクスト生成は，かかる2つのテクスト・レベルの複合的な動機による決定過程となる．

　彼女は，次第にラカン流の精神分析への傾斜を強め，意味生成（シニファンス）の過程をフェノ・テクスト，ジェノ・テクストの概念を拡張・深化させた「サンボリック（記号象徴界）」と「セミオティック（原記号界）」の接合としてとらえられるようになる．クリスティヴァの議論は難解で十分咀嚼し，分かりやすく解説する自信がない．紙幅もつきたのでここまでとしておこう．

　脱構築主義者が論ずるように，コンテクストは無限であり，その時々の圧力を受けて絶えず変化するものであるとしたらどうであろうか．たとえば，デリダとともにその理解者であるジョナサン・カラーは，テクストの意味はコンテクストによって決定される，ということに疑問符を差し挟む．「コンテクストは言語の規則，作者と読者の状態，その他関係のあることすべてを含んでいる」．「意味がコンテクストによって縛られているとしても，今度はそのコンテクストが無限であることをつけ足さなければならない．前もって何を関連するものとみなしうるのか，コンテクストをどれだけ広げたら，テクストの意味であるはずのものを変更できるのかを決定することはできない．意味はコンテクストに縛られているが，コンテクストには際限がないのである」（カラー2003：100-1）．

　テクスト論はポスト構造主義，ポストモダン的な文脈で読み込まれ，ニュ

ー・ヒストリシズムに見いだすことができるような新たなテクスト解釈，歴史解釈の動きを生み出した．

　それは，文芸批判の世界にとどまらず他の人文，社会科学にまでおよんだ．そうして理論自体がテクストに他ならず，それが何か特権的地位にあるわけではないとの考えが影響力を強めた．

　イーグルトンはポスト構造主義やポストモダニズムがある種の新たな観念論をつくりだしていると批判している．それらが，ブルッカーが言うように，世界はそのテクスト表象，そのメディアの表象を通じて認識され，歴史はその利用可能な過去を物語的に説明することによって認識されるという視点に立っているからだ（ブルッカー 2003：50）．

　また，この考えによれば人間は社会的，歴史的状況がつくりだす構築物であり，意識的，自律的に歴史の変化を引き起こす主体（エイジェント）ではない．主体は言語，イデオロギーのなかで，あるいは言語，イデオロギーによってつくりだされた存在なのである．

　さらに，この考えによれば，歴史や現代世界の諸事象はテクスト化されたものである．それらは言語の痕跡の集合であることになる．テクストは批判的な解釈に対して開かれているのみである．客観的な歴史や正しい歴史記述はありえない．このようにして歴史記述と文学の境界も曖昧になってしまうのである．

第8章
ポストモダン理論の展開

1 夢分析とシニフィアン

言語と無意識

　吉本の言語論『言語にとって美とはなにか』は，第1章「言語の本質」の冒頭でフロイトの『精神分析入門』から一文を引用した後で次のように書いている．「フロイトの方法は，本質的な意味で，言語観なしにはかんがえることができないものである．〈夢〉のなかにあらわれる像は，言語の表現とある対応性があるとかんがえられる」（吉本1972: 12）．フロイトの精神分析における無意識は事物表象のみの世界である．それゆえに，この無意識の世界は，語表象によって言語化され，意識化されなければならない．無意識がともかく前意識に移行するためには，語表象と結びつかねばならないのである．山田によれば，フロイトにおける無意識と言語の関係は「二重の意味性」を帯びることになる．すなわち，①一方で言語は，言語構造の歪曲，変形を通じて無意識がその効果を表す場であり，②他方で，言語は無意識的内容を意識化する条件でもある．これは，言語のなかに無意識的構造があると同時に無意識的構造のなかに言語がなければならないということでもある（立川・山田1990: 120-1）．

　フロイトの夢作業についての図解をみよう［第16図］．「夢分析」は図の上から下へと辿ることによって，無意識の世界にアプローチすることができると考えられた．

　フロイトは夢作業に4つの標識をつけている．圧縮，移動（置き換え），表現可能性への顧慮，そして二次加工である．フロイト研究では，彼がとくに重

第 8 章 ポストモダン理論の展開

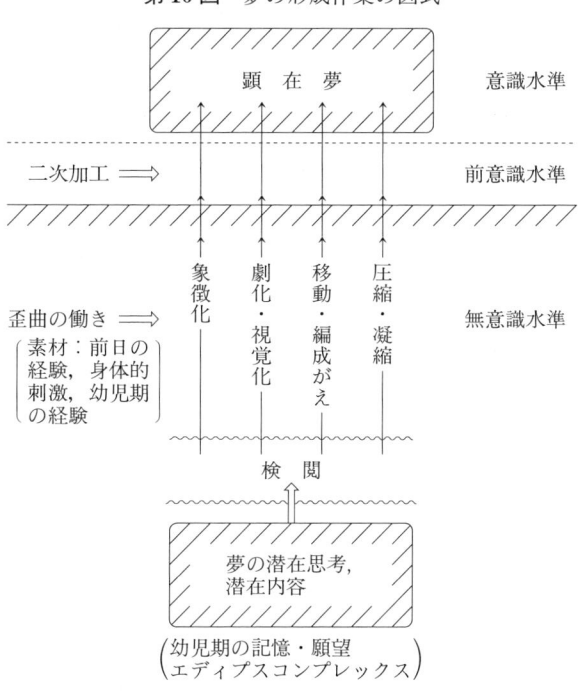

第 16 図　夢の形成作業の図式

```
         ┌─────────────────┐
         │     顕 在 夢     │              意識水準
         └─────────────────┘
 ─ ─ ─ ─ ─ ─ ─ ─ ─ ─ ─ ─ ─ ─ ─ ─ ─ ─ ─ ─
  二次加工 ⟹                           前意識水準
 ////////////////////////////////////////

          象  劇   移   圧
          徴  化   動   縮
          化  ・   ・   ・
              視   編   凝
  歪曲の働き ⟹ 覚   成   縮           無意識水準
              化   が
  ┌──────┐      え
  │素材：前日の│
  │経験，身体的│
  │刺激，幼児期│
  │の経験   │
  └──────┘
        〜〜〜〜〜〜〜〜〜〜
              ↑
            検  閲
        〜〜〜〜〜〜〜〜〜〜
         ┌─────────────────┐
         │  夢の潜在思考，  │
         │   潜在内容    │
         └─────────────────┘
        (幼児期の記憶・願望 )
        (エディプスコンプレックス)
```

(鑢 1978: 19)

要視したのがはじめの 2 つである，と考えられている．これらについてラカン派の事典は次のように解説している．まず圧縮である．それは「無意識の 1 つの基本的なプロセスを指すために使われる言葉である．圧縮とは，ただ 1 つの観念あるいは心的印象が数多くの連想の連鎖を代表することを指す．その観念あるいは心的印象は，それらの連鎖の結合点になっているのである．1 つの観念あるいは心的印象は，連想の連鎖と結び付いたエネルギーをすべて受け取る」(チルダーズ／ヘンツィ 1998: 108)．「圧縮の作業は巨大である．夢はたった 3 行で書けても，思考は数頁にわたるだろう．夢の作業は，ただ 1 つの心像を形成することをもってその目標とし，したがって，1 つの表象は，様々な仕方で圧縮を行ったものでありうる．すなわち，省略（植物学者の夢），融合（イルマの夢），あるいは言語新作などによってである．最後の場合は，圧縮の

過程は、『とりわけそれが語や名前にかかわってきた場合に顕著となる』(ノレクダール〔Norekdal〕の夢)」(シェママ／ヴァンデルメルシュ 2002：491).

移動については次のように説明している．「置き換えという言葉は，心的エネルギーがある観念から離れ，その観念と連想的な関係がある別の観念と結びつく無意識 (UNCONSCIOUS) の過程を指す」(チルダーズ／ヘンツィ 1998：145).「移動は，価値を反転させ，意味を仮装させ，潜在的水準では意義深くあったものを顕在的水準でぼやかし，夢の中心点を違う所に持っていく．ここで多重決定の仕事が入り込む．『しかし（夢の）分析によってわれわれは，別の種類の移動があることを知っている．この移動は，問題になっている複数の思考（独：Gedanken）に対する，言語的表現のすり換えとなって現われる．問題になるのは，ある連想の鎖に沿った移動なのであるが，同じ過程が様々な心的領域において起こると，その移動の結果は，ある場合には，一要素が他の要素に置き換えられることとなり，他の場合には，一要素が，その言語的形態を，他の言語的形態へとすり換えるということになる』[G.W. II/III：p.344-5, 著作集第 2 巻 282 頁]」(シェママ／ヴァンデルメルシュ 2002：491).

ラカンによるフロイト，ソシュールの再解釈

ラカンはフロイトの無意識と言語の問題をソシュールの言語理論を独自に再定式化し，とらえ直した．ラカンの考えでは，無意識は言語を通じてしか探求できず，シニフィアンの連鎖と比喩の諸様式によって作動する象徴システムとして理解されるべきものである．

言語記号についてのラカンの図式は，ソシュールのそれと比べるとおおきな違いがあるという．第 1 に，ラカンの図式ではシニフィアンが大文字 (S) にシニフィエが斜体字 (s) に変えられ，さらにそれらの上下の関係が転倒され，ソシュールの図式では上にあったシニフィエは，ラカンのそれでは下に位置している．また，ソシュールの図式を囲っていた円がとりはずされ，シニフィアンとシニフィエを分離する横棒を際立たせることによって非連続性が強調されている [第 17 図]．これによってラカンは，ソシュールにおけるシニフィエのシニフィアンに対する優位性を覆そうとしたのであり，記号がシニフィエとシニフィアンという異質な領域から構成されていることを明らかにしたのである

第 8 章　ポストモダン理論の展開

といった解説がなされる（佐々木 1984：10）．

こうしたラカンによるソシュール言語理論の再解釈の意義は，主体が意味の世界へと十全に接近する手だてを断たれているということの発見にある，とされる．主体

第 17 図　ソシュールの図式とラカンの図式

ソシュールの図式　　　　ラカンの図式

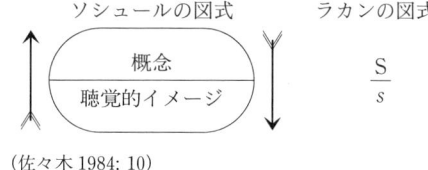

概念／聴覚的イメージ　　　$\dfrac{S}{s}$

（佐々木 1984：10）

はそのかわり永遠にふたつの世界のあいだに捕らえられ分断されている．この分断は，ふたつの世界を構成する．ひとつの水準では，意識的主体がシニフィエの世界に踏みとどまりながら，いまひとつの水準では，意識的主体はシニフィアンの差異の途を全力疾走し，意識的主体の想像的統一を妨げる別の支配的主体が存在し続けることになる（マッケイブ 1991：96-9）．

ラカンはさらにヤーコブソンの理論を拡張し，フロイトが夢の分析で発見した圧縮と移動（置き換え）を言語的操作と同一視し，これらに修辞学的な概念であるメタファーとメトニミーとを彼独自の用い方をもって対応させた．そのうえで彼があらためて問題とするのはシニフィアンの独自の役割である．

ラカン派にとって，シニフィアンは，「無意識のさまざまな形成物」ということになる．ラカン派の『精神分析事典』によれば，これら形成物は「厳密な言語的連鎖によって規則的に決定づけられている．無意識の形成物とは，まず，言い間違い，度忘れなど失錯行為一般がそれである．これらはなんらかの欲望を隠喩的にせよ換喩的にせよ暗示的な仕方で言い表しうるものである．さらに，機知もまた無意識の形成物であり，それは禁止されたものを検閲の裏をかいて露にしてみせているのである．そして，夢もまた無意識の形成物である．語られた夢は，それが構成されている言葉ひとつひとつに適確な注意を払うことを要請するような複雑なテクストとして読むことができるものである」（シェママ／ヴァンデルメルシュ 2002：171-2）．

これらの一連の問題をシニフィアンという概念で体系的に論じ，解き明かしたのがラカンであった，というわけである．そうして彼は，フロイトの精神分析とソシュールの言語理論とを独自に再解釈し，精神分析，言語理論，そうしてテクスト論などで新たな領域を切り開いたと評価されるのである．

無意識と比喩

ラカンは，無意識は比喩の諸様式によって顕現する象徴システムとして理解すべきであると考えた．比喩のなかでもメタファーとメトニミーが重要であり，それらはフロイトが夢作業の説明に用いた圧縮と移動（置き換え）に対応するものであった．ラカンによると，シニフィアンの下でのシニフィアンのすべりが，位置転換の条件となり，ここで圧縮と移動を出現させることが可能となる．「圧縮は，シニフィアンたちの累積の構造であり，隠喩の領野がそこに生じる．移動は，換喩によって証示される，意味作用の先送りであり，それは検閲の裏をかくのに最も適した無意識の方途として登場する（『エクリ』）」．「シニフィアンの効果としての隠喩と換喩によって，無意識が1つの言語活動として構造化されてゆく」（シェママ／ヴァンデルメルシュ 2002：491）．

立川らはこれらについて次のように説明している．「メタファーは，シニフィアンの連鎖のなかで，あるシニフィアンが別のシニフィアンにとってかわられることとして定義され，こうして自らの場所を追われたシニフィアンはこんどは別のシニフィアンにメトニミックに結合することになる．それゆえ，メタファーは圧縮だけでなく**症状**を現わし，メトニミーは置き換えと同時に**欲望**を現わすのである」（立川・山田 1990：122）．

ラカンは，1957-58 年のセミナール『無意識の形成物』でフロイト論文「機知，その無意識との関係」（1905）の再解釈を行っている．そこでの主テーマは「無意識はランガージュのように構造化されている」であった．

シニフィアンの連鎖の再構造化の2つの例として『事典』は①ハイネの小話，②フロイト自身の名前の忘却，を挙げている．ここでは②の例についての解説をみよう．『事典』によると，②は，忘却されたもの，いわば，ひとつの残滓が，一連の代理の名前を出現させる過程であるという．ボティチェリ→ボルトラフィオ→トラフィオという名前の連鎖．この後，自由連想によりいくつかの旅行地，出会いの場が思い出される．ここで，ボスニア，ヘルツェゴビナ Herzégovinaya →ドイツ語の主人 Herr →シニョールと連想される．そうして，死とセクシュアリティと密接に連関した会話の記憶がよみがえる［第 18 図］（シェママ／ヴァンデルメルシュ 2002：461-2）．

『事典』はこれを次のように説明している．「隠喩，換喩の修辞的定義ではこ

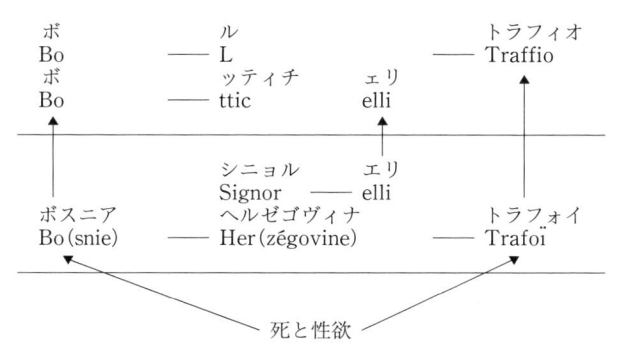

第8章　ポストモダン理論の展開　　　　　　　　　　　　　　215

第18図　シニフィアンの連鎖の再構造化

```
ボ            ル              トラフィオ
Bo   ──── L      ──────── Traffio
ボ           ッティチ      エリ         ↑
Bo   ──── ttic      elli         │
─────────────────────────────────
                    ↑
            シニョル    エリ
            Signor   elli
ボスニア      ヘルゼゴヴィナ         トラフォイ
Bo(snie) ── Her(zégovine)  ──── Trafoï
─────────────────────────────────
               ↑
          ──── 死と性欲 ────
```

（ルメール 1983: 302）

れを理解することはできない．圧縮においては，忘却に投げ込まれた部分がメトニミックな隠喩を産出し，名前の置き換えは隠喩的であり，一連の名前が換喩を，言うことの不可能な欲望のシニフィアンを出現させている．」（文全体が容易には理解し難い．「メトニミックな隠喩」とは「換喩的な隠喩」とも言い換えうる．換喩的な隠喩とは何であろうか．）

　この後，『事典』は，さらにラカンから次のような一文を引用している．「ところで，シニフィアンとシニフィアンの結び付きには2つの軸が必要であった．すなわち，置き換え，隠喩という範列的 paradigme な軸と，連鎖，隣接性，換喩という連辞的 syantagme な軸である．『われわれが症状，夢，錯誤行為，機知で出会うのは唯1つの均質な構造なのであり，圧縮と移動という構造的な法なのである．無意識へと引っ張り込まれたひとつのプロセスは無意識自身の法にしたがって構造化されている．さてこの2つの法こそ，言語学的分析がシニフィアンの配列による意味の産出の諸態様としてわれわれに認識させてくれるものなのである．』（ラカン，セミネールV，1957-58『無意識の形成物』）」（シェママ／ヴァンデルメルシュ 2002：462）．

夢作業とトロープ

　瀬戸は，フロイトの言う「圧縮」と「移動」とトロープとの関係について論じ，ラカンのようにメトニミーとかメタファーとかの，何かひとつのトロープ

に押し込めることは無理があると論じる．瀬戸によれば，「誰よりも『圧縮』が多方面の連想系と結びついていることを主張したのは，フロイト自身であった」し，また，「『移動』が何か単独のトロープと結びつくという根拠は得られそうもない」からである（瀬戸 1995: 158, 160）．瀬戸はフロイトの圧縮と移動について，これらは見かけほど対立する概念ではないように見える，また，これら2つの概念はあまりにも包括的な概念すぎて，何らかの制約なしでは専門用語としての地位を保てないのではないか，と述べている（同書: 165-6）．

フロイトの4つの「夢の作業」
  象徴　　主としてメタファー
  矛盾　　撞着語法（オクシモロン）またはアイロニー（反語）
  圧縮　　単独のトロープに還元されない．多くのトロープが同時に関与している
  移動　　同

瀬戸は，また，フロイトの夢作業のうちの「圧縮」と「移動」については，フロイト，ヤーコブソン，ラカンの三者間で，次のような解釈の相違があることを指摘している（同書: 164）．

	圧縮	移動
フロイト	単独のトロープに区分できない	
ヤーコブソン	メトニミー	メトニミー
ラカン	メタファー	メトニミー

こうした点を踏まえて瀬戸は次のように論じている．①ヤーコブソンは，シネクドキをメトニミーの一種であると理解し，フロイトの夢作業の中心である『圧縮』も『移動』も，ともにメトニミーに含めている．②これに対してラカンは，フロイトの夢作業の主要プロセスを圧縮と移動によってとらえ圧縮＝メタファー，移動＝メトニミーと定式化している．瀬戸にとって「これは，ヤーコブソンの定式に負けず劣らず衝撃的である」．瀬戸は「このように，ヤーコブソンとラカンの間には不可解な矛盾があり，かつ両者の判断とフロイトとの間にも奇妙なずれがあることが分かる．これらの矛盾を解決するには，どのよ

うな道があるのだろうか」と問うている（同書：162-5）．

そうして瀬戸はその解決の方向性として，①メタファーとメトニミーの関係をシネクドキをも含めた三者の関係で理論的に正確にとらえ直すこと，②新しいレトリックの観点からフロイトの夢判断を洗い直してみること，を提唱している．

「シニフィアンの戯れ」

小林は，シニフィアンの優先性についてわかりやすく説明している．そもそも小林によれば，シニフィアンは，音や語形の類似性によって自由に結合し，シニフィエは，意味的類似性によって結合しあう．そこで小林は，シニフィアンが戯れるときにそもそもシニフィエが無事のままでいられるか，と問題を提起し，次の2つの文を例示する．

　　ポールがピエールをぶつ
　　ピエールがポールをぶつ

そうして，小林は次のように指摘する．2つの文にそれぞれ異なったシニフィエを与えているのは，その個々のシニフィアンの配列であり，順序である．「ここからシニフィエはシニフィアンおよびその文法的配列に依存するものであることがわかる．」ラカンが隣接性の優位を説くのはこうしたことを背景にしてのことである．メタファーはシニフィエの相似性によって成り立つ．しかし，その相似性は実はシニフィエによって支えられているというよりも，より原初的にはシニフィアンの位置あるいは構造によって支えられているのだ．言葉を覚えたての子供は決してできあがったシニフィエの相似性などを前提にして言葉をつないだりしてはいない．彼がやっているのは，何よりもまず覚えたてで意味もまだはっきりしないシニフィアンを配列する遊びなのである．子供にとって興味がわくのはシニフィエの相似性ではなく，シニフィアンの相似性なのである（小林 1991：164-6）．

小林によれば，ヤーコブソンはシニフィアンの相似性とシニフィエの相似性の区別に無自覚であった．これに対して，ラカンはシニフィアンの先行性，第一次性に訴えた．音声的類似性にもとづいたシニフィアンの系列はシニフィエの系列よりも，いっそう根源的である．ここではすでにシニフィアンがシニフ

ィエから離れ戯れ始めている（同書：179）．

　シニフィアンの戯れは，「気分」「感情」「サンス」を生み出す．この点について小林は次のように説明を加える．「戯れるシニフィアンがシニフィエを生み出さないと言われるとき，それはまったく空無なのであろうか」．「そもそも『意味』を，有か無かの二者択一によってとらえてしまうことができるのかどうかは，もう一度考え直されてよい問題だ．私の考えでは，確固としたシニフィエをもたないシニフィアンの戯れはけっしてたんなる無ではなく，なにかを生み出している．」「あえて言えば，それは『気分』であり，『感情』である．」それは「サンス」といってよいものでもある．「『意味』でも『感覚』でもあると同時に，またそのどちらでもないもの」なのである．それはまた「対象なき志向，あるいは志向性ならぬ志向性である」（同書：181-2）．

　ここで小林は詩的言語のアナーキスティックな脱構築の例として草野心平の詩文を例示し次のように論じている．

　　草野心平「第百階級」

　　　　るるるるるるるるるるるるるるるるるるるるるるるるるるるる

　「われわれの意識の周辺あるいは深層においては，いまだ確固たる意味を形成しえていないシニフィアンが戯れ，うごめいている」「この意味すなわちシニフィエを生み出していないシニフィアンは，厳密にはまだ『シニフィアン（意味するもの）』と呼ばれることはできない．とはいえ，それはたんなる物理的な音声や視覚図形に過ぎないのかと言えば，そう言い切ることもできないのであった．それは意味とまでは言えないとしても，すでになんらかの『兆候』なり『効果』が立ち現われているからである」（同書：185, 188）．

2　ラカン，およびラカン派の所説と批判論

(1)　ラカンの「鏡像段階」論

　タリスの理解では，ラカンは鏡像段階について次のように説く．①生後6カ月から18カ月の幼児は「鏡像段階」を通過し，それが自我の形成に不可欠である．②この段階で重要なのは，親に抱き上げられて鏡の前に差し向けられるという経験である．③この一瞥によって，子供に，統一された自我という主観

的な現実と，持続的な物体の外部世界が生じる（タリス 1990：246-305）．

　子供は生後およそ 6 カ月頃から鏡に写った自分の像を認知できる．子供は自分の動きと鏡に映ったそれが一致するのを喜ぶ．生後およそ 18 カ月で鏡像段階は終わる．鏡像の私は屈折して社会的な私になる．子供は鏡像段階では，自分と自己同一化する対象としての他者から自己を差異化できない．だが，父親が登場することで事態は急変する．父親は子供と母親との快適な関係を断ち切り，子供が母親に近づくのを妨げ，母親との一体化を阻もうとする．ここから子供のうちでエディプス的葛藤が始まる．この解決に当たっては子供による主体の再構成が必要となる．ラカンによれば，これにともなって子供は想像界から象徴界へと移行する．象徴界は言葉と意味の次元である．エディプス的事象は言語習得と結びついている．

　フロイトは，ソフォクレスの『オイディプス王』の解釈作業によって，普遍的な真理ドラマを読み取ることができると考えた．それは，すべての男性の子供が抱く無意識の願望，すなわち，子供が自分の母親と性的関係を持ち，父を抹殺するという欲望である．だが，父は子供の欲望を去勢の脅威によって抑圧し，子供は象徴的な父の権威，父の有するファロス／男根の権威を受け入れる．この過程は同時に子供にとって 2 つの契機である．1 つは，抑圧されたものの領域としての無意識が生み出される契機となる．いま 1 つは，子供が社会に参入する——ラカンによれば言語や象徴界の秩序に参入する——契機となるのである．

　父親による禁制は，子供にとって〈掟〉とのもっとも根本的な接触となる．〈掟〉の代弁者となるために父親は法を定める．ラカンにとって父親が〈掟〉を定める方法は，それを音声言語で表すことである．

　ラカンによればこの父は幼児にとって，特定の，具体的な個人としての，父ではなく，父親の役割を抽象化したものである．子供は掟を受け入れて，自分だけが母親に近づけるという独占的な権利を放棄し，父親の優先権を承認する．このときの衝撃を緩和するために子供は父親に同一化する．父親を自分のモデルとし，父のイメージを摂取することで自分の父になる．それによって象徴的な去勢が行われる．

　エディプスコンプレックスの解決と言語習得は同時に行われる．母親に対す

る欲望の原抑圧と交換に，言説のなかでの地位が獲得される．掟が学ばれる．言語のなかに入ると同時に，人間は自分でないものになる．というのも，言語は何よりも，自分でないものになることができる場を与えてくれるからである．その結果，母親に対する欲望の原抑圧がうまく処理され，エディプス的な葛藤が解決される．主体は話し手になることで自らを抹消する．こうして，想像界から象徴界への移行には深刻な主体の空洞化がともなう．まさにその過程をつうじて社会的な自我が構成される．

容易に理解しがたい論点であるがラカンによれば，欲望の真の対象から切れたファルスは，幼児期のシニフィエを欠いたシニフィアンとなる．言語上の自我である私は動き回るシニフィアンであり，鏡像段階の自我よりももっと空っぽな虚構である．主体はロゴスに連結し，言葉を話す限りにおいて主体であるということによって分裂に耐えている．

イーグルトンが言うように，ラカンの独創性は，フロイトの前エディプス段階からの過程を言語理論によってとらえ直し，鏡像段階として打ち出したところにあった．

イーグルトンはラカンの鏡像段階論を次のように解説している．鏡像段階にある幼児（シニフィアン）は，鏡像というシニフィエのなかに全一の同一性しか見いださない．この段階では，シニフィアンとシニフィエとの間，主体と世界との間に両者を切り裂くいかなる亀裂も走っていない．だが，象徴秩序をもたらす父親＝「大文字の〈他者〉」＝「象徴的な〈父〉＝［父-の-名］」の登場によって幼児は母親から引き離され，幼児は自分の欲望を無意識のうちに押し込める．そうして，「法」の存在を知り，社会化された存在となる．幼児は，エディプスコンプレックスという苦難の道をくぐり抜け，想像界から象徴界へと移行する．だが，この当の主体は，自己の支配する意識的な世界と無意識，抑圧された欲望とによって徹底的に引き裂かれている．それは母親の身体を想像的にあまねく所有していた状態から，言語という空虚な世界へと追放されたに等しい．言語が空虚であるのは，それが差異と不在とからなる終わりなき過程であるからだ．主体は，今や，言語の連鎖にそってひとつのシニフィアンから別のシニフィアンへとただ横滑りするに過ぎない．鏡像というメタファー的世界は，言語というメトニミー的世界へとその場所をゆずったのであるとも言う

る（イーグルトン 1985: 253-8）．

　ラカン的世界で無意識が言語構造を持つのは，それがシーニエ——つまり安定した意味——からでなくシニフィアンから成り立っているからである．無意識とはシニフィアンの連続的運動であり，また作用にほかならず，そのシニフィエは抑圧されている．イーグルトンは，ラカンが無意識を，シニフィアンの下層でおこるシニフィエの横すべり，としたのはそうした意味からだとみる．ラカンにすれば，無意識とは絶え間ない消去と消散である．無意識とは読解がほとんど不可能な現代的テクストである．もしも意識的生活の場でもこのようなことがあてはまるのであれば，人びとはコミュニケーションをとることができないであろう．だが，自我がこの騒然たる事態を抑圧することによって，つまり特定の語を特定の意味に結びつけることによってなんとかコミュニケーションは機能する．それでも無意識から発せられた私が望まない語は，あらゆる機会をうかがいながら，私の言説に忍び込んでくる．イーグルトンによれば，結局のところラカンにとっては，私たちの言説はある意味ですべて言い間違いである．意味というのは常に近似値であり，ニアミスであり，部分的失敗である．私たちは，純粋な，無媒介的な形で真理を分節化して語ることは絶対できないのである（同書: 259-60）．

　ラカンは，「シニフィアンの連鎖」とか「浮遊するシニフィアン」などの表現でシニフィアンに言及する．シニフィアンは，彼のその独自の精神分析理論において重要な役割を負わされている．ラカンは，無意識は言語のような構造を持っているというが，それは無意識というものはシニフィアンの連鎖によって構成されているということなのである．ソシュールでは，シニフィアンとシニフィエとは一対の一体化した関係にあり，特定の語を特定の意味につなげることが可能であった．だが，ラカンのようにシニフィアンの優位性，先行性を考えると，シニフィアンは言語的な連鎖にある別の語を引き出し，意味を生み出すことになる．シニフィアンの意味は，われわれがほとんど意識的にアクセスできないネットワークを形づくることになり，そのネットワークがわれわれの生活の隅々にまで影響を与え，われわれの世界を成り立たせているということになる．そして，シニフィアンは意味を帯びた音声にとどまらずイメージ，書かれた形象，物体，しぐさなどに拡張されるのである（タリス 1990: 257-66）．

(2) タリスによるラカン，ラカン派批判

ラカン理論に対しては，認識論的，存在論的視角からの批判がある．鏡像段階は少なくとも4つの別々の「ものごと」の存在を前提にして考えざるを得ない．すなわち，幼児の身体，母親の身体，鏡，鏡像である．これらの事物や光学的な関係が言語以前から存在している．ラカンの極端な関係論的言語理論，唯名論的立場――言葉の世界が物事の世界を創る――とは合致しない，というわけである（同書: 278）．

科学方法論からのラカン批判もある．個別的な経験的事実の理論化，一般化にかかわり，演繹的あるいは帰納的方法などの科学方法論からみてラカンの方法論的立場をどのように評価すべきであろうか．ラカンの主要論文で例証として使われている症例は，ほとんどがフロイトから借用したものである．たとえば「狼男」，「シュレーバー」「鼠男」「アンナ・O」．ラカン自身が扱った症例はきわめて限られている．タリスはラカンがわずかな観察事例から見事なばかりの壮大な物語を引き出す，と批判する（同書: 248）．

ここでは鏡像段階論にしぼって，タリスの批判的論点を概観しよう．ルメールは，鏡像段階についてのラカンの所説を次のように要約している．第1段階では，幼児は自分の反映像を現実と混同する．その像を捕まえようとしたり，鏡の後ろを探してみたりする．同時に自分を抱き上げてくれている大人の像を自分の反映像と混同する．第2段階で，子供は映像の観念を獲得し，そうした反映像が現実の存在者でないことを理解する．最後の第3段階では，子供は，その像が自分自身のものであることを悟り，強い喜びをあらわす（同書: 296；ルメール1983: 258）．

タリスは，鏡像段階の基本的な考え方は，子供の自我の感覚が，鏡に映った自分を見るという偶然の結果として決定的な――創造されたとすら言ってもいい――影響を受けるという主張を問題視する．ラカンの鏡像段階を個別事例からの抽象化による一般化と考えた場合，次のような疑問がわく．①幼児が鏡を一度も見ない場合があり得るのではないか．鏡のない家庭や国の子供はどうなるのか．また，鏡の使用が容姿を誇る風潮を煽るという理由で禁止されていたらどうなるのか．②幼児が鏡のなかで受け取る身体の映像が統一的であるとはいえない．そもそも，鏡に幼児の全身が映ることはどれほどの頻度で起こるこ

とであるのか．③自己の像に気づくのは何も鏡に限ったことではないのではないか．車のミラーや店屋や家の窓に映った自分のぼんやりした影に気づくことはないのか．こうしてみると，ラカンの理論が，偶然に鏡を見るという偶然的なものの基礎の上に成り立っていることが分かる．タリスは，そうした根拠の薄弱な基礎の上に築き上げられた理論の危うさに注意を喚起しているのである（タリス 1990 : 267-74, 285）．

さらにタリスは重ねて次のように批判を加える．①幼児を鏡の前で抱き上げると幼児が自分自身の鏡像に出会って小躍りするというが，実際にそうしてみれば分かることであるが，幼児が小躍りするというのは相当に怪しい．②ラカンによれば，最初に子供を鏡の前に抱き上げるのが母親であるとされる．だが，実際には両親や父親の場合があり得る．母親でなければならないとするラカンの理論的前提には無理がある．③ラカンは子供とそのイメージとの出会いを生後6カ月からとし，その発見と同時に勝ち誇って小躍りしながらはしゃぐ様子をチンパンジーのような他の高等生物と対比している．彼はこれを「錐体路系の解剖学的な未完成とか，母体の体液的残存状態といったもの」による「人間における出産時の特異な未熟性」としている．しかしながら，生理的早産説の一種としてのこのような立論を支持する証拠はない．

こうした批判にラカン派は動じない．そもそもラカンからして，事実を記述しているのか，説明しているのか，仮説を述べているのかはっきりしない．ラカン派によれば，鏡像は厳密な意味での写像，実際の像ではないからである．それは，空想による構築物であり，誤認でさえありうるからだ．これに子供が同一化するのである．「主体は『誤認（misrecognition）』の瞬間に，『想像的自我（imaginary self）』を形成する．鏡を見ている幼児は，実際の自分以上に統一されたものとして自己を突然『誤認する』．観察者（主体）とその鏡像［reflection］（客体）とのあいだの区別はない．鏡像を自己のイメージとして誤認することは，その子供のすべての自己概念の基礎になる．しかし，それらの概念は，基本的に虚構に基づいている」（チルダーズ／ヘンツィ 1998 : 386-7）．

タリスは，また，ラカンの理論が，幼児の心や精神の発達の面からみても問題の多いものであると批判する．これには，幼児の自我感の発生過程，幼児が他者を自己と同等のものとして自覚する過程，安定した事物からなる世界の観

念を幼児が培う過程，そして大人の世界像の起源などが関係しているからである．タリスは，ラカンが自我の個体的発生，統一的な人格の形成——"わたし"の起源について，充分解明しているか疑問である，とあらためて批判するのである（タリス 1990：277-9）．

(3) 『知の欺瞞』

ラカンの用いるジャーゴンは理解を絶する．シニフィアンとシニフィエとの関係，特権化されたシニフィアン，大文字の他者，他者 a，父の名，ファルスなど，ラカンの用いる言葉はどれも難解である．例えば，特権化されたシニフィアンであるファルスがそうである．ラカンにあっては，ファルスの頭文字が大文字になったり小文字になったりしている．ラカンは，それによって勃起や萎縮を象徴させているのだという．

とらえがたいジャーゴンが散りばめられたラカンの論文の理解を拒絶するような晦冥さは，彼の文体にも起因している．タリスはある論者から次の一文を引用している．「ラカンの文体の，統語上その他の特徴を漏れなくあげれば，つぎのようなものが含まれるだろう．『ということ』という接続詞のあいまいな使い方，常識的な語順への抵抗，字義的な意味と隠喩的な意味の絡み合い，迂言的表現，省略法，主要な考えを断言するのではなくほのめかす手法，抽象概念の擬人化，人格の抽象化，たくさんの異なる言葉の同義化，同義語の多義化，等々である．……これらのすべてのために，シニフィエは，あばれまわるシニフィアンの背後でチラチラと見え隠れする影の薄い存在のままにとどまる」（同書：286-7）．

ラカンの理論に対する厳しい批判の書に『知の欺瞞』がある．それは，「ラカン，クリスティヴァ，イリガライ，ボードリヤールやドゥルーズといった有名な知識人たちが，科学的概念や術語をくりかえし濫用してきた」ことを明らかにしようとしたものである．著者のソーカルらによれば，そうしたポストモダンの理論家には共通の特徴がある．それは，①科学的概念を何の断りもなくその通常の文脈を離れて使うこと，②論点との関連性や，用語の意味さえ度外視し科学を専門としない読者に向かって科学の専門用語を並び立てること，である（ソーカル／ブリクモン 2000：vi）．

第8章　ポストモダン理論の展開　　225

　ソーカルらは，科学を濫用しているポストモダンの理論家として，まずラカンを取りあげる．ラカンは精神分析にトポロジーを導入し，それによって多くのことが説明できると論じた．だが，ソーカルらによれば，「ラカンの『数学』はあまりにも荒唐無稽で，どのような心理的な分析にも，それがまともである限りでは，役に立たない」と次のような「公式」をとりあげ批判する（同書：37, 50）．

$\dfrac{S(記号表現)}{s(記号内容)} = s(言表されたもの)$，$S = (-1)$によって，$s = \sqrt{-1}$が得られる．

「……ラカンは読者をからかっているとしか思えない．たとえ彼の『代数』になんらかの意味があるとしても，式の中の『記号内容』，『記号表現』，『言表されたもの』は数ではないし，式の中の（勝手に選んだ記号としかみなしようがない）水平な線が分数を表現しているわけでもない．ラカンの『計算』は，ただの空想の産物に過ぎない」（同書：37）．

　ここではさらにラカンの「公式」がどのようなものであるかを示すいま1つの例を挙げよう．それはラカンが「精神病のあらゆる可能な治療に対する前提的問題について」で提案している「公式」である．この箇所をルメールが要領よくまとめているのでこれを示しておこう．「隠喩は，一般に，記号表現(シニフィアン)と記号内容(シニフィエ)の関係において，最初の記号表現(シニフィアン)を別の記号表現(シニフィアン)で置き換えることによって成り立つ．すなわち，記号表現(シニフィアン) S が別の記号表現(シニフィアン) S′ に置き換えられ，このことによって記号内容(シニフィエ)の地位へ落ちてゆくのである．それを公式で示せば次のとおりである．

$$\dfrac{S'}{S} \cdot \dfrac{S}{s} \to S'\left(\dfrac{I}{s}\right)$$

ラカンに従って，父性の隠喩にこれを適用すると，この公式は次のように変えられる．

$$\dfrac{父-の-名}{母の欲望} \cdot \dfrac{母の欲望}{主体にとっての記号内容} \to 父-の-名\left(\dfrac{A}{ファロス}\right)$$」

(ルメール 1983：130；ラカン 1977：321-2)

　ラカンは，さらに，数理論理学に精神分析学，言語学を結びつけようとする．

だが，ソーカルらによれば，数学の専門知識のないものに数理論理学の知識をひけらかしているが，数学的にみて何ら独創的なものはなく，精神分析との関連を支えるどんな論拠もない（ソーカル／ブリクモン 2000：43-4）．

ラカンのその後の軌跡についての次のような評価は興味深い．彼は，老いるにしたがい自分自身の言説に距離をおくようになった．ウィトゲンシュタインやジョイスを取りあげたりした後，精神現象の構造に対して次第に謎めいた省察に逃避した．そうして，少しずつ言語学のモデルを放棄して，精神現象の構造を数学の用語を使ったり，編み物や複雑なトポロジー的様相を通して理解するようになっていった（ドラカンパーニョ 1998：316）．

コラム

欲望のシニフィアン

石田は，ラカンによる欲望，主体，シニフィアンの関係について次のように説明する．「欲望の主体を S，シニフィアンを $S_1 \to S_2 \to S_3 \to \cdots\cdots S_n$ のように表記すると第19図のように表すことができる．欲望の主体に斜線が引かれているのは，主体はシニフィアンを介してしか自己の欲望の意味を実現できない——自己の欲望を記号という他者の次元を通じてしか意味しえない——という原-抑圧を表したものです」（石田 2003：170）．

第19図 シニフィアンの連鎖と主体のメタファー

$$\frac{/iichiko/ \to /水辺/ \to /船遊び/ \to /空/ \to /花々/ \to /春の野/ \to}{\text{\$ （欲望主体）}}$$

（石田 2003：180）

「ラカンは，欲望のシニフィアンがつくる連続性の関係（$S_1 \to S_2 \to S_3 \to \cdots \to S_n$ の関係）をメトニミック（換喩的）な連鎖，欲望の主体を代表するシニフィアンの関係（上辺の S_1 以下と下辺の \$ を分けている関係）をメタフォリック（隠喩的）な関係と呼んでいます．シニフィアンは，欲望の主体の代わり（＝置き換えのメタファーの関係）にあるのですが，その主体の意味は，他のシニフィアンとの連鎖（＝メトニミーの関係）としてしか実現しない．私の欲望の真の意味（＝私の欲望の真理）へはつねに部分的にしか到達できないというわけです」（同書：170-1）．

3 デリダの所説とデリダ批判論

音声中心主義・ロゴス中心主義・現前の形而上学批判

デリダは晦渋なジャーゴンを創り，既存の言葉に従来とは異なる意味づけを行うのが得意だ．彼の造語では何といっても脱構築が有名である．デリダの代表的著作『根源の彼方に：グラマトロジーについて』にしてもそうである．ここでの「グラマトロジー（grammatologie）」は，「音韻論（フォノロジー）」からの類推にもとづく造語で，文字学という意味である．

［焼酎イイチコの事例］

石田によるラカンの解説にしても難解である．シニフィアンの隠喩的な，あるいは換喩的な関係と主体の欲動とがどのようにかかわっているのかが分からない．そこで，石田がこれらについて焼酎のイイチコを例に説明しているのでここでとりあげてみよう．

石田の解説によれば，イイチコの「無色透明の液体であるという属性を生かして，『風景』の価値を製品のイメージの価値に転移させることを，広告戦略の基軸にしています．1992 年の広告，『風，花に遊ぶ』でも，風景全体のメトニミーとして，ここでは商品が記号化されています．この換喩性において，iichiko は花咲く野のシニフィアンとなることができるのです．」iichiko は，「たんに風景のメトニミーであるばかりではなくて」「／遊び心／の置き換えとしてのシニフィアンでもある．つまり／遊び心／という主体の心的状況を置き換えによって表すメタファーとしても機能しているのです」（同書：179-80）．

「iichiko は，花咲く野のメトニミーであると同時に，それらの風景の中で遊ぶという欲望の主体のメタファーでもある」（同書：180）．

こうした石田の説明に対していくつかの疑問がわいてくる．

第 1 に，イイチコは花咲く野のメトニミーなのであろうか．メトニミーとは，概念の隣接性による表現，比喩形式であった．人びとはイイチコと花咲く野との間にどのような隣接性を見いだすことができるのであろうか．

第 2 に，石田が論ずるように，イイチコは花咲く野のシニフィアンとなると言えるであろうか．シニフィアンの類似性をいう場合があるが，それは，①音，②（書字の場合）語形，の場合について考えることができる．それではイイチコは花咲く野のシニフィアンということができるのであろうか．

また，そこでキー概念として用いられている「エクリチュール（ecriture/writing/書記/文字言語）」も分かりにくい．最初にバルトが，さまざまに使われているこの言葉に，新たな批判的意味を盛り込んだといわれる．デリダは，ソシュールが音声言語（speech）を特権化し，エクリチュールをそれに先行する発話のたんなる履行であるとしたことを批判する．彼は『根源の彼方に』の冒頭で「文字言語エクリチュール」について次のように述べている．「……行動，運動，思惟，反省，意識，無意識，経験，感情性，などにたいして〈ランガージュ〉と言われていた．今日ではそれらはみな，また他のものをも含めて〈エクリチュール〉と言われる傾向がある．すなわち，絵画書法的であれ表意書法的であれたんに文字表記（inscription littérale）の身体的運動を示すだけでなく，また表記を可能にするものの全体を示すために，また意味する側面を越えて意味される側面自体を示すために，したがって，表記が文学的であろうとなかろうと，またたとえそれが空間内で配分するものが声の秩序と無関係なもの——映画書法シネマトグラフィ，舞踊書法コレグラフィは勿論，絵画的，音楽的，彫刻的な〈書法エクリチュール〉などに至るまで——だとしても，表記というもの一般を惹き起こし得るあらゆるものを示すために，〈エクリチュール〉と言われるのである」（デリダ1972：26-7）．

　この文章を読み取るのも容易ではないのに，デリダはこの用語とは別に原-エクリチュールなる用語をも用いているのでよけい分かりにくい．

　デリダは，次のように考える．音声言語の先行性とその習得が文字言語を可能にする条件であるという常識的見地は，音声中心主義フォノセントリズム——話声を文字テクストよりも優位におこうとする姿勢——に立脚したものである，と．問題はこれにとどまらない．彼はその背後にロゴス中心主義ロゴセントリズムがあるとみるからだ．

　ロゴス中心主義とは，外部世界に言語から独立した意味秩序が存在するとの信念をいう．デリダによれば西洋哲学の伝統全体がロゴス中心主義である．それは真理の起源を一般にロゴスに帰してきたのであり，また真理のなかの真理，さらにその中の真理の歴史は，常に書記作用を貶めてきたし，完全なる発話の外側にそれを抑圧してきたのである．デリダは，ロゴス中心主義は観念論の母体であり，また観念論はロゴス中心主義のもっとも直接的な代表なのだ，とまで論断するのである．

デリダはさらにこの背後に「現前の形而上学」があると批判する．それは，記号の彼方ないし背後に，ただそこに存在し，直接触れることができるような現実，実在，客観的なものがある，という考えである．

デリダによれば，概して西洋哲学は現前の形而上学のうえに，すなわち超越論的な第一原因，もしくは純粋な起源のうえに構築されている．彼は，そうした思考のすべてが不変の現前，本質，存在，実体，主体，意識，神，人間などに中心化されているとみるのである（ブッカー 2003：230；タリス 1990：308-10）．

デリダは，このように，ロゴス中心主義と現前の形而上学とは西欧文化に普くゆきわたりそれに深く根を下ろした思想であるとして批判するのである．こうした点について，デリダは，およそ理解を拒絶するかのような調子で，次のように論じている．

「音声中心主義は，**現前**としての存在一般の意味についての歴史内的規定性（détermination historiale）と合致するのであり，また，この一般的形式に依存し，この形式のなかに自身の体系と歴史内的連繋とを組織しているあらゆる下位＝規定性（形相としてのまなざしにたいする事物の現前，実態・本質・現存としての現前，今あるいは瞬間（num）の点（stigmè）としての時間的現前，コギト・意識・主観性の自己への現前，他者と自己との共＝現前，自己の指向的現象としての間主観性，など）と合流するのである」（デリダ 1972：33-4）．

現前はデリダがことさら重視する概念である．デリダは現前について次のように論じている．「声と声の意識――つまり〈自己への現前〉としての意識そのもの――は，差延作用の抑圧として生きられた自己触発の現象である．この**現象**，差延作用の抑圧とみなされたもの，〈意味するもの〉の不透明性の体験されたこの還元は，現前と呼ばれるものの根源である」（同 1976：49）．

この難解な現前について，斎藤は楓を例に次のような説明を行っている．「窓外に見える新緑の葉を茂らせた樹木は楓なのだが，楓という本体自身はあくまで不在のまま（直接には現前せず），そこに見える新緑の葉を茂らせた樹木という現象において間接的に現前している．これが〈楓の現象〉ということなのである．このとき楓は『不在において現前している』と言うこともできるし，『現前において不在である』と言うこともできる．このような〈分割における重なり合い〉（不在における現前／現前における不在）」が『現象するこ

と』の基本構造だったのだから，世界はこの基本構造を構成する『不在のもの』の到来にあらかじめ服することなしには，すなわち分割線の亀裂が走ることなしには，現象しない，つまり世界たりえない」(斎藤 2006：77-8)．これで現前は理解できたであろうか．

デリダの見地からすれば，西欧の知的伝統は，この現前という概念に依存している．現前には，起源の瞬間，超越論的実在，発話・テクストの明瞭な意味などが含意されている．そして，この現前に代わるものとして不在がある．そこでは意味や完結性や基盤がいつも永遠に遅延される．この不在という概念の中心にあり，不在を支える概念が「差延」である．差延とは，言葉とものとのあいだの埋めがたいギャップ，確固とした単一の意味の絶えざる遅延のことであるという．

デリダによれば言語の意味は，「諸差異のシステマティックな戯れ」のうえに立っているだけでなく，延期のうえにも成り立ってもいる．デリダは次のように論じている．「われわれはただ記号のうちでのみ思惟するのだ．……このことは，……記号の概念を破壊してしまう．超越論的な〈意味されるもの〉の不在は戯れと呼ぶことができようが，この不在は戯れの無際限化（illimitation）であって，つまり存在論＝神学と現前の形而上学との動揺である」(デリダ 1972：103)．

デリダはいかに意味がシニフィアンとシニフィエとの固定した 1 対 1 の対応関係に安住するものではなく動揺するものであること，いかに意味が差異に依存すると同時に延期されるかを力説する．この点で「差延」は，意味が差異によって構築されるあり方，そして永久に延期されるあり方という二重の意味を担っている，とされるのである（ブルッカー 2003：150）．

ギデンズは，デリダにおいて時間性は，現前の形而上学の批判にとって基本的なものとして現れる，とみる．差異化することは遅延することでもあり，そして時間は意味作用の性質から分離しがたいものとみなされるのである．共時性の考えに立つソシュールは，「時間」を排除することで差異を排除することができた．ソシュールの差異からデリダの差延への変成は時間的要素の導入によってなされたとギデンズは指摘している（ギデンズ 1998：117, 133）．

デリダによれば音声中心主義者は，文字言語に対する音声言語の優先性とと

もに，これにとどまらず，音声言語の現前性を信じている．それというのも，音声言語では話者がその声のなかに現前しているのに，文字言語では，著者はたいていそのテクストから不在であるとみるからである．だが，デリダによれば，現前というのはそれ自体幻想である．むしろ，不在，非-現前が正常な事態である．そうであれば，文字言語は，現前性という幻想に根拠を与えないから，そこにこそ言語の核心を見るべきである（タリス1990：329-30）．

書かれたテクストはもちろん，言語行為も発話主体も，非-現前に貫かれている．言葉の意味それ自体が不在とからみあっているのに，話者が彼の発話の意味のなかに現前していることなどありえないことになる（同書：343）．デリダのいうテクストはコンテクストでもある．したがって，「テクストの外はない」というのと「コンテクストの外はない」とは同じことを述べていることになる．そして，デリダにとって，外的な現実や歴史的世界はコンテクストなのである．

「音声中心論者の考えによれば，形の整った発話の意味は，意味作用をおこなう話者の意識のなかに現前している意図を体現し，また，その意図によって賦活される．」こうした見方をデリダはオースティンの言語行為論を手がかりに批判する．意味はコンテクストに決定されているのに，コンテクストは無限である．デリダによれば「コンテクストを離れて決定できる意味はない．しかし，言い尽くすことを許すコンテクストはない」（カラー1985：I-200；タリス1990：345）．

デリダ批判論

タリスは，論理的にも歴史的にも音声言語が文字言語に先立っていることは明白であるように思える，と批判する．音声言語がなければ文字言語もないであろう．読み書きはできるけれども話すことはできない人びとからなる民族とか文化とかは想像できないであろう．

歴史的にも音声言語のほうが先行した．これは個人の発達史でも同様である．子供は文字を教わる前に，ほとんど誰もが音声言語を習得する．また，文字言語の教育は音声言語を前提としている．子供が文字を覚えるのは話されたことを書くことである．音声言語は人間に普遍的なもので，文盲は歴史上では当た

り前の状態である．

　音声言語が言語現象の中心を占めるのに対して，文字言語は音声言語を長持ちさせ，個人の声が届く範囲を時間的にも空間的にも超えて，言語を伝えるための仕掛けにすぎないように思える．

　こうして，音声言語は第一義的な言語現象であり，文字言語は二次的に発達したものであるという考え方は，反論のしようがないと見えるであろう（タリス 1990: 306-8）．

　タリスはデリダの主張とは逆に西欧文化には音声中心的な偏向よりも文字中心的な偏向を示すほうがかなり多い，と主張する．デリダの主張とは反対に文字言語が特権を享受してきたといってもよい．歴史（ヒストリー）そのものも書かれた史料（ヒストリー）とほぼ同じ意味である．文字以前の歴史は「前-史」という造語によって表される．現実的なものとは書き留められたものや記録に残されたものである．

　宗教の領域でも，デリダが言うような書かれた言葉に対する敵意は認められない．それは，モーゼがシナイ山から下りてきた際に，口頭による報告を持ち寄ったのではなく，「神が指をもってかかれた石の板」を携えていたことからも明らかである（同書: 321-3, 325）．

　人類史的に見ても，書字は初期農業国家においてとりわけ重要な役割を果たした．ギデンズが指摘するように，そこで書字は行政の用具であり，それは時間と空間を超えて物的資源と人間行為の調整を可能とした．それゆえに書字をもって言語的なものが可視的なものへと転換したと理解したのでは充分ではない．それは時間空間における諸活動の新しい調整様式を表示し表現したのである（ギデンズ 1998: 140）．

　タリスは，さらにいわゆる絶対的な現前がありえないからといって，通常の意味における現前も矛盾に満ちた概念だとか，現前そのものが幻想であるとかということにはならないであろう，と批判する．たとえば，言語行為が不在だらけであるとすれば，われわれが自分の現前を主張する行為が実践的な自説否定をしていることになる．名簿のなかから自分の名前が呼び上げられたので，それに答えて「出席しています」と言ったら，（デリダ流の分析によれば）自分を欠席者に仕立て上げたことになる．わたしは自分の出席を主張したその瞬間に，反復可能な記号を用いることによって，その特定不可能な無限のコンテ

クストをともなった差延だらけの世界の中にかき消されてしまうことになる（タリス 1990：384, 388-9）．

デリダは，また，普通の経験においては，現前が絶対的なものではなく，程度問題であることを受け入れない．この点をタリスは次のように批判する．わたしは何かに対して多少現前しているし，多少とも不在である．この程度の差は，それに対するわたしの注意力の鋭敏度や集中度次第である．フッサールの言う絶対的な現前が見いだせないからといって，普通の日常経験におけるレベルの現前を否定することにはならない．そもそも現前のない世界でどうして文芸批評が可能となるのか．デリダが『根源の彼方』の起源ではない，という考えはあまりにも馬鹿馬鹿しいことになりはしないか（同書：390, 392）．

ルーンバのポストモダン批判は，デリダにも向けられたものとして傾聴に値する．彼は次のように論じている．ポストモダン的な研究では，「人間存在は脱中心化され，社会は完全に断片化し，発話は不安定なものになる．複数性や意味のズレ，差延が哲学的信念として祭り上げられる．そうすると，人間の理解能力とその可能性までもが否定されることになりかねない．主体を脱中心化することで，言語や表象を社会的に読むことが可能となった．これはいい．しかし，主体が脱中心化されたことで，主体は既成の体制に対して行動をとったりそれに挑戦したりすることができるという，この可能性まで否定されかねないのだ」（ルーンバ 2001：64-5）．

補論 1　フロイト批判論

治療法としての精神分析の破産

フロイトの伝記作家アーネスト・ジョーンズによると，フロイトの人格はある時期（1892-1900 年）に著しく変化した．人生観，性に対する態度，文体の変化（著しく思弁的で理論的なものへ）．この時期にあらわれた人格的変化の特徴として，使命に対する救世主的な確信，英雄神話の容認，弟子に対する支配の強化などがあげられるという．

『フロイトとコカイン』の著者であるソーントンは，フロイトとフリースの書簡をもとにして，コカイン依存という観点からフロイトの突然の変化を説明

する仮説を提唱している．フロイトがコカイン依存患者であったことは間違いのないところで，それは『夢判断』に，患者のことを書きながら自らのコカイン使用を述懐しているところがある．ソーントンはフロイトが強いコカイン依存状態にあったと推測している（アイゼンク 1988: 38-40）．

アイゼンクは，フロイトが後年になると精神分析の治療法としての有効性に悲観的となっていたとみている．フロイト自身，亡くなる少し前に自分は治療者としてよりも，むしろ人間の精神活動を調べる新しい方法の開拓者として名が残ると言っていた．アイゼンクのフロイト派批判は辛辣である．彼によると，フロイトの後継者たちは生活がかかっているせいか，フロイトの悲観的な結論に対しては同意せず，いまだ精神分析は治療法として有効であると強く主張している．だが，現在，精神分裂症や躁鬱症のような精神病の治療に精神分析を用いるべきであると主張する精神分析家はほとんどいない．精神分析が貢献できる範囲は限られていて，広くとっても神経症関係で，たとえば不安状態，恐怖症，脅迫神経症，ヒステリーなどである（同書: 46）．

アイゼンクは，精神分析の治療が実際に成功しているのかについても根本的な疑念をもつ．精神分析家は，なぜか治療効果の実証をほとんど試みていない．また，フロイト派は精神分析法に代わる治療方法が成功を収めている事実をどう考えているのか．

アイゼンクによれば，フロイトが報告した症例はわずか6例であり，フロイトが精神分析を行ったのはそのうち4名の患者に過ぎない（同書: 57）．

フロイトが報告した代表的な症例を検討してアイゼンクは次のように批判している．

①狼男の事例

成功事例としてよく引用され，フロイト自身も成功したと考えていた事例である．だが，事実は違っていた．フロイトの治療の60年後にオーストリアの学者でジャーナリストのカリン・オブホルツァーが狼男のインタビューを長時間にわたって実施している．そこで，明らかになったことはフロイトが治療したと主張した狼男が，その後，「もとの症状の再燃や非常に重篤な再発に，もっと広くいえば『治癒した』はずの病気の継続に悩まされていた」ことが明らかになっている（同書: 59-60）．

第 8 章 ポストモダン理論の展開

②アンナ・O の事例

　フロイトがヨゼフ・ブロイヤーとともにヒステリー患者として想定されたアンナを治療するために共同研究した例である．ところがアンナ・O の病気は精神病ではなく結核性の髄膜炎で，ソーントンによって彼女の症例についてのフロイトの説明がでたらめであり，カタルシス法を用いた治療が成功しなかったこと，このことをフロイトはよく知っていたこと，さらに，こうしたことをフロイトは隠していたことが指摘されている（同書：60）．

③ドイツの行政長官ダニエル・シュレイバーの事例

　同性愛をパラノイアの原因として指摘した研究として有名．それと同時にフロイトが自ら定めた決まりをあっさり破った点で興味深い事例である．フロイトは患者の症状と病気とを理解するためには自由連想法を用いながら患者の夢などを詳細に解釈し分析することが必要であると主張していた．ところがこの症例では，フロイトは患者を 1 回も診察せずに，患者の回顧録だけをたよりに精神分析を行った．

　シュレイバーは重篤な精神病のために 10 年間を精神病院で過ごし，病状が改善してから自分の妄想についての長い回顧録を出版した．しかし，このシュレイバーの回顧録は，精神分析に重要な情報であるはずの家族，幼児期，入院前の生活についての記述を欠いていた．編集者が削除してしまったからである．

　シュレイバーの回顧録には，非常に多くの妄想が含まれていた．しかし，フロイトは基本的に 2 つの妄想に絞って考察を行った．すなわち，男から女に変わりつつあるという妄想，最初にシュレイバーを治療した神経学者から同性愛的暴行を受けたという妄想，である．ここからフロイトは大胆にもシュレイバーの妄想の原因は，抑圧された同性愛にあると診断した．さらにフロイトはこの結論をすべての妄想病に適用し，妄想病は抑圧された同性愛にあると結論づけたのである．フロイトは大胆にも信頼に足らない小さな事実から遠大な理論を構築したのである．しかし，フロイト批評家によれば，シュレイバーは同性愛というより両性愛にあり，病気は妄想症ではなく精神分裂症であった（同書：61-2）．

フロイトの理論——夢判断と失錯行為

アイゼンクによればフロイトの理論は，彼が主張するほどには独創性がない．彼より先にフロイトとよく似た考えをもった哲学者や心理学者が存在していたことに注目すべきであろう，という．

フロイトは二次加工の重要性を考え損ね，患者に目覚めたあとすぐに夢を書き留めるよう求めなかった．ある夢を見た患者が診察室を訪れるまでに時間が経過しているのであれば患者の見た夢は起きている間に生じた二次加工によって，もとの夢から大きく変化した可能性がある．

しかし，さらに重要なのは，フロイトの夢解釈法を学習した患者がフロイトの夢解釈に合うように，意識的か無意識的に，夢を変えてしまうことが起こりうるということである（同書：137）．

フロイトがあげる夢の実際例についても疑念が浴びせられている．アイゼンクの指摘によると，ウィトゲンシュタインがフロイトの夢について次のように批判している．フロイトは，いわゆる性的解釈をきわめて通俗的なものにしている．しかし，興味深いことに，フロイトが報告した夢は，いずれも性的な夢を直接的に示した例がまったくないばかりか，じつに平凡である，と．

アイゼンクはまた，ある有名な夢の研究家の次のような研究結果を引用している．「夢を集めると，ものすごく嫌なことや恥ずかしいことが起きている夢に不足しない．たとえば，夢を見るひとは父親や母親を殺す．家族の誰かとセックスする．強姦，略奪，拷問，破壊を行う．ありとあらゆる種類の猥せつや倒錯を実行する．しかも夢を見るひとは良心の苛責なく，かなりの喜びすら持ってこうした行為をしばしばするのである」（同書：139）．

フロイトの夢が，じつに平凡でしかつめらしいものであるのは，何らかの夢の選択過程が起きているからである，とアイゼンクはみている．この過程は，フロイトのいう「検閲官」のせいではなく，ウィーンの中流家庭の患者が，猥褻で好色なことを遠慮なく話すことを意識的に拒んだことに，多くの原因がありそうだからである（同書：139-40）．

また，アイゼンクは，フロイトが「検閲官」の存在を認めている以上，夢を平凡でしかつめらしくしないと自らの夢理論にとって，都合の悪いことになるからである，と指摘している．夢が平凡でなければ夢は夢作業の過程で検閲さ

れなかったことになるからである．

　フロイトの理論をどう証明するのか．証明できるのか．ポパーのフロイト批判はこの点をついたものである．理論が客観的事実によって反証可能でなければ，その理論は科学的ではないのではないか，というわけである．フロイトの精神分析理論による患者の治癒実績については相当怪しいことがすでに指摘されている．アイゼンクは，百歩譲って患者がフロイトの理論を受け入れていることをもって理論が正しいと言えるであろうか，と問う．この点でも次のような反論が可能であるからだ．第1に，患者は精神分析家と対等に議論する立場にはないことである．第2に，フロイトは患者の批判をきわめて巧妙な策略で処理した．患者が診断に同意する場合は問題なかったが，不同意の場合には，患者が精神分析に抵抗し，下された解釈が正しいゆえにその解釈をきちんと受け入れないのだとフロイトは主張した．こうして，患者の反対もまた理論の正当性を示すものであるとされたのである（同書：142-3）．

　フロイトは失錯行為も夢と同じに抑圧された願望が背後に潜んでいると考えた．だが，アイゼンクはこの点をも批判する．たとえば日常行動の失錯として玄関の鍵を開けるのに間違った鍵を選ぶ男性の例が挙げられる．だが，この場合，本当の意向が抑圧されているからであるという説明を用いずにも説明できる．こうした例が示すようにフロイトの理論に代わる理論による説明が可能である点をどう考えたらよいのであろうか．

　アイゼンクは言語の失錯についてのフロイトの解釈にも次のように批判している．言い違いや書き違いについても，何も抑圧の見地から手の込んだ精神分析的な解釈を必要としない．また，この問題ではフロイトに先立ち最初の主要な言語心理学的な分析がメリンガーとマイヤーの手でなされ，そこでは800以上の失錯の事例が集められ分析されていた．失錯行動についてフロイトの研究が創造的，先駆的であるというのは妥当性を欠いた評価なのである．

フロイト派精神分析の似非歴史学

　アイゼンクはフロイトの精神分析を歴史学や文化人類学へと拡張する試みにも批判的である．

　フロイトの研究にダ・ヴィンチ論がある．フロイトは，ダ・ヴィンチが書い

た小鳥の飛翔についての文章に興味を抱いた．これをもとにフロイトは精神分析の技術により幼児の空想を分析することで，ダ・ヴィンチの生活史の空白を埋めようとした．そして，禿鷹の尾をペニスの代用表現，全体の情景をフェラチオ，すなわち受動的な同性愛体験の一例と解釈した．フロイトは次にここで禿鷹が選ばれた理由を分析する．アマチュア収集家であったにすぎないのに自らの考古学の知識を過信したフロイトは，古代エジプトの象形文字では母は禿鷹の絵で表されることに着目した．フロイトはこれに加えて，母は，古代エジプトの禿鷹によく似た女神の名前であること，禿鷹には雄はおらず雌だけであることなどとともに一部の牧師たちが使った処女懐胎の迷信などによって自説を根拠づけた．

そうして，フロイトはこの禿鷹幻想をもとに，ダ・ヴィンチが，その人生にとって重要な最初の数年間を父やその継母のそばではなく，貧しく孤独な本当の母と過ごしたために，父の不在を感じていた，と考えをめぐらした．そうして，これがダ・ヴィンチの内面形成に決定的な影響をもたらしたと主張し，さらにはダ・ヴィンチの同性愛の噂や芸術的天才をも説明しようとした．

しかしながら，後年に至ってこのフロイトによるダ・ヴィンチの精神分析に関して決定的な間違いが明らかになった．それは，フロイトが自説の根拠づけに使った「禿鷹」が「鳶」の誤訳であったからである．この事実はフロイトの解釈の基礎を崩壊させた．フロイトはそもそも「鳶」について次のように書いていたからである．「鳶というのは，巣の中の子供が太りすぎると，羨望のために脇腹をついばみ，食事を抜いてしまう」と．スタナードは，禿鷹幻想が否定されたのであるから，フロイトによるダ・ヴィンチの初年時代の再構成は完全に誤っていたことになる，と厳しく批判している（アイゼンク 1988：184-91）．

精神分析の人類学

フロイトは次のように説明している．人間は，1人の族長が全部族を独裁的に支配し，姉妹や娘を性的に支配している社会組織のもとで文化を創出した．族長が力を失い，息子たちが強くなるにつれて，これらの性的掠奪にあった息子たちは父殺しを企み，実行し，父を食べるにいたった．しかし，彼らは，罪

悪感に苛まれ，その母や妹，娘と性的関係を持ちたいという欲望は抑圧された．同時に彼らは父殺しと人肉食とをトーテム神話をつくることで償おうとした．トーテムは父を象徴した動物で，以後祭儀の場合以外に食べることは禁忌となった．さらに，最初の親殺しは，「種の無意識」の遺伝的記憶として引き継がれ，エディプスコンプレックス，近親相姦のタブー，集団異族結婚などの原始的文明を生み出した．この説明に対しては，レヴィ=ストロースの批判がよく知られている．また，マリノフスキーの研究もフロイトによるトーテムとタブーの説明を否定するものであった（同書：197-8）．

フロイト派による偏見と錯誤に満ちた文化研究の事例として，アイゼンクは欧米の研究者による日本文化論の研究をとりあげている．戦時中に日本人がうけたという排泄訓練と日本の国家や文化の特徴に現れた強迫的性格との関係についての説明がそうである．アイゼンクは，イギリスの精神分析家ジェフェリー・ゴーラーの研究とルース・ベネディクトの『菊と刀』がその好例であるとして紹介している．まず，前者の場合，ゴーラーは，日本人の生活全般に浸透しているほとんどの訪問者を魅惑する優しさと，戦争でみせた日本人の圧倒的な残虐性・サディズムとの対比，を説明するのに排泄訓練を持ち出した．彼は，残虐性が生じた理由を，「早期の厳しい清潔訓練」が，日本人の子供に，適当な筋肉と知識に発達をみないうちに括約筋をコントロールするよう強制し，子供たちの憤怒の感情を抑圧してしまったから，と説いていた．実際に日本の母親がどのような排出訓練をしていたのかについてなんら実地調査をせず，誤解にもとづいた推測をもとに日本人の心性を説明してしまった．アイゼンクはさらに，ベネディクトもゴーラーと同じように日本人は厳格な排出訓練をうけていたと決めつけ，それが日本人の小奇麗さと秩序に対する関心の原因の1つと考えたとみて，彼を批判する（同書：200）．

精神分析と植民地研究

かつてフェミニストはフロイトに男性中心主義を読み込み，目を剝いた．女性を暗黒大陸と呼んだのがその典型例である．確かにフロイトは次のように述べていた．「小さな男の子の性生活より，小さな女の子の性生活には分からないことが多い．成熟した女性の性生活もいまだに心理学の『暗黒大陸』である．

しかし小さな女の子は，自分には男の子のような性的器官がないことに気づいており，そのため自分は劣っていると考えていることが分かっている．この『ペニス羨望』が女性に典型的な反応の原因になることも分かっている（1947：34-5)」(ルーンバ2001：200).

さらに未開から文明への発達について論じた『トーテムとタブー』(1913年），『文明への不満』(1930年）などではフロイトに西欧中心主義，エディプスコンプレックスの西欧帝国主義を読み取ることも可能である．フロイトはそこで子供が大人になる過程と野蛮から一神教と家父長制（フロイトが人間文明を判断する基準）に向かう社会の進歩とを重なりあわせていた．また，「未開人」は成人ヨーロッパ人なら当然達成できるはずの精神的成長を遂げることができない．その点で，文明世界の神経症患者に似ている，とも述べていたのである（同書：175).

ポストコロニアル批評でよく引き合いに出されるコンラッド『闇の奥』．そこではアフリカが植民者ヒーロー，クルツを魅惑し，狂わせる．コンラッドの例にもれず，植民地に関わる西洋の言説にはヨーロッパの主体だけが個人として描かれ，植民地支配を受けるものは決して個人としての特徴を与えられないばかりか，アフリカ，インド，中国などの他者の土地が狂気を生み出す，植民地での遭遇が狂気を生むという説明がみられる（同書：173-5).

この問題を1つの主題としたルーンバのフランツ・ファノン論は興味深い．彼の解説によると，ファノン(1925-61年）の『黒い皮膚・白い仮面』『地に呪われたる者』は，近代化ではなく植民地支配こそが植民地住民の抑圧された意識や狂気を生み出したのだ，と訴える．彼は，フロイトのエディプスコンプレックスで，あらゆる場所で生じているアイデンティティの形成を定義し説明できるか，階級や人種，文化など他の領域の差異性の軸はアイデンティティの行為遂行に影響を与えないとでもいうのか，と問題を投げかける．

バハマ諸島などと共に西インド諸島もしくはカリブ諸島を構成するアンティル諸島のフランス領マルチニック島に生まれたファノン．彼の考えでは，植民地的状況下の家族構造のもとでは，アンティル人主体の心理的構造をエディプスコンプレックスによってでは説明できないのである．ファノンによれば，「黒人はエディプスコンプレックスにならない」のだ．なぜであろうか．それ

第8章 ポストモダン理論の展開

　というのも，西欧の子供にとって国は家族の延長線上にあるが，アンティルの子供にとっての植民地国家とは家族を反映したものではない．彼（彼女）の父は植民地当局に従属している．したがって〔エディプスコンプレックスの基盤である〕父の法は白人男性の法なのである．そうして，「植民地主体は〔父の位置に来る白人に対して〕，反抗的な子供の位置を占めることになる」のである（同書：183-4）．

　ファノンはラカンの鏡像段階に手を加える．白人男性にとっての真の大文字の他者とは黒人男性であり，他方で黒人男性にとっては白人男性がそれである．ただ，白人の場合，大文字の他者は身体のイメージの次元で，絶対に自己ではないものとして，つまり，同一化できないもの，同化できないものとして，絶対的に知覚される（1967：161）（ルーンバ2001：181-2）．

　「白人男性（そして女性）から見れば黒人男性とは皮膚の色が黒く，限りない性欲を持っているとされる．『ネグロ恐怖症』は淫蕩な黒人の性欲への恐怖と欲望とに働きかける．白人主体にとって黒人とは他者であり，白人としての自己の外側にあるすべてである．しかしながら黒人主体にとっては望ましいものすべて，自己が欲望するすべてを定義するのが白人という他者だ．この欲望は権力構造に根付いており，したがって『白人は大文字の他者であるばかりでなく，現実のもしくは想像上の主人なのだ』（1967：138）」（ルーンバ2001：182）．

　黒さは白人の自己を保証するが，白さは黒人主体を空虚なものにしてしまう．人種差別的／植民地主義的構造で徹底して見下されている黒人は「皮膚の黒さ」が，自分の正体だとは，どうしても思いたくない．だからファノンによれば，アンティル諸島の患者たちは，自分たちが「無色」であるという幻想を見るのだ．そうして，黒人は彼が黒いという事実をなんとか隠そうと，白い仮面を身につける．黒い皮膚と白い仮面．それは，植民地支配される者のアイデンティティは惨めにも分裂症に陥らざるを得ないことを反映している．ところでファノンの言う植民地主体とは男性だけをさす．このため，フロイトがそうであるように，ファノンの図式は精神分析におけるジェンダー不均衡を肯定するもの，との批判がだされている点に注意を促しておこう（同書：181-3, 200-1）．

フロイト批判論の展開

ドゥルーズらは『アンチ・オイディプス：資本主義と分裂症』（1986年）で「エディプスコンプレックス分析の帝国主義」を非難する．現実においては家族そのものが政治的・歴史的変化を被るものであるというのに，帝国主義的エディプスコンプレックス分析は，人間が経験する軋轢が起こる場は家庭であるとして，家族の持つ意味を肥大化させている，というわけである．このようにフロイトのエディプスコンプレックスを批判する彼らは，精神分裂症のメタファーにもとづいた「スキゾ分析」を提示する．その分析のキー概念は「欲望」であり「リゾーム」である．

ドゥルーズらによれば，人間はさまざまな欲望の束として存在する．そして欲望と欲望の対象との関係こそが実在する．また，人間主体は欲望する機械であり，人間によって構成される社会も大きな機械なのである．しかしながら彼らはデリダとは異なり，欲望を肯定的で革命的な力としてとらえる．彼らの構想では，主体は「欲望機械」となり，その解放された欲望は，「資本主義機械」による全体化のヘゲモニーを退けるものと考えられている．彼らはまた，「リゾーム」なる概念を押し立てて，彼らが批判の対象とみる西欧哲学の中心化のシステムと序列的二項対立を突き崩そうとする．ここでいうリゾームとは，球根や塊茎，芋などの成長過程でみられる形態である．彼らは，このメタファーを一般化し，言語，エクリチュール，思考，政治的活動などのさまざまな形態に適用する．たとえば，リゾームは，彼らがそうであると考える，西欧思想の唯一性，同一性のメタファーである「ツリー状」のモデルとは異なる「脱領域化」（脱領土化／脱土地化／deterritorization）された思考を象徴するのだという．脱領土化．これもメタファーである．それは，地理的な喩えで「領土」ととらえられる抑圧的で強制的な社会的，知的構造からの逃走を意味している．彼らにとって，見事に脱領土化された存在であるとみなされている精神分裂病患者がそのモデルとなる．すなわち，彼らは，精神分裂症的（schizophrenic）なもののノドマ的（遊牧民的 nomadic）な特質を賛美し，「根」というメタファーに隠匿されているテリトリアティ（領土性，土地所有）という抑圧的理念に代わりうるものとしてリゾームを位置づけるわけだ（ドゥルーズ／ガタリ 1986）．

第8章 ポストモダン理論の展開

なお、ドゥルーズらとは異なる方法論的概念として精神分裂症をとらえ、近代日本を精神分裂症、アメリカを強迫神経症のケースとしてみれば、それぞれの国家としての行動をよく理解できると豪語するのが岸田秀である。彼によれば、ペリー来航から太平洋戦争を経て1980年代の貿易摩擦に至るまでの近代百数十年の日米関係は政治的、経済的要因だけでは説明できず、何よりもまず、「病的国家と病的国家との病的関係」として見なければならない、と論じている。彼は自信たっぷりに次のように自説を説明している。「1853年、ペリーが来航して開国を迫られたことによって日本は、軍事的に到底かなわない欧米諸国を崇拝し、迎合と屈従によって危機に対処し、外的現実に適応しようとする層と、現実適応なんかは考慮せず、ひたすら日本の誇りと独自性を主張する層とに分裂した。前者が外的自己(この場合で言えば、佐幕開国派)、後者が内的自己(この場合で言えば、尊王攘夷派)である。日本においては、この分裂状態が現在に至るまで、さまざまな形で(たとえば、内治派と征韓派、政党政府と軍部、保守党政府と左翼陣営、政界と経済界、など)続いているというのが、わたしの説である。このような外的自己と内的自己との分裂は、個人の場合で言えば、まさに精神分裂症であって、近代日本は精神分裂症の1ケースであるというわたしの見方は、ここから出ている」(岸田1994：238-9)。

最後に、一時もてはやされたワトソンの行動主義によれば、フロイトやこれまでみてきた精神を扱った学説は、どれも迷信と魔術の産物であるということになる。ワトソンの行動主義は、彼が自然科学と共通すると考える「客観的観察法」に立脚し、人間の意識とか心とか精神の存在を認め、これらを内観法＝主観による観察法によって観察する内観心理学を否定した。彼は次のような考えを説いた。人間の心理学の主題は、人間の行動である。行動主義は、意識というものは、明確な概念でも、有益な概念でもないと主張する。つねに実験家として訓練されているという行動主義者は、さらに意識というものがある、という信仰は、迷信と魔術のあの大昔に生まれたものだ、と主張する。このような宗教的概念の一例は、どの人も、身体から分離し、肉体とは区別される魂をもっている、という考えである。この魂は、実際には、神の一部である。この古代の考え方から、「二元論」と呼ばれる哲学上の主張が生まれた(ワトソン1968：15-9)。

補論2 「脱構築」とは何か

　ハイデガーの解体を翻訳する過程で生み出されたとされる「ディコンストラクション」．日本語で脱構築と訳されている．それは，話し言葉／書き言葉，男／女，神／人間，内部／外部，主観／客観，主体／客体，意識／存在，知性／感性などの二項対立を曖昧にしたり転倒させたりすることによって，二項対立を無効化する戦略であるという．脱構築によってデリダは，彼の言う西洋の「ロゴス中心主義」的な哲学史を解体し，再構築しようと企図するのである．

　デリダは，このため，代補（supplement），ファルマコン（pharmacon），ヒューメン（hymen）などの用語を独自に解釈して，ある対象や観念の十全さや絶対性，安定性の転覆を企図する．そうして，合理的あるいは顕現的な哲学的立場を覆すことで，テクストがその哲学的立場を内部から掘り崩し，表面上打ち出しているのとは正反対の見解に，みずから無意識的に加担していることを露呈するやり方がデリダの言う脱構築である．

　それにしても脱構築について分かりやすく解説できないものであろうか．たとえば，手元にあるニコラス・ファーンの解説ではこんな調子である．スーパーマンは真理，正義，アメリカ風の生き方のために戦うが，バットマンは強盗に両親を殺されてから，犯罪との戦いを始めた．バットマンは正義のためにではなく復讐のために戦うのだ．フランク・ミラーのコミックス「『バットマン：ダークナイト・リターンズ』には復讐者としてのバットマンが，ありありと描かれている．このコミックスではバットマンは，相手の犯罪者と同じように心理的なゆがみをもつ野蛮な夜警団員として描かれているのである．フランスの哲学者ジャック・デリダの言葉を借りると，バットマンはヒーローの概念を『脱構築』してしまったのである．バットマンの物語は，ぼくたちが明確で固定されたと思い込んでいる概念が，実際にはその反対の性質のもと，いかに複雑に絡みあっているかを示してくれる．ヒロイズムを発揮するためには，逆境や悪辣さが必要であるだけではない．ヒロイズムの行為のうちに，まさにこうした特性が混ざりあっているのである．……」（ファーン 2003: 270-1）．これで脱構築について理解できたであろうか．

第8章 ポストモダン理論の展開

斎藤も脱構築を主題にデリダの思想の平易な解説を試みている．斎藤の解説に従い，脱構築とは何かについて考えてみよう．

斎藤は次のように言う．「正当なものとして妥当性を認められ流通している先行する現象形態を，その妥当の力を奪うことで**解体**させる（déstruction）という過程が，脱-構築にははじめから含まれているのだ．脱-構築が，『解体』や『破壊』を意味する『脱(dé)-』を不可欠の契機としてもつ所以である」（斎藤 2006：55）．斎藤によれば，脱構築が立ち向かうのは，「ア・プリオリズム」，あるいは「本質主義」，すなわち，「その本質を本体＝本質レベルであらかじめ規定し・凝固させてしまうふるまい」なのである（同書：73）．

「だが，脱-構築が単に破壊のための破壊，否定のための否定だったことは一度もないはずだ．あくまでそれは，『別の仕方で』の現象に向けての，それも多少とも『より暴力的でない』現象の仕方へ向けての，第一歩だったのだ．現象を特定の本体の現象として規定する力の中には，『より正当化できる』それとそうでないそれとが，すなわち『より暴力的でない』ものとそうでないものとがあるからである．……したがって解体は同時に，別の仕方での現象に向けての新たな**構築**（construction）でもなければならない」（同書：56）．

脱構築は，それが「別の仕方で」の世界の現象へ向けての運動である以上，みずからふたたび何らかの現象形態へと帰着せざるをえない．たとえ，脱構築によって，先行する現象形態よりも「よい」ものが構築されたとしても，脱構築によって，別の仕方でこの現象形態を解体と再構築の過程にゆだねなければならない．「脱-構築には，もうこれで十分という安心と休息の訪れるときは約束されていないのであり，それには終わりがないのだ」（同書：61-2）．

脱構築は，「現象を確固不動の特定の本体へと還元し・そのようにして立てられた本体（実体）にいわば凝固させようとする力（それは現象を，当の現象の背後に隠れている何らかの本体の単なる現象として規定する力の内に，すでにはたらいている）の裏をかき，肩すかしをくわせるような仕方でその力を緩和し，この力によって塞がれ・窒息しそうになっている差異のあの分割線を解放すること」なのである（同書：63）．

「〈本体とその現象〉という仕方で反復が形成されるときの，本体と現象を分け隔てる分割線（「と」）の内には，現象が決して踏み越えることができない

深淵が口を開けている」(同書: 67).

　斎藤の解説によれば，反復は不安定なものだ．反復と独立にそれ自体で存立する本体などどこにもない．この事態を回避するため〈と〉が呼び込む反復の不安定性を低減しようとすれば，この「断層線」の「開口部」を「埋め立てる」しかない（同書: 68）．普通は，「本体＝現象」へと限りなく近づけることが現象の安定性の確保に必要になる．これによって現象を見て取る主体の安定性が確保されるからである．だが，これでは〈本体と現象〉を分別するこの「開口部」をむりやり「力づくで塞ぐ」ことになる．世界をいつも「同一のもの」の現象の繰り返しへと凝固させる結果を招いてしまう（同書: 68-9）．

　斎藤のレトリックに彩られた文章は続く．

　「だが，ここで生き埋めにされたものが，もともと不在のものである点を忘れてはならない．それはどこにも存在しないがゆえに，決して助けを呼ぶこともなければ抗議の声を上げることもないのだ．」「そしてもし私がそのことを認めるのなら，この不在のものの名の下にこの暴力は糾弾され，当の不在なものを生き埋めの状態から解放しなければならない」（同書: 69-70）．

　斎藤は，脱構築の例として「他でありうる可能性」の「剥奪」，ユダヤ人への迫害をあげ，説明を加える．

　彼／彼女はユダヤであることは１つの現象形態にすぎない．夫／妻であるかもしれないし，父親／母親であるかもしれない．あるいは音楽やスポーツを愛する人かもしれない．さらには詩人であるかもしれないし，商人であるかもしれない．だが，ナチスは，こうしたさまざまな現象形態を「ユダヤ人である」ことに固定してしまう．これは，同一なものへの繰り返しであり，特定の本体への固執である．こうした「読み取りの暴力性は誰の眼にも明らかである．だが，ある人物を特定の民族なり国家と同一視することは，すぐそれだけで１つの暴力たりうるのではないか．」なぜなら，「彼／彼女は，他でもありうる可能性を剥奪されているからだ」（同書: 70-3）．

　だが，規定することのうちに暴力が孕まれているのであれば，われわれは安穏に悠然と生きてはいられない．斎藤が言うように，「解釈する側の誰かが，ひょっとして自分たちは知らず知らずの内に，『他でありうるもの』・『別の仕方で現象しうるもの』に対する暴力に加担してしまってはいないか」との恐れ

第8章 ポストモダン理論の展開

が生ずるからである．そこでは斎藤も認めるように，どのような解釈が暴力で，どこからが暴力でないのか，線引きすることが困難であるに違いない．このアポリアをどのように処理したらよいのか．斎藤は「机」を例に次のように説き始める．

「眼の前の机を机と見て取ることのどこに暴力が行使されているのかと反問されれば，少なくとも私は答えに窮する」ことになろう，と．こうした文彩の用いかたは，姑息である．なぜなら，ここで，「少なくとも私は」というのであるから，多くの人びとは答えに窮しないことが，暗黙の内に前提とされているからである．このほのめかしによって，多くの人びとは，「机」と規定することのうちに暴力の行使が孕まれていることを認めていることになる．斎藤は，このように暗示し，事実上の同意を求めた後で，あらためて机の例での回答を用意する．「机」と規定することのうちに孕まれる暴力とは？

だが，ここに至って論者は，再び，反問に対して答えることを「少しだけ試みてみよう」と躊躇し，議論の展開をはかる．しかしながら，なにもここで「少しだけ試みる」こともあるまい．あらためて聞こう．「机」と規定することが，いかなる暴力を孕むことになるのか？

斎藤は言う．「それが机として規定されることで，たとえばそれが価格の安い輸入材から作られているとしたら，どこかの国の森林の樹木がそのために切り倒されたことになるだろう．」

斎藤は，机─森林伐採─自然環境破壊，という風に連想させ，机という規定性が暴力的ではないとは言い切れないと論ずる．しかし，こうした解釈があまりにも荒唐無稽であることに多少の後ろめたさを感じてか，次のような逃げを打つ．「だからと言って目の前のものを机と規定することがただちに暴力的ということになるわけではないはずだ」と．

それでは暴力的ではないのかというと，そういう訳でもないのだ．「机と規定することの内に，ほんのわずかとは言え何がしかの暴力が，十分には正当化できない力の行使が，ほとんど気づかれることもない内に入り込んでいるということは，たしかにありうる」のだという．読者は，ここで，斎藤が，「たしかにありうる」といい，断定的に「たしかにある」といっていない点に注目しよう．「ほんのわずか」な暴力が「ほとんど気づかれることもな」く入りこん

でいる?!（同書: 74-5）

　暴力があるのかないのか．暴力性は「たしかにありうる」のだという．どうありうるのか．「もっとも，それは机を机として規定すること一般に内在する暴力」としてあるのではないのだという．それではどこに？「その規定の具体的な形態のある種のものの内に」ある「ということだろう」という．ここでも「ということであろう」と言い断定を回避しているのに注意が必要である．それに，「その規定の具体的な形態」とはどのような形態なのであろうか．「ある種のものの内」というが「ある種」とは？「ものの内」とは？（同書: 75）

　安い輸入材を用いて机を製造することが暴力的なのであろうか．森林から木を伐り出すこと自体自然環境破壊につながるとは必ずしもいい切れまい．皆伐せずに森林の保全に配慮しつつ伐採することは可能である．また，安い輸入材であるということだけでは暴力的であるとはいい切れない．安い輸入材が，はたして環境破壊の木かそうでないか，どう見分けることができるのであろうか．暴力的であるのとそうでないのとをどう区別するのか．

　さらに，安い机であっても，それが化石燃料を原料としたプラスチックを用いない苦肉の選択であったとしたらどうであろうか．これは化石燃料の使用の方がより強い暴力の行使であると考えた場合に生じうるのではないか．

　面前の机を「机」と規定することが，ある種の暴力であるとしたら，そもそも人間の営み自体が道徳的・倫理的に成り立たないのではないか．朝起きてコーヒーや紅茶を，夕刻にビールや酒を飲むたびに，それぞれを「規定」する行為は避け難い．そうであれば，われわれの生はあまりにも罪深いといわねばならない．そうして，われわれは，こうした生に伴う罪悪から，現象を「ビール」「コーヒー」などと「規定」するたびに，絶えざる自己否定を繰り返さねばならないことになろう．そうであるとしたら「盛夏，蟬時雨」の「閑寂な環境」のもとでデリダ研究にいそしむ斎藤は，その恵まれた円覚寺での生そのものを，根底的に，反省し，自己を否定しつづけなければならないことになる（同書: 126）．斎藤が，このような自己否定をあえて回避しうる次のような方途を提唱されているのも宜なるかな．「現象することの『別の仕方で』の可能性にみずからを開いておくことは，決して悪いことではないかもしれないのだ」と．何のことはない．それは，机を「天井の埃を払うための『踏み台』と

したり，地震のときその下に身を隠す『防御壁』としたり，燃料難の際の『焚き木』としたり……する」別の仕方での活用の可能性のことである（同書：75-6）．

　これらは斎藤によれば，「歓迎すべき部類に入るケース」である．なぜなら，「特定の解釈図式に押し込められ息もできない状態に置かれた人にとって，その固定した解釈枠組みが打ち破られることは救いであるに違いない」からである．斎藤によれば，「脱-構築は，そうした『同一のもの』の『繰り返し』をふたたび他の現象の可能性へと，すなわち『別の仕方で』の『反復』へと向けて『解体＝構築』する」ことでもあるのだ．

第 3 編　批判的社会理論の展開

第9章
イデオロギー論

「イデオロギー」は，デステュット・ド・トラシーの造語である．それは1796年のことで，当初，経験論的に観念を分析した観念学をさした．その後，ナポレオンが，研究教育制度の再編に際して，観念学者をイデオローグと批判揶揄し，退ける経緯があった．ここから，イデオロギーは，幻想や非実用的な理論や考えを示す言葉である，と解釈されるようになった．

イデオロギーが人口に広く膾炙するようになるのはもっぱらマルクス，エンゲルスの著作に由来する．今日では，普通，マルクス主義の歴史的文脈のなかで，特定の政治的思想を指す概念として理解される．これに対して，人びとの精神的枠組み，信念，概念，世界と自分の関係を表す方法なども含む広い概念としてとらえる見方もある．ある文学・文化批評辞典は，現在の批評で用いる場合，次のような4つの意味があると整理している．第1に，社会的現実をゆがめ，本当の解決を回避し，別の解決で済ませてしまうことになる誤表象である．第2に，それは，法律，哲学，倫理，芸術などのあらゆる形態の社会的意識をまとめてさす言葉である．第3に，ブルジョア・イデオロギーというようなある社会的経済的階級がもっているとされる政治的考えのことである．第4に，個人のあらゆるあり方を定める表象や物語の体系であるとするポスト構造主義の考えである（チルダーズ／ヘンツィ 1998: 219-22）．ここでは1840年代のマルクス＝エンゲルスのイデオロギー論からアルチュセールのイデオロギー論，さらにはフーコーのディスクールまで，イデオロギーの系譜をたどることにしよう．

(1) マルクス

マルクスとエンゲルスにとり，それは支配階級による社会の支配と結びついた概念であり，人びとと世界との本当の関係を隠蔽している虚偽意識のことであった．ある社会で常識のように流通しているイデオロギーは，支配的な社会階級の利害を反映し，再生産される．それは抑圧された階級の目をごまかし，搾取という現実を覆い隠す機能を持つということになる（ルーンバ2001: 44-5）．

資本主義の発展によって金と商品が人間的な価値の地位を奪い，あるいは人間的な価値と同一視される．かくして金と商品が呪物化される．それではどうしたらプロレタリアートは転覆的な考えを抱くようになるのか．真実を認識することが可能であるのか．

マルクス主義者にとって『資本論』が解放のバイブルであった．この『資本論』について，代表的なマルクス経済学者の1人は，次のよう解説していた．すなわち，マルクスの『資本論』によって，「資本主義社会の内面的編成の考察と経済的運動法則の暴露は，……はじめて完全に遂行された．資本主義社会がそれ自体の発展のうちに解体の諸条件を必然的に準備せざるをえないひとつの歴史的・過渡的な社会形態であるという論証も，この近代社会の経済的運動法則の暴露によってはじめて可能となった．『資本論』の成立が科学としての経済学の確立であると同時に，それの前提としての唯物史観の確証であり，社会主義の科学的基礎づけといわれるゆえんである」（佐藤金三郎1992: 1244）．

かつてマルクス派は次のように主張していた．「経済的運動法則」を「暴露」した『資本論』によって「唯物史観が確証」され，「社会主義が科学的に基礎」づけられた．こうした法則を認識し，革命的な実践によって社会主義をつくりあげるのが真理の体現者であるプロレタリアートということになる．だが，プロレタリアートはそれ自体としては即時的には虚偽のイデオロギーにとらわれ，汚染されている．そこで，彼らに代わってプロレタリアートの先進層，前衛，革命政党が真理の体現者として登場する．もちろん反資本主義的立場にあったとしても彼らが直接的に真理の体現者になれるわけではない．理論はプロレタリアートの実践によってためされなければならない．だが，この験証は容易ではない．まもなく，「正しい」革命路線，「真理」をめぐる党派闘争と党内闘争が宿命となる．結局，「真理」の認定は，次第に党官僚，書記局の多数派や独

(2) ルカーチ

ハンガリー革命の挫折を深刻に受け止めたルカーチは、「進化論的な実証主義」に真っ向から反対した。彼がいう進化論的な実証主義には当時のマルクス主義理論が含まれていた。とくに社会的進化を自然唯物論的に自然史的過程と説くエンゲルスへの批判があった。ルカーチによれば、エンゲルスのそれは、意識が外的諸力の受動的産物、客観的諸条件の反映となってしまうような機械論的社会理論なのである。そうしてルカーチは、全体性、総体性の回復をスローガンにマルクス主義を主体的・実践的なものにとらえ返そうとした。プロレタリアートは歴史の主体であり、認識主体である。プロレタリアートは資本の物神性の虜になっていて虚偽のイデオロギーにとらわれている。だが、搾取されているプロレタリアートの自己認識は「総体的認識」、つまり、自己の階級的状態を社会的全体性、その再生産のシステムの視点から理解できる。曰く、ブルジョアジーとプロレタリアートは同一の社会的な現実を共有しながらそれを異なって理解する。すなわち、ブルジョア的思惟は、所与の経験的に無媒介な諸形態を受容しているのであって、ゆえに変動を全体性の構造的諸原理によって媒介されたものではなく、破局として認識する。これに対して、プロレタリアートの思惟は、現実的歴史状況の自己認識なのであって、社会の無媒介的所与の形態を拒絶することによって成立する。それは、ブルジョア的思惟よりも客観的により高い科学的地平に立っている、のであり、プロレタリア的思惟が対象を総過程から孤立させて考察することを拒絶しているからである。プロレタリアートは労働力商品として客体化され諸事物の関係として位置づけられているが、その社会的自己認識は資本主義の革命的転換と同一である。つまり、プロレタリアートの認識は外在的客体の単純なる反映ではなく、プロレタリアートの革命的実践と結びついている……。

要約すれば次のようになろう。ルカーチは、イデオロギーをマルクスとは異なって理解した。それは必ずしも虚偽意識ではないと。それが虚偽であるか真実であるかは、そのイデオロギーで代表されている集合的主体、階級によるのであった。ルカーチは、階級とイデオロギーの関係を図式的にとらえていた。

彼によれば，ブルジョア階級のイデオロギーが資本主義の歪んだ本質を表現するのに対してプロレタリアートの見方はより科学的で，現実の真の本質を把握できることになる．こうした彼の議論の難点は，ア・プリオリにプロレタリアートの認識の方が優れていると主張するだけで，それを証明してはいないことにあった．

　ルカーチは当時支配的なマルクス解釈を批判しプロレタリアートの主体性の回復を説いた．しかし，プロリタリアートこそが真理を把握できると，あまりにも独断的に，理念主義的に言い切る点では，古いマルクス主義と違いはなかった（ルカーチ 1968；イーグルトン 1999：202-29）．

(3) マンハイム

　マルクスの理論によりながら，プロレタリアートの認識が「特殊的把握」にとどまる限り，真の認識にいたっていないと主張したのがマンハイム（「知識社会学」）であった．彼の考えでは，われわれのあらゆる認識や思想は，それ自体として生成し存在するイデオロギーとしてではなく，常に社会的存在や立場に制約をうけた拘束されたイデオロギーとしてとらえなければならない（「知識の存在拘束性」）．彼はまた「部分的イデオロギー概念」と「全体的イデオロギー概念」を打ち出した．前者は，論敵者の主張の一部分だけをその発言の具体的内容に関して，しかも発言者個人の動機や利害といった心理次元に関連づけてその虚偽性を暴露しようというもの．これに対して後者は，論敵者の個々の発言だけでなく世界観全体を，その基本概念，理論構成をも含めて問題にし，それを当の個人だけではなくその世界観を担っている階級・世代・党派・職業集団・学派などの集団的主体に関連づけ，社会的次元でその虚偽性を暴露しようというものである．マンハイムによればマルクス主義で全体的イデオロギー概念が明確な形をとることになる．しかし，彼の考えでは，全体的イデオロギー概念に立つ場合でも，自己の立場を絶対的なものとして相手の思想のイデオロギー性だけを指摘しているうちは，そのイデオロギー概念は全体的であっても未だ特殊的なものといわねばならないのである（＝イデオロギーの「特殊的把握」）．

　敵対者のみならず，原理的にはすべての，したがって自分自身の立場をもイ

デオロギー的であるとみる「勇気」(?) をもつとき,「全体的イデオロギー概念の普遍的な把握」に到達する．マンハイムにすればマルクス主義のイデオロギー論は，プロレタリアの立場を絶対視していて，全体的になってはいるもののまだ特殊的なものを抜けでてはいないのである（マンハイム 1968）．

それでは，真理を打ち立てる最適な立場はあるのか．マンハイムは，プロレタリアートおよびその階級意識を自覚した一部の党派ではなく，インテリゲンチャーがそうであるという．何故にか．マンハイムは，無前提的にインテリゲンチャーが階級的利害を超越した存在であるからであるという．緻密なようで粗雑なマンハイムの所説に対してはポパーの批判が有効であろう．「社会的に浮動せる知識人」が，特定の階級，階層利害から自由であり，社会的思考の妥当性がその社会構造上保証されている，と何を根拠にしていいうるのか．「社会学的認識論が素朴に仮定しているように，科学的客観性が個々の科学者の不党派性もしくは客観性に基礎を置くとするならば，われわれはそれに別れを告げなければならない」（ポパー 1980 : 201）．

そのうえ，実際にはイデオロギーと階級とが一致することはないのが歴史的現実であった．階級は多種多様なものが入っているグループで，ジェンダーや人種，その他の対立の軸で引き裂かれている．労働者階級の画一的で統一的なイデオロギーなどというものは，実際には存在しないのであった．

(4) グラムシ

グラムシは，イタリアやヨーロッパでの革命の失敗の原因を考察し『獄中ノート』(1929-35 年) を残した．基底，土台と上部構造に関するマルクス主義の通説を疑問視し，上部構造の独自の役割に注目した．彼は，イデオロギーにもさまざまな種類があると考えた．グラムシは，また，イデオロギーが作動する2つの階層もしくはレベルである哲学と常識とを区別した．常識は実践的で日常的，民衆的な認識である矛盾だらけの信念形態だ．それは，人びとに，正しいこと，あるいは規範的なものとして受け入れられる．こうした常識は，一体，どのように形成されるのか．支配階級の思想が支配的思想となるのはどうしてなのか．これがグラムシの疑問であった．グラムシは獄中で思索を深めヘゲモニー概念を考え出した．それは単に上から押しつけられるものでもなく，

強制と同意とによって打ち立てられる権力であった．ヘゲモニーは，非支配層に部分的な同意を作り出し，階級，人種や文化の対立や相違を生み出しつつも，他方で，それらを全体的なシステムに統合する作用を果たすというのである．

(5) アルチュセール

アルチュセールは，物象化や疎外といった概念のうえに自分自身のイデオロギー論を築きあげるわけにはいかなかった．彼からすれば，そうした概念は，「人間の本質」というすでに破綻した前提に寄りかかっているのであった．彼はまた，階級主体やプロレタリアートの世界観といった概念を，そのイデオロギー論の基礎とする考えに与するわけにはいかなかった．彼にとって，イデオロギーは虚偽意識ではない．社会に生きるものが持つ必然的な意識なのである．

構造主義者アルチュセールには，フーコーのエピステーメー（episteme）に相当する用語として「問題構成」があった．人びとはある特定の問題状況と問題意識にとらわれてしまっている．それは視座といってもよいのかもしれないが，この視座そのものは不可視で，無意識的な機制におかれている人びとには普通，それをとらえ返すのは困難である．この視座の転換を図るためにアルチュセールが必要とみたのが「認識論的切断」であった．また，この「認識論的切断」による新たな位相での認識にあっては，科学とイデオロギーとを厳密に区別すべきであると説いた．マルクス主義が，プロレタリアートの歴史的実践によってその理論は真価が問われるとしたのに対して，理論は，いつ，誰が，いかなる歴史的理由でそれを提起したかにかかわらず，またそれを生み出した歴史的状況とは無関係に，真偽が決まることになる，というのである（イーグルトン 1999：288-9）．

アルチュセールは，「ラカンの精神分析と，グラムシの思想のなかでも歴史主義性が希薄な部分とを合体させ，そこから，刺激的で，独創的なイデオロギー論をみちびきだす」戦略をとった（同書：287）．

彼はまず，主体形成は言語を通して行われるものだとするラカンの精神分析学を足場に，次のように問うた．主体とそのもっとも深い自己が，その外部にあるものによって，どのようにして「呼びかけられる」（フロイトから借用した用語）のか．どのようにしてイデオロギーは内面化されるのか．人間はどの

ようにして支配的な考え方を「自分自身の」考え方にするのか．人間はどのようにして社会が押しつけてくる考え方を自分で「自発的に」考えたものだと言うようになるのか．

　大文字の主体（Subject）として立ち現れるイデオロギーとは，イデオロギーとして自立した社会的規範のことでもある．アルチュセールのイメージでは「個人は主体の命令に自主的にしたがうため，したがってその服従を自主的に受け入れるため，それゆえその服従の身振りや行為を《ひとりで成し遂げる》ために，（自由な）主体として呼びかけられるということである．」「諸個人は服従をとおして，かつ服従のためにしか諸主体は存在しないのである」（アルチュセール 1993：101）．

　イデオロギーは主体としての諸個人に呼びかける，召喚（interpellation）するのだという（同書：81）．アルチュセールの考えによれば，人間主体はイデオロギーによって呼びかけられ，話しかけられ，その呼びかけが自分に対してのものであると認識するときに，1人の個人は「主体」となり，これによって社会的に位置づけられるのであるという．この服従主体となった個人＝「主体」とは，言語論におけるラング主体（言語規範を受容し習得した人）に該当する．

　アルチュセールによれば，意識はイデオロギーの外部に出られない．そして，外部に出られないだけではなく，その時代のイデオロギーのなかでしか誕生することができず，生きられもしない．

　イーグルトンは，アルチュセールのイデオロギー論を主体形成の面からみて，次のように論じている．アルチュセールにとって，イデオロギーは「個人が，個人の現実の存在状況とのあいだに結ぶ想像的な関係を表象するもの」である．「人間は，自分と存在状況との関係を表現するのではなく，自分と存在状況との関係を自分がどう生きるのか，その方法を表現するのである．この場合，前提とされるのは，現実の関係と『想像的な』『生きられた』関係の両方なのである．……イデオロギーのなかで現実の関係は，必然的に，想像的な関係のなかにつつみこまれる」（アルチュセール 1994：417；イーグルトン 1999：298）．

　アルチュセールにとって，イデオロギーはとにかく表象するものである．ただし，それが表象するのは，社会でもなければ，私でもなく，社会全体と私との関係を，私がいかにして「生きる」かということである．

「イデオロギーとイデオロギー的国家装置」をめぐるアルチュセールの論文は，2部構成をとっており，そこには全く異なる2つの観点がせめぎあっている，と評価されている．第1部で，彼は，グラムシに倣って学校，家族，教会，マスコミその他は階級闘争の場であると強調する．ところが，第2部ではイデオロギーが私たちをどのように主体として作り出すかに焦点を当てている．そこでは，階級闘争とは無関係のようにイデオロギーと主体形成との関連を説くアルチュセールがいる，というわけである．次の一文はアルチュセールのイデオロギー論の特徴をよく表しているものとして頻繁に引用される．「テーゼ1：イデオロギーは諸個人が彼らの存在の現実的諸条件にたいしてもつ想像的な関係の表象である」（アルチュセール 1993：66）．

この第2部の主題に対してイーグルトンの論評は手厳しい．「（そこでアルチュセールは）イデオロギーについての機能論的説明に終始する．イデオロギーは社会編制体を『まとめあげ』たり，個人を社会編制体の要請に見合うよう適合させるために貢献するというわけだ．こちらのほうの主張は，グラムシになにがしかを負っているといえようが，しかし，これは，へたをすると，ごくありきたりのブルジョワ社会学理論に堕しかねない」（イーグルトン 1999：308）．アルチュセールのイデオロギーは社会的意識となんら変わりがないという批判である．

アルチュセールによれば，イデオロギーなしにはいかなる社会も存在しない．それは，フロイトの無意識に類似したもので，無意識と同じように歴史というものをもたない．イーグルトンは，アルチュセールが，ブルジュア時代に特有の現象をイデオロギーの一般理論として提出している，それではイデオロギーは，最終的に生きられた経験と同じになってしまうと酷評する（同書：313）．

アルチュセールの「想像的主体」は，ラカンのそれと比べてみると相違が際立ってくる．ラカンの場合，この主体は，無意識の生み出す効果，すなわち分裂し，欠如し，欲望するものそのものである．それは想像界に属するとともに象徴界にも属している．これに対して，アルチュセールの考える主体は，ラカンのそれよりもはるかに安定的で，首尾一貫性を備わったものに脚色されている．イーグルトンは，この政治的意味は重大であると指摘する．主体から欲望を排除することで，主体がもっている潜在的な反抗的な不満の声を沈黙させ，

第9章　イデオロギー論　　　　　　　　　　　　　　　　261

主体が社会秩序のなかで自分が占めている場所を獲得するときの迷いと不安と不満などを無視する結果となるからだ．

　大きな主体（〈主体〉）に関しても誤解がある．〈主体〉は，個人が一体化する支配的イデオロギーを意味するが，アルチュセールによれば，これは，フロイトの言う超自我(スーパーエゴ)である．だが，ラカンの場合は，「他者」である．この「他者」は言語の全領域とか無意識のようなものを意味する．ラカンの言う「他者」は捉えどころがなくあやふやな点で悪名高い．とまれ，ラカンの「他者」は，アルチュセールの〈主体〉よりも変化し，自己分裂し，はるかに緊張を孕み，またもろく崩れやすいものである（同書: 301-2）．

　最後に，アルチュセールのイデオロギー論のユニークさは，イデオロギーには物質的存在があるとする考えにもある．「イデオロギーは制度において，その実践もしくはさまざまな実践のなかにつねに存在している」という意味で物質的存在であることになる，と考えるからである．

(6)　フーコーと言説

　フーコーははじめ，『言葉と物』(1966年) で西欧の知の支配システムとして「エピステーメー」概念を打ち出した．人びとはこのエピステーメーにしたがって思考し語ることを余儀なくされ，主体はこのエピステーメーのなかに消滅せざるをえないと考えたのである．

　彼はその後「狂気」「病」の研究で「言説」に新しい意味を吹き込んだ．フーコーの言説は，アルチュセールのイデオロギーにほぼ対応したものであると理解されている．この言説が批判理論やポストコロニアル批評で重要な概念となった．サイードが『オリエンタリズム』でこの言葉を広めたからである．

　言説(ディスコース)は，言説，物語言説，談話，言述などと訳されてきた．たとえば『スコールズの文学講義』では「談話」と訳され，その訳注では次のように解説されている．談話は「言語学では，音声発話における文以上の単位，文の集まりを指す．文学理論では『言説』ともいい，音声言語に限らず書かれたものも含めたものを指す」(スコールズ 1992: 303)．

　OEDをひも解くルーンバによれば，そこで「言説」はラテン語のcursusもしくは「前後に走ること」から来ていて，いくつかの意味がある．前方に進む

こと，過程，もしくは時間，出来事，行為の連続性，理性的に考える能力，理性，スピーチや会話で考えを伝えること，語り，話，説明．熟知していること，ある話題について語ることか書くことなどと説明されている．ルーンバはそうして，OED によれば今日では，「言説」は最後の意味で使われることが多い，と指摘している（ルーンバ 2001：59）．

フーコーのいう言説は，一貫性があり自己言及的な言表（statement）の集合である．それは，ある特定の対象や概念に関する「知」を生み出し，また存在物に関して，何が言え何が知りうるのかの規則を形成することによって，現実の記述を作り出すのである．これらの言表や規則の集合は歴史的に存在し，その可能性に関する物質的条件が変化するにつれて変化する（チルダーズ／ヘンツィ 1998：143）．フーコーの考えでは，言説はひとつの学問分野，ひとつの科学，あるいはひとつの時代の学問や思想，知の形式，認識の方法や判断の基準などを表すエピステーメーを構成する．

フーコーによれば，「近代」西欧社会の支配的な構造は，人間の主体，特に人間の身体に対して，陰険で不可視な形で働きかけることにより，自己を再生産してきた．フーコーの『監獄と処罰』でのベンサムの一望監視装置「パノプティコン」論で知られているように，そこで人間は自己を抑圧するシステムを内在化し，何を正常で何を逸脱とみなすかに関する一定の考え方に同調することで，抑圧のシステムを再生産するのであった．

この一望監視装置は，ベンサムがロシアに滞在中の 1785 年に考案したとされる．彼はこの装置をエカテリーナ女帝に売り込みをはかったが成功しなかった．ロシアの歴代の皇帝は手のかかるパノプティコンよりも囚人を死に追いやるような非人間的な牢獄に囚人をぶち込んでいたからであった．フーコーはこうしたロシアの牢獄や現代の北朝鮮の強制収容所よりも，パノプティコンのほうがまだましだとは考えない．

ともかくも彼によれば狂気，犯罪，セクシュアリティについてのわれわれの考えは，精神病院や監獄といった制度によって規制されているのであり，またある特定のイデオロギー的な「規範・支配体制」によっても規制されているのである．権力は構造の中心部や上部に顕在的，抑圧的に存在するのではなく，一種の毛細血管現象のようなやり方で，社会全体に浸透するものなのだ．ルー

ンバはフーコーのイデオロギー論を端的に表現した一文を彼の『性の歴史』から引用している．「権力はあらゆるところにある．それがすべてを包括するからではない．それがあらゆるところからやってくるからだ」（ルーンバ 2001：63）．

フーコーによれば，権力は軍隊や警察，議会などに限定されるものではない．それはわれわれの日常的な，小状況の，ごく些細な振る舞いのなかにも忍び込んでいる．権力を目につきやすい政治的なものに狭く限定するのは，それ自体がイデオロギー的行為であり，権力が広く拡散し，深く浸透しているのを隠蔽する行為であることになる．

こうしたフーコーの所説に対して，イーグルトンは，次のように批判する．「（イデオロギーの）この拡大解釈路線を踏襲するフーコーとその追随者たちは，イデオロギー概念を効果的に骨抜きにして，それを，もっと包容力のある『ディスクール』の概念によって置き換えようとした」（イーグルトン 1999：33）．

ルーンバの次のような批判的論評にも注目してよい．フーコー的な考えでは，解放とは抵抗を行う当人だけに理解できる個人的な行為，他人には分析もできなければ表象／代弁もできない何かになってしまう．そのうえ権力という概念があまりにも拡散してしまい，どこに中心があるのか曖昧でもある．あるフェミニストは言っている．フーコーにおいては，「権力はあらゆるところにある．したがって結局はどこにもない」と（ルーンバ 2001：64）．フーコーはある種の無政府性を提唱しているかのようである．

ギデンズも，フーコーが主体を脱中心化したので，人間の主体的行為の説明を展開できなくなっている，フーコーの考える歴史においては活動的主体がまったく存在しない，と批判する（ギデンズ 1998：134-5）．

これらに加えて植民地拡張が西欧文明社会の一大特徴であったことや，近代ヨーロッパ国家の権力，統治のシステムに植民地支配がどのように影響を及ぼしたかについて，フーコーが全く注目していなかった点にも批判がだされている．つまり，フーコー自身の理論の焦点のあてかたがヨーロッパ中心的で，植民地社会の研究の方法としては限界があるということである．フーコーの権力分析は，西欧近代にしか当てはまらないのではないか，というのである（ルーンバ 2001：75）．

フーコーの影響をうけて言説はさまざまなジャンルで用いられるようになった．現在では言説の概念は著しく拡張されている．ブルッカーによれば，言説は①諸制度や文化の領域，または文化的実践（法，医療，BBC，情報技術，映画，オートクチュール，スケートボード，ワインの嗜好など）を特徴づける思考様式や語彙について，②知の様式や傾向（精神分析，ポスト構造主義，ポストモダニズム）について，あるいはさまざまな研究領域（理論，哲学，社会学，文学，映画・メディア研究）を区別したり，多様な社会集団や諸状況に特有の言語（経営者と労働者の言語，インタビュー，結婚，カップ・ファイナルの言語）を表すためにも使われている（ブルッカー 2003：69）．

　また，コロンビア大学の文学・文化批評用語辞典では，ポスト構造主義がこの用語をとりあげるようになってから，ディスクールはテクストおよび言語的意味作用一般を指すようになったと解説している（チルダーズ／ヘンツィ 1998：143）．

　イーグルトンの説明は傾聴に値しうる．彼の考えでは，「『言語』とは主体なき記号の連鎖として『客観的＝対象的に』みられている，発話行為と文字表現である」．これに対して「『言説』とは，〈発話〉（utterance）として，つまり，話したり書いたりする主体に関係し，またそれゆえに，少なくとも潜在的には読み手や聞き手にも関わってくるものとして，把握された言語のことをいう」（イーグルトン 1985：178）．そうして，イーグルトンは，バフチンのように「言説」としての言語を考えてみたらどうだろう，と問うている．彼の言うところはこうである．「言語をページの上の記号表現の羅列として観照的にながめれば，意味は究極的に決定不可能なものにしかなりようがないだろう．ところが，私たちがおこなう行為としての，私たちの実践的生活形式と不可分にからみあっているものとしての言語を考えれば，意味は『決定可能』なものになり，『真理』，『現実』，『知識』，『確実性』といった語もその言葉の力のなにがしかを回復することになる．」もちろん，イーグルトンはこれに続けて次のように言い添えることを忘れてはいない．「ただし，このとき言語が固定された明晰なものになるということでは断じてない．反対に，このとき言語は，いかなる『ディコンストラクトとされた』文学テクストもおよばぬくらいの多義性と対立性を帯びるものとなる」（同書：226）．

第10章
帝国論・帝国主義論

1　帝国論・帝国主義論

　帝国（empire〔英〕，imperium〔ラ〕）や帝国主義について論ずることは容易ではない．ここでは，いくつか注目すべき論考をとりあげ，主題に関する問題状況を探ることにしよう．

　ストレイチーは1959年に「帝国主義の終末」をとなえ広く話題を集めた．たしかに民族独立運動が高揚し，アジア，アフリカで多くの新興国が誕生した1960年前後を境に帝国主義の終焉を説く論者が勢いを増した．新たな状況の解釈をめぐって新植民地主義という概念が流布されもした．そうして，1970年代にはいるとベトナム戦争の終焉を契機に，帝国主義への関心は急速に衰えていった．「帝国」論や帝国主義論の亜種とも受け止められた従属理論や世界システム論，覇権論や覇権システム論がその新奇性もあってむしろ注目を集めた．ソ連・東欧圏の崩壊後は，「グローバリゼーション」が喧伝され「帝国主義」が論壇をにぎわすことはなかった．こうしたなかで，木畑のように，第2次世界大戦後の脱植民地化によって世界は帝国主義の時代から大きく変容し，世界が帝国主義国と植民地に分けられるという事態は消滅した，とあからさまに帝国主義の終焉を説くものも現れた．木畑は，さらに9.11以後のアメリカ合衆国の政策が「帝国主義」によって説明されることがあるが，「帝国主義下の世界と現代世界との構造の違いからみて，それは妥当しない」とまで言い切るのであった（木畑 2005: 665）．

　だが，「帝国」や「帝国主義」を巡る問題状況は，湾岸戦争やイラク戦争を

へて一変した．

(1) 帝国と帝国主義

　ある日本語の辞典によると，日本ではじめて「帝国」という言葉が用いられたのは，1810年の『訳鍵』においてであるようだ．そこで，オランダ語のkeizerdomの訳語として「王民」，「王威」などの言葉とともに「帝国」があてられていた．「帝国」なる語は，その後，明治維新後の1875年に福沢諭吉が『文明論之概略』で用いたことで知られている．福沢はそこで「羅馬の帝国滅亡したりと雖ども」うんぬんと書き記している．さらに1900年の『英和外交商業字彙』は「Empire 帝国」と記載している．一方，「帝国主義」は，1901年の『一年有半』で中江兆民が「……自由平等これ大義也，此等理義に反する者は竟に之れが罰を受けざるを能わず，百の帝国主義有りと謂えども此理義を滅没することは終に得可らず」と論じているのが初出のようである．

　英語のempireは，もともとラテン語のインペリウム（imperium）を語源とする．『イギリス哲学・思想事典』（2007年）では，このインペリウム概念の変遷について次のように説明している．長いが引用する．「共和政期のローマで生まれたインペリウム概念は，多様な語義を持つ．大きく区分すれば，(1)『命令』や『命令権』という意味から，(2)空間的に『命令の及ぶ範囲』つまり『帝国』という意味に転じ，(3)帝政期になると『皇帝（imperator）の統治する国家』という意味を加えていった．……中世になると，(4)王国や領邦といった『個別の領域内での支配権』という新たな意味がフランスなどで主張され，この語が中世末のスコットランドやイングランドにも伝わった．近世では，この第4の語義が重要になるが，それは，国外に向けて個別の主権を宣言するだけでなく，支配領域内の多様な地域に対して支配権を主張するという二重の機能が存在したことを忘れてならない」（岩井2007：374）．この事典によると，興味深い点は，「個別の領域内での支配権という語義は，中世末になると各国語で表現された．注目すべきは，英語での最初の用例が，イングランドよりもスコットランドで見られたことである」としていることである．それは，イングランドに併合される前の1469年にスコットランド議会が宣言のなかに用いていたもので，文脈的には，イングランドやスコットランドという個別の領域

第 10 章　帝国論・帝国主義論

内での支配権を主張するものであった．1530年代になるとイギリス王ヘンリー8世が自分の王国を「帝国」と呼ぶようになった．

『事典』はこのあと，「ブリテン帝国」の起源とその語の発展について触れて，最後に「近年の帝国史―帝国主義とコロニアリズム」についても言及している．この最後の項では，帝国研究が1870年以降の「帝国主義の時代」に集中してきたこと，だが，最近の研究は，資本主義の時期に限定せず，また資本主義の歴史を対象としても帝国主義の時代に限定されず，幅広く研究されるようになったと解説している．たとえば，19世紀中葉の自由貿易が活発となった時代でも帝国建設が活発であったことを説こうとするギャラハーとロビンソンによる「自由貿易帝国主義」，さらには，17世紀以降の帝国の発展を「ジェントルマン資本主義」によって説こうとするケインとホプキンズの業績がそうである．

『事典』はさらに加えて1960年代以降は従属論や世界システム論が登場したこと，最近では，文化帝国主義論やポストコロニアリズム論にも注目が集まり，2001.9.11以降はあらためて帝国や帝国主義が大きな論争点となり，ネグリとハートの帝国論が話題となったことなどを紹介している（同書：376-7）．

簡便ながらも示唆に富む有意義な案内書であるハウの『帝国』では次のように解説している．「『帝国』(empire) という言葉は，もちろん，ラテン語の『インペリウム』(imperium) に由来する．もとのラテン語の意味にもっとも近い言葉を現代英語のなかから挙げるとすれば，『主権』(sovereignty)，ないし簡単に『支配』(rule) であろう．ローマ人にとって，インペリウムは二重の権限を意味した．すなわち，戦争を遂行することと，法をつくって執行することである．『皇帝』(emperor) とは，もともとは戦争に勝利した将軍のことであったが，後に，最高位の行政官を指すようになった．しかし，その称号がもつ軍事的な色彩はけっして消えることはなかった．ところが，インペリウムは共和制ローマの末期の段階で，さらなる意味を帯びるようになっていた．規模（サイズ）である．インペリウムは，支配者の本来の『故国』をはるかに越えた，非常に広大な地域を支配することを意味するようになったのである．近世ヨーロッパになって，君主やお抱え学者がこの言葉をもう一度用いるようになるが，それは通常，この最後の意味においてであり，それが次第に一般化する．もっとも，アングロ・サクソン時代の一部のイングランド王のように，弱小国の支配者が

虚勢を張って皇帝と自称することもあったが……」(ハウ 2003: 17-8).

　ハウは,帝国と帝国主義とを区別したうえで,「帝国主義」は「帝国」以上に定義がまちまちで,帝国以上に激烈で,長期にわたって論争が展開してきた,と論じている.彼によれば,帝国は,一種の客観的な存在であり,通常はひとつの政体であるとみる.これに対して帝国主義は,過程,あるいは立場なりイデオロギー,場合によっては人生哲学とも理解される.このため,中身をおさえるのが帝国よりも難しいのだという(同書: 32).

　ハウは,帝国主義の起源について,それはかなり新しい言葉であって,広く用いられるようになったのは,19世紀末からであると見る.彼はそうした経緯を次のように解説している.最初の用例は,「1860年代フランスのナポレオン3世の政策,つまり半世紀前の,おじにあたるナポレオン1世の治世の栄光を復活しようとする3世のけばけばしい,しかし,ひ弱な政策努力のことを意味した.」ところが,ハウによれば,帝国主義は,すぐに外交政策,とくにイギリスの保守党の首相ディズレリーとその後継者の外交姿勢を指して使われるようになった.ハウの指摘によれば,「ここで重要なのは,『姿勢』ということが強調されたことである.つまり,帝国主義とは,ヴィクトリア朝時代の後期にその言葉を使う人にとって,支配,征服,あるいは海外膨張という『事実』ではなく,その種の事象に対する政策や哲学,ないしは熱烈に入れあげる姿勢を意味した.イギリスの一部の論者からすれば,『盲目的愛国主義』(jingoism)と同義のものだった.これは当時のミュージックホールで歌われた好戦的な俗謡からとられた言葉で,徹頭徹尾,攻撃的な『愛国主義』(patriotism)を指した」(同書: 32-3).

(2)　レーニンの帝国主義論

　マルクス主義の影響力が強かった時代には,帝国主義について論じる場合,まずはレーニンの理論に言及するのが普通であった.レーニンは『帝国主義論』を執筆するにあたってホブソンとヒルファーディングに多くを依拠した.

　ホブソンは,ボーア戦争の体験を踏まえ,戦争と大金融業者の関係を問題視し,資本主義の膨張的,攻撃的特徴を解明しようとした.彼が注目したのは,イギリス資本主義本国での過剰蓄積,低投資と過小消費であった.そして,彼

は，これらを要因として形成された過剰資本が帝国主義の原因であると考えたのである．

これに対してヒルファーディングは，大企業における株式会社の普及に注目し，金融資本なる概念を打ち出し，産業と金融の融合関係，金融寡頭制を明らかにしようとした．

第1次世界大戦の時点で，帝国主義に関する多くのマルクス主義者は資本主義の死を告げる弔鐘が鳴り響き，資本主義は崩壊に至るに違いないと考え始めた．ローザ・ルクセンブルグはこの問題での代表的論客で『資本蓄積論』を著し，資本主義は，その発展のためには非資本主義地域が必要であるが，もはやそのフロンティアは残されていない，と論じた．そうして，資本主義は自動的に崩壊する，といった予言までなされた．

レーニンは『帝国主義論』で，生産と資本の集中と集積による独占の形成，産業資本と銀行資本の融合による金融資本の形成，商品輸出に代わる資本輸出の増大，国際カルテルによる世界市場の分割，帝国主義列強による植民地分割の完了，再分割の抗争＝第1次世界大戦，を説いた．レーニンの「帝国主義」論は小冊子ながら経済の運動に焦点を当て，現下の差し迫った国際情勢の分析を試み，簡潔に，見事なまでの単純なロジックで，帝国主義戦争＝世界大戦の必然性を解明してみせた．

レーニンの正当な継承者とされたスターリンは，ソ連邦に対する帝国主義的反革命戦争とともに帝国主義間戦争の不可避性を強調した．しかし，第2次世界大戦になると，ソ連は皮肉にも，自らが帝国主義国とみなしていた英米と手を結んだ．第2次世界大戦後には，核兵器という大量殺戮兵器の出現を見るなかで，東西の「冷戦」構造が形成され，スターリンの帝国主義間戦争の勃発という予言は外れた．

日本では1920年代に，早くもレーニン理論を適用して日本における帝国主義の成立を説く試みがなされた．まず，高橋亀吉は，日清・日露戦争を帝国主義のレーニン的指標があてはまらないから「プチ帝国主義」であると規定し，これを「講座派」が批判して論争となった．しかしながら，レーニン的「帝国主義」論の諸指標をそのまま機械的に適用することが無理であることが次第に明らかになると，明治政府を封建制末期の絶対主義の段階にあると考え，「近

代的帝国主義」と「軍事的封建的帝国主義」との二重の帝国主義であるとする所説も現れた．もちろん，あくまでレーニン的モデルにこだわり，独占資本主義という純経済的要因に注目し，帝国主義の成立期を日露戦争から第1次世界大戦の時期とするものもいた．

　レーニン的な帝国主義論に対しては，これをもっぱら経済的側面にのみ注目したアプローチであると批判して，政治，社会，文化的な要因に注目する学説がある．シュンペーターの帝国主義論は，マルクス主義的，あるいはレーニン的解釈とは異質である．彼によれば，「純粋に資本主義的な土壌の上には，帝国主義的衝動は育ちにくい」(シュンペーター1956：121)．「資本主義はその性質上反帝国主義的である」(同書：126)．「自由貿易が支配しているところでは，どの階級も武力的領土拡張そのものに関心を持たない」(同書：129)．それは「君主国家の遺産」であり「前資本主義的諸力」の「産物」なのである．したがって「近代帝国主義は，資本主義そのものの『内在的論理』からは決して生まれてこなかったはずのものだ」(同書：157)．このようにして，シュンペーターは，社会階級のなかにある前時代的，非資本主義的な残滓を帝国主義の要因と見るわけである．また，19世紀のイギリスやドイツの国内における社会的諸関係に帝国主義への基本的要因を求める社会帝国主義論もある．それは，国内における階級対立や社会対立の激化によって生じた社会的緊張を対外進出によって緩和しようとする動き，あるいはその産物としてとらえようとする学説である．

　レーニン的な帝国主義論に対しては，さらにいくつか見過ごすことのできない重要な批判がある．第1に，すでに言及した「自由貿易帝国主義 (Imperialism of free trade)」論である．自由貿易帝国主義論が提起した歴史解釈は，19世紀中葉の自由主義の最盛期にも帝国主義的な海外への拡張が見られたとする点でレーニン的帝国主義論への批判がこめられている．ギャラハーとロビンソンは，そこで①非公式の帝国，②公式の帝国，という概念を打ち出した．ここで「非公式」とは，19世紀を通じてイギリスが自由貿易にもとづく国際分業体制に組み込んだ地理的空間のことであった．また，「公式の帝国」とは，イギリスが公的に植民地として統治下に組み込んだ空間であった．そうして彼らは，公式の帝国は水面上に浮かぶ氷山の一角であり，非公式帝国は水面下の巨

第 10 章　帝国論・帝国主義論　　271

大な領域であるととらえた．自由貿易帝国主義は，レーニン的な帝国主義論やシュンペーター的な経済的自由主義＝反帝国主義といった解釈をも批判するものであった．また，イギリス帝国主義の脆弱性を問題視し，帝国秩序の形成，維持の観点から帝国本国と植民地，従属地域との双方に焦点を当て，多様な要因に注目する必要性に目を向けさせたのであった（Gallagher and Robinson 1953）．この分析枠組みをアメリカの門戸開放政策や自由主義的な帝国主義史分析に適用したのがウィリアムズらであった（ウィリアムズ 1986）．

　ケインとホプキンズの「ジェントルマン資本主義」論は帝国主義論としても興味深い．この議論によると，イギリス資本主義は，非産業的な性格を持つジェントルマン資本主義としての性格をもっていた．それは「ジェントルマン体制」とも言い換えうる（ケイン／ホプキンズ 1997）．この体制は，「名誉革命によって権力が確保された貴族や地方ジェントリといった土地利害の支配下に」「1690 年代の金融革命の後に目立ち始めた金融利害がジュニア・パートナーとしてかれらと手を組んでいた」（同書：II-208）．この「ジェントルマン秩序」は，1850 年代以降は，「金融とその関連サービスの勢力拡大と，土地利害の一貫した凋落」によって特徴づけられる．この時期，「ヴィクトリア朝の新しいジェントルマン」が「シニア・パートナー」となった（同書：II-211）．ケインらによれば，この新しい担い手を中心にして 1850 年代以降のイギリスの海外膨張，帝国主義的拡張が追求されていったのである．

　レーニン的シェーマの核心たる資本輸出論への批判もある．レーニンにとって資本輸出は列強の領土分割，再分割へと導く基本的誘因であった．それは資本過剰論に立ったもので，資本過剰の発達した資本主義国から資本不足の途上地域への資本輸出を念頭においたものであった．だが，このシェーマでは，国際投資の大半を占める今日の先進国相互投資の実情を説明することはできない．なぜならば，先進国を資本過剰国と見るレーニンのシェーマでは，資本過剰国から資本過剰国への資本移動は起こりえないはずであるからだ．

　レーニン的帝国主義論に飽き足らない人びとの中には，コックスのようにイタリアの異色なマルクス主義者グラムシのヘゲモニー論を国際システムに拡張して，そこでの権力関係や支配関係をとらえようとする潮流もある．スーザン・ストレンジは，権力論的なアプローチによって国際システムの特質を把握

しようとして，構造的権力論を打ち出した．それは，関係性によって把握される関係的権力に代わるものとして安全保障，生産，金融，知識の4つから構成される四面体ピラミッドとして図解しうる権力であるとされる（Cox 1987；ストレンジ 1994）．

(3) モーゲンソーの帝国・帝国主義論

　国際政治学者モーゲンソーによる帝国主義についての研究も興味深い．彼は，帝国と帝国主義をあえて区別する必要性を考えない．彼はその主著で権力闘争についていくつかの章をさいているが，第5章「権力闘争―帝国主義」で帝国主義について論じている．彼はまず次のように論ずる．帝国主義という言葉が見境なく使われているうちに，すべて具体的な意味を失ってしまった．たまたまその対外政策に異議を唱えるものからすれば，みな帝国主義者になってしまう．帝国主義や帝国主義的という言葉は，自分の気に入らない政策を非難する言葉として用いられている．モーゲンソーはそこで，帝国主義ではないのに帝国主義であるとされている3つのものについて説明し，誤解を解こうとする．

　モーゲンソーによれば，第1に，「現状維持」政策は帝国主義ではない．帝国主義とは現状の打破，すなわち，2国ないしそれ以上の国家間の力関係の逆転を目的とする政策であると理解すべきなのである．

　第2に，すでに存在する帝国の保持を目的とする対外政策は必ずしも帝国主義ではない．たとえば，1870年代以来のイギリス帝国主義――すなわち，イギリス海外属領に関するイギリスの対外政策――は主として現状維持であり，厳密な意味では帝国主義的とは到底いえない（モーゲンソー 1986: 49-50）．

　モーゲンソーは，帝国主義ではないのに帝国主義であると喧伝されてきた第3の要因として次のような事情があると論ずる．すなわち，帝国主義の経済理論なるものが喧伝され，これらが帝国主義でないものを帝国主義であるとする立論を支えてきたのであると．モーゲンソーによれば，それらはマルクス主義，自由主義，それに帝国主義の「悪魔」理論である．やや長くなるがモーゲンソーの所説を紹介しよう．まず，マルクス主義の帝国主義論である．マルクス主義者は次のように考えた．帝国主義の政治現象は経済システム，すなわち資本主義経済の産物である．資本主義は，その生産物の消費のための市場と，その

第10章　帝国論・帝国主義論

資本のための充分な投資対象を当該社会内部に見いだすことができない．このため，余剰生産物と過剰資本の捌け口を，非資本主義的な地域を含む低開発地域に求めざるをえない．カウツキーやヒルファーディングらは資本主義の経済政策の一政策であると考えたが，この帝国主義についてレーニンは，資本主義の最後の段階，独占資本主義段階の不可避的な産物であるととらえた．彼は，次のように論じた．帝国主義とは，資本主義の一発展段階であり，そこでは独占体と金融資本との支配が確立し，資本の輸出が顕著な重要性をもつにいたり，巨大な国際トラストによる世界の分割がはじまり，資本主義列強間で地球上のすべての地域の分割が完了している……．

モーゲンソーのいう自由主義的な帝国主義論はホブソンによって代表される．ホブソンは，マルクス派と同様に過剰生産と過剰資本とを帝国主義の経済的原因とみる．だが，マルクス派と異なるところは，その解決策をプロレタリア革命ではなく，帝国主義国本国の国内改革，すなわち，消費購買力の拡大や過剰蓄積の解消に見いだすのである．

第3の「悪魔」理論とはなにか．モーゲンソーはそれを平和主義者やマルクス主義者の宣伝の常套手段ともなっている見方であるとする．つまり，帝国主義は軍需品で儲けようとする好戦的な「死の商人」や国際銀行家や「ウォール街」によって追求される膨張主義，侵略的な政策であるとする見方である．それは一種の陰謀説で，これら戦争の受益者が利潤追求のために「戦争屋」「悪魔」に変身するというわけである（同書：52-4）．

モーゲンソーはこれら帝国主義理論に対して批判を加える．たとえばまずその経済理論については，資本主義の成熟期のどの時代をとっても，ボーア戦争を別とすれば，もっぱらあるいは主としてその経済的目標のために戦争をしたことはなかった．なによりも2つの世界大戦は，間違いなく，世界の支配ではないとしても，ヨーロッパの支配をかけた政治戦争であった．資本主義以前の証拠に照らしてみると経済理論の主張は一層不利になる．古代エジプト，アッシリア，ペルシャの帝国を築いた諸政策は，政治的な意味において帝国主義的であった．アレキサンダー大王の征服，ローマの帝国建設，7, 8世紀のアラブの膨張……．こうした前資本主義的時代の帝国主義は，資本主義時代の帝国主義と同様に，既存の力関係を打破し，代わりに帝国主義勢力の支配を確立し

ようとする傾向をもっていた．これらの時代の帝国主義は，いずれも経済的な目標を政治的な考慮に従属させていたのである（モーゲンソー 1986：54-5）．

　モーゲンソーはこのあと，帝国主義政策を生み出す状況について，3つの誘因を挙げ説明する．それらは戦勝と敗戦，脆弱性である．また，帝国主義は3つの典型的な目標に向かって突き進むとする．それらは世界帝国，大陸帝国，局地的優勢である．モーゲンソーは，これらを詳説しているが，ここでは，それを詳しく紹介する余裕はないし，その必要もないであろう．かわりに彼の次のような概括を引用しておこう．「帝国主義の目標は，政治的に組織された地球全体の支配，すなわち世界帝国ということであるかもしれないし，あるいはほぼ大陸的広がりをもつ帝国ないしヘゲモニーであるかもしれない．また，厳密に局地化された力の優越ともいえるであろう」（同書：59-60）．ただし，モーゲンソーがそれぞれについて何を具体例として想定していたかについては代表的な事例を示す必要があろう．彼によれば，世界帝国としては，アレキサンダー大王，ローマ，および7，8世紀のアラブ，ナポレオン1世，そしてヒトラーの膨張政策など．大陸帝国の例は，ルイ14世，ナポレオン3世，ウィルヘルム2世，あるいは1912-13年のバルカン戦争の参戦国，地中海をイタリアの湖にしようとしたムソリーニなど．また局地的帝国主義の原型は，17，18世紀の君主の政策，たとえば，フリードリッヒ大王，ルイ15世，マリア＝テレサ，ピョートル大帝などが，この種の推進者であった（モーゲンソー 1986：59-62）．

　モーゲンソーはさらに帝国主義政策に用いられる典型的な方法についても論じている．それらは軍事的帝国主義，経済的帝国主義，文化的帝国主義である．軍事的帝国主義は軍事的征服による帝国の獲得であり，現代では，ナチスや日本がその代表例である．経済的帝国主義は，経済的手段を用いて他国を支配するもので，重商主義，資本主義の膨張期にはつきものであった．現代におけるその顕著な例は，「ドル帝国主義」と呼ばれるものであり，歴史的にみてもイギリスやフランスの帝国主義の歴史において重要な役割を果たした．たとえば18世紀初頭以来のポルトガルに対するイギリスの影響は経済的統制によるものであった．また，アラブ世界におけるイギリスの覇権は「石油外交」と呼ばれるような経済政策の成果であった．

　最後に文化帝国主義である．それは帝国主義としてはもっとも巧妙なもので，

もっとも成功率の高い帝国主義である．それは力関係をかえるための手段として，人の心を征服し，支配することにある．具体例としては，第2次世界大戦の勃発前，および緒戦で展開されたナチスの第5列作戦である．現代のいま1つの顕著な例は共産主義インターナショナルである．また，ソ連が東ヨーロッパ諸国に対する支配を確立するために用いた技術は文化帝国主義と他の帝国主義的征服との有機的相互連関を示す好例である．帝国主義国はこれらの手段のいずれかひとつ，あるいはそれらの結合によって目的を達成しようとするのである（同書：62-67）．

これまで概観してきたモーゲンソーの帝国主義論は，帝国主義の理解に多くの有効な示唆を与えるものであった．だが，現状維持は帝国主義的な政策ではないとする彼の主張に根本的な難点を見いださざるをえない．国民国家の領域を越えた地域や他民族を支配した状態を現状として維持するのは，新たな拡張を伴わないとしても，やはり帝国主義というべきであるからだ．

2　従属理論・世界システム論

国連ラテン・アメリカ経済委員会（ECLA），これを継承した国連貿易開発会議（UNCTAD）に依拠した人びとが唱えた理論，政策体系がこの1つの典型である．彼らの問題関心は，ラテン・アメリカやアジア，アフリカ諸地域はなぜ低開発状態にあるのか，ということであった．近代化論者が国内や地域内の要因に注目し，伝統社会から近代社会への移行を課題として開発と援助の理論，政策を模索するのに対して，従属論者は，世界資本主義の構造や国際な支配秩序，とりわけアメリカ合衆国との関係に注目し，ラテン・アメリカの諸地域が歴史的に経験してきたと考える搾取や収奪に焦点をあてる．彼らは，とくに豊かな北と貧しい南が構造化される原因として，南と北の貿易関係を主題化する．そうして，彼らが概念的に打ち出したものは，交易条件悪化論であった．一次産品を供給する途上国と工業製品とを輸出する先進国との間に不公平な貿易が行われ，南の富が北によって収奪されていると考えたのである．こうした考えと政策はアルゼンチンの経済学者ラウル・プレビッシュによるUNCTADのレポートで知られるようになった．この考えの理論的，政策的帰結は内生的

発展論に立脚した途上国や地域の先進国経済からの自立である．UNCTADは，開発戦略として援助よりも貿易，をスローガンに途上国の工業化を唱え，推進することになった．そうして，民族主義的，国家主義的な輸入代替工業化戦略が追求された．また，先進国の投資，多国籍企業は，途上地域の富を奪うものとみなされ，その活動を規制する政策がとられた．

ウォーラーステインの世界システム論は，16世紀以降，世界資本主義システムが，世界の中心・準周辺・周辺を構造化し，諸国家や諸階級の行動を制約してきたと考える．①中心は工業的にもっとも進んだ地域で，経済的のみならず政治的，軍事的にも支配的である．②周辺は中心の経済成長を支える農業や一次産品の生産地域で，中心に従属している．準中心は中心と周辺との間に位置する．このような世界システム論は，一種のシステム分析である．諸国家は世界システムの従属変数であるとされる．そうして，世界システムが諸国家の能力や権力の国際的配分を規定すると考えるのである．

ウォーラーステインの理論のいま1つの系は，覇権システムを周期的に循環する国際システムとしてとらえる点にある．彼によって16世紀に成立した資本主義世界経済は循環運動と長期的波動を経るなかで，オランダ，イギリスとヘゲモニー国家の継起的交替が生起し，20世紀の後半には，アメリカ合衆国がヘゲモニー国家として登場するという一大理論が提起された．ウォーラーステインは，さらに，長期循環論のアプローチからポスト・アメリカ体制の展望をも呈示しようとしたのである．

マルクス主義との関係は一様ではないが，ともに先進資本主義国，地域による支配，搾取や収奪に焦点をあてる点では共通する．だが，両理論とも，当初，あまりにも図式主義的で単純なロジックを用いていたため，国内要因を無視ないし軽視しているとの批判がだされた．それは，たとえば途上地域の国内的制約，すなわち大土地所有制，政治的・経済的・社会的構造，国家，社会階級，宗教，文化，それに慣習，規範などの要因である．また，世界システムの起源とその作用を国際経済の要因に還元してしまったという批判もある．

まとまった体系的な研究として打ち出されたウォーラーステインの世界システム論に対する批判としては，ポーターの指摘が要領を得ている．彼は次のように論じている．「しばしば理論のほうが，厄介であいまいな事実を押しのけ

第 10 章　帝国論・帝国主義論

て先行してしまっているように思える．彼の議論はきわめて決定論的で，かならずしも経済的ではないような原因や動因は，はいりこむ余地はないようにみえる．公式な帝国と非公式な帝国の区別，政治的な影響や統制の性質と範囲，ヨーロッパの存在や影響がどのくらい歓迎されなかったり抑圧的になったかという程度，さまざまな『中核』国家による帝国主義の差異，といった諸点はすべて，彼の近代世界史にとってはほぼ意味のないこととなる．また，ヨーロッパの膨張を扱う歴史家によって，周辺社会が演じた重大な役割が承認されるようになったがゆえに，ウォーラーステインのはっきりしたヨーロッパ中心的見解は問題でもあり，時代錯誤なものとなった．……」(ポーター 2006：98-9)．

　こうした理論的な批判とともに，これらの理論は実証性を欠いた政治的プロパガンダではないか，との厳しい批判も浴びてきた．それは交易条件悪化論についてもそうであるが，もっと考えなければならない重要な問題は，今日先進地域が享受している富が如何に生み出されているのかについて十分説明できないことである．難しい理論や理屈抜きで単純に問題を考えてみよう．従属理論や世界システム論は，先進地域や中心による収奪や搾取によって途上地域の貧しさを説明し，内生的発展論を代替的政策としてきた．しかしながら，これに対しては歴史的経験という否定できない事例という反証例があるということである．そのひとつは，旧ソ連・東欧圏は，国際貿易や国際投資を通じて先進地域から収奪や搾取を受けてはいなかったのになぜ貧しかったのかという問題である．あるいは，北朝鮮は自力更生のチュチェ思想に立ち実質的に先進国との経済関係を絶って久しいのになぜ貧しいのか，と論点を変えてもよいであろう．先進国に富を奪われていないのにどうして貧しいのか．中国は逆の反証例となろう．すなわち，中国は革命後，文化大革命が典型的であったが，先進国との貿易，先進国からの投資は，中国国内から富を奪うものとしてそれらを規制し，国家主義的，保護主義的な政策を追求してきた．だが，改革開放の後，内生的発展論から劇的な転換を図り，投資と貿易を自由化することで，わずか 20 有余年で中国は世界最大の外貨保有国となり経済大国化した．多国籍企業と先進国は中国から富を奪ったとしても，なお有り余る富を中国にもたらしていることになるのである．これだけではない．近年の国際貿易や投資の動向を見ると，それらはもっぱら先進国地域間で活発に行われていることが分かる．これに対

して，中国を除く途上地域に投資される先進国の資本はわずかであり，国際貿易に占める先進地域と途上地域との貿易の比率も小さい．これらのことは，先進国の富が，もっぱら先進国間での経済活動によって生み出されているということの証拠となる．信じられないことであろうが，経済学ではいまだ富とはなにか，富はどのように生み出されるのか，について解明されていないのであって，先進地域に富を奪われるから途上地域は貧しいのだという学説はあらためて考えなおさなければならないのである．

3　グローバリゼーションの陰画——ネグリとハートの〈帝国〉論

(1)　〈帝国〉の出現

「われわれの目前にあるのは，正確にいって，何なのですか？」と問われたハートは，「われわれがひとつの帝国のなかにいるという事実です」と答えている（ハート 2003: 44）．ハートは，〈帝国〉という言葉によってある明瞭な事柄を指示しているのであるという．この〈帝国〉は，国民国家の有する主権の委譲，国民国家がある上位の実体に向かって移動するということ，そして進行している事態は，「国内的類比」によって理解することが適切ではない，つまり〈帝国〉の構造は国民国家のそれとは根本的に異なる，ということである（同書: 38-9）．

ハートはまた，はなはだ挑発的に聞こえるかもしれないがと断りつつ次のように述べている．「帝国のなかでは，もはや戦争はありえません．戦争は終わったのです．」「国民国家と国民国家のあいだの古い戦争——国境を死守したり，一民族を救うために特異性を犠牲に供したりするといった——は終わったのだと，私は心底思っているのです」（同書: 43）．

「国民国家の主権の衰退と国民国家が経済的・文化的な交換をますます規制できなくなっているということが，〈帝国〉の到来を告げる主要な兆候のひとつである」（ネグリ／ハート 2003: 4）．それというのもネグリらは，この国民国家の主権が，ヨーロッパの列強が近代という時代を通じて築いた帝国主義の基礎をなしていた，と考えるからである．彼らによればこうである．近代の国民国家システムによって規定された境界は，ヨーロッパの植民地主義と経済的拡

張にとって根本的なものであった．国家の領土的境界によって権力の中心が画定され，そこを起点に外に向かう支配が，生産の流通の流れを促進したり妨害したりするさまざまな回路と障壁のシステムを通じて，外国の領土に及んだのであった．じっさい帝国主義とは，ヨーロッパの国民国家による，それ自身の境界を越える主権の拡張のことであった．

ネグリらによれば，「国民国家の主権の衰退は，主権そのものが衰退したということを意味するわけではない．」それは「主権が新たな形態をとるようになったということ，しかも，この新たな形態は，単一の支配論理のもとに統合された一連の国家的かつ超国家的な組織体からなるということ，これである．この新しいグローバルな主権形態こそ，私たちが〈帝国〉と呼ぶものにほかならない」(同書：4)．

「〈帝国〉への移行は近代的主権が終わりにさしかかったころ，その黄昏のなかから姿を現わす．帝国主義とは対照的に，〈帝国〉は権力の領土上の中心を打ち立てることもなければ，固定した境界や障壁にも依拠しない．〈帝国〉とは，脱中心的で脱領土的な支配装置なのであり，これは，そのたえず拡大しつづける開かれた境界の内部に，グローバルな領域全体を漸進的に組み込んでいくのである．〈帝国〉は，その指令のネットワークを調節しながら，異種混交的なアイデンティティと柔軟な階層秩序，そしてまた複数の交換を管理運営するのだ．要するに，帝国主義的な世界地図の国別にきっちりと塗りわけられた色が，グローバルな〈帝国〉の虹色のなかに溶け込んでいったわけである」(同書：5)．

グローバルな権力は脱中心的な形態で組織されうる．この権力が〈帝国〉である．「……〈帝国〉の主権の空間は平らで滑らかである．……〈帝国〉のこうした平滑空間の内部には権力の場所は存在しない．言いかえると，それはいたるところに存在すると同時に，どこにも存在しないのである．つまり，〈帝国〉とはどこにもない場所なのであり，あるいはもっと正確にいえば非-場なのである」(同書：246-7)．

ネグリらは〈帝国〉への移行の背景の論理としてポストモダン的な生権力の出現と世界の生政治的状況化，そしてポストモダン的なグローバル経済の出現を考えているようだ．そこで，まず，これらが一体如何なる事態であるのか，

彼らの説明を聞くことにしよう．

(2) 生権力の出現と生政治

「生政治」とは「権力と生の交差」を意味する．「権力が生そのもののなかに深く入り込み，その表層に特権的な刻印をしるしづけようとした」ことをフーコーは《生権力》と呼んだ．注目すべきはこの生権力に対する抵抗が存在してきた点である．ネグリらが生政治と呼ぶのは次のような事態である．「生が抵抗するということは，生がその力を顕示するということ，つまりその想像力，発明，生産，主体化の能力を発揮するということを意味します．われわれが生政治と呼ぶのはこのことにほかなりません．つまり，生に浸透する権力の内部において，生が権力に抵抗するということです」（ハート 2003：40-1）．

ネグリとハートはフーコーの仕事を評価し，継承しようとする．第1に，フーコーの仕事によって，規律社会から管理社会への移行という社会的諸形態における画期的な移行を認識することが可能となった点である．ネグリらは，管理社会を近代性の終端で発展し，ポストモダンへ向けて開かれた社会として理解すべきであると考える．そこでは，支配に特有な社会統合と排除のふるまいは，さまざまな主体自身の内側へと向かい，ますます内面化されて行くことになる．彼らによれば，「いまや権力は，生の感覚や創造性への欲望から切り離された自律的な疎外状態へと向けて（コミュニケーションのシステムや情報ネットワーク等を張りめぐらせることによって）脳を直接的に組織化するとともに，（福祉のシステムや監視された活動等を配備することによって）身体を直接的に組織化するような諸機械を通じて行使されるのである」（ネグリ／ハート 2003：41）．

第2に，フーコーによって新しい権力パラダイムの生政治的な性質を認識することが可能となった点である．ここで生権力をあらためて定式化すると，それは「社会的生に密着しつつ，それを解釈し，吸収し，再分節化することによって，内側からそれを規制するような権力形態のことである」（同書：41）．権力は，それがあらゆる個人によって自発的に受け入れられ，再活性化を施されるような生気にあふれた統合的機能となるときにのみ，住民の生全体に対して実効的な指令を及ぼすことができるのだ．このような権力の最高機能は，生を

くまなく包囲することであり，そしてまたその主要な任務は，生を行政的に管理することなのである．

こうした管理社会への移行に伴う，あらゆる社会的諸力が相互に包含しあう関係性の一層の強化は，マルクスやフランクフルト学派が提起した「実質的包摂」という視点とは根本的に異なる．それは，ドゥルーズとガタリによって『千のプラトー』でより明解に展開された視点なのである（同書: 40-3）．

彼らの考えによれば，ドゥルーズらの優れた業績は，構造主義を脱神秘化し，生権力についてのポスト構造主義的理解を示した点にある．そうして，彼らは，人びとの注意を社会的生産の存在論的本質へと向けさせたのである．ネグリとハートによれば，「その本質とは，諸機械が生産するということだ．さまざまな装置や組み合わせのなかで，社会的な諸機械が絶えまなく機能しつづけることにより，世界を構成する諸々の主体と対象と一緒に，世界そのものが生産されるのである」（同書: 47）．こうして管理社会と生権力は〈帝国〉の概念の核心を描き出すものである．

フーコーとドゥルーズ／ガタリの所説は，管理社会と生政治・権力に関する議論で重要な貢献をなしたのであった．だが，ネグリらの批判的視点からは，それぞれは克服すべき根本的な難点を残していたのであった．

まず，フーコーは，下部構造が決定的に重要であるとのマルクス主義の基底還元主義を批判し，社会的再生産の問題と，いわゆる上部構造を構成するあらゆる要素とを，基礎的な具体的な構造のなかに連れ戻そうと試み，さらにその領域を経済的な観点からのみならず，文化的・身体的・主体的な観点からも規定しようと試みた．しかし，彼は構造主義的認識論から自らの思考を引き離すことができずに，生政治的な社会における生産の真の動態を把握することができなかった．

他方でドゥルーズらは，創造的な生産，種々の価値の生産，さまざまな生産諸関係，さまざまな情動や生成変化を把握していたのであるが，彼らはそれらを出来事によって印づけられたカオス的で不確定な地平として，その場限りの皮相的な仕方で分節化することしかできないという難点を抱えていたのである．ネグリらはマルチチュードの概念の再定式化によってこの難点の克服を企図したのである（同書: 46-7）．

(3) ポストモダン化されたグローバルな世界経済の出現

ネグリらの見方では，生産と生産回路のグローバル化に伴い，グローバルな秩序，支配の新たな論理と構造，一言でいえば新たな主権の形態が出現している．「〈帝国〉とは，これらグローバルな交換を有効に調整する政治的主体のことであり，この世界を統治している主権的権力」のことである（同書：3）．

生政治状況の中で経済も変容しつつある．それは世界の空間的3分割がごちゃ混ぜになっている点に現れている．第三世界のなかに第一世界が，第一世界のなかに第三世界が，そして第二世界がもはやどこにもない状況である．いまや資本は平で滑らかな世界に直面しているように見える．この世界は，差異化と均質化，脱領土化と再領土化が複合的に絡み合った新たな体制によって規定されているのだ．この結果，産業的な工業労働の役割が減少し，それに代わって，コミュニケーションと協働と情報労働が重視されるようになった．グローバル経済がポストモダン化されるにつれて，富の創出は生政治的な生産，すなわち社会的な生それ自体の生産と呼ぶべきことになるものへと，一層向かいつつある（同書：5）．

このように主張するものの，経済的パラダイムの転換の問題でのネグリらの分析視角は，中世以降の経済的パラダイムの継起を経済の支配的部門によって特徴づける，という点で驚くほど常識的なものである．第1は農業，採取を中心とする経済，第2は工業，耐久消費財の生産を中心とする経済，そして現在の局面は，サービスの提供，および情報操作を中心とする経済である（同書：363）．

現在のポストモダン化，あるいは情報化の過程は，工業からサービス業への労働力移動によって示されてきた．これは支配的な資本主義国において，とりわけアメリカにおいては1970年代の初期から起こってきた転換である（同書：369）．

ネグリらは情報経済への移行は労働の質と本性の変化を伴っていると論ずる．今日では情報とコミュニケーションが生産の諸過程で基礎的な役割を演じている．ネグリらはこれを，フォーディズムからトヨティズムへの変化として認識しうると考える．トヨティズムは，フォーディズムによる生産と消費とのあいだのコミュニケーションの構造を逆転させることにもとづいている．このモデ

第10章 帝国論・帝国主義論

ルに従うなら，理想的には，生産のプラニングは，間断なく市場とコミュニケートすることになっている．理論上，生産の決定は市場の決定よりも後に，その反応としてなされる（同書：373-4）．

経済のサービス部門は，生産的なコミュニケーションのより豊かなモデルを提示している．ネグリらはサービスの生産が結果的にもたらすものは物質的財や耐久消費財ではないのだから，こうした生産に含まれている労働を非物質的労働と定義する．すなわち，それは非物質的な財を生み出す労働——サービス，文化的生産物，知識，コミュニケーションのような——のことである（同書：375）．

コミュニケーション・ネットワークの発達は，新たな世界秩序の出現と有機的に連関している．それは，結果であると同時に原因，生産物であると同時に生産者なのであるという．つまり「コミュニケーションは，グローバリゼーションの動きを表現するものであるばかりかそれを組織化するものでもある」（同書：52）．

コミュニケーション産業は，生政治的な織物の内部で想像的なものと象徴的なものを統合するが，単にそれらを権力に奉仕させるべく配置するばかりでなく，実際にそれらを統合して権力の働きそのものにしてしまう（同書：53）．

ポストモダン的な経済では，物質的労働は非物質的労働に代わられつつある．この非物質的労働には3つのタイプがある．①工業生産に含まれるもの．工業生産はその生産過程そのものを変容させるような仕方で情報化されており，コミュニケーション・テクノロジーを組み込むようになっている．②分析的でシンボルを扱う作業．それ自体が一方では，創造的で知的な操作に，他方ではシンボルを扱っているがルーティンの作業に分裂していくものである．③情動の生産と操作を含むもの．仮想的なまたは現実的な人間的接触，身体的様式における労働を要求するものである（同書：378）．

工業生産から情報経済への移行の最初の地理上の結果は，生産の劇的な脱中心化である．それらによって，生産の地理的集中は必ずしも必要ではなくなった．規模と効率性もかつてのように無条件的に重要ではなくなった．遠距離通信と情報テクノロジーの進展は生産の脱領土化を可能にし，巨大工場を拡散させ，工業地帯を空っぽにしてしまった．情報経済への移行によって，工場の組

み立てラインは，生産の組織的モデルとしてのネットワークによって置き換えられた．これにともない，生産現場の協働とコミュニケーションの形式も変容した．物理的近接性や集中は必要ではなくなった．生産の脱領土化に向かう傾向は，知識や情報の操作を伴う非物質的労働においては，よりいっそう明白となった．情報ネットワークはまた，生産者と消費者とを接触させる傾向をもつ限りにおいて生産を領土的制約から解放する．ポストモダン化または経済の情報化を特徴づけている脱中心化およびそのグローバルな拡散は，他方で，それに対応する生産管理，コマンドの中心化を呼びおこしている（同書：379-82）．

　ポストモダン化された世界経済でのグローバルな人口の移動性は第一世界と第三世界という境界をその根元から突き崩している．第三世界は第一世界に入り込み，しかもその心臓部に絶え間なく生産，再生産されるゲットーやスラム街やバラック地区にその姿を変えながら住み着いている．この一方で，第一世界は証券取引所や銀行や多国籍企業さらにはマネーと富を象徴する超高層ビルというかたちで第三世界に移されている（同書：330）．

　今日，労働力の流動性や移民の動きは途方もなく拡散していて，把握することすら困難である．近代期におけるもっとも重大な人口の動きでさえ，現在の膨大な人口移動に比べれば些細な出来事にすぎない．亡霊が世界を徘徊している．それは移民という亡霊にほかならない（同書：279）．

(4) 新たなグローバル体制の出現——〈帝国〉

　彼らによれば，ヨーロッパを起源とする近代的主権概念と〈帝国〉という新たな主権概念とは原理的に異なり，後者はアメリカ合衆国の立憲的体制をモデルにしたものであると説く．すなわち，アメリカの建国者たちは，理念的に古代ローマ帝国のモデルから着想を得ていた．そうして，建国者たちは，自分たちが大西洋のもう一方の側に，絶えず拡大し続ける開かれたフロンティアをもち，ネットワークによって権力が効果的に配分されることになる新しい〈帝国〉を創出しつつあると信じていたのである．ネグリとハートの考えでは，「この〈帝国〉の観念は，合衆国の政体構成の歴史を通じて存続しつづけ，成熟し，いまやこれは，完全に実現されたかたちをとりつつ，グローバルな規模で発現しているのである」（同書：7）．

第10章　帝国論・帝国主義論

　合衆国の主権の概念が有する第1の特徴は，権力の内在性の観念を提示しているということである．この内在性の概念も理解しがたいが，ネグリらの説明を要約すると次のようになる．すなわち，内在性の概念は生産性の概念にもとづいている．合衆国の主権は，マルチチュードを規制することにあるのではなく，むしろマルチチュードの生産的な相乗作用の結果として生ずるものなのである．アメリカの独立宣言はこの新しい権力概念を明確に礼賛している．あらゆる超越的な権力からの人間の解放は，自らの政治制度を構築し，社会を構成するマルチチュードの力にもとづいている．この主権の概念の特徴は，限界のない地勢のうえで作動する，開かれた，巨大なプロジェクトへ向かうその傾向のことである（同書：214-5）．

　〈帝国〉的な主権概念は，合衆国のさまざまな立憲政体史の局面を通じて展開された．それは4つに分けることができる．第1は，独立戦争から南北戦争まで，第2は，革新主義の時期，第3は，ニューディールから戦争をはさみ，冷戦の絶頂期，そして第4には，1968年1月のテト攻勢以降からソ連・東欧圏崩壊までの時期．紙幅の都合で各段階を詳しく見る余裕はない．ここでは第4期をとりあげよう．ネグリらによれば，この第4の体制を規定するものは，「〈帝国〉的プロジェクト」「ネットワーク的権力のグローバルなプロジェクト」である．ここで湾岸戦争が重要な位置をしめる．それというのも湾岸戦争で「合衆国が，それ自身の国家的動機に応じてではなく，グローバルな法権利の名において，国際的正義を管理運用することのできる唯一の権力として登場した」からである（同書：232-3）．

　彼らの考えでは，また，合衆国憲法は，〈帝国〉的なものであって，帝国主義的なものではない．それというのも，合衆国の立憲的プロジェクトが，自己の権力をつねに閉じた空間の内部で単線的に拡大し，支配下にある国々を侵略し，破壊し，それらをその主権の内部に包摂するような，帝国主義プロジェクトとは対照的に，開かれた空間を再結合し，限界のない領野を横断するネットワークのなかで多様にして特異な諸関係を絶えまなく再発明していくようなプロセスをモデルにして構築されているからなのである（同書：234-5）．

　このようにしてネグリらの基本的見地からすれば，「現代の〈帝国〉の観念は，合衆国の内的な立憲的〔政体構成的〕プロジェクトのグローバルな拡大を

通じて生まれたものである」(同書:235).

　合衆国のヘゲモニーのもとで実施された経済的・社会的改革のプロジェクトの結果として，支配的資本主義諸国の帝国主義的政治は変容を被ることになった．新しいグローバルな光景は，基本的には以下の3つの仕組みないし装置を中心に定義され，組織された．それらは，①合衆国を起点にのびているさまざまな階層的な線にしたがって世界市場を徐々に再構成していった脱植民地化のプロセス，②生産の漸進的な脱中心化，③地球全体に規律的な生産体制と規律社会を押し広め，それらを一対のものとして順次進展させてゆくことになった国際関係の枠組みの構築である（同書:319)．ここでとくに第3のプロセスとは何か．ネグリらの説明によると，規律的な生産体制社会とは，次の3つの要素からなっている．フォード主義的賃金体系とテイラー主義的方法にもとづく労働の組織化，そして近代化・パターナリズム・保護主義を押し進めようとする福祉国家．これらによって生産のための規律が確立したというのである（同書:322)．そうして，これらの3つのメカニズムは，ニューディールの〈帝国〉的権力を特徴づけるものでもあると同時に，〈帝国〉が帝国主義の古い実践を越えてどこまで進んだのかを証明するものでもある（同書:323)．

(5) 〈帝国〉の編成，権力構造

　ネグリらによれば，今日，「諸々の国際機構（国連，国際通貨機関，さらには人道的機関ですら）は合衆国に対して新たな世界秩序のなかで中心的役割を引き受けるように要請している.」そうして，「ハイチからペルシア湾岸，ソマリアからボスニアにいたるまで，20世紀後半のすべての地域紛争において，合衆国は軍事的に介入することを求められている」のであるという（同書:234).

　〈帝国〉による介入には，軍事介入のみならず道徳的介入や法的介入などほかの形態も含まれている．かかる〈帝国〉の介入の特徴を，道徳的諸手段による介入としてとらえると，より適切に理解できる．この典型的なものとしてネグリらが重視するのは非政府組織である．アムネスティやオックスファムなどの人道主義的団体は，新たな世界秩序が所持する最強の平和的な武器のひとつである．それらは，「〈帝国〉の慈善キャンペーンであり，托鉢修道会なのであ

る」(同書: 56). なかでも道徳的介入は〈帝国〉の介入の最前線部隊となっており, 非政府組織はもっとも効果的なコミュニケーション手段で武装し,〈敵〉を象徴的に生産する. フェア・トレードとか反捕鯨といった言辞を弄して国際的正義を体現しているかのように振る舞うというわけだ. ネグリらによれば, これら非政府組織は,〈帝国〉を構成する生政治的な文脈のなかに浸り切っており,〈帝国〉による平定的かつ生産的な正義の介入という権力を先取りしているのである (同書: 56-7).

帝国の権力構造はピラミッド状の3層からなる.

「ピラミッドの狭い頂上には, 1つの超大国, すなわち力〔軍事力／強制力〕のグローバルな使用に関してヘゲモニーを握っているアメリカ合衆国が鎮座している」. それは「単独で行動することもできるが, 国連の傘のもとに他の諸国と共同して行動することのほうを好む超大国である. この特異な地位は, 冷戦の終焉とともに決定的な仕方で呈示され, 湾岸戦争においてはじめて確証された」(同書: 396). 2番目のレベルでは, といってもまだ第1層のなかにあるが, 国民国家のあるグループが主要な国際金融機関を管理運営して国際的取引を規制する力を持っている. これらの国民国家は一連の組織, G7, パリクラブ, ダボス会議などによって結束している (同書: 396).

第2の層は, 多国籍企業が世界市場を通して拡大してきたネットワーク——資本の流れ, テクノロジーの流れ, 人口の流れなどのネットワーク——によって構造化されている. この第2の層にはまた別のレベルがある. そこには主権をもつ国民国家全般が集まっており, しばしば多国籍企業の権力に従属する, ローカルで領土化された組織である.

最後にピラミッドの3番目の層, もっとも広大な層であるがそれを構成しているのはグローバルな権力のアレンジメントにおいて民衆の利害を代表している諸集団＝マルチチュードである. ネグリらはオッカムやホッブズの著作のなかにもマルチチュードを見つけている. マルチチュードという言葉は早くから存在し, 少なくとも14世紀には使われていたことが分かっている. それは, 弱小群衆の意味に近く, サバルタンにも近い言葉で, 賎民, 民衆, 大衆, 群衆とも重なる (陳 2003: 223).

ネグリらは「ヘーゲルに媚を呈するのなら,〈帝国〉の構築は即時的には善

いことだが，対自的にはそうではない，と言えるだろう」とする．それというのも，「〈帝国〉は，植民地主義と帝国主義に引導を渡すのに一役買った」点では即時的には善いものであったが，多くの点からみて自分自身破壊したものよりももっと過酷な搾取にもとづく独自の権力諸関係を打ち立てている点で対自的に善いものであるとするわけにはゆかないのであるという（ネグリ／ハート 2003：64-5）．

　マルクスはモグラと地下トンネルというレトリックで階級闘争を特徴づけようとした．モグラは階級闘争が激化するときに地表に現れ，然る後に地下に潜る．それは消極的な敗北主義的行動ではない．マルクスのモグラは時勢を見計らい，適当な時期が訪れるや再び地表へと飛び出すのである．だが，ハートとネグリの見方では，〈帝国〉への移行のなかでモグラの構造化されたトンネルは，ヘビの無限のうねりに取って代わられたのである．マルクスの老いたモグラは死んでしまった．資本がそのグローバルなネットワークを拡大すればするほど，あらゆる特異的な地点における叛乱はますます強力なものになり，自己の力に焦点を合わせ，そのエネルギーを緊張度の高いコンパクトなコイルのなかに集中させるという（同書：78-87）．

(6) 〈帝国〉論に対する批判

　ネグリらは西欧的主権原理を継承した国民国家と帝国主義の限界から〈帝国〉の出現を説く．この一方で，〈帝国〉を原理的に体現したものとしてアメリカ合衆国の立憲政体をとらえ，それはヨーロッパ列強と異なり帝国主義的政策を追求してこなかったと論じる．そうして，彼らは，アメリカの対外政策と活動を〈帝国〉として解釈しようとする．ネグリらによれば〈帝国〉という新たな主権の形態が出現しているのだ．そうであればアメリカ合衆国は帝国主義の中心となりえないことになる．「じっさいいかなる国民国家も，今日，帝国主義的プロジェクトの中心を形成することはできないのであって，合衆国もまた中心とはなりえないのだ．」なるほど合衆国は，〈帝国〉のなかで特権的な地位を得ているものの，その特権は，かつてのヨーロッパにおける帝国主義列強との類似性にもとづくのではなく，むしろ，そうした列強との種々の差異に由来するのである（同書：6）．しかしながら，帝国主義と規定すべきであると考

第10章 帝国論・帝国主義論

える論者は，それらを帝国主義史，あるいは帝国主義として説くことが，むしろ妥当ではないのか，と批判する．たしかに合衆国の世紀転換期前後からの外交史を帝国主義の歴史として説明したほうが容易である．

　ネグリらは，また，2001年以降のブッシュ政権の対外政策と行動も〈帝国〉的であると主張する．米国の評価はネグリらによればこうだ．湾岸戦争の重要性は，合衆国がそれ自身の国家的動機に応じてではなく，グローバルな法権利の名において，国際的正義を管理運用することのできる唯一の権力として登場した，ということである．あるいは次のようにも述べている．「合衆国世界警察は，帝国主義の利害関心ではなく，〈帝国〉の利害関心にもとづいて行動するのである．この意味で，ジョージ・ブッシュが主張したように，まさに湾岸戦争は新世界秩序の誕生を告げるものであった」（同書：233）．〈帝国〉批判者は，これもやはり「帝国主義」として特徴づけるのが妥当なのではないか，と反駁する．

　アメリカ合衆国が深く関与する湾岸戦争やイラク戦争，アフガニスタンでの戦争は，〈帝国〉の利害関心にもとづく行動であるのか．アメリカ帝国主義を批判する勢力は，こうした論調に対して，国家利益のために行動するアメリカ合衆国国家が，帝国主義的な対外政策を追求するアメリカ合衆国が，看過されている，などと批判を強める．

　フセイン政権を倒した後のアメリカ合衆国による傀儡政権の樹立を「帝国主義」ではないかと批判されたハートは，それは「国家建設」であるとか旧社会主義国が経験したのと同じような「移行期の試み」で「植民地化」ではないと強弁している．ボロンは「帝国主義」ではない「帝国」がありうるとしたのであれば概念をもてあそぶことになると批判する（Boron 2005：20-1）．

　ネグリらは国連が果たしてきた役割や国際法の法的権威や拘束力を過大に評価しているのではないかとの批判もある．ネグリらは国連に超国家的な役割と機能を見いだしその活動を過大に評価するとともに，多国間主義のアプローチにかくれた大国の政治的目論見を看過している，というわけだ．批判者はさらに，アメリカ合衆国が国連を利用し，その国連がアメリカ合衆国の利害に奉仕してきた歴史は明白である，国連の法的管轄権がいかに実体のないものであるかは国連の活動が大国の利害と対立する場合に顕著である，とネグリらに論駁

するのである．

　ネグリらのポストモダン的なグローバル経済論に対しても，それは現象的で皮相的であるとの批判がだされている．たしかに，非物質的労働とともに情報化や情報ハイウェーについても，ビル・ゲイツを引き合いに出したりして，きわめて常識的な議論を展開しているにすぎない．これだけではない．ネグリらの世界経済認識は，グローバリゼーションについての新自由主義の論調と見紛うほどのものである．

　彼らのいうポストモダンな非物質的労働によって特徴づけられたグローバルな生産を，近代的生産すらいまだ充分に経験しないアフリカの大地に照らして評価すると，どうであろうか．あるいはこれを経済大国化した中国の，人口のいまだ50％を超える内陸部の貧農や沿海地域への出稼ぎ「農民工」から見るとどうであろうか．あるいはまたインドの「サバルタン」からすれば世界はネグリらのポストモダン的なイメージとは異なって解釈されるに違いない．

　ネグリらのいうマルチチュードは何であるのか曖昧模糊としている．あるインタビューのなかでハートは，マルチチュードは，事実的な概念としてではなく，詩的概念として作用している，と述べていたという (ibid : 87)．

　マルチチュードを，ドゥルーズとガタリのいうリゾーム・モデルとしてとらえようとすることからくるのだろうが，ネグリらは，超領土的な人口移動や移民が好きである．そうして第三世界解放の真の英雄は，新旧の国境を破壊してきた移民であり人口移動であるとまで主張しているかのようでもある．

　マルチチュードの闘争もよく分からない．彼らの闘争は，漠然としたものであるが，しかし，ヘビのようにうねる彼らの闘争は，〈帝国〉の秩序内の最高度の結節点に直接的な打撃を与えるのであるという（ネグリ／ハート 2003 : 84-5）．本当であろうか．このヘビのような闘争の典型としてネグリらが評価する運動は実際にはどのようなものであるのか．それは彼らの次のような記述からわかる．「北京，ロサンゼルス，ナブルス，チアパス，パリ，ソウル．それぞれの状況は完全に個別的なもののようにみえるが，しかし，じつはそれらの状況はみな，〈帝国〉のグローバルな状況に対して直接的に攻撃を仕掛け，現実的なオルタナティヴを追求するものなのだ」（同書 : 83）．北京は天安門事件のことであり，ロサンゼルスは，貧しい黒人たちによる朝鮮人商店等に対する焼

き討ちとこれを屋上から銃撃しようとする朝鮮人商店主で記憶される当地での暴動である．だが，パリやソウルは何だったのであろうか．記憶をたどることはできない事件と化している．それにしても，これらの運動が，はたして〈帝国〉に挑戦した，あるいは挑戦しうるものであったかは，誰もが疑問に思わざるをえないに違いない．

第11章
ポストコロニアル論

1 マルクス主義植民地研究の限界

　接頭辞の「ポスト」は何を意味するのか．第1に，「脱」，「後」を含意していると考えると，「ポスト」は植民地主義の継続性に加えて，その新奇性と変容にかかわる批判的な視点を含意していることが理解できよう．第2に，ポストコロニアリズムは，その「ポスト」性によって，しばしば「ポスト」構造主義，「ポスト」モダニズムと通底している．言説，差異，他者，非本質主義などの特定の概念を共有し，西欧近代の孕む文化思想的な位階秩序やヨーロッパ中心主義を批判する（ルーンバ 2001：17-38；ブルッカー 2003：220-2）．

　また，ある文化事典では次のように説明している．まず，それは第2次世界大戦後に生じた世界的規模でのさまざまな文化発展をさすのに用いられる用語である．その一方で，ポストコロニアリズムはこの時期の特有なものを，たとえば文化的，経済的，社会的な出来事がヨーロッパ帝国主義の崩壊の目印となっていることを意味する．他方で，この理論はさまざまな形而上学的，倫理的，方法論的，政治的関心をとりあげる．この観点から取り組まれる問題群は，文化的アイデンティティ，ジェンダー，国籍・人種・民族性の概念の再検討，帝国主義化での主体の構築，言語や権力などである（エドガー／セジウィック 2002：333）．

　ポストコロニアル思想は，英米で高等教育をうけ，そこで知識人としての職を得たエドワード・サイード，ホミ・バーバ，ガヤトリ・スピヴァックらの非西欧的世界の出身者がもっぱら切り開いてきた領野であるのも大きな特徴であ

る．彼らはポスト構造主義，ポストモダンの理論や言説，テクスト性などの概念を用いて，植民地の歴史の批判的再構築をはかろうとしたのである．

ポストコロニアル研究にはまた，古典的，あるいは既成のマルクス主義への失望や批判が底流にある．マルクスの未来社会の予言は，暴力と独裁，貧困と抑圧の軍事・警察国家として現実のものとなり，それらは，グローバリゼーションの大洪水的変動のなかで崩壊し，あるいはそれに呑み込まれていった．ポストコロニアル研究は，こうした左翼思想の中核をなしてきたマルクス主義の全的崩壊のなかでその再生を試みた運動であるともいえるのである．それはマルクス主義や批判理論の独壇場であった植民地研究に新しい風を吹き込むことになった．

第1に，植民地主義を階級闘争の観点からとらえるだけでは，植民地主義という文脈では支配と被支配，持たざるものと持てるものとの区別に人種が大きく作用していることが見過ごされる．植民地では白人であることが富をもつことである．また，白人労働者階級が白人支配階級と同じに人種差別意識を振り回すことがありうる．階級が第一義的に重要なのか．それとも人種であるのか．人種と階級との関係は単純ではなく，まずは人種問題の独自性をしっかり把握する必要があるというのである．

階級とジェンダーとの関係についての論争も展開されるようになった．マルクス主義は女性の搾取と抑圧に大きな関心を持ってきたが，ジェンダー抑圧の機制を理論化できないとの批判があった．ポストコロニアル研究はまた，マルクス主義と共犯関係にあるとみる西欧のフェミニズムとその運動に対しても批判的である．それらは白人の女性主体が，自らについて語ることのできる存在となり，個人としての意識を持つようになったことに大きく貢献したが，他方で，白人女性の主体化が帝国主義によって可能となった過程であることを無視してきたというのである（ルーンバ2001：203）．

「植民地支配の闘技場では，人種，ジェンダー，そしてセクシュアリティを足し算的に足してゆけばすべてが分かるというのではない．……人種，ジェンダー，そしてセクシュアリティは一体となって機能し，渾然一体となっているのだ」（同書：212）．

植民地支配が文化に与えた衝撃を軽視することへのポストコロニアル研究に

よる批判も注目すべき点である．ファノンは，被植民者を労働力を搾取された人びというだけではなく，土着の文化の創造性が葬り去られたために，魂に劣等コンプレックスを植えつけられた人びととして定義する．植民地支配とその影響を考えるうえで，文化的過程をその経済的過程と同じくらい充分に深いところまで理論化し，研究する必要があるという立場である．そうして，あらためて経済と文化との関係にも踏み込んで検討を加えるべきだというのである．この点からも文化とイデオロギーの研究の深化が重要になったわけである．

　ポストモダンやポストコロニアルの理論家によって，ポストコロニアルな地域や国家でのナショナリズムにも新たな視点から批判が展開されるようになった．ポストモダン的なナショナリズム論は次のような考えに立っている．第1に，ナショナリズムは，常に単独で生じるのではなく，他の国民／民族に対処する過程のなかで形成されるのであると考える．第2に，この過程では同時に「内部」でヘゲモニーをとった集団や人種，階級などによって種々の内的差異や対立を覆い隠そうとするメカニズムが働く．第3に，帝国主義の歴史が明らかなように，征服する側の国民／民族は，文明化のモデルとしてそのアイデンティティを被征服者に押しつけそこでのアイデンティティ形成を抑圧する．

　サバルタン・ナショナリズムにまつわる進歩的であると同時に退行的な側面を見て取ることが大事であるとネグリらは強調する．彼らの考えでは，国民［民族］が進歩的なものにみえるのは，それが自分よりも強力な種々の国民［民族］と外部の経済的・政治的・イデオロギー的諸力とから身を守る防衛線として役立つ限りにおいてである．従属諸国民＝民族の自決権とは，現実的には，支配的列強からの離脱への権利にほかならないのである．民族が進歩的であるのはあくまでもそれがより強力な外的諸力から自分を守るために固められた防御線である限りにおいてである．

　だが，それらの壁は外部からの支配に逆らう保護的な機能を持っているという点で進歩的にみえると同程度に，自分たちが保護している内部に関してあっさりと逆の関係を演じてしまう．それというのも，外国に対抗するそうした構造は，それ自体が，民族的な同一性・統一性・安全性の名において内的な差異と対立とを押さえつけながら，外側からの抑圧に匹敵する抑圧を内側に向けて行使する支配権力であるという，もうひとつの面を備えているからだ（ネグ

リ／ハート 2003：145-6)．

　ネグリらは，さらにベネディクト・アンダーソンの「想像の共同体」論に言及しつつ，アンダーソンの共同体論が転倒され，共同体に関するあらゆる想像はネーションとして過剰にコード化され，現実化される危険性について指摘する．彼らによれば，想像されたネーションがまだ存在しておらず，ネーションがたんなる夢にとどまっている限りでネーションは進歩的なのである．それが主権国家として形をとり始めるや否や，その進歩的機能は事実上消え失せてしまうのである（同書：147, 149)．

　ポストモダンやポストコロニアル理論家は，「純粋主義的あるいは本質主義的な国民／民族的アイデンティティとは常に後ろ向きのものだろうし，また常に取捨選択され想像された構築物である」と考える．そうして，彼らによれば，国民／民族的アイデンティティは現実には複雑に混じりあったものを純粋なものとして理想化するような言説的構築物なのである（ブルッカー 2003：171-2)．

2　オリエンタリズム

　オリエンタリズムは，もとは2つのことを含意していた．西洋が東洋に対して抱く異国趣味，といった意味がひとつ．いまひとつが，東洋学，すなわち西洋による東洋研究の意味である．だが，サイードの『オリエンタリズム』の刊行後，新たな意味が付け加えられた．それは西洋による東洋の支配様式という意味である．「オリエント」．サイードによれば，それは，西洋によって区切られ，対象化された政治的，文化的な構築物なのである．それは，オリエントについての知の産出システムであるとともに，西洋による東洋の支配，搾取と収奪，帝国主義，植民地主義を正当化する役割をも果たしているのである．

　ルーンバは次のように論ずる．権力の行為と知は切っても切れない．このフーコーの洞察にもとづいて，サイードの『オリエンタリズム』は書かれた．サイードによれば，オリエンタリズムは，フーコー的意味では東洋について西洋がつくりあげた言説なのである．それは，西洋がオリエントを再構成し，支配するための諸制度，表象，知識のネットワークの総体であると理解される．そこでは「オリエント」なるものは，西洋との二項対立的な関係の中で創造され

構築される．「野蛮」「狡猾」「怠惰」「性的放縦」……．サイードによれば，このようなオリエント的表象は，実在するオリエントの生きた現実とは関係なく，西洋によって構築された西洋の裏返しのアイデンティティであり，中東，アラブ世界を抑圧・支配する過程で自己確立されるものなのである．

「オリエント」に関する知がヨーロッパで生産，流通させられる．ルーンバによれば，それにイデオロギー的に随伴したのが植民地支配権力である．「『オリエンタリズム』は非西洋についての本ではない．……西洋が非西洋をどのように表象したのかについての本だ．この学問分野は，ヨーロッパが『中近東』に進出するのにともなって創設された．」それは「言説という概念を使って，植民地支配研究を再配置しようとするものだ」（ルーンバ2001：66）．

「サイードが言うには，ヨーロッパの文学テクスト，旅行記その他の著作で『オリエント』が表象されているのだが，それがヨーロッパとその『他者』とのあいだの二項対立を生み出した．……この二項対立こそが，ヨーロッパの他者の土地に対する覇権を維持し，それを拡大するのに役立った．そればかりでなく，ヨーロッパ文化を創出するためにも中心的な役割を果たした……」（同書：67）．

サイードの業績をどのように評価すべきか．ルーンバは，「文学を素材に用いて歴史的・認識学的過程を論じようとしたものである点において革新的であった」とみる（同書：69）．サイードの研究以降，植民地言説研究は，多様な文化的テクストや文化的実践を広く分析するようになった．それは芸術作品，地図帳，映画，科学組織，美術館，博物館，教育制度，広告，精神医学その他の医療行為，地質学，服装のパターン，そして美の概念，などに及んだ（同書：69-70）．

ルーンバからの孫引きになるがあるポストコロニアル研究は，テクスト性や言説を手がかりにした植民地研究について，次のように指摘している．

「最初は銃や悪知恵，疫病から帝国主義的関係は始まったものかもしれないが，しかし帝国主義が主体に呼びかけを行って植民地主体形成を行う段階においては，帝国主義は制度的にも……非公式にも，テクストによって維持された．だから植民地支配は（それとセットとなった人種差別と同じく）言説によって形成されるのである．言説としての植民地支配は，表象のシステムに植民地支

第11章 ポストコロニアル論

配を受ける主体を組み込むことで作動し，植民地支配を受ける主体に植民地主体になれという呼びかけを行うのだ」（同書: 127）．

　テクストや言説にこだわることで興味深い解釈が示されるようになった．その例を挙げよう．ルーンバが引用するオベーセーカラの研究によれば，「カニバリズムは『ヨーロッパ人とポリネシア人との非常に複雑な対話から構築された』もの」であった．「それは『英国の民族誌科学の実践と，後のマオリ人のカニバリズムという実践』の両方に影響を与えた．」マオリ人にとって，「人肉を食べることは，植民者に対抗し植民者を攻撃するための手段となり，大変な数の敵を消費する『衒示的アンスロポファガイ』となったのだ」（同書: 135-7）．

　ジェンダー／セクシュアリティと植民地言説との関連を示すものとしてストラエトの絵がよく引き合いに出される．裸のアメリカがハンモックから起き上がりかけた姿．服を着たヴェスプッチ．裸の彼女は，ヴェスプッチを見つめ返している．「発見され，脱がされている」(Hulme 1985: 17)．掠奪され，占領され，征服されるものとして4大陸を女性として表象する長い伝統をもつ絵画法．女性身体は，征服された土地を象徴する．植民地や異境と逸脱したセクシュアリティを結びつける言説が流布され定着していった．

　聖書の物語も植民地言説の構築に一役買っている．ヴェールをかぶった東方の女王が植民地幻想にしばしば登場する．聖書では，シバの女王が黄金をもってソロモン王の宮廷に現れ，性的に満足させてもらったお返しに膨大な富を自ら差し出す．

　野蛮な原住民男性．東洋の王族．上流階級／カーストの女性がヨーロッパの男性に救われるという冒険譚．「白人男性が茶色い男から茶色い女を救出する」．女性同性愛のファンタジーをかき立てるハーレム物語．それは，「ヨーロッパ人の想像力にとっての熱帯ポルノというべきもの」「ヨーロッパがその禁じられた性的欲望や恐怖を投影する，幻想的で魔術的なこころの幻灯機」（アン・マクリントック）である（同書: 190-4）．

　歴史過程と実践を「テクスト」として分析できるという考え方は研究の可能性を広げたとの評価の一方で厳しい批判も浴び続けてきた．表象と言説ばかりが分析され，実際の出来事や物質的現実についての議論がなおざりになる，と．

こうしたサイードがもたらしたものに対して，次のような批判が出されている．サイードの批評は，植民者と被植民者という二項対立的関係によってとらえられているきらいがあった．また，植民者による「誤表象」を批判するに急なサイードは，結局，真に実在する「人間的な」オリエントや歴史的真実を対抗的に提起するという戦略を選ばざるを得なかった．ここにも新たな二項対立を持ち込むことにもなった．サイードは，さらにオリエンタリズムを顕在的なものと永劫不変で無意識の潜在的なものとに区分し，知識人は，後者から免れえないと論じてもいる．それでは，知識人は如何にしてその集団的無意識に対抗し，真実を表象しうるのか．

また，サイードに対しては，オリエンタリスト的知の生産と植民地支配の歴史との結びつきや植民地支配と資本主義の発展とのつながりを十分示していない，制度や物質的な現実を軽視し，文学的，イデオロギー的，言説的側面の重要性を過大評価している，との批判がだされている．ルーンバは，アフメッドの次のような論評を紹介している．サイードの見方では植民地支配とはイデオロギー的虚構にすぎないことになる．サイードは被植民者の自己表象を無視している．植民地支配に対する抵抗には焦点を当てず，植民地支配権力のみに焦点を当てているからだ．植民地権力はすべてに浸透していると見るフーコー的な考え方を採用している点は問題なのではないか（同書: 71-2）．

3　スピヴァックとサバルタン研究

サバルタン研究は，西欧マルクス主義，ポスト構造主義，ポストモダンの強い影響のもとですすめられた．そもそもサバルタンとは「より下位の」という意味の形容詞で，現在でもイギリス海軍では大佐より下の准大尉をさす言葉として使われているという．このサバルタンが植民地の歴史記述の概念として用いられるようになったのは1980年代はじめに組織されたインドの研究グループが，南アジアの地域研究の方法的概念として，グラムシの『獄中ノート』にある「サバルタン諸階級」「サバルタン社会諸集団」に注目したことによる．グラムシにもとづいてサバルタンなる語を用いた人びとは，植民地化された人民内部の区別，つまり非エリートとエリートとを区別しようとしてサバルタン

第11章 ポストコロニアル論

なる言葉に息を吹き込もうとしたのであった（同書：286-7）．この後，サバルタンは，従属されたものたちをさす包括的な概念として植民地（史）研究に定着した．

サバルタン研究が一躍脚光を浴びるようになったのはスピヴァックの研究によってであった．スピヴァックは，「サバルタンは語ることができるか」（1988年）でオリエンタリズムの批評家が「抑圧する主体」と「抑圧される主体」をそれぞれ問題にしながら，自らを「透明な主体」であるかのごとく振る舞っている点を批判の俎上にのせた（スピヴァック 1998；モートン 2005）．

スピヴァックが問題にしたのは，インドにおける寡婦殉死（サティー）にまつわる2つの物語である．ひとつは，それを野蛮な風習として描き，禁止しようとする西欧の物語である．いまひとつは，殉死を女性が自ら望んだとして描き上げるインドの伝統主義者の物語である．これら2つの物語によって「褐色の女性」は，帝国主義と伝統主義の狭間で抑圧されて，自らを語ることができないのではないか，というわけである．スピヴァックは，サバルタンの女性が，真の声をあげようとした行為の一例として，インド独立運動の女性闘士バドリの自殺を物語る．だが，バドリの行為は，家族にさえ理解されず，結局のところ，恋愛による自殺としてしか受け止められなかった．スピヴァックは，ここから，――彼女自身，後にこれを不適切であったと自己批判するが――「サバルタンは語ることができない」との解釈をくだす．植民地支配と家父長制とが一体となって働くと，サバルタン（この場合夫の火葬の薪で焼き殺される未亡人）が語って自分自身の考えを分節化することは極度に難しくなると考えたからであった．

たしかに「ネイティヴ」はジェンダーという差異に引き裂かれているし，階級やカースト，その他の序列で分断されている．だが，死んだ未亡人はサバルタンの典型であるのか．死んだ未亡人だけではなく生きながらえ語った未亡人にも耳を傾けるべきではないのか．サティーの記録に残っている大多数の例は上流階級の特権的な女性であった．そこで本当の「サバルタン」であるもっとも下層なものを回復させるべきであるのか．

スピヴァックの物語には1つのオチがついている．それというのも，バドリの出自が実は中産階級であり，「真の」「サバルタン」ではなかったという事実

である.

　サバルタン研究がもたらしたものについては，次のようなルーンバの論評が参考になろう．周辺化されたものを物語から排除した大きな物語〔グランド・ナレティヴ〕——たとえば歴史は階級闘争の歴史である——から離れることによって，ようやくサバルタンの歴史が書けるようになったと評価すべきなのであろうか．ポストモダンに特有な概念と分析視角によって，周辺化された歴史的主体のものの見方が見えるようになったのであろうか．だが，ポストモダンは複層性や断片化をあまりに極端に押し進めることによって歴史のダイナミックな力学を理解できなくなるのではないか．サバルタンに語らせることは可能なのか．それとも私たち自身の関心ごとを，サバルタンに腹話術で語らせようとしているだけなのか．ルーンバの批判は厳しい（ルーンバ2001: 288, 291-2）．

4　異種混淆性

　『オリエンタリズム』は，帝国主義的権力と言説との力を強調するあまり，被支配者がそれを受容，あるいは貢献したり，さらにはそれに挑戦したりするのを無視してきたとの批判がある．

　ルーンバによれば，それは次のような方法論的批判にもとづいている．植民地支配者と被支配者とのあいだ，人種のあいだの二項対立は実際には成り立たない．このようなカテゴリーの内部にも大きな文化的・人種的差異が存在し，またこのようなカテゴリーが境界を超えて重なりあう部分があるからだ．二項対立的な知の枠組みを解体するひとつの戦略として，ホミ・バーバは，「異種混淆性〔ハイブリディティ〕」や「両義性〔アンビヴァレンス〕」に注目したほうが植民地された主体のアイデンティティ形成を理解するうえで有効であると主張する（バーバ2005；ルーンバ2001: 139-40）．

　バーバは，精神分析とポスト構造主義の主体性と言語の概念を用いて非植民者の自律性〔エージェンシー〕に焦点を当てる．バーバによれば，植民地言説は，実際には，サイードが説くようにはうまく機能していない．植民地言説は発話され伝達される過程でそれは異種のものと混ざり合いハイブリッド化する．その結果，植民地主義が主人と奴隷の双方に強制しようとするアイデンティティは不安定なも

第11章　ポストコロニアル論

のになる．言説のレベルでは植民者と非植民者との二項対立はありえず，両者とも複雑な相互関係の複雑な網の目にとらえられてしまう．

　ポスト構造主義の思想家にとって人間主体は固定的なものではなく，言説を通じて構築されるものと考えられている．ここから，人間のアイデンティティや主体性は，移り変わるもの，断片的なもの，ととらえるのである．

　帝国主義イデオロギーと人種差別イデオロギーは，人種的差異に固執するが，境界侵犯を引き起こしてしまうことがある．植民地支配は，植民地支配の他者を文明化しつつ他者にはその固定的な他者性を保持させようとする矛盾をかかえていた．

　異種混淆性は，移住や亡命の結果としても生じる，新たに構築された混成的なそして矛盾を孕むアイデンティティを記述するのに用いることができる．それは，主体やコミュニティ，国民といった本質主義的概念を批判する戦略でもある．

　バーバは境界性と異種混淆性は植民地的状況「そのもの」が必然的に身に帯びる特性なのだとしている．

　異種混淆性に反植民地性をみることもできる．たとえば，反植民地運動やその運動家は西洋の考えや語彙を援用して，植民地支配に挑戦し，植民者から借りたものをハイブリッド化した．たとえばガンディーの非暴力思想．それはエマーソン，ソロー，トルストイを読むことで培われた（ルーンバ2001：213-4）．

　植民地の文化がお互いに影響を与えあって形成されただけでなく，それらと宗主国文化との相互交渉が宗主国文化そのものを形作ったのだと主張されもする．汚れのない白人文化やヨーロッパ文化などどこにもない．ステュアート・ホールが指摘する点であるが，白人と黒人の経験もまた歴史的，文化的，政治的に構築されてきたものである．アイデンティティもまた構築されるものである（同書：215-6）．

　異種混淆性とともにクレオール化という言葉についても触れておく必要があろう．この言葉はもともと，相異なる文化集団が長期にわたって影響を与えあう際に，いくつかの言語が一緒になり，新たな言語を形成するプロセスをさした．しかし，次第にその意味は拡張され，クレオール化は今日では文化面で起こる変化をもさすようになった．

クレオールとともにディアスポラも頻出する用語となっている．この言葉はもともとユダヤ人のあいだでの文化的，宗教的連繋を意味する言葉であった．近年，これが離散，あるいは移動，移住した諸集団の連繋にかかわる語へと拡張された．だが，実際の祖国や祖国の概念とかの特定の所属性（中国系とかアイルランド系とか）と結びつくディアスポラのシンボリズムは，強力なノスタルジー的，分離主義的傾向を生み出しかねない．そこで，オリジナルな祖国，真の祖国という「本質主義」的態度を捨て去り，変容や差異を通して絶えず再生産されるアイデンティティを志向すべきであるとの主張も影響力を増している．

バーバのような研究を批判的に概観したものとしてはやはりルーンバの論評が要領を得ている．まず，異種混淆性とは，技術的に異なる種を掛け合わせることであり，それは異なる人種を生物的に異なる種であるとした「ヴィクトリア朝時代の極右が用いた語彙」（ロバート・ヤング）を思い出させる，といった批判があると指摘する（同書：213）．

さらにルーンバはバーバの理論を次のように批判する．バーバの主張は，「記号論や精神分析の枠組みだけで理論化されている」だけに，具体的文脈を無視してしまう難点がある．「主体というものが階級やジェンダー，文脈という問題でどのように形作られているのかもまた考える必要がある」（同書：220）．「『バーバが差し出しているのは，大文字の言葉による大文字の世界なのだ』と言ってもよい．そしてこの『言葉』とはおおむね植民者の側にある」．「バーバは植民地でのダイナミックな力関係を，言語的なやり取りの問題に矮小化してしまう」（同書：220-1）．「『ハイブリディティ』ということで，植民者と被植民者とのあいだの激しく苦しい緊張関係や衝突が大したことではなかったようにされてしまい，結果として反植民地主義闘争でのダイナミックな力学が間違って表象されてしまう」（同書：222）．

5　ポストコロニアル論の意義と限界

ポストコロニアル理論と批評はポストモダニズムの産物であるから私たちの世界を理解するにもそれを変革するのにも役立たない，とする厳しい見方があ

第11章 ポストコロニアル論

る.

　第1に,ポストコロニアル思想への批判として「第一世界起源」説がある.ルーンバはアピアの辛辣な批判を紹介している.孫引きになるが引用しよう.「ポストコロニアルとは,意地悪く言えば買弁インテリゲンチアとも呼べる者たちが生きる状況である.比較的少数の,西洋スタイルで,西洋で訓練を受けた作家や思想家で,世界資本という文化的商品を辺境で取引する仲介業者である」(同書:294).

　ポストコロニアル知識人,なかでもスピヴァックは,市場商品化されたポストコロニアル批評家,グローバル資本主義の受益者であるポストコロニアル知識人,として批判をうける.こうした批判をうけてであろうか,この後,スピヴァックはポストコロニアル批評に自己批判的となった(スピヴァック『ポストコロニアル理性批判』).

　ルーンバが言及するダーリクの批判も厳しい.彼は,後期資本主義とポストモダンの「共犯関係」を前者とポストコロニアリズムへと拡張し,次のように非難する.「ポストモダニストもポストコロニアリストも,グローバル資本主義の機能を褒め称え神秘化するのだ」.「ポストコロニアリズムの言語」は「第一世界ポスト構造主義の言語である」.「西欧の知の体系の普遍主義的な偽善を批判し,『マルクス主義の用いる言語の,普遍主義的な偽善を告発するところから始まった』ポストコロニアリズムは,『結果としては,ローカルな俗語に分解していくのではなく,普遍主義的な認識論的偽善をふりかざす,もうひとつの第一世界言語に回帰する』」.ダーリクによれば,「ポストコロニアルとはグローバル資本主義のインテリゲンチアが生きる状況」なのである(同書:295-6).

　デニス・エプコの批判はいっそう厳しい.ルーンバは次のようなエプコの批判を引用している.「アフリカ人からすれば,名高いポストモダン状況など……ハイパー資本主義の,食い過ぎて甘やかされたガキどもの,偽善的で甘ったれた泣き声以外のなにものでもない.物質に飽き果てた者,退屈し食い過ぎたものが覚える吐き気など……飢えたアフリカの知ったことではない」(同書:296).

　第2に,先のエプコ批判と関連するが文学研究から出発したポストコロニア

ル批評は，表象や言説を扱っているとの批判である．バーバやスピヴァックの研究は，「植民地主義の表象を中心的に扱い，『言説を地上から遠く離れた軌道上に置いている』，つまり，植民地支配の物質的な状況を無視している」．ポストコロニアル研究がイギリス文学研究から出発した事情があるとしても，である．それはルーンバが引用する次のようなエレク・ベーマーの批判と重なる．「『テクストやイメージを論じることで，植民地戦争や強制労働，病気，飢えのために多くの人が死に，移送中に多くの人が死んだという，帝国の生々しい現実が隠蔽されてしまう』危険がある」のだ（同書：128）．

第3に，第2の批判と表裏の関係にあるが，グローバル化がもたらした世界資本主義の物質的な問題を看過しているとの批判である．それは，今日のポストコロニアルな状況が，資本主義の動きによって必然的に形作られているのだという点——資本主義がグローバル化し，ローカルな文化や経済をその渦巻きに飲み込み，古くからある境界線を弱め，生産と消費を脱中心化させるそのありさま——を，真剣に考慮してこなかったというわけである．ルーンバは，ダーリックの次のような批判を引用している．「ポストコロニアル批評家が……現代における力関係について……論じることはほとんどない．……彼らは，毎日の生活の具体的で物質的な問題を，主体性と認識論の問題にしてしまう．資本が動いて世界を構造化しているさなかに，資本が基盤であることを否認すると，経済的事実認識に基づいた配置図を描くことができなくなる．これがあらゆる抵抗の実践の出発点となるべきであるというのに……」（同書：298）．

ルーンバは，そうして経済的側面を無視するというのは，ポストコロニアル批評家がうけた専門分野からくることであるかもしれない，あるいは批評家の政治的，哲学的指向性からくるのかもしれない，だが，ローカルな文化やグローバルな文化，ネーションや異種混淆性が，経済システムによってどのように形作られているかを考えずに，ネーションや異種混淆性のことを真剣に考察できないことは間違いない，と結んでいる（同書：299）．

最後に，〈帝国〉論でのネグリらの批判は根源的で興味深い．ネグリらによれば，ポストコロニアルの理論家たちは，根本的に新しい支配形態である〈帝国〉への移行に関して混乱した見方をとっている．この結果として，彼らは，古い権力の形式への攻撃に固執したまま，その古い土壌に有効であるような解

放の戦略を提起しているに過ぎないのである．

「権力は彼らが攻撃している砦をすでに引き払って，差異の名における彼らの襲撃に自ら加わるべく，彼らの背後に回り込んでしまったのだ．したがってこれらの理論家たちのしていることは，まったくの空振りに終わっているのである．」彼らによる差異の政治，流動性の政治，異種混淆性の政治を擁護することによって近代主権の二項対立や本質主義に挑戦しようとすることは，権力の戦略に先を越されてしまったのである（ネグリ／ハート 2003：184-5）．

ネグリらの批判的観点からは，世界市場のイデオロギーは，つねに優れて反基礎づけ主義的で反本質主義的な言説であった．流通，変動性，多様性，混合は，まさにその可能性の条件なのである．商品，文化，住民などの差異は，世界市場において無際限に増殖しているようにみえる．今日の世界市場は国民国家の境界を脱構築することへと向かっている．国民国家境界の衰退につれて，世界市場は国民国家が押しつける二項対立的分断から解放される（同書：198-9）．

また，ポストモダンの中心的な概念は，マーケティング，経営管理組織，生産の組織化といったさまざまな経済的領域にも浸透している．ポストモダニズムはグローバルな資本が作動する論理なのである（同書：200）．国境をまたいでグローバルなシステムに連結している多国籍企業の内部文化もポストモダニズムを取り入れている．そこでは企業内部の多様性や多文化主義が説かれているのである（同書：201）．

補論　ポストコロニアル論の展開

(1) 小森のポストコロニアル論

小森の『ポストコロニアル』と題する啓蒙書は，「『文明』としての『近代』に向かった，と肯定的に語り継がれてきた，幕末から日清戦争までの出来事」と，「『戦時中』の『野蛮』から再び『文明』としての『民主主義』に向かった，とされる敗戦後の出来事」を，「**植民地的無意識**と**植民地主義的意識**との矛盾の中で捉え直すこと」を中心テーマとしている（小森 2001：x）．

それでは「植民地的無意識」と「植民地主義的意識」とはなにか．

まず植民地的無意識がなんであるのか不明である．それがなんであるかについての小森の直接の説明はない．ただこれに関連した次のような説明があるのみである．「欧米列強によって植民地化されるかもしれない危機的な状況」——それは小森によれば「ロシア帝国との国境確定」になる——「に蓋をし，あたかも自発的意思であるかのように『文明開化』というスローガンを掲げて，欧米列強を**模倣**することに内在する**自己植民地化**を隠蔽し，忘却することで，**植民地的無意識**が構造化される」（強調点は筆者）．ここでは植民地的無意識の構造化が語られているが無意識そのものについては説明がなく，ただ，「自己植民地化を隠蔽し，忘却することで，植民地的無意識が構造化される」と述べているだけである（同書：15）．小森はさらに「植民地的無意識」と「植民地主義的意識」の矛盾を説く．この説明で小森はもっともらしい工夫を凝らす．それは，福沢の『文明論之概略』での文明論——「文明」「半開」「未開」の規定——とラカンの鏡像段階での鏡を連想させる「他者としての鏡」論である．

彼によると，日本のような「『半開』は『文明』という**他者としての鏡**に自己を映し，その基準によって自己像を形成することでしか『半開』たりえない．」同時に「欧米列強の『奴隷』にならないためには，もう一方の**他者としての鏡**である『未開』ないしは『野蛮』を新たに発見するか捏造して，そこに自己を映しながら，彼らと比べれば自分たちは十分に『文明』に属しているということを確認しなければならない．」「その確認が行われた瞬間，自分たちが『文明』の側から『未開』や『野蛮』と見なされたかもしれない」「という怖れと不安を，鏡であるところの，新たに発見した『未開』と『野蛮』を植民地化することによって，あたかもまったく存在しなかったように，記憶から消去し，忘却の淵に落とし，二度と浮上してこないように蓋をして意識しないようにする．この操作をとおして，開国後の日本の**植民地的無意識と植民地主義的意識**の原型が形成されたのである」（同書：18-9）．

欧米列強によって植民地化される危機的状況におかれている以上，近代的国家体制を確立し，急速な文明化，近代化を急ぎ，富国強兵政策によって西洋列強の侵略を未然にふせぐ必要があった．これ以外の道はとりようがなかった．それとも小森は自己植民地化を隠蔽する必要もなく，植民地的無意識を構造化する必要もない列強による日本の植民地化こそが望ましい日本の進むべき道で

あったとでもいうのであろうか．

　さらに分からないのは「自己植民地化」である．小森によれば，自己植民地化とは，維新後に日本が「『文明開化』を国是として掲げ，学校教育を徹底することをとおして，自ら『文明』化，すなわち「**自己植民地化**」することであるという．自ら文明化することがどうして自己植民地化なのか（同書: 16）．なぜ自己植民地化を隠蔽し，忘却する必要があったのか．また，史実としてそうした動きはあったのか．そうではあるまい．日本は，隠蔽し，忘却するどころか，積極的に，全体として急速な社会の「文明開化」を押し進めていったのである．

　また，「自己植民地化」に関しては，日本が文明の側から未開や半開と見なされたかもしれないという怖れと不安を，植民地政策を展開することによって，「あたかもまったく存在しなかったように，記憶から消去し，忘却の淵に落とし，二度と浮上してこないように蓋をして意識しないようにする」というのも理解しがたい．西欧近代に追いつけ追い越せというのが，明治以降の日本の国家目標であった．日本の後進性はたえず意識され，超克の目標であった．日本の後進性を記憶から消去し，忘却の淵に落とし，蓋をしてはこなかった．自己植民地化を隠蔽し，忘却する必要性はなかったのである．

　かりにそれがあったとして，それでは，「存在しなかったように，記憶から消去し，忘却の淵に落し，二度と浮上してこないように蓋をして意識しないように」することができたというのであろうか．

　植民地的無意識と植民地主義的意識とが矛盾している，というのも分かったようで分からない説明である．一体何がどう矛盾しているのか．フタをされ意識されないもの，潜在している無意識と意識として顕在するものが，どうして矛盾する関係になりうるのか．

　小森はラカンの「小文字の他者」と「大文字の他者」について言及し，これらを「比喩的に**植民地主義**的な支配と被支配との関係に移動させ」（小森 2001: vii）と述べている．しかしながら，どう「比喩的に」「移動」させたのか論じていない．そもそも，簡単に「移動」できるものであるのか．小森による詳しい説明はない．

　また，「他者としての鏡」はラカンの鏡像段階論を連想させる．だが，その

機制は具体的に説明されていない．小森によれば，「文明」も「未開」も同時に「他者としての鏡」になる．この場合，「文明」という他者は「大文字の他者」であり「未開」の他者は「小文字の他者」であるということなのであろうか．ラカンの場合は，小文字の他者としての自己像は，大文字の他者，父の名が登場し，エディプスコンプレックスを克服する過程での主体形成としてとらえられている．

　小森は，さらに，占領下において形成された「国民的な『植民地的無意識』」についても論じている．それは第2次世界大戦後の3，4年間に「仕掛けられ」，あるいは「それこそ国民的に醸成され，その基盤が作られた」．この場合の「政治的無意識」についても小森の説明は明確でない．1億総懺悔論への批判と関連させて次のように語り，「政治的無意識」について言及しているにすぎない．「本当に少し合理的に考えれば，認識できることを認識しないで，いわば忘却の淵に落とす．それがきわめて歴史的に重要な出来事とのかかわりで，繰り返し起きてきているわけです．集団的に合理的な思考を放棄して，思考すべき問題を忘れてしまって，なかったことにするという過程の繰り返し．これが，これこそ明治維新以降の日本の中で反復されてきた『植民地的無意識』の基本構造だと思います．」あるいは「過去の植民地支配に対する責任に対して思考停止し忘却し」「（植民地を全部放棄したことになっている）アメリカとの相似性との中で，アメリカ型の民主主義，アメリカ型の経済発展を目指してゆくことが，正当化されて内面化された．そういう構図が，誰が仕掛けたというわけでないのだけれども，暫時展開してゆく」（姜 2001：16-7）．

　座談会での談話であるだけに，厳密な議論を期待するのは無理かもしれない．だが，一方では「植民地無意識」は陰謀説まがいに「仕掛けられ」たものであると言い，この舌の根も乾かぬうちに「誰が仕掛けたというわけではない」と言う．一体どちらであるのか．

　また，アメリカ型の民主主義と経済成長を目指してゆくことが正当化され内面化されたというのも異論の多い主張であろう．だがこれはおくとしても，「少し合理的に考えれば，認識できることを認識しないで」とか「集団的に合理的思考を放棄して……」といった主張は問題であろう．それというのも，こう主張することによって小森は合理的な思考とこれにもとづいた行為が成り立

ちうることを認めていることになるからである．こうした考えが問題なのは，小森が依拠していたフロイトの無意識論やラカンの鏡像段階論，ジェイムソン風の集合的無意識論と，彼自身がここで指摘している合理的な行為論とは，異質な対極的な行為論であるからだ．合理的行為理論とは方法論的個人主義（集合的な合理主義を説くものもいる）に立って目的・手段的合理主義（自己利益の最大化のために最適な行為を選択する）を唱える方法論的アプローチである．しかしながら，小森ならよく知っているように，フロイトの夢分析やジェイムソンの政治的無意識論はまさに潜在的なものを読み解く解釈（学）的行為である．それゆえに，小森の集合的行為論では，本来方法論的に異質な合理的な行為理論と非合理的な行為理論とが同居していることになる．

(2) フレデリック・ジェイムソンの「政治的無意識」論

小森の政治的無意識は，フレデリック・ジェイムソンの「政治的無意識」を「少し発展させて作った概念」であるという．「どう発展させたのか」という問いを意識してのことであろうが，この「少し」というのが姑息である．

ジェイムソンが，哲学，思想を中心に多くの文献を渉猟し，独自の概念として打ち出したその「政治的無意識」は興味深い仕掛けや工夫が随所に見られる．このジェイムソンの「政治的無意識」論を消化するのに十分な時間的余裕がないものやそれを紹介する能力と学識に欠けるものには，この紹介と銘打ったダウリングの案内本を手引きとするのがベストであろう．

ジェイムソンはフロイトの精神分析理論の「歴史化」を企てる．ジェイムソンのみるところ「フロイトの天才は，解釈という行為そのものの性質と必要性に対する深い洞察にあった」（ダウリング 1993: 40-1）．リクールが試みたようにジェイムソンもフロイトを解釈学的な作品として位置づける．「ジェイムソンにとってフロイトの重要性は，オープンで明示されたものの背後に潜在的な意味が隠されている状況では解釈というものを欠かすことができないという洞察から来ている．また，根源的でつねに抑圧されたエネルギー源（フロイトにとっては個人の無意識，ジェイムソンにとっては集団的あるいは『政治的』無意識）が，目に見える構造（フロイトにとっては意識の働き，ジェイムソンにとっては全体としてみた文化とイデオロギー）とぎくしゃくした敵対的な関係

にあるときには，このことがいつもあてはまるのだ」（同 1995：41）．

　ジェイムソンにとっては，目に見える構造から政治的無意識を読み取ることが必要となる．ジェイムソンはこの読解にアルチュセールが独自に打ち出した構造的因果論が有効であるとみる．そもそもアルチュセールは，正統モデルの機械論的もしくは機械的因果論，表現に関する因果論を，それぞれ批判の俎上にのせ，これらを方法的に退けるとともに彼自身は構造論的因果論をとなえたのであった．これをジェイムソンはそのテクスト解釈学において方法論的に継承する．

　まず第1に，機械的因果論というのはデカルト哲学に端を発するもので，因果律を推移的で分析的な効力に還元して済ませていた．この典型が原因と結果をビリヤードの玉の動きになぞらえるモデルである．

　第2に，諸要素に対する全体の効力を考えるためにわざわざ考えだされたかのようなライプニッツの《表現＝表出》概念があった．このモデルはヘーゲルの全体系にも《内的本質／外的現象》の概念として君臨している．いうまでもなく，このシステムは全体を内的本質へと還元することを前提としている．全体を構成する諸要素は《内的本質》を表出し，現象させた形式にすぎないものにかえられ，本質という内的原理が，いたるところにあまねく現前することになる．

　これらに対してアルチュセールとともにジェイムソンが立脚するのが「構造的因果論」である．しかしながら，この構造因果論はかなり分かりにくい．ここではダウリングの助けを借りよう．ダウリングは次のように説明を始める．なぜアルチュセールはこのような一見すると奇妙な因果論の概念をつくったのか．彼は本質／現象論を社会構造分析の方法から排除することを考えているからだ．たとえば，上部構造の諸要素（法律，宗教，政治など）の間の機能的関係を調べているのにそれらを隠れた本質の現れとみる見方を禁じたらどう見えるようになるか．アルチュセールの構造因果論は，まず「構造自体についての奇妙な事実に由来する．即ち，構造というのは，いつも部分の総計より以上のものなのである．構造を構成する諸要素および要素間の関係をすべて合わせてみると，何か他のものを含んでいるとしてしか理解できない全体に直面する」．「この『何か他のもの』というのが，構造全体なのである．」このように「構

第 20 図　ダウリングによる構造的因果論の図解

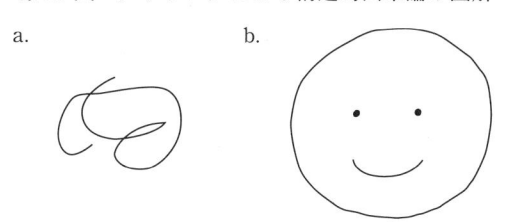

（ダウリング 1993: 86）

造」をおさえたうえで，次にダウリングは，そうすると因果論の概念はどう理解すべきか，と論を進める．ここで彼はいきなり 2 つの図を例示する［第 20 図］．

「(a)は意味のない走り書きであるが，(b)は顔あるいは顔の図式的表現であると言うことができるのは，われわれが(b)の要素間の関係の中に，部分の総計以上の全体を認識するからだ．われわれが『顔』で意味するのは，単に閉じた円とその中の点の 1 つとの関係ではないし，点どうしの関係でもなくて，これらすべての関係が同時に知覚されたものなのだ．これらの関係の同時性を，顔の『原因』と呼んでしまうと，われわれの通常の因果論という概念にいくらかの重荷を背負わせることになる．しかし，この重荷はアルチュセールが，あらゆる隠れた本質を追放するという大義名分により，負わせたものなのだ．それはまたジェイムソンが受け入れている因果論の概念でもある」（同 1993: 85-6）．

ジェイムソンはイデオロギーとは，「歴史」や「必然性」に源をもつ潜在的矛盾の「抑圧」であると考える（同書: 101）．ジェイムソンのイデオロギー論は，アルチュセールのイデオロギー論の核心を継承している．「経済システム一般，なかでも特に資本主義の，そこに住む人々には物事のいつわりの外見を示しながら本質的作用を隠すように働く方法と，そのイデオロギーとの間には密接な関係があるとアルチュセールは見ている．アルチュセールの説明によると，イデオロギーは，集団的意識・思考のレベルでこの自己隠蔽の過程が起こる起こり方にすぎない．それは，たんなる幻想ではなくて，システム自体の作用によって産み出される『必然的な』幻想なのだ．こうしてイデオロギーは，

アルチュセールの有名な定式によると，人間とその現実の生の状況との関係を表しているのではなくて，人間とその現実の生の状況との『関係を人々が生きる方法』を表しているのである．だからイデオロギーは，たんなる誤った意識であるどころか，それなりの真実を表しているのだ」（同書：108）．

フロイトが『夢判断』のなかで行っているように，見えるもの，分析できるものを総動員して推測しながら観察せねばならないというのがフロイトの無意識の本質であった．いわば無意識はそこにはないのだ．夢が無意識を消し去るのに成功しているのだ．これと同様にジェイムソンは，言語の社会的利用のもとにはいつも表現されない現実があると考える．彼は，レヴィ=ストロースによるカデュヴェオ族の顔の化粧についての研究に注目する．顔の化粧は，表現されないサブテクストの矛盾を顕示しているというのである．目に見えない潜在的なサブテクストを取り出す．「矛盾」はこのレベルで起こっているのだ．テクストのなかから象徴的行為を示しているサブテクストを取り出す．潜在的なサブテクストは両義性をもっている．それが世界に対して働きかけようとしている点では純粋に行為であるが，また，世界を手つかずにしてあるという意味では象徴的なものにすぎないのである（同書：160-1）．

ジェイムソンは，構造主義から強い影響をうけていることを自認し，その方法を吸収しようとつとめる．まず，「イデオロギー素」というのがそうである．これは，言語学の「音素」，構造主義の「神話素」，それにフーコーの「エピステーメー」認識素にもとづくものである．イデオロギー素はジェイムソンによるテクストの象徴的解釈の道具となる．だが，構造主義の影響は個々の概念にとどまらない．とくに，レヴィ=ストロースの「神話の構造分析」はジェイムソンによるテクストの象徴的解釈の古典として位置づけられている．

ジェイムソンにとっては「解釈の手続きのモデルとして，いまも有効なのは，クロード・レヴィ=ストロースが行った神話と美的構造に関する読解であり，その手続きをコード化して示したのが彼の代表的な論文『神話の構造分析』である」（ジェイムソン1989：91）．

構造主義人類学でのレヴィ=ストロースの関心は，「ジェイムソンと同様，現実の矛盾の象徴的解決としての文化的創造物にある．つまり，生きたジレンマの堪えがたさを想像のレベルで解決する試みに関心があるのだ」（ダウリング

1993 : 161).

　レヴィ＝ストロースによるカデュヴェオ族の事例研究には，ジェイムソンの理論や精髄が含まれている．彼は「レヴィ＝ストロースと同様，……或るテクストはほんとうはどんな矛盾の想像上の，あるいは象徴的な解釈であるのかと尋ねることから始めるのである．これはその『テクスト』が顔の化粧の模様だろうと，神話であろうと，工業化したヨーロッパに産み出された小説であろうと，必ず意味をもつ原則なのである」（同書：165）．

　カデュヴェオ族の社会は階層社会で，同族結婚によって結びついた 3 つの集団というカーストから成り立っている．出自によって左右されるこの階層関係は，厳密な意味での政治的権力の源ではないにせよ，少なくとも支配関係の面では，女性の地位は低く，年少者は年長者に従属し，世襲的な貴族階級も発達している．こうした「潜在的な権力構造」は，近隣の部族では，3 つのカーストを横断する「半族」の存在によって覆い隠される．この半族によって可能となる異族間結婚はうわべだけであるとはいえ，階層性を無視し，平等を建前としているからである．だが，カデュヴェオ族の場合，権力構造は覆い隠されるどころか，不平等と闘争という形で表面化しているのだ．カデュヴェオ族が自らの力で乗り越えられない現実の矛盾は，顔面装飾という視角テクストの象徴的行為として現れている．そこで純粋に形式上の解決を見いだすのである（ジェイムソン 1989：92-4）．ここからジェイムソンは次のように論ずる．「（顔面装飾という）美的行為そのものが，イデオロギー的なのであり，美的形式あるいは物語形式の生産は，解決できない社会的矛盾に対し想像的な，もしくは形式的な『解決』をひねり出す機能をもつため，それ自体が，もうりっぱなイデオロギー的行為なのであり，まさに，そのようなものと，みなされるべきなのだ，と」（同書：94）．

　ジェイムソンによれば「レヴィ＝ストロースの仕事はまた，政治的無意識という命題に対する弁護ともなっている．」なぜなら「いわゆる未開社会の民族が，まだ比較的単純な部族社会の段階にあっても，その社会内の力関係と矛盾に切り裂かれ，そのあげく，概念としてどうしても分節できない諸問題を，装飾あるいは神話に投影して解決するさまが，実に鮮やかに描きだされている」からだ．ジェイムソンはこの研究をその政治的象徴行為の理論に生かそうとす

る．それというのも次のようなことが言いうるからである．「資本主義以前の，いや前政治的と言っていい社会の実体が，もし，このとおりだとすると，同じことは，近代の《ゲゼルシャフト》の市民が次から次へと直面してきた問題にもあてはまりはしまいか？　その問題とはつまり，まず革命期における立憲政体の選択の問題．貨幣と市場経済の発達がもたらす腐敗と伝統破壊の問題．敵対集団の変化の問題つまり好戦的貴族階級に敵対していたはずなのに，気がつくといつのまにか都市労働者に敵対していたブルジョアジーの直面した問題．ブルジョワジーにとってかわって『歴史の主体』におさまった民族主義の大いなる幻想にかかわる問題．産業都市の勃興と『大衆』の誕生によってもたらされた均質化と心的軋轢の問題．国家間の壁を突き破って突然吹き荒れたコミュニズムとファシズムの嵐．それにつづく，超大国の誕生．そして資本主義と共産主義の激しいイデオロギー闘争のはじまりという――近代国家の黎明期に社会を揺さぶった宗教戦争にまさるとも劣らない情念と脅迫性によって，今の私たちの地球村を切り裂く最後の緊張に関する――問題．」そうしてジェイムソンは，次のように語っても，もはや無理なこじつけとは思われまいとして，その政治的象徴についての所説を展開する．「歴史をテクストと考えてみよう．そうすると，このテクストには，ひとりの人物にみたてられた集団が『行為体』として存在するし，この行為体たちは物語を織りなすように組織され，彼らには不安とリビドーがたっぷりと備給されている．そうすると，現代人は歴史をテクストにみたて，この歴史というテクストを真の政治的―歴史的《野生の思考》として，おのが生活の指針としているのではないか．当然この《野生の思考》は，高尚なモダニズムという文学制度から，大衆文化の産物にいたるすべての文化的造形物を支えることになる．このような状況に照らして，レヴィ=ストロースの仕事を考えてみれば，すべての文化的造形物を，現実の政治的・社会的矛盾の象徴的解決として読むように強くうながす彼の命題は，本格的な探求と体系的で実証的な検証に付すべき値打ちがあるとわかろうというものだ」(同書: 94-5)．

　ジェイムソンは，この種の《野生の思考》の実際の例としてもっとも目につきやすく，またわかりやすい形式を，純粋にアレゴリーと呼ぶ構造のなかに見いだせるであろうとしている．だが，テクストの読解はアレゴリーにとどまる

はずはない.「個々のテクストとみなしてきたもの」は「本質的に集団的あるいは階級的ディスクールにおける『発話行為』というかたちで捉えられるはず」だからだ（同書: 95-6）.

「文学テクストあるいは文化テクストを象徴行為として読もうとする」のはどういうことか.ジェイムソンはあらためて次のように説明している.「首尾一貫性を維持するのに必要なのは,そうしたテクストを,確定的な矛盾に対する解決として捉えること」である（同書: 96）.

彼は次のようにも論じている.「本書で提案しているタイプの解釈はどういうものかをうまく説明しようとすれば,それは文学テクストの書き換えであるという説明が適当だろう.文学テクストそれ自体が,実はそれに先立って存在する歴史的,イデオロギー的《サブテクスト》を書き換えたもの,あるいは再構築したものであり,このことをみやすくすることこそ,解釈つまりは書き換え行為に求められていることなのだ.」ここでいう「『サブテクスト』は,ただそれ自体としては直接現前することはなく,またそれは,常識的な意味でいう外的事実でもない」.「そうではなくて,それは,事後的に（再）構築されねばならない」（同書: 97）.この「解釈」「書き直し」「再構築」によって露にされるのが「政治的無意識」なのである.

こうしてみると,ジェイムソンの政治的無意識が小森の植民地的無意識と著しく異なる概念であることが分かるであろう.小森のいう植民地的無意識とは個人や集団が意識しているが意識したくないものに意図的に蓋をして,「二度と浮上してこないように」「操作」することで形成される.だが,それではジェイムソンの「政治的無意識」と無縁であろう.すでに認識されたものや意識されたものを意識的,意図的に,無意識化することが「政治的無意識」というのではないのである.ジェイムソンの「政治的無意識」は,テクストに無意識化され,象徴化されているものを読み解く作業によって意識化されるものなのである.

参考文献

[邦語文献]

有尾善繁「伝統的形式論理学」鰺坂真・有尾善繁・梅林誠爾『論理学：思考の法則と科学の方法』世界思想社，1987 年
粟田賢三・古在由重編『哲学小事典』岩波書店，1996 年
安藤英治『マックス・ウェーバー研究』未来社，1965 年
─────編『ウェーバー プロテスタンティズムの倫理と資本主義の精神』有斐閣新書，1977 年
池上嘉彦・山中桂一・唐須教光『文化記号論』講談社学術文庫，1994 年
石田英敬『記号の知／メディアの知』東京大学出版会，2003 年
石原千秋他『読むための理論』世織書房，1991 年
伊藤邦武『ケインズの哲学』岩波書店，1999 年
井上琢磨「ジェヴォンズ」橋本昭一・上宮正一郎『近代経済学の群像』有斐閣，1998 年
岩井淳「帝国」日本イギリス哲学会『イギリス哲学・思想事典』研究社，2007 年
宇沢弘文『近代経済学の再検討』岩波新書，1977 年
大場健『はじめての分析哲学』産業図書，1990 年
大塚久雄『社会科学の方法：ヴェーバーとマルクス』岩波新書，1966 年
小河原誠編『批判と挑戦』未来社，2000 年
落合仁司『保守主義の社会理論』勁草書房，1987 年
折原浩『デュルケームとウェーバー（上）（下）』三一書房，1981 年
─────「『社会科学と社会政策にかかわる認識の「客観性」』解説」岩波文庫，1998 年
加賀野井秀一『20 世紀言語学入門』講談社現代新書，1995 年
加藤寛・浜田文雅編『公共経済学の基礎』有斐閣，1996 年
金井新二『ウェーバーの宗教理論』東京大学出版会，1991 年
姜尚中編『ポストコロニアリズム』作品社，2001 年
鬼界彰夫『ウィトゲンシュタインはこう考えた：哲学的思考の全軌跡 1912-1951』講談社現代新書，2003 年
岸田秀・K.D. バトラー『黒船幻想：精神分析学から見た日米関係』河出文庫，1994 年
木田元他編『コンサイス 20 世紀思想事典 第二版』三省堂，1997 年
木畑洋一「帝国主義」『国際政治事典』弘文堂，2005 年
小林敏明『精神病理からみる現代思想』講談社新書，1991 年
小林道夫『科学哲学』産業図書，1996 年
小森陽一『ポストコロニアル』岩波書店，2001 年
斎藤慶典『デリダ：なぜ「脱-構築」は正義なのか』NHK 出版，2006 年
佐々木孝次『ラカンの世界』弘文堂，1984 年

佐藤金三郎「マルクス経済学」大阪市立大学経済研究所編『経済学辞典 第三版』岩波書店，1992 年
佐藤信夫『レトリックの意味論』講談社学術文庫，1996 年
塩野谷祐一『シュンペーターの経済観：レトリックの経済学』岩波書店，1998 年
清水幾太郎『倫理学ノート』岩波書店，1972 年
鈴木基史『社会科学の理論とモデル 2 国際関係』東京大学出版会，2000 年
瀬戸賢一『メタファー思考』講談社現代新書，1995 年
高城和義『パーソンズの理論体系』日本評論社，1986 年
高橋哲哉『デリダ―脱構築』講談社，1998 年
鑪幹八郎「夢の解釈」宇津木保・鑪幹八郎他著『フロイト：著作と思想』有斐閣新書，1978 年
立川健二・山田広昭『現代言語論』新曜社，1990 年
丹治信春『言語と認識のダイナミズム：ウィトゲンシュタインからクワインへ』勁草書房，1996 年
陳光興「帝国と脱帝国の問題」『現代思想』2003 年 2 月号
土田知則・神郡悦子・伊藤直哉『現代文学理論』新曜社，1996 年
寺中平治「論理実証主義」日本イギリス哲学会編『イギリス哲学・思想事典』研究社，2007 年
戸塚七郎訳『アリストテレス 弁論術』岩波文庫，1992 年
富永健一『現代の社会科学者』講談社学術文庫，1993 年
─────『行為と社会システムの理論』東京大学出版会，1995 年
永井均『ウィトゲンシュタイン入門』ちくま新書，1995 年
中山元『思考の用語辞典』筑摩書房，2000 年
ネグリ・A., ハート・M.「マルチチュードとは何か」『現代思想』2005 年 11 月号
野家啓一『言語行為の現象学』勁草書房，1993 年
─────「20 世紀の天才哲学者」山元一郎訳『論理哲学論』中央公論新社，2001 年
ハート・M.「帝国とイラク攻撃」『現代思想』2003 年 2 月号
花輪光『詩の記号学のために：シャルル・ボードレールの詩篇「猫たち」を巡って』風の薔薇，1985 年
浜田宏一「新古典派経済学」大阪市立大学経済研究所編『経済学辞典 第三版』岩波書店，1992 年
林道義『「理解社会学のカテゴリー」解説』岩波文庫，1973 年
林好雄・廣瀬浩司『デリダ』講談社，2003 年
廣松渉『世界の共同主観的存在構造』勁草書房，1972 年
藤田晋吾・丹治信春編『言語・科学・人間』朝倉書店，1990 年
ホール，S.「総特集ステュアート・ホール：カルチュラル・スタディーズのフロント」『現代思想』1998 年 3 月臨時増刊
松嶋敦茂『現代経済学史 1870〜1970：競合的パラダイムの展開』名古屋大学出版会，1996 年
松本仁助・岡道男訳『アリストテレース 詩学・ホラーティウス詩論』岩波文庫，1997

年

丸山圭三郎『ソシュールの思想』岩波書店，1981 年

─── 『言葉とは何か』夏目書房，1994 年

丸山圭三郎編『ソシュール小事典』大修館書店，1985 年

宮島喬・麻生誠・原田彰『デュルケム道徳教育論入門』有斐閣新書，1978 年

森嶋通夫『思想としての近代経済学』岩波新書，1994 年

山崎正一・市川浩編『現代哲学事典』講談社現代新書，1970 年

山之内靖『マックス・ヴェーバー入門』岩波新書，1997 年

矢島杜夫『ミル「論理学体系」の形成』木鐸社，1993 年

山脇直司『包括的社会哲学』東京大学出版会，1993 年

山田富秋『日常性批判：シュッツ・ガーフィンケル・フーコー』せりか書房，2000 年

吉村公宏『はじめての認知言語学』研究社，2004 年

吉本隆明『吉本隆明全著作集 6 文学論 III』勁草書房，1972 年

─── 『ハイ・イメージ論 II』ちくま学芸文庫，2003 年

米澤克夫「言語ゲーム」日本イギリス哲学会編『イギリス哲学・思想事典』研究社，2007 年

脇阪豊・川島淳夫・高橋由美子編『記号学小辞典』同学社，1992 年

─── 『レトリック小辞典』同学社，2002 年

渡辺一衛『科学の基礎を考える』思想の科学社，1994 年

渡辺利夫・佐々木郷里編『開発経済学事典』弘文堂，2004 年

［欧文文献］

Althusser, L. [1965] *Pour Marx*. Paris: Maspero.〔河野健二・田村俶・西川長夫訳『マルクスのために』平凡社ライブラリー，1994 年〕

─── [1970] "Idéologie et appareils idéologiques d'État," in La Pensée (n.151, juin 1970).〔柳内隆訳「イデオロギーと国家のイデオロギー装置」『アルチュセールの〈イデオロギー〉論』三交社，1993 年〕

Ashcroft, B. and Ashluwalia, P. [2001] *Edward Said*. London: Routledge.〔大橋洋一訳『エドワード・サイード』青土社，2005 年〕

Austin, J.L. [1962] *How to Do with Words*. Oxford: Oxford University Press.〔坂本百大訳『言語と行為』大修館書店，1978 年〕

Axelrod, R. [1984] *The Evolution of Cooperation*. New York: Basic Books.〔松田裕之訳『つきあい方の科学』ミネルヴァ書房，1998 年〕

Baylis, J. and Smith, S. eds [2001] *The Globalization of World Politics: An Introduction to International Relations*. second ed. Oxford: Oxford University Press.

Belsey, C. [2002] *Poststructuralism: A Very Short Introduction*. Oxford: Oxford Unversity Press.〔折島正司訳『ポスト構造主義』岩波書店，2003 年〕

Barry, N.P. [1979] *Hayek's Social and Economic Philosophy*. London: Macmillan.〔矢島欽次訳『ハイエクの社会・経済哲学』春秋社，1984 年〕

Benveniste, E. [1966] *Problèmes de linguistique générale*. Paris: Éditions Gallimard.

〔岸本通夫監訳『一般言語学の諸問題』みすず書房，1983 年〕
Bhabha, H.K. [1994] *The Location of Culture*. London : Routledge.〔本橋哲也他訳『文化の場所』法政大学出版局，2005 年〕
Blaug, M. [1992] *The Methodology of Economics : Or How Economists Explain*. second ed. Cambridge : Cambridge University Press.
Boland, L.A. [1982] *The Foundations of Economic Method*. London : George Allen & Unwin.
Boron, A.A. [2005] *Empire and Imperialism : A Critical Reading of Michael Hart and Antonio Negri*. New York : Zed Books.
Breit, W. and Spencer, R.W. eds [1986] *Lives of Laureates : Seven Nobel Economists*. Cambridge : The MIT Press.〔佐藤隆三・小川春男・須賀晃一訳『経済学を変えた 7 人：栄光のノーベル経済学賞受賞者』勁草書房，1988 年〕
Brooker, P. [1999] *Cultural Theory : A Glossary*. London : Arnold.〔有元健・本橋哲也訳『文化理論用語集』新曜社，2003 年〕
Buchanan, J.M. [1969] *Cost and Choice : An Inquiry in Economic Theory*. Chicago : Markham Publishing Company.〔山田太門訳『選択のコスト：経済学的探究』春秋社，1988 年〕
Butler, E. [1983] *Hayek : His Contribution to the Political and Economic Thought of Our Time*. New York : Universe Books.〔鹿島信吾・清水元訳『ハイエク自由のラディカリズムと現代』筑摩書房，1991 年〕
Cain, P.J. and Hopkins, A.G. [1993] *British Imperialism : Innovation and Expansion 1688-1914*. London : Longman.〔竹内幸雄・秋田茂訳『ジェントルマン資本主義の帝国 I 創生と膨張 1688-1914』名古屋大学出版会，1997 年〕
―――― [1994] *British Imperialism : Crisis and Deconstruction 1914-1990*. London : Longman.〔木畑洋一・旦祐介訳『ジェントルマン資本主義の帝国 II 危機と解体 1914-1990』名古屋大学出版会，1997 年〕
Caldwell, B.J. [1982] *Beyond Positivism : Economic Methodology in the Twentieth Century*. London : George Allen & Unwin.〔堀田一善・渡部直樹監訳『実証主義を超えて：20 世紀経済科学方法論』中央経済社，1989 年〕
Carr, E.H. [1946] *The Twenty Years' Crisis, 1919-1939*. London : Macmillan.〔井上茂訳『危機の二十年』岩波書店，1967 年〕
―――― [1961] *What is History*. London.〔清水幾太郎訳『歴史とは何か』岩波新書，1962 年〕
Chalmers, A.F. [1978] *What is This Thing Called Science?*. New York : Open University Press.〔高田紀代志・佐野正博訳『科学論の展開』恒星社厚生閣，1983 年〕
Chemama, R. et Vandermerch, B. [1998] *Dictionnaire de lá Psychanalyse*. Larousse.〔小出浩之他訳『新版 精神分析事典』弘文堂，2002 年〕
Childers, J. and Hentzi, G. eds [1995] *The Columbia Dictionary of Modern Literary and Cultural Criticism*. New York : Columbia University Press.〔杉野健太郎・中

村裕英・丸山修訳『コロンビア大学 現代文学・文化批評用語辞典』松柏社，1998年〕

Coase, R.H. [1937] "The Nature of Firm," *Economica* 4 : 386-405.〔「企業の本質」宮沢健一・後藤晃・藤垣芳文訳『企業・市場・法』東洋経済新報社，1992年所収〕

―――― [1960] "The Problem of Social Cost," *Journal of Law and Economics* 3 (October) : 1-44.〔「社会的費用の問題」宮沢健一・後藤晃・藤垣芳文訳『企業・市場・法』東洋経済新聞社，1992年所収〕

Cox, R.W. [1987] *Production, Power, and World Order : Social Forces in the Making of History*. New York : Columbia University Press.

Culler, J. [1982] *On Deconstruction : Theory and Criticism after Structuralism*. Ithaca : Cornell University Press.〔富山太佳夫・折島正司訳『ディコンストラクション (I)(II)』岩波書店，1985年〕

―――― [1997] *Literary Theory : A Very Short Introduction*. Oxford : Oxford University Press.〔荒木映子・富山太佳夫訳『文学理論』岩波書店，2003年〕

Delacampagne, C. [1995] *Histoire de la Philosophie au XXe Siècle*. Paris : Editions du Seuil.〔萩野弘巳訳『20世紀哲学史』青土社，1998年〕

Deleuze, G. and Guattari, F. [1977] *Anti-Oedipus, Capitalism and Schizophrenia*, trans. Hurley, R., Lane, H.R. and Seem, M. New York : Viking Press.〔市倉宏祐訳『アンチ・オイディプス』河出書房新社，1986年〕

Derrida, J. [1967] *La Voix et le phénomene : introduction au problème du signe dans la phénoménologie de Husserl*. Paris : PUF.〔高橋允昭訳『声と現象：フッサール現象学における記号の問題への序論』理想社，1970年〕

―――― [1967] *L'écriture et la Différence*. Paris : Seuli.〔若桑毅他訳『エクリチュールと差異 (上)(下)』法政大学出版局，1977，1983年〕

―――― [1967] *De la grammatologie*. Paris : Minuit.〔足立和浩訳『根源の彼方に：グラマトロジーについて (上)(下)』現代思潮社，1972，1976年〕

―――― [1990] *Limited Inc*. Editions Galilée.〔高橋哲哉・増田一夫・宮崎裕助訳『有限責任会社』法政大学出版局，2002年〕

―――― [1999] *Sur Parole. Instantanes Philosophiques*. Paris : Editions de l'Aube.〔林好雄・森本和夫・本間邦雄訳『言葉にのって』ちくま学芸文庫，2001年〕

Deutsch, K.W. et al. [1957] *Political Community and the North Atlantic Area*. Princeton : Princeton University Press.

Dow, S.C. [2002] *Economic Methodology : An Inquiry*. New York : Oxford University Press.

Dowling, W.C. [1984] *Jameson, Althusser, Marx : An Introduction to "Political Unconscious."* Ithaca : Cornell University Press.〔辻麻子訳『ジェイムスン，アルチュセール，マルクス：「政治的無意識」入門講座』未来社，1993年〕

Durkheim, E. [1897] *Le Suicide : Etude de Sociologie*. Paris : Alean.〔宮島喬訳『自殺論』中央公論社，1985年〕

Eagleton, T. [1984] *Literary Theory : An Introduction*. Oxford : Basil Blackwell.

〔大橋洋一訳『文学とは何か』岩波書店，1985 年〕
―――― [1984] *The Function of Criticism : From Spectator to Post-Structuralism.* London : Verso.〔大橋洋一訳『批評の機能：ポストモダンの地平』紀伊国屋書店，1988 年〕
―――― [1991] *Ideology : An Introduction.* London : Verso.〔大橋洋一訳『イデオロギーとは何か』平凡社ライブラリー，1999 年〕
Eco, U. [1967] *Opera Aperta.* Milano : Bompiani.〔篠原資明・和田忠彦訳『開かれた作品』青土社，1997 年〕
―――― [1984] *Semiotica e Filosofia del Linguaggio.* Torino : Giulio Einaudi editore.〔谷口勇訳『記号論と言語哲学』国文社，1996 年〕
Eco, U. and Sebeok, A.T. [1983] *The Sign of Three : Dupin, Holmes, Peirce.* Indiana : Indiana University Press.〔小池滋監訳『三人の記号：デュパン／ホームズ／パース』東京書籍，1990 年〕
Elster, J. [1989] *The Nuts and Bolts for the Social Sciences.* Cambridge : Cambridge University Press.〔海野道郎訳『社会科学の道具箱』ハーベスト社，1997 年〕
Edgar, A. and Sedgwick, P. eds [2000] *Key Concepts in Cultural Theory.* London : Routledge.〔富山太佳夫他訳『現代思想芸術事典』青土社，2002 年〕
Evans, R.J. [1997] *In Defense of History.* London : Granta Books.〔今関恒夫・林以知郎監訳『歴史学の擁護』晃洋書房，1999 年〕
Eysenck, H.J. [1986] *The Decline and Fall of the Freudian Empire.* London : Curtis Brown Ltd.〔宮内勝他訳『精神分析に別れを告げよう』1988 年，批評社〕
Fanon, F. [1963] *The Wretched of the Earth.* trans. Farrington, H. New York : Grove Press.〔鈴木道彦・浦野衣子訳『地に呪われたる者』みすず書房，1996 年〕
―――― [1967] *Black Skin, White Masks,* trans. Markmann, C.L. New York : Grove Press.〔海老坂武・加藤晴久訳『黒い皮膚・白い仮面』みすず書房，1998 年〕
Fearn, N. [2001] *Zeno and the Tortoiose : How to Think a Philosopher.* London : Atlantic Books.〔中山元訳『考える道具』角川書店，2003 年〕
Feyerabend, P.K. [1975] *Against Method : Outline of an Anarchistic Theory of Knowledge.* London : New Left Books.〔村上陽一郎・渡辺博訳『方法への挑戦』新曜社，1981 年〕
Fleetwood, S. [1995] *Hayek's Political Economy.* London : Routledge.〔佐々木憲介・西部忠・原伸子訳『ハイエクのポリティカル・エコノミー：秩序の社会経済学』法政大学出版局，2006 年〕
Foucault, M. [1966] *Les mots et les choses : Une archéologie des sciences humaines.* Paris : Gallimard.〔渡辺一民・佐々木明訳『言葉と物』新潮社，1974 年〕
―――― [1969] *L'archéologie du savoir.* Paris : Gallimard.〔中村雄二郎訳『知の考古学』河出書房新社，1981 年〕
―――― [1975] *Surveiller et punir : Naissance de la prison.* Paris : Gallimard.〔田村俶訳『監獄の誕生：監視と処罰』新潮社，1977 年〕
Friedman, M. [1953] "The Methodology of Positive Economics," in *Essays in Positive*

Economics. Chicago : University of Chicago Press.〔佐藤隆三・長谷川啓之訳『実証的経済学の方法と展開』富士書房, 1977 年〕

Gadet, F. [1987] *Saussure, Une Science de la Langue*. Paris : Presses Universitaires de France.〔立川健二訳『ソシュール言語学入門』新曜社, 1995 年〕

Gallagher, J. and Robinson, R. [1953] "The Imperialism of Free Trade," *Economic History Review* (6) 1 : 1-15.

Giddens, A. [1987] *Social Theory and Modern Sociology*. London : Blackwell Publishers.〔藤田弘夫監訳『社会理論と現代社会学』青木書店, 1998 年〕

Gilpin, R. [1975] *U.S. Power and the Multinational Corporation : The Political Economy of Foreign Direct Investment*. New York : Basic Books.〔山崎清訳『多国籍企業没落論』ダイヤモンド社, 1977 年〕

───── [1987] *The Political Economy of International Relations*. New Jersey : Princeton University Press.〔大蔵省世界システム研究会訳『世界システムの政治経済学』東洋経済新報社, 1990 年〕

Gramsci, A. [1971] *Selections from the Prison Notebooks*. Hoare, Q. and Smith, G.N. (eds) London : Lawrence and Wishart.〔石堂清倫訳『グラムシ獄中ノート』三一書房, 1978 年〕

Grayling, A.C. [1988] *Wittgenstein : A Very Short Introduction*. Oxford : Oxford University Press.〔岩坂彰訳『ウィトゲンシュタイン』講談社選書, 1994 年〕

Hands, D.W. [2001] *Reflection without Rules : Economic Methodology and Contemporary Science Theory*. Cambridge : Cambridge University Press.

Hanson, J. [1958] *Patterns of Discovery*. Cambridge : Cambridge University Press. 〔村上陽一郎訳『科学的発見のパターン』講談社学術文庫, 1986 年〕

Harbermas, J. [1981] *Theorie des Kommunikativen Handeln*. Frankfurt a. M. : Suhrkamp.〔河上倫逸他訳『コミュニケイション的行為の理論（上)(中)(下)』未来社, 1985 年〕

Hardin, G. [1968] "The Tragedy of the Commons," *Science*, No. 162. in Shrader-Frechette, K.S., *Environmental ethics*.〔京都生命倫理研究会訳『環境の倫理 下』晃洋書房, 1993 年〕

Hass, P.M. [1986] "What is nationalism and why should we study it ?" *International Organization* 40 (3) : 707-744.

───── [1992] "Epistemic communities and international policy coordination," *International Organization* 46 (1) : 1-36.

───── [1997] *Nationalism, Liberalism, and Progress*. Ithaca : Cornell Univrsity Press.

Hayek, F.A. [1944] *The Road to Selfdom*. London : Routledge.〔一谷藤一郎訳『隷従への道』東京創元社, 1954 年〕

───── [1948] *Individualism and Economic Order*. Chicago : University of Chicago Press.〔嘉治元郎・嘉治佐代訳『個人主義と経済秩序』春秋社, 1990 年〕

───── [1952] *Counter-Revolution of Science*. Glencoe : Free Press.〔佐藤茂行訳

参考文献

『科学による反革命』木鐸社, 1979 年〕
────── [1982] *Law, Legislation and Liberty*. London : Routledge. 〔矢島欽次他訳『ハイエク全集』第 8, 9, 10 巻『法と立法と自由』春秋社, 1987, 1988 年〕
────── ed. [1935] *Collectivist Economic Planning*. London : Routledge and Keagan. 〔迫間真治郎訳『集産主義計画経済の理論』実業之日本社, 1950 年〕
Heap, S.P. and Varoufakis, Y. [1995] *Game Theory : A Critical Introduction*. London : Routledge. 〔荻沼隆訳『ゲーム理論［批判的入門］』多賀書店, 1998 年〕
Hempel, C.G. [1966] *Philosophy of Natural Science*. New Jersey : Prentice-Hall, Inc. 〔黒崎宏訳『自然科学の哲学』培風館, 1967 年〕
Hopf, T. [1998] "The Promise of Critics in International Relations Theory," *International Security* 23 (Summer) : 171-200.
Hobson, J.M. [2000] *The States and International Relations*. Cambridge : Cambridge University Press.
Hodgeson, G.M. [1988] *Economics and Institutions : A Manifesto for a Modern Institutional Economics*. Cambridge : Polity Press. 〔八木紀一郎他訳『現代制度派経済学宣言』名古屋大学出版会, 1997 年〕
Hollis, M. and Smith, S. [1990] *Explaining and Understanding International Relations*. Oxford : Clarendon Press.
Howe, S. [2002] *Empire : A Very Short Introduction*. Oxford : Oxford University Press. 〔見市雅俊訳『帝国』岩波書店, 2003 年〕
Husserl, E. [1928] *Logische Untersuchungen. Zweiter Band : Untersuchungen zur Phänomenologie und Theorie der Erkenntnis*.1. Teil.Vierte Auflage. Halle a.d.s., Max Niemeyer. 〔立松弘孝・松井良和・赤松宏訳『論理学研究 2』みすず書房, 1970 年〕
Hutchinson, T.W. [1978] *On Revolutions and Progress in Economic Knowledge*. Cambridge : Cambridge University Press. 〔早坂忠訳『経済学の革命と進歩』春秋社, 1987 年〕
Ikenberry, C.J. [1992] "A world economy restored : expert consensus and the Anglo-American postwar settlement," *International Organization* 46 (1) : 289-321.
Jackson, R. and Sorensen, G. eds [2003] *Introduction to International Relations : Theories and Approaches*. second ed. Oxford : Oxford University Press.
Jakobson, R. [1963] *Essais de Linguistique Generale*. 〔川本茂雄監修『一般言語学』みすず書房, 1973 年〕
Jameson, F. [1981] *The Political Unconscious : Narrative as a Socially Simbolic Act*. Ithaca : Cornell University Press. 〔大橋洋一・木村茂雄・大田耕人訳『政治的無意識 : 社会的象徴行為としての物語』平凡社, 1989 年〕
Jevons, W.S. [1871] *The Theory of Political Economy*. London : Macmillan. 〔小泉信三・寺尾琢磨・永田清訳／寺尾琢磨改訳『経済学の理論』日本経済評論社, 1981 年〕
Katzenstein, P.J. [1996a] *Cultural Norms and National Security*. Ithaca : Cornell

University Press.〔有賀誠訳『文化と国防：戦後日本の警察と軍隊』日本経済評論社，2007年〕
―― ed. [1996b] *The Culture of National Security*. New York: Columbia University Press.
Keohane, R.O. [1984] *After Hegemony*. New Jersey: Princeton University Press.〔石黒馨・小林誠訳『覇権後の国際政治経済学』晃洋書房，1998年〕
―― [1988] "International Institutions: Two Approaches," *International Studies Quarterly* 32 (December): 379-396.
―― [1989] *International Institutions and State Power*. Boulder: Westview Press.
―― ed. [1986] *Neorealism and its Critics*. New York: Columbia University Press.
Keohane, R.O. and Nye, J.S. [1977] *Power and Interdependence*. Boston: Little & Co.
Keynes, J.M. [1936] *The General Theory of Employment, Interest and Money*. London: Macmillan Press.〔塩野谷祐一訳『雇用・利子および貨幣の一般理論』東洋経済新報社，1995年〕
Keynes, J.N. [1890] *Scope and Method of Political Economy*.〔濱田恒一訳『経済学の領域及方法』春秋社，1937年〕
Kratochwil, F.V. [1989] *Rules, Norms, and Decissions: On the Conditions of Practical and Legal Reasoning in International Relations and Domestic Affairs*. Cambridge: Cambridge University Press.
Kratochwil, F. and Ruggie, J.G. [1986] "A state of the Art or an Art of the State," *International Organization* 40 (3): 753-775.
Kristeva, J. [1974] *La revolution du langage poetique: l'avant-garde à la fin du XIXe siècle, Lautréamont et Mallarmé*. Paris: Editions du Seuli.〔原田邦夫訳『詩的言語の革命　第一部：理論的前提』勁草書房，1991年，枝川昌雄・原田邦夫・松島征訳『詩的言語の革命　第三部：国家と秘儀』勁草書房，2000年
Kuhn, T.S. [1962] *Structure of Scientific Revolutions*. Chicago: University of Chicago Press.〔中山茂訳『科学革命の構造』みすず書房，1971年〕
Lacan, J. [1966] *Ecrits*. Paris: Editions du Seuli.〔宮本忠雄・竹内進也・高橋徹・佐々木孝次訳『エクリ I』弘文堂，1977年〕
――〔佐々木孝次・三好暁光・早水洋太郎訳『エクリ II』弘文堂，1977年
Lakatos, I. [1978] *The Methodology of Scientific Research Programmes*. Philosophical Papers. Worral, J. and Currie, G. (eds) Cambridge: Cambridge University Press.〔村上陽一郎他訳『方法の擁護』新曜社，1986年〕
Lawson, T. [1997] *Economics and Reality*. London: Routledge.〔八木紀一郎監訳『経済学と実在』日本評論社，2003年〕
Lemaire, A. [1973] *Jacques Lacan*. Bruxelles.〔長岡興樹訳『ジャック・ラカン入門』誠信書房，1983年〕

参考文献

Lodge, D. [1992] *The Art of Fiction.* London : Curtis Brown.〔柴田元幸・斎藤兆史訳『小説の技巧』白水社, 1997 年〕
Long, D. and Wilson, P. eds [1995] *Thinkers of the Twenty Years Crisis : Inter-War Idealism Reassessed.* Oxford : Oxford University Press.〔宮本盛太郎・関静雄監訳『危機の 20 年と思想家たち』ミネルヴァ書房, 2002 年〕
Loomba, A. [1998] *Colonialism/Postcolonialism.* New York : Routledge.〔吉原ゆかり訳『ポストコロニアル理論入門』松柏社, 2001 年〕
Losee, J.P. [1972] *A Historical Introduction to the Philosophy of Science.* Oxford : Oxford University Press.〔常石敬一訳『科学哲学の歴史』紀伊国屋書店, 1974 年〕
Lukáçs, G. [1923] *Geschichte und Klassenbewusstein.* Berlin : Malik.〔城塚登・古田光訳『歴史と階級意識』(ルカーチ著作集 9) 白水社, 1968 年〕
Lyotard, J.-F. [1979] *La condition postmoderne.* Paris : Les editions de Minuit.〔小林康夫訳『ポスト・モダンの条件』水声社, 1986 年〕
MacCabe, C. [1979] *James Joyce and the Revolution of the Word.* London : Macmillan.〔加藤幹郎訳『ジェイムズ・ジョイスと言語革命』筑摩書房, 1991 年〕
McCloskey, D.N. [1985] *The Rhetoric of Economics.* Wisconsin : Wisconsin University Press.〔長尾史郎訳『レトリカル・エコノミクス：経済学のポストモダン』ハーベスト社, 1992 年〕
Magee, B. [1987] *The Great Philosophers : An Introduction to Western Philosophy.* Oxford : Oxford University Press.〔高頭直樹他訳『西洋哲学の系譜』晃洋書房, 1993 年〕
Marshall, A. [1890] *Principles of Economics.* Nineth ed. London : C.W. Guillebaud.〔馬場啓之助訳『経済学原理 1』東洋経済新報社, 1965 年〕
Mannheim, K. [1929] *Ideologie und Utopie.*〔鈴木二郎訳『イデオロギーとユートピア』未来社, 1968 年〕
Meiner, G.M. [1995] *Leading Issues in Economic Development.* sixth ed. New York : Oxford University Press.〔松永宣明・大坪滋訳『国際開発経済学入門』勁草書房, 1999 年〕
Menger, C.「1883] *Untersuchungen über die Methode der Socialwissenschaften, und der politischen Oekonomie insbesondere.* Leipzip.〔福井孝治・吉田昇三訳『経済学の方法に関する研究』岩波書店, 1939 年〕
Mises, L. von [1949] *Human Action.* New Haven : Yale University Press.〔村田稔雄訳『ヒューマン・アクション』春秋社, 1991 年〕
―――― [1962] *The Ultimate Foundation of Economic Science.* Kansas City : Sheed Andrew and McMeel, Inc.〔村田稔雄訳『経済科学の根底』日本経済評論社, 2002 年〕
Mill, J.S. [1973] *The System of Logic : Ratiocinative and Inductive.* Toronto : University of Toronto.(初版 1843)〔大関将一・小林篤郎訳『論理学体系 1』春秋社, 1949 年, 『論理学体系 2』春秋社, 1950 年, 『論理学体系 3』春秋社, 1958 年, 『論理学体系 4』春秋社, 1958 年, 『論理学体系 5』春秋社, 1959 年. 松浦孝作訳「J.S.

ミル 道徳科学の論理」『世界大思想全集 社会・宗教・科学思想編 7』河出書房，1955 年〕

――― [1844] *Essays on Some Unsettled Questions of Political Economy*. London : Green, Reader and Dyer.〔末永茂喜訳『経済学試論集』岩波文庫，1948 年〕

――― [1873] *Autobiography of J.S. Mill*.〔朱牟田夏雄訳『ミル自伝』岩波文庫，1960 年〕

Morgenthau, H.J. [1978] *Politics among Nations : The Struggle for Power and Peace*. New York : Alfred A. Knopf.〔現代平和研究会訳『国際政治 I』福村出版，1986 年〕

Morton, S. [2003] *Gayatri Chakravorty Spivak*. London : Routledge.〔本橋哲也訳『ガヤトリ・チャクラヴォルティ・スピヴァク』青土社，2005 年〕

Mounin, G. [1972] *La Linguistique du XXe Siècle*. Paris : Presses Universitaires de France.〔佐藤信夫訳『二十世紀の言語学』白水社，2001 年〕

Negri, A. and Hart, M. [2000] *Empire*. Cambridge : Harvard University Press.〔水嶋一憲他訳『帝国』以文社，2003 年〕

Olson, M. [1965] *The Logic of Collective Action*. Cambridge : Harvard University Press.〔依田博・森脇俊雅訳『集合行為論：公共財と集団理論』ミネルヴァ書房，1983 年〕

Onuf, N.G. [1997] "A Constructivist Manifesto," in Burch, K. and Denemark, R. (eds) *Constituting International Political Economy*. Colorado : Lynne Rienner Publishers.

――― [1998] "Constructivism : A User's Manual," in Kubalkoba, V., Onuf, V.P. and Kowert, P. (eds) *International Relations in a Constructed World*. New York : M.E. Sharpe.

Orlean, A. [1999] *Le Pouvoir de la Finance*.〔坂口明義・清水和巳訳『金融の権力』藤原書店，2001 年〕

Pareto, V. [1916] *Trattato di sociologia generale*. Firenze : Barbèra.〔姫岡勤訳／板倉達文校訂『一般社会学提要』名古屋大学出版会，1996 年〕

Parsons, T. [1937] *The Structure of Social Action*. New York : McGraw-Hill.〔稲上毅・厚東洋輔（・・溝部明男）訳『社会的行為の構造』（全 4 冊）木鐸社〕

Perrow, C. [1986] *Complex Organizations : A Critical Essay*. New York : Random House.

Pheby, J. [1988] *Methodology and Economics : A Critical Introduction*. London : Macmillan.〔浦上博逵・小島照男訳『経済学方法論の新展開：方法論と経済学』文化書房博文社，1991 年〕

Popper, K.P. [1957] *The Poverty of Historicism*. London : Routledge & Kegan Paul.〔久野収・市井三郎訳『歴史主義の貧困』中央公論社，1961 年〕

――― [1959] *The Logic of Scientific Discovery*. London : Huchinson.〔大内義一・森博訳『科学的発見の論理（上）(下)』恒星社厚生閣，1971, 1972 年〕

――― [1962] *Open Society and Its Enemies*. London : Routledge & Kegan Paul.

〔内田詔夫・小河原誠訳『開かれた社会とその敵』未来社，1980 年〕
―――― [1976] *Unended Quest : An Intellectual Autobiography*. London : Fontana/Collins.〔森博訳『果てしなき探求-知的自伝』岩波書店，1978 年〕
Porter, A. [1994] *European Imperialism 1860-1914 : Studies European History*. Hampshire : Palgrave Macmillan.〔福井憲彦訳『帝国主義』岩波書店，2006 年〕
Quine, W.V.O. [1953] *From a Logical Point of View*. Second ed. Cambridge : Harvard University Press.〔中山浩二郎・持丸悦朗訳『論理学的観点から』岩波書店，1972 年〕
―――― [1960] *Word and Object* : Mass. : MIT Press.〔大出晁・宮館恵訳『ことばと対象』勁草書房，1984 年〕
Reboul, O. [1984] *La Rhétorique*. Paris : Presses Universitaires de France.〔佐野泰雄訳『レトリック』白水社，2000 年〕
Redman, D.A. [1991] *Economics and the Philosophy of Science*. Oxford : Oxford University Press.〔橋本努訳『経済学と科学哲学』文化書房博文社，1994 年〕
Reichenbach, H. [1951] *The Rise of Scientific Philosophy*. Berkeley : University California Press.〔市井三郎訳『科学哲学の形成』みすず書房，1954 年〕
Rengger, N.J. [2000] *International Relations, Political Theory and the Problem of Order*. London : Routledge.
Robbins, L. [1932] *An Essay on the Nature and Significance of Economic Science*. London : Macmillan.〔辻六兵衛訳『経済学の本質と意義』東洋経済新報社，1957 年〕
Rorty, R. [1979] *Philosophy and Mirror of Nature*. New Jersey : Princeton University Press.〔野家啓一監訳『哲学と自然の鏡』産業図書，1993 年〕
―――― [1987] "Science as Solidarity," "Texts and Lumps," "Pragmatism without Method," "The Historiography of Philosophy : Four Genres," "The Priority of Democracy to Philosophy," "Pragmatism, Davidson and Truth."〔冨田恭彦訳『連帯と自由の哲学』岩波書店，1988 年〕
Royle, N. [2003] *Jacques Derrida*. London : Routledge.〔田崎英明訳『ジャック・デリダ』青土社，2006 年〕
Ruggie, J.G. [1983] "International regimes, transactions, and change, embedded liberalism in the postwar economic order," in Krasner, S. (ed.) *International Regimes*. Ithaca : Cornell University Press.
―――― [1998] *Constituting the World Polity : Essays on International Institutionalizations*. London : Routledge.
Said, E. [1978] *Orientalism*. New York : Vintage.〔板垣雄三・杉田英明監修『オリエンタリズム』平凡社ライブラリー，1993 年〕
―――― [1993] *Culture and Imperialism*. London : Chatto & Windus.〔大橋洋一訳『文化と帝国主義』みすず書房，1998, 2001 年〕
―――― [1979] *Expression and Meaning : Studies in the Theory of Speech Act*. Cambridge : Cambridge University Press.〔山田友幸監訳『表現と意味：言語行為

論研究』誠信書房，2006年〕
─── [1984] *Minds, Brains and Science*. London: BBC. 〔土屋俊訳『心・脳・科学』岩波書店，1993年〕
Scholes, R. [1974] *Structuralism in Literature*. New Haven: Yale University Press. 〔髙井宏子他訳『スコールズの文学講義』岩波書店，1992年〕
─── [1982] *Semiotics and Interpretation*. New Haven: Yale University Press. 〔富山太佳夫訳『記号論のたのしみ』岩波モダンクラシックス，2000年〕
─── [1985] *Textual Power: Literary Theory and the Teaching of English*. New Haven: Yale University Press. 〔折島正司訳『テクストの読み方と教え方』岩波書店，1987年〕
Schelling, T.C. [1960] *The Strategy of Conflict*. Oxford: Oxford University Press. 〔河野勝監訳『紛争の戦略：ゲーム理論のエッセンス』勁草書房，2008年〕
Schumpeter, J.A. [1908] *Das Wesen und der Hauptinhalt der theoretischen National-ökonomie*. 〔大野忠男・木村健康・安井琢磨訳『理論経済学の本質と主要内容（上）』岩波書店，1983年〕
─── [1951] *Imperialism and Social Classes*. New York: Augustus M. Kelley, Inc. 〔都留重人訳『帝国主義と社会階級』岩波書店，1956年〕
Schutz, A. [1964] *Collected Papers*, Vol. 2: *Studies in Social Theory*. The Hague: Martinus Nijhoff. 〔渡部光・那須壽・西原和久訳『アルフレッド・シュッツ著作集 第3巻 社会理論の研究』マルジュ社，1991年〕
Schutz, A. and Parsons, T. [1978] *The Theory of Social Action: The Correspondence of Alfred Schutz and Talcott Parsons*. Indiana: Indiana University Press. 〔佐藤嘉一訳『社会理論の構成：社会的行為の理論をめぐって シュッツ-パーソンズ往復書簡』木鐸社，1980年〕
Searle, J.R. [1969] *Speech Acts: An Essay in the Philosophy of Language*. Cambridge: Cambridge University Press. 〔坂本百大・土屋俊訳『言語行為』勁草書房，1986年〕
Selden, R. [1985] *A Reader's Guide to Contemporary Literary Theory*. Sussex: The Harvester Press. 〔栗原裕訳『現代文学理論』大修館書店，1989年〕
Sen, A.K. [1977] "Rational Fools: A Critique of the Behavioral Foundations of Economic Theory," *Philosophy and Public Affairs* 6 (Summer): 317-44. 〔大庭健・川本隆史訳『合理的な愚か者』勁草書房，1989年〕
Shand, A.H. [1990] *Free Market Morality: The Political Economy of Austrian School*. 〔中村秀一・池上修訳『自由市場の道徳性』勁草書房，1994年〕
Simon, H. [1947] *Administrative Behavior*. New York: Macmillan. 〔松田武彦・高柳暁・二村敏子訳『経営行動』ダイヤモンド社，1975年〕
Smith, M.J. [1986] *Realist Thought from Weber to Kissinger*. Louisiana: Louisiana University Press. 〔押村嵩他訳『現実主義の国際政治思想』垣内出版，1997年〕
Sokal, A. and Bricmont, J. [1998] *Fashionable Nonsense: Postmodern Intellectuals' Abuse of Science*. New York: Picador USA. 〔田崎晴明・大野克嗣・堀茂樹訳

『「知」の欺瞞：ポストモダン思想における科学の濫用』岩波書店, 2000 年〕
Spivak, G.C. [1988] "Can the Subaltern Speak?" in Nelson, C. and Grossberg, L. (ed.) *Marxism and the Interpretation of Culture*. Ill.: University of Illinois Press. 〔上村忠男訳『サバルタンは語ることができるか』みすず書房, 1998 年〕
Strachey, J. [1959] *The End of Empire*. London: Victor Gollancz〔関嘉彦他訳『帝国主義の終末』東洋経済新報社, 1962 年〕
Strange, S. [1971] *Starling and British Policy: A Political Study of International Currency*. London: Oxford University Press.
――― [1988] *States and Market: An Introduction to International Political Economy*. London: Pinter.〔西川潤・佐藤元彦訳『国際政治経済学入門：国家と市場』東洋経済新報社, 1994 年〕
Tallis, R. [1988] *Not Saussure: A Critique of Post-Saussurean Literary Theory*. London: Macmillan.〔村山淳彦訳『アンチ・ソシュール：ポスト・ソシュール派文学理論批判』未来社, 1990 年〕
Vanderveken, D. [1994] *Principles of Speech Act Theory*. Quebec: Universite du Quebec a Trois-Rivieres.〔久保進訳『発話行為理論の原理』松柏社, 1995 年〕
Viotti, P.R. and Kauppi, M.V. [1993] *International Relations Theory: Realism, Pluralism, Globalism*. New York: Macmillan.〔D. ウェッセルズ・石坂菜穂子訳『国際関係論 第2版』彩流社, 1993 年〕
Vollmer, G. [1990] *Evolutionare Erkenntnistheorie*. Stuttgart: S. Hirzel.〔入江重吉訳『認識の進化論』新思索社, 1995 年〕
Wallerstein, I. [1974] *The Modern World System. I: Capitalist Agriculture and the Origins of the World-economy in the Sixteenth Century*. New York: Academic Press.〔川北稔訳『近代世界システムⅠ・Ⅱ』岩波書店, 1981 年〕
――― [1980] *The Modern World System. II: Mercantilism and the Consolidation of the European World-economy, 1600-1750*. New York: Academic Press.〔川北稔訳『近代世界システム 1600～1750』名古屋大学出版会, 1993 年〕
――― [1989] *The Modern World System. III: The Second Era of Great Expansion of the Capitalist World Economy, 1730-1840s*. NewYork: Academic Press. 〔川北稔訳『近代世界システム 1730-1840s』名古屋大学出版会, 1997 年〕
Waltz, K.N. [1959] *Man, The State, and War*. New York: Columbia University Press.
――― [1979] *Theory of International Politics*. New York: McGraw-Hill.
Warnke, G. [1987] *Gadamer: Hermeneutics, Tradition and Reason*. Oxford: Basil Blackwell.〔佐々木一也訳『ガダマーの世界』紀伊国屋書店, 2000 年〕
Watson, J.B. [1930] *Behaviorism*. Chicago: University of Chicago Press.〔安田一郎訳『行動主義』河出書房新社, 1968 年〕
Weber, M. [1913] *Über Einige Kategorien Der Verstehenden Soziologie*.〔林道義訳『理解社会学のカテゴリー』岩波文庫, 1968 年〕
――― [1922] *Soziologische Grundbegriffe*.〔清水幾太郎訳『社会学の根本概念』岩

波文庫,1972 年〕
Wendt, A. [1987] "Agent-Structure Problem in International Relations Theory," *International Organization* 41 (3) : 335-370.
────── [1992] " Anarchy Is What States Makes of It," *International Organizations* 46(2) : 391-426.
────── [1999] *Social Theory of International Politics*. Cambridge : Cambridge University Press.
Wight, M. [1991] *International Theory : The Three Traditions*. London : Leicester University Press. 〔佐藤誠他訳『国際理論:三つの伝統』日本経済評論社,2007 年〕
Willams, W.A. [1959] *The Tragedy of American Diplomacy*. New York : Dell Publishing Co. 〔高橋章・松田武・有賀貞訳『アメリカ外交の悲劇』御茶の水書房,1986 年〕
Wittgenstein, L. [1922] *Tractatus Logico-Philosophicus*. trans. Ogden, C.K. and Ramsey, F.P. London : Routledge. 〔奥雅博訳『論理哲学論考』大修館書店,1975 年〕
────── [1953] *Philosophical Investigation*. Anscombe, G.E.M. and Rhees, R. (ed.) London : Blackwell. 〔藤本隆志訳『哲学探究』大修館書店,1976 年〕
Wright, E. ed. [1992] *Feminism and Psychoanalysis : A Critical Dictionary*.London : Basil Blackwell. 〔岡崎宏樹他訳『フェミニズムと精神分析事典』多賀出版,2002 年〕

事項索引

[あ行]

アナグラム　200, 208
アブダクション　57
アローの定理　100
アンティル人　240
異種混淆性　300
イデオロギー　253
インターテクスト性　206
インペリウム　266
隠喩　187
エクリチュール　226
エスノメソドロジー　97
エソロジー　42
エディプスコンプレックス　219, 240
オーストリア学派　60
　　──の主観主義　70
オリエンタリズム　295
音声言語　231
音声中心主義　226
音的イメージ　172

[か行]

解釈定理　97
科学的研究プログラム　138
仮説演繹法　17, 51
観念論　11
換喩　187
記号理論の再解釈　212
記号論理学　127
規制的ルール　164
規則　146
規則に従う　148
鏡像段階論　218
共約可能性　131

クレオール　301
計画経済論争　69
ケインズの世界　81
　　──の美人投票　103
ゲーム理論　113
言語記号　172
言語行為論　150
言語コミュニケーション　195
　　──6つの機能　196
言語相対主義　175, 178, 180
言語と無意識　200
言説　261
　　──とオリエンタリズム　296
現前　229
　　──の形而上学　226
限定合理主義　78
公準　75
構成主義（→社会構築主義）　2, 3, 161
構成的ルール　164
構造主義　182
公理（→公準）　64
合理主義　73
　　──的行為理論　84
国際システム　110
コモンズの悲劇　113
コンテクスト　206

[さ行]

サバルタン　294, 298
サピア＝ウォーフ説　181
恣意性　173, 174
シェリングの標識　105
自己言及的戦略　102
自生的秩序　72
失語症（研究）　202

実在論　11
実証主義　4, 14
　　——的認識論　17
実証的経済学の方法　141
「しっぺ返し」戦略　114
詩的機能　196
シーニエ（シーニュ）　172
シニフィアン　171, 210, 224, 226
　　——の戯れ　217
　　——の横すべり　221
シニフィエ　172, 224
社会的行為理論　84
社会的選択理論　100
写像理論　124
集合行為論　112
修辞(学)　184, 185
修辞と経済学　189
囚人のジレンマ　113
従属理論　275
自由貿易帝国主義　270
主観主義　11, 69
焼酎イイチコ　228
進化論的認識論　12
新功利主義　163
新古典派経済学　60, 75
神話の構造分析　183
生活の形式　147
生権力　280
政治的虚言　159
勢力均衡　188
世界システム論　275
説明的方法　18, 20
相互依存的決定の理論　106
相主義戦略　114

[た行]

脱構築　244
知の欺瞞　224
超越論的実在論　13
ディアスポラ　301
帝国　265
〈帝国〉論　278

　　——とアメリカ　284
　　——権力構造　287
　　——批判　288
ディスコース（ディスクール→言説）　261, 263
ディスコンストラクション（→脱構築）
提喩　187
テクスト（論）　204
テクストとオリエンタリズム　296
テクストとコンテクスト　206
デュエム＝クワインのテーゼ　128
デリダ＝サール論争　158
転義　184
投票のパラドックス　101
取引費用　115

[な行]

人間行為学　67
ネオリアリズム　163
ネオリベラリズム　163
ネオリベラル制度主義　107
ノドマ　242

[は行]

バットマン　244
パラロジー　157
パロール　171
反映主義　4, 104
反証主義　130
批判的合理主義　129
批判的実在論　12, 165
ヒューム　15
　　——主義　13
プラグマティズム　24
ふるまいのルール　71
フロイトのダ・ヴィンチ論　238
フロイト批判論　233, 242
文化記号論　205
文彩　184
分析的・総合的方法　128
方法論的個人主義　69, 76
ポストコロニアル　292, 302

[ま行]

マルクス主義　14, 254
マルチチュード　287, 290
無意識と言語　210
無政府性のロジック　109
目的合理主義　75
文字言語　231

[や行]

ヤーコブソン理論の拡張　213
ユニット・レベル分析　109
夢作業　210
　　——と比喩　214
　　——とトロープ　215
夢分析と失錯行為　236
夢分析と植民地研究　239
夢分析と人類学　238

欲望のシニフィアン　227

[ら行]

ラカンの図式　212
ラカン派　211
ラング　171
リアリズム　2, 107
理解的方法　18, 20
リゾーム　242
リベラリズム　2, 107
レジーム　118, 170
レトリック（→修辞）　184
レーニンの実在論　12
レーニンの帝国主義論　268
ロゴス中心主義　226
ロシア・フォルマリズム　199
論理実証主義　16, 75, 122, 126

人名索引

[あ行]

アイゼンク (Eysenck, H.J.)　234
アクセルロッド (Axelrod, R.)　114
アリストテレス (Aristoteles)　47
アルチュセール (Althusser, L.)　258
アーレント (Arendt, H.)　159
アロー (Arrow, K.J.)　100
アンダーソン (Anderson, B.)　295
安藤英治　28, 88
イーグルトン (Eagleton, T.)　209, 220, 259, 260, 263, 264
池上嘉彦　197, 206
石田英敬　179, 227
伊藤邦武　49, 103
ウィトゲンシュタイン (Wittgenstein, L.)　72, 90, 124, 145
ウェント (Wendt, A.)　164
ウォーラーステイン (Wallerstein, I.)　164, 276
ウォルツ (Waltz, K.N.)　104
宇沢弘文　80
エーコ (Eco, U.)　58, 185
エルスター (Elster, J.)　76
大塚久雄　22
大庭健　127, 129
オースティン (Austin, J.L.)　150
オヌフ (Onuf, N.)　168
折原浩　27
オルソン (Olson, M.)　112
オルレアン (Orléan, A.)　102

[か行]

カー (Carr, E.H.)　29
加賀野井秀一　182

影山泰之　132
ガタリ (Gattari, F.)　281
ガデ (Gadet, F.)　177
金井新二　25
カピ (Kauppi, M.V.)　1
ガーフィンケル (Garfinkel, H.)　97
カラー (Culler, J.)　180, 208
鬼界彰夫　148
岸田秀　243
ギデンズ (Giddens, A.)　168, 177, 232, 263
ギャラハー (Gallagher, J.)　270
グラムシ (Gramsci, A.)　257
クリスティヴァ (Kristeva, J.)　207
クワイン (Quine, W.v.O.)　19, 128
クーン (Kuhn, T.S.)　19, 135
ケイン (Cain, P.J.)　271
ケインズ (Keynes, J.M.)　49, 81, 103, 134
ケインズ (Keynes, J.N.)　56, 141
コース (Coase, R.H.)　115
コックス (Cox, R.W.)　271
コヘイン (Keohane, R.O.)　4, 104, 111, 116
小森陽一　305
コント (Comte, A.)　15, 53
コンドルセ (Condorcet, J.A.)　101

[さ行]

サイード (Said, E.W.)　295
斎藤慶典　229, 245
サイモン (Simon, H.A.)　78
サール (Searle, J.R.)　124, 145, 154, 168
サン=シモン (Saint-Simon, C.H.)　15
ジェイムソン (Jameson, F.)　309
ジェヴォンズ (Jevons, W.S.)　54
シェリング (Schelling, T.C.)　105
塩野谷祐一　77, 189

人名索引　335

ジャクソン (Jackson, R.)　4, 161
シュッツ (Schutz, A.)　95, 96
シュンペーター (Schumpeter, J.A.)　76, 189, 270
ジョイス (Joyce, J.A.)　207
鈴木基史　1
ストレイチー (Strachey, J.)　265
ストレンジ (Strange, S.)　271
スピヴァック (Spivak, G.C.)　298
スミス (Smith, A.)　189
瀬戸賢一　215
セン (Sen, A.K.)　80
ソシュール (Saussure, F.d.)　171
ソレンセン (Sørensen, G.)　4, 161

[た行]

タリス (Tallis, R.)　181, 222
チャルマーズ (Chalmers, A.F.)　48, 140
ディルタイ (Dilthey, W.)　18
デカルト (Descartes, R.)　120
デュルケーム (Durkheim, E.)　15, 84
デリダ (Derrida, J.)　179, 226, 231, 244
ドゥルーズ (Deleuze, G.)　281
ド・マン (De Man, P.)　160
富永健一　93

[な行]

永井均　124
ニュートン (Newton, I.)　46
ネグリ (Negri, A.)　278, 304
野家啓一　125

[は行]

ハイエク (Hayek, F.A.v.)　69, 76
ハウ (Howe, S.)　267
パース (Peirce, C.S.)　57
バスカー (Bhaskar, R.)　166
パーソンズ (Parsons, T.)　93
ハチソン (Hutchinson, T.W.)　134
ハート (Hardt, M.)　278
バーバ (Bhabha, H.K.)　300
ハーバーマス (Habermas, J.)　155

バフチン (Bakhtin, M.M.)　207, 264
浜田宏一　75, 80
浜日出夫　98
林道義　88
バルト (Barthes, R.)　185
ハロッド (Harrod, R.F.)　75, 99
バンヴェニスト (Benveniste, É.)　175, 181
ハンズ (Hands, D.W.)　59
ハンソン (Hanson, N.R.)　48
ビオティ (Viotti, P.R.)　1
ピグー (Pigou, A.C.)　99
ヒックス (Hicks, J.R.)　99
ヒューム (Hume, D.)　15, 16, 45, 49, 74
ファイヤアーベント (Feyerabend, P.)　139
ファノン (Fanon, F.O.)　240
ファーン (Fearn, N.)　244
フォルマー (Vollmer, G.)　12
ブキャナン (Buchanan, J.M.)　33
フーコー (Foucault, M.)　261, 280
フッサール (Husserl, E.)　121
フリートウッド (Fleetwood, S.)　13
フリードマン (Friedman, M.)　141
ブルッカー (Brooker, P.)　264
フロイト (Freud, S.)　210, 214-7, 233, 309
ブローグ (Blaug, M.)　56
ベイリス (Baylis, J.)　1, 4
ヘンペル (Hempel, C.G.)　47
ホジソン (Hodgeson, G.M.)　83
ポーター (Porter, A.)　276
ホッブズ (Hobbes, T.)　110
ポパー (Popper, K.R.)　19, 28, 42, 48, 76, 108, 129, 257
ホプキンズ (Hopkins, A.G.)　271
ホワイト (White, H.)　203

[ま行]

マーシャル (Marshall, A.)　54
松嶋敦茂　76, 91
マッハ (Mach, E.)　16
マルクス (Marx, K.)　254
丸山圭三郎　171, 178
マンハイム (Mannheim, K.)　256

ミーゼス (Mises, R.v.)　66
ミード (Mead, G.H.)　166
宮島喬　77
ミル (Mill, J.S.)　39
ムーナン (Mounin, G.)　199, 203
メンガー (Menger, C.)　53, 60
モーゲンソー (Morgenthau, H.J.)　107, 272

[や行]

ヤーコブソン (Jakobson, R.O.)　182, 195, 203, 216
山田富秋　96, 98
山之内靖　26
吉本隆明　173

[ら行]

ラインバッハ (Reichenbach, H.)　49
ラカトシュ (Lakatos, I.)　136
ラカン (Lacan, J.)　179, 212, 216

ラギー (Ruggie, J.G.)　107, 162, 163
リオタール (Lyotard, J.-F.)　157
リカード (Ricardo, D.)　54
リファテール (Riffaterre, M.)　201
ルカーチ (Lukács, G.)　255
ルブール (Reboul, O.)　191
ルメール (Lemaire, A.)　222
ルーンバ (Loomba, A.)　233, 261, 292
レヴィ=ストロース (Levi-Strauss, C.)　182, 201, 312
レッドマン (Redman, D.A.)　133
ロゼー (Losee, J.P.)　47
ローソン (Lawson, T.)　13
ロック (Locke, J.)　120
ローティー (Rorty, R.)　21, 24, 47
ロビンズ (Robbins, L.)　16, 75, 99

[わ行]

ワイト (Wight, M.)　188
ワトソン (Watson, J.B.)　243

著者紹介

牧野　裕（まきの　ひろし）

津田塾大学学芸学部国際関係学科教授．1947年川崎生まれ．著書に『冷戦の起源とアメリカの覇権』御茶の水書房，1993年，『日米通貨外交の比較分析』御茶の水書房，1999年がある．

現代世界認識の方法
国際関係理論の基礎

2008年9月25日　第1刷発行

定価（本体4200円＋税）

著　者　　牧　野　　　裕

発行者　　栗　原　哲　也

発行所　　㈱日本経済評論社

〒101-0051 東京都千代田区神田神保町3-2
電話 03-3230-1661　FAX 03-3265-2993
振替 00130-3-157198

装丁＊渡辺美知子　　　印刷・製本／中央精版印刷㈱

落丁本・乱丁本はお取替えいたします　　Printed in Japan
Ⓒ MAKINO Hiroshi 2008
ISBN978-4-8188-2023-4

・本書の複製権・譲渡権・公衆送信権（送信可能化権を含む）は㈱日本経済評論社が保有します．
・JCLS 〈㈱日本著作出版権管理システム委託出版物〉
本書の無断複写は著作権法上での例外を除き禁じられています．複写される場合は，そのつど事前に，㈱日本著作出版権管理システム（電話03-3817-5670，FAX03-3815-8199，e‐mail：info@jcls.co.jp）の許諾を得てください．

国際理論
三つの伝統
マーティン・ワイト
佐藤誠・安藤次男・龍澤邦彦・大中真・佐藤千鶴子 訳
本体 4800 円

新版 現代政治理論
W. キムリッカ
訳者代表＝千葉眞・岡﨑晴輝
本体 4500 円

文化と国防
戦後日本の警察と軍隊
P.J. カッツェンスタイン／有賀誠 訳
本体 4200 円

ヨーロッパ統合と国際関係
木畑洋一編
本体 3800 円

アクセス国際関係論
天児慧・押村高・河野勝編
本体 2500 円

シュラクサイの誘惑
現代思想にみる無謀な精神
マーク・リラ
佐藤貴史・高田宏史・中金聡 訳
本体 2800 円

大塚久雄論
楠井敏朗
本体 4600 円

日本経済評論社